Finance

21 世纪高等学校
金融学系列教材

证券投资学

Securities Investment

◆ 王朝晖 编著

人民邮电出版社
北京

图书在版编目（CIP）数据

证券投资学 / 王朝晖编著. -- 北京：人民邮电出版社，2016.9
21世纪高等学校金融学系列教材
ISBN 978-7-115-43363-3

Ⅰ. ①证… Ⅱ. ①王… Ⅲ. ①证券投资－高等学校－教材 Ⅳ. ①F830.91

中国版本图书馆CIP数据核字(2016)第205211号

内 容 提 要

全书分为四篇，内容丰富，体系完整，结构清晰。第一篇是基础知识篇，概述证券市场基础工具、证券市场的一般性基础知识。第二篇是现代投资理论篇，是全书的重点，详尽讲解投资组合选择理论、资本资产定价模型、套利定价模型以及有效市场假说等内容。第三篇是证券分析篇，注重理论与实践结合，从宏观（宏观经济分析）、中观（行业分析）和微观（公司分析）的视角分析上市公司并对其估值。第四篇是债券分析篇，用相对较短的篇幅，全面介绍了债券最核心的知识点。

本书可作为高等院校财经类专业的教材，适用本科生、研究生及 MBA 学生，也可作证券从业人员和投资者系统学习理论知识的参考用书。

◆ 编　著　王朝晖
　　责任编辑　刘向荣
　　责任印制　沈　蓉　彭志环

◆ 人民邮电出版社出版发行　　北京市丰台区成寿寺路 11 号
　　邮编　100164　　电子邮件　315@ptpress.com.cn
　　网址　http://www.ptpress.com.cn
　　三河市君旺印务有限公司印刷

◆ 开本：787×1092　1/16
　　印张：17.5　　　　　　　　　　2016 年 9 月第 1 版
　　字数：456 千字　　　　　　　　2024 年 8 月河北第 4 次印刷

定价：45.00 元

读者服务热线：(010)81055256　　印装质量热线：(010)81055316
反盗版热线：(010)81055315
广告经营许可证：京东市监广登字 20170147 号

前　言 Preface

中国证券市场从无到有，经过 20 多年快速发展已成为世界上最重要的资本市场之一。证券投资实务日新月异，对相关理论研究提出更高要求。2015 年，中国股市经历三轮股灾，更凸显风险控制与理性投资的重要性。

现代投资理论始于 20 世纪 50 年代马科维茨的投资组合选择理论。此后，夏普提出资本资产定价模型、罗斯提出套利定价模型、布莱克和斯克尔斯提出期权定价模型、法玛提出有效市场假说，上述模型构成了现代投资理论的基本框架。为使读者掌握证券市场的基本理论和投资实践的基本技能，我们编写了这本书。全书分为四篇，第一篇是基础知识篇，第二篇是现代投资理论篇，第三篇是证券分析篇，第四篇是债券分析篇。整本书内容丰富，重点突出，体系完整，结构清晰，编写颇具匠心，具有如下特点。

其一，重点介绍现代投资理论，相应压缩了证券投资工具、证券市场方面的一般性基础知识。

其二，编写了丰富的例题和案例，易于学习与理解，使理论和实践紧密结合起来。

其三，证券分析篇避免泛泛而谈，能结合投资实践，可操作性强。

其四，引入波士顿矩阵、价值链、战略管理等管理学相关理论与方法，加深对公司的分析。

其五，增加行为金融学内容，紧跟投资理论发展前沿。

其六，与其他投资学书籍相比，本书更加深入地讨论了债券。

其七，书中的专业词汇都给出相应的英文，以避免歧义。

本书可作为高等院校财经类专业的教材，适用本科生、研究生及 MBA 学生，也可以作为证券从业人员和投资者系统学习理论知识的参考用书。在教学时，建议与人民邮电出版社 2014 年出版的《证券投资学实验教程》（书号：978-7-115-36353-4）配合使用。

在书稿编写过程中，王璐璐、马涛、贾素苇和陈雷文等在资料搜集、整理和校对等方面做了大量工作，特致谢意。还要感谢宁波大学商学院教材建设项目的资助。尽管编者做了最大努力，但书中不足在所难免，敬请同行与读者不吝赐教。

王朝晖

2016 年 7 月

目 录 Contents

第一篇

基础知识篇

第0章 导论

一、投资概述

（一）投资的内涵

投资是投入当前资金或其他资源以期获取未来收益的承诺行为。比如购买股票，购买者期望股票收益能够补偿付出的成本（包括花在投资上的时间、金钱和承担的风险）。学习证券投资学也是一项投资，因为你为此牺牲了闲暇时间和在这段时间内可能挣得的收入，但可以提升未来的职业生涯，以此来补偿你所付出的时间和精力。尽管这两种投资之间存在这一定的区别，但它们具备一个共同的特征，即牺牲或放弃某种现在有价值的东西，以期望从未来的收益中获得补偿，这就是投资的本质特征。

社会的物质财富最终取决于其社会经济的生产能力，即社会成员创造产品和服务的能力。这种生产能力是社会经济中实物资产的函数，这种**实物资产**（real assets）包括土地、建筑物、机械以及创造产品和服务的知识。与实物资产相对应的是**金融资产**（financial assets），如股票和债券。这类证券只不过是几张纸，或者更有可能是计算机存储的一条记录，它们不会直接影响经济生产力。而在经济发达国家，这类资产代表了对实物资产收益的索取权。即使不能拥有自己的汽车制造厂，仍然可以通过购买汽车公司的股份来分享汽车生产的收益。

在实物资产为国民经济创造净利润的同时，金融资产只是确定收益在投资者中的分配。人们可以选择是即期消费还是未来投资。如果选择投资，可以通过购买各类证券将他们的财富投资于金融资产。投资者购买企业发行的证券，企业就用融到的资金去购买实物资产，如厂房、设备、技术或存货。因此，投资者购买证券的收益最终来自于企业用所融资金购买的实物资产所产生的利润。

本书将研究重点放在股票、债券等证券投资上，但讨论的许多内容对于任何类型的投资分析都适用。本教材主要有四个方面的内容，一是证券和证券市场等基础知识，二是现代投资理论部分，三是证券投资分析，四是债券分析。

（二）投资与投机

投机（speculation）是指根据对市场走势的判断来把握机会，利用市场出现的价差进行买卖，并从中获得利润的交易行为。投机者可以"**买空**"（long），也可以"**卖空**"（short）。投机的目的是获得短期的价差利润，但投机是有风险的。

一般而言，市场上通常把买入后持有较长时间的行为称为**投资**（investment）。投机与投资相比，其主要区别是投机的目的在于获取短期价差，而投资的目的则在于获得本金保障、资本增值或经常性收益等。因此，投资者和投机者的区别在于：投资者看好有潜质的资产，作为长线投资，既可以趁高抛出，又可以享受每年的红利；而投机者热衷于短线，借资产价格暴涨暴跌之势，通过炒作牟取暴利，少数人一夜暴富，多数人一朝破产。

正常的投机对平衡证券价格，增强证券的流动性，加速资金周转，维持证券市场正常运转具有积极作用。但要警惕和防止过度投机。过度投机会对证券市场以及实体经济造成危害。过度投机行为容易形成各种投资风潮，比如，股票行情看涨时，大家都盲目购进，造成股票价格远高于其实际价值，潜伏着暴跌危机；当有风吹草动，行情看跌时，又纷纷抛售，造成股价惨跌，投资者损失惨重。

应当禁止不正当的、非法的投机。不正当的、非法的投机行为，主要是指通过各种权力或其他关系，事先获取信息，买空卖空、囤积居奇、制造谣言、内幕交易、操纵市场等行为，从而牟取非法暴利。对这些危害证券市场的行为，应予严厉打击。

二、现代投资理论发展过程

现代投资理论（现代金融学）通常认为只有 50 年多年的历史。这 50 年也就是使金融学成为可用数学公理化方法架构的历史。从瓦尔拉斯－阿罗－德布鲁的一般经济均衡体系的观点来看，现代金融学的第一篇文献是阿罗于 1953 年发表的论文《证券在风险承担的最优配置中的作用》。在这篇论文中，阿罗把证券理解为在不确定的不同状态下有不同价值的商品。这一思想后来又被德布鲁所发展，他把原来的一般经济均衡模型通过拓广商品空间的维数来处理金融市场，其中证券无非是不同时间、不同情况下有不同价值的商品。但是后来大家发现，把金融市场用这种方式混同于普通商品市场是不合适的。原因在于它掩盖了金融市场的不确定性的本质。尤其是其中隐含着对每一种可能发生的状态都有相应的证券相对应，如同每一种可能有的金融风险都有保险那样，与现实相差太远。

新的数学架构的现代金融学被认为是两次"华尔街革命"的产物。第一次"华尔街革命"是指 1952 年马科维茨的证券组合选择理论问世，第二次"华尔街革命"是指 1973 年布莱克－肖尔斯期权定价公式问世。这两次"革命"的特点之一都是避开了一般经济均衡的理论框架，以致在很长一段时期内都被传统的经济学家们认为是"异端邪说"。但是它们又确实在以华尔街为代表的金融市场引起了"革命"，从而最终使金融学发生根本改观。马科维茨因此荣获 1990 年的诺贝尔经济学奖，肖尔斯则和对期权定价理论作出系统研究的默顿一起荣获 1997 年的诺贝尔经济学奖。不幸的是布莱克于 1995 年早逝，没有与他们一起领奖。

马科维茨研究的是这样的一个问题：一个投资者同时在许多种证券上投资，那么应该如何选择各种证券的投资比例，使得投资收益最大，风险最小。对此，马科维茨在观念上的最大贡献在于他把收益与风险这两个原本有点含糊的概念明确为具体的数学概念。由于证券投资上的收益是不确定的，马科维茨首先把证券的收益率看作一个随机变量，而收益定义为这个随机变量的均值（数学期望），风险则定义为这个随机变量的标准差（这与人们通常把风险看作可能有的损失的相差甚远）。于是如果把各证券的投资比例看作变量，问题就归结为怎样使证券组合的收益最大、风险最小的数学规划。对每一固定收益都求出其最小风险，那么在风险－收益平面上，就可画出曲线，它称为组合前沿。马科维茨理论的基本结论就是：在证券允许卖空的条件下，组合前沿是双曲线的一支；在证券不允许卖空的条件下，组合前沿是若干段双曲线段的拼接。组合前沿的上半部称为有效前沿。对于有效前沿上的证券组合来说，不存在收益和风险两方面都优于它的证券组合。这对于投资者的决策来说自然有很重要的参考价值。

马科维茨理论是一种纯技术性的证券组合选择理论。这一理论是当年他在芝加哥大学的博士论文中提出的。但在论文答辩时，另一位当时已享有盛名，后来也以他的货币主义而获得1976年诺贝尔经济学奖的弗里德曼斥之为："这不是经济学！"为此，马科维茨后来不得不引入以收益和风险为自变量的效用函数，来使他的理论纳入通常的一般经济均衡框架。马科维茨的学生夏普和另一些经济学家，则进一步在一般经济均衡的框架下，假定所有投资者都以这种效用函数来决策，而导出整个市场的证券组合的收益率是有效的以及所谓**资本资产定价模型**（capital asset pricing model, CAPM）。夏普因此与马科维茨一起荣获1990年的诺贝尔经济学奖。另一位1981年诺贝尔经济学奖获得者托宾在对于允许卖空的证券组合选择问题的研究中，导出每一种有效证券组合都是一种无风险资产与一种特殊的风险资产的组合（它称为二基金分离定理），从而得出一些宏观经济方面的结论。

在1990年与马科维茨和夏普一起分享诺贝尔奖的另一位经济学家是米勒。他与另一位在1985年获得诺贝尔奖的莫迪利阿尼一起在1958年以后发表了一系列论文，探讨"公司的财务政策（分红、债权股权比等）是否会影响公司的价值"这一主题。他们的结论是：在理想的市场条件下，公司的价值与财务政策无关。后来他们的这些结论就被称为莫迪利阿尼一米勒定理。他们的研究不但为公司理财这门新学科奠定了基础，并且首次在文献中明确提出无套利假设。所谓无套利假设，是指在一个完善的金融市场中，不存在套利机会（即确定的低买高卖之类的机会）。因此，如果两个公司将来的（不确定的）价值是一样的，那么它们今天的价值也应该一样，而与它们的财务政策无关；否则人们就可通过买卖两个公司的股票来获得套利。达到一般经济均衡的金融市场显然一定满足无套利假设。这样，莫迪利阿尼一米勒定理与一般经济均衡框架是相容的。但是直接从无套利假设出发来对金融产品定价，则使论证大大简化。这就给人以启发，不必一定要背上沉重的一般经济均衡的十字架，从无套利假设出发就已经可为金融产品的定价得到许多结果。

无套利假设促使1976年罗斯的**套利定价理论**（arbitrage pricing theory, APT）出现。APT是作为CAPM的替代物而问世的。CAPM的验证涉及对市场组合是否有效的验证，但是这在实证上是不可行的。于是针对CAPM的单因素模型，罗斯提出目前被统称为APT的多因素模型来取代它。对此，罗斯构造了一个一般均衡模型，证明了各投资者持有的证券价值在市场组合中的份额越来越小时，每种证券的收益都可用若干基本经济因素来一致近似地线性表示。后来有人发现，如果仅仅需要对各种金融资产定价的多因素模型作出解释，并不需要一般均衡框架，而只需要线性模型假设和"近似无套利假设"：如果证券组合的风险越来越小，它的收益率就会越来越接近无风险收益率。

若每个证券都得到合理的定价，那么整个证券市场是如何运行的呢？法玛的成就首先是因为他在20世纪60年代末开始的市场有效性方面的研究。所谓市场有效性问题，是指市场价格是否充分反映市场信息的问题。当金融商品定价已建立在无套利假设的基础上时，对市场是否有效的实证检验就和金融理论是否与市场现实相符几乎成了一回事。这大致可以这样来说，如果金融市场的价格变化能通过布朗运动之类的市场有效性假设的检验，市场就会满足无套利假设。这时，理论比较符合实际，而对于投资者来说，因为没有套利机会，就只能采取保守的投资策略。而如果市场有效性假设检验通不过，那么它将反映市场有套利机会，市场价格在一定程度上有可预测性，投资者就应该采取积极的投资策略。业间流行的股市技术分析之类就会起较大作用。这样，市场有效性的研究对金融经济学和金融实践来说就变得至关紧要。法玛在市场有效性的理论表述和实证研究上都有重大贡献。

由此，金融经济学就在很大程度上离开了一般经济均衡框架，而只需要从等价于无套利假设的资产定价基本定理出发。由此可以得到许多为金融资产定价的具体模型和公式，并且形成商学院学生学习"投资学"的主要内容。1998 年米勒在德国所作的题为《金融学的历史》的报告中把这样的现象描述成：金融学研究被分流为经济系探讨的"宏观规范金融学"和商学院探讨的"微观规范金融学"。这里的主要区别之一就在于是否要纳入一般经济均衡框架。同时，米勒还指出，在金融学研究中，"规范研究"与"实证研究"之间的界线并不是很清晰。无论是经济系的"宏观规范"研究，还是商学院的"微观规范"研究，一般都少不了运用模型和数据的实证研究。不过由于金融学研究与实际金融市场的紧密联系，"微观规范"研究显然比"宏观规范"研究要兴旺得多。

三、发展中国资本市场的意义

作为推动现代经济增长的两个巨轮，现代科学技术和现代金融缺一不可。在一个开放的经济体系中，如果仅有发达的科学技术，而没有功能强大的现代金融体系，科学技术的经济增长效应将严重缩水，人类的知识资源不可能得到优化配置；如果仅有一个发达的现代金融体系，而没有强大的科学技术支持，这种经济迟早会进入泡沫经济状态。所以，一个开放的经济体系要想在当前激烈的竞争中处于优势状态，既要有深厚的科学技术基础，又要有发达而健全的现代金融体系。

经济全球化、市场特别是金融市场一体化和资产证券化趋势，必然从根本上影响或改变现代经济的运行方式和发展模式。资产证券化是金融市场一体化的逻辑要求。金融市场一体化是资产证券化的重要基础，资产证券化则是金融市场一体化不断延伸和深化的必备要素。资产证券化的核心要义是，通过标准化的资产分割而提高资产的流动性，从而完成风险分散化的过程。流动性是衡量资产是否具有投资价值或者是否可以投资的首要要素，是资产生命力的体现。没有流动性的资产，是不符合现代投资理念的。资产证券化趋势，将从根本上改变人们的投资理念和财富思想。

经济的持续增长、经济规模的不断扩大和经济竞争力的增强，从资本市场角度看，意味着推动经济增长的存量资产价值大幅提升。如果将这些存量资产不断证券化，基于资本市场的杠杆效应，就意味着证券化金融资产（其中主要是权益类金融资产）的规模和速度会以高于实际经济的成长规模和速度成长。基于这种分析，可以得出这样一种判断：伴随中国经济的持续成长，资产证券化趋势日益明显并有加快的迹象，在未来相当长的时期里，中国的金融资产，特别是证券化金融资产会有较快速度的成长和发展。以致人们认为金融资产进入了一个膨胀时期。这样的金融资产膨胀实际上是一种不可逆的趋势。这种不可逆的趋势也就是中国由经济大国向经济强国的迈进过程。

存量资产特别是权益类存量资产的大规模证券化过程，从传统金融视角看，就是金融资产的膨胀过程。这种膨胀的动力来源于金融资产结构的内部裂变，即具有财富成长杠杆效应的来自于资本市场的证券化权益类金融资产以比传统非证券化的金融资产快得多的速度在成长。中国目前正处在这样一个金融资产结构裂变的时期。正是从这个意义说，中国资本市场发展已经进入了跨越式发展的历史时期。

中国资本市场的发展，正在使中国成为一个资本大国。中国成为资本大国，是中国金融崛起的主导力量和核心标志。中国金融的崛起是 21 世纪前 20 年全球金融最重大、最波澜壮阔的历史事件，资本市场也越来越成为 21 世纪大国金融博弈的舞台。

第一章 证券市场基础工具

证券市场基础工具主要包括股票、债券、证券投资基金和金融衍生工具等四类。股票和债券是最基本的投资工具，证券投资基金是一种大众化的投资工具，通过投资基金可以实现利益共享、风险共担；随着金融的快速发展，衍生品工具俨然成为市场经济史中最引人注目的事情，衍生品工具具有灵活方便、设计精巧、高效率等特征。本章主要介绍股票、债券、证券投资基金和金融衍生品的基础知识。

第一节 股票

一、股票概述

（一）股票的定义

股票是股份证书的简称，是股份公司为筹集资本而发行给股东作为持股凭证的一种有价证券。股票代表了股东对股份公司资产的所有权，股东凭借股票可以获得公司的股息和红利，参加股东大会并行使权利，同时也承担相应的责任与风险。股票的发行实行公平、公正的原则，同种类的股份具有同等权利。股票一经发行，购买股票的投资者即成为公司的股东。

股票作为一种所有权凭证，有一定的格式。根据《中华人民共和国公司法》规定，股票采用纸面形式或者国务院证券监督管理机构规定的其他形式。股票应当载明下列主要事项：公司名称、公司成立的日期、股票种类、票面金额及代表的股份数、股票的编号。股票由法定代表人签名，公司盖章。发起人的股票应当标明"发起人股票"字样。

（二）股票的特征

股票作为直接投资工具，具有以下4个方面的特征。

1. 收益性

收益性是股票最基本的特征，它是指股票可以为持有人带来收益的特性。持有股票的目的在于获取收益。股票的收益来源可分成两类：一类来自股份公司股利，另一类来自股票价格变动带得的资本利得。股票持有者享有发行公司经济权益，其实现形式是公司派发的股息、红利。股票持有者可依法交易，当股票的市场价格高于买入价格时，卖出股票就可以赚取差价收益，这种差价收益称为资本利得。

2. 风险性

股票风险的内涵是股票投资收益的不确定性，或者说实际收益与预期收益之间的偏离。投资者在买入股票时，对其未来收益会有一个预期，但真正实现的收益可能会高于或低于原先的预期，这就是股票的风险。

3. 流动性

股票可以在股票市场上随时转让，也可以继承、赠与、抵押，但不能退股。无记名股票只要把股票交付给受让人，即可达到转让的法律效果；记名股票则要在卖出人签章背书后才可转让。由于电子技术的发展与应用，我国深沪股市股票的发行和交易都借助于电子计算机及电子通信系统进行，上市股票的日常交易已实现了无纸化，所以现在的股票仅仅是由电子计算机系统管理的一组组二进制数字而已。

4. 权利性

根据《公司法》的规定，股票的持有者就是股份有限公司的股东，他有权或通过其代理人出席股东大会、选举董事会、参与公司经营决策和盈利分配。股东权力的大小，取决于其占有股票的多少。在公司解散或破产时，股东需向公司承担有限责任，即按其所持有的股份比例对债权人承担清偿债务的有限责任。在债权人的债务清偿后，股东对剩余资产也可按其所持有股份的比例向公司请求清偿。

（三）股票种类

股票种类很多，按股东权利分类，股票可分为普通股、优先股。

1. 普通股

普通股是构成股份有限公司资本最基本的股份，具有股票最一般的特性。因此，普通股比其他种类的股票有着更多的权利，主要包括如下几项。

（1）经营参与权。普通股股东是公司所有者之一，可以参与公司经营管理，拥有选举表决的权利。

（2）收益分配权。普通股股东有权凭借其所持有的股份参加公司盈利分配，其收益与公司经营状况直接相关，具有不确定性，且普通股的盈利分配须在公司支付了债息和优先股的股息之后才能分得。

（3）剩余资产分配权。股份公司破产清盘时，普通股东有权按其所持有的股份分得公司剩余资产，但须在公司清偿债务和分配给优先股股东之后。

（4）认股优先权。当公司增发新普通股时，现有股东有权优先（可能还以低价）购买新股，以保证其对股份公司的持股比例保持不变。

2. 优先股

优先股是指股份有限公司在筹集资本时给予认购者某些优先条件的股票。优先股股票的发行一般是股份公司出于某种特定的目的和需要，优先股股东的特别权利就是可优先于普通股股东以固定的股息分取公司收益并在公司破产清算时优先分取剩余资产，但一般不能参与公司的经营活动，其具体的优先条件必须由公司章程加以明确。一般来说，优先股的优先权有以下三点。

（1）预先约定股息率。优先股股东的收益先于普通股股东支付，且股息率通常预先确定，其收益与公司经营状况不直接相关。

（2）优先清偿剩余资产。当股份公司破产清盘时，优先股股东有先于普通股参与公司剩余资产的分配权。

（3）经营参与权受限制。优先股股东一般没有选举权和被选举权，对公司的重大经营事项一般没有表决权。

优先股又因不同情况分为以下4种类型。

（1）累积优先股和非累积优先股。累积优先股是指在某个营业年度内，如果公司所获的盈利不足以分派规定的股利，日后优先股的股东对往年未分配或未给足的股息，有权要求如数补给。非累积的优先股则以当年公司所得盈利为限分派股息，如该年公司获得的盈利不足以按规定的股利分配时，非累积优先股的股东不能要求公司在以后年度中予以补发。

（2）参与优先股与非参与优先股。当企业利润增大，除享受既定比率的股息外，还可以跟普通股共同参与利润分配的优先股，称为"参与优先股"。除了既定股息外，不再参与利润分配的优先股称为"非参与优先股"。

（3）可转换优先股与不可转换优先股。可转换优先股是指允许优先股持有人在特定条件下把优先股转换成为一定数额的普通股。反之，不能转换为普通股的优先股称为不可转换优先股。可转换优先股是近年来日益流行的一种优先股。

（4）可收回优先股与不可收回优先股。可收回优先股是指允许发行该类股票的公司，按原来的价格再加上若干补偿金将已发行的优先股收回。当该公司认为能够以较低股利的股票来代替已发行的优先股时，往往行使这种权利。反之，就是不可收回的优先股。

除了普通股股票和优先股股票外，根据股票持有者对股份公司经营决策的表决权，股票又可分为表决权股股票和无表决权股股票；根据股票的票面是否记载有票面价值，股票又可分为有额面股股票和无额面股股票；根据股票的票面是否记载有股东姓名，股票可分为记名股票和不记名股票。

二、股份变动与股利政策

（一）股份变动

股份有限公司在首次公开发行股票并在证券交易所上市以后，还会因增发、配股、公积金转增股本、股份回购、可转换债券转换为股票、股票分割与合并等而引起公司股份总数的变动并对股票价格产生影响。

1. 增发

增发是指公司因业务发展需要增加资本额而发行新股。上市公司可以向公众公开增发，也可以向特定机构或个人增发，又称定向增发。增发之后，公司注册资本和股份相应增加。

2. 配股

配股是面向公司的原有股东，按持股数量的一定比例增发新股。原股东可以参与配股，也可以放弃配股权。在现实中，由于配股价通常低于市场价格，配股上市之后可能导致股价下跌。

3. 资本公积金转增股本

资本公积金转增股本是在股东权益内部，把公积金转到"实收资本"或者"股本"账户，并按照投资者所持有公司的股份份额比例的大小分到各个投资者的账户中，以此增加每个投资者的投入资本。转增股本以后，股东权益总量和每位股东占公司的股份比例均未发生变化，唯一的变动是发行在外的股份总数增加了。因此，与股票股利类似，转增之后，股票价格要作除权处理。资本公积金转增股本同样会增加投资者持有的股份数量，但实质上，它不属于利润分配行为，因此投资者无须纳税。

4. 股份回购

股份回购是指上市公司利用自有资金，从公开市场上买回发行在外的股票。我国《公司法》规定，公司不得收购本公司股份，但是有下列情形之一的除外：减少公司注册资本；与持有本公司股份的其他公司合并；将股份奖励给本公司职工；股东因对股东大会做出的公司合并、分立决议持异议，要求公司收购其股份的。

5. 可转换债券转换为股票

上市公司符合法定条件并经监管机构核准后可以公开发行可转换债券，可转换债券在发行时约定债券持有人可以在一定条件下将债券转换为公司股票。当转债持有人行使转换权时，公司收回并注销发行的转债，同时发行新股。此时，公司的实收资本和股份总数增加。

6. 股票分割与合并

股票分割又称拆股、拆细，是将1股股票均等地拆成若干股。股票合并又称并股，是将若干股股票合并为1股。从理论上说，不论是分割还是合并，将增加或减少股份总数和股东持有股票的数量，但并不改变公司的实收资本和每位股东所持股东权益占公司全部股东权益的比重。

（二）股利政策

股利政策是指股份公司对公司经营获得的盈余公积和应付利润采取现金分红或派息、发放红股等方式回馈股东的制度与政策。股利政策体现公司的发展战略和经营思路，稳定可预测的股利政策有利于股东利益最大化，是股份公司稳健经营的重要指标。

获取经常性收入是投资者购买股票的重要原因之一，分红派息是股票投资者经常性收入的主要来源。从会计角度说，股份公司的税后利润归全体股东所有，不论是否分红派息，股东利益都不受影响。但是，并不能因此就认为股利政策无关紧要，对于若干处于高速增长阶段的上市公司，不分红或者少分红反而更有利于投资者利益最大化。

1. 派现

派现也称现金股利，指股份公司以现金分红方式将盈余公积和当期应付利润的部分或全部发放给股东，股东为此应支付所得税。机构投资者由于本身需要缴纳所得税，为避免双重税负，在获取现金分红时不需要缴税。现金股利的发放致使公司的资产和股东权益减少同等数额，导致公司现金流出。稳定的现金股利政策对公司现金流管理有较高的要求，通常将那些经营业绩较好，具有稳定且较高的现金股利支付的公司股票称为蓝筹股。

2. 送股

送股也称股票股利，是指股份公司对原有股东无偿派发股票的行为。送股时，将上市公司的留存收益转入股本账户，留存收益包括盈余公积和未分配利润，现在的上市公司一般只将未分配利润部分送股。送股实质上是留存利润的资本化。送股后，股东持有的股份数量因此而增长，但股东在公司中占有的权益比例和账面价值均无变化。投资者获得上市公司送股时也需缴纳所得税。

3. 四个相关日期

上市公司宣布分红派息方案（包括因配股、公积金转增导致股份变动）后至除权除息日前，该上市证券为含息或含权证券。除息是指证券不再含有最近已宣布发放的股息（现金股利）；除权是指证券不再含有最近已宣布的送股、配股及转增权益。

（1）股利宣布日，即公司董事会将分红派息的消息公布于众的时间。

（2）股权登记日，即统计和确认参加本期股利分配的股东的日期，只有在此日期前持有公司股票的股东方能享受股利发放。

（3）除息除权日，通常为股权登记日之后的1个工作日，本日之后（含本日）买入的股票不再享有本期股利。

（4）派发日，即股利正式发放给股东的日期。根据证券存管和资金划转的效率不同，通常会在几个工作日之内到达股东账户。

（三）除权除息价格

除权除息都在股权登记日的收盘后进行，也就是说登记日之后的一天为除权除息日。当股票名称前出现 XD（exclude dividend）字样时，表示当日是这只股票的除息日；当股票名称前出现 XR（exclude right）字样时，表示当日是这只股票的除权日；当股票名称前出现 DR 字样时，表示当日是这只股票的除息除权日。除权除息日之前（不包括除权除息日）的收盘价格为含权价格，除权除息日之后（包括除权除息日）的开盘价格为除权价格。除权除息后，股票的价格会变低，股票的数量会增加，并不会改变股东持股的总价值，因此，除权除息前，股东持有股票的总市值等于除权除息后股东总市值，据此可推导出除权除息后的股票价格。具体计算公式为：

$$除息价格=含权价格-股息 \tag{1-1}$$

$$除权价格=\frac{含权价格}{1+送股比率} \tag{1-2}$$

$$除息除权价格=\frac{含权价格-股息+配股比率\times配股价格}{1+送股比率+配股比率} \tag{1-3}$$

三、我国的股票类型

按投资主体的不同性质，我国将股票划分为国有股、法人股、社会公众股和外资股等不同类型。

（一）国有股

国有股指有权代表国家投资的部门或机构以国有资产向公司投资形成的股份，包括以公司现有国有资产折算成的股份。由于我国大部分股份制企业都是由原国有大中型企业改制而来的，因此，国有股在公司股权中占有较大的比重。国有股的形成并不是国家以现金方式直接投资，基本上全部是以该企业的土地、房产、机械设备等为出资方式，再由审计部门通过审计评估出来的。

按我国证监会出台的办法，国有股包括两部分：纯国有股（又分中央的和地方的两种）；国有法人股（指具有法人资格的国有企业、事业及其他单位以其依法占用的法人资产向独立于自己的股份公司出资形成或依法定程序取得的股份）。

（二）法人股

法人股指企业法人或具有法人资格的事业单位和社会团体以其依法可经营的资产向公司非上市流通股权部分投资所形成的股份。目前，在我国上市公司的股权结构中，法人股平均占 20%左右。根据法人认购的对象，可将法人股进一步分为境内发起法人股、外资法人股和募集法人股三个部分。

（三）社会公众股

社会公众股是指社会公众依法以其拥有的财产投入公司时形成的可上市流通的股份。在社会募集方式下，股份公司发行的股份，除了由发起人认购一部分外，其余部分应该向社会公众公开发行。《中华人民共和国证券法》规定，公司申请股票上市的条件之一是：向社会公开发行的股份达到公司股份总数的 25%以上；公司股本总额超过人民币 4 亿元的，向社会公开发行股份的比例为 10%以上。

（四）外资股

外资股是指股份公司向外国和我国香港、澳门、台湾地区投资者发行的股票。这是我国股份公司吸收外资的一种方式。外资股按上市地域，可以分为境内上市外资股和境外上市外资股。

境内上市外资股原来是指股份有限公司向境外投资者募集并在我国境内上市的股份，投资者限于：外国的自然人、法人和其他组织；我国香港、澳门、台湾地区的自然人、法人和其他组织；定居在国外的中国公民等。这类股票被称为"B股"。B股采取记名股票形式，以人民币标明股票面值，以外币认购、买卖，在境内证券交易所上市交易。但从2001年2月对境内居民个人开放B股市场后，境内投资者逐渐成为B股市场的重要投资主体，B股的外资股性质发生了变化。境内居民个人可以用现汇存款、外币现钞存款以及从境外汇入的外资资金从事B股交易，但不允许使用外币现钞。

境外上市外资股是指股份有限公司向境外投资者募集并在境外上市的股份。它也采取记名股票形式，以人民币标明面值，以外币认购。在境外上市时，可以采取境外存股凭证形式或者股票的其他派生形式。在境外上市的外资股除了应符合我国的有关法规外，还须符合上市所在地国家或者地区证券交易所制定的上市条件。依法持有境外上市外资股、其姓名或者名称登记在公司股东名册上的境外投资人，为公司的境外上市外资股股东。

境外上市外资股主要由H股、N股、S股等构成。H股是指注册地在我国内地、上市地在我国香港的外资股。香港的英文是HONG KONG，取其首字母，在香港上市的外资股被称为"H股"。以此类推，纽约的第一个英文字母是N，新加坡的第一个英文字母是S，伦敦的第一个英文字母是L，因此，在纽约、新加坡、伦敦上市的外资股分别被称为"N股""S股""L股"。

第二节　债券

一、债券概述

债券是依照法定程序发行，承诺按规定利率支付利息并约定在一定期限内偿还本金的有价证券。债券的本质是债权凭证，具有法律效力。债券购买者与发行者之间是一种债权债务关系，债券发行人是债务人，投资者（或债券持有人）是债权人。

（一）债券的基本要素

债券作为证明债权债务关系的凭证，一般以有一定格式的票面形式来表现。通常，债券票面上有四个基本要素。

1. 债券的票面价值

债券的票面价值是债券票面标明的货币价值，是债券发行人承诺在债券到期日偿还给债券持有人的金额。在债券的票面价值中，首先，要规定票面价值的币种，即以何种货币作为债券价值的计量标准。其次，要规定债券的票面金额。票面金额大小不同，可以适应不同的投资对象，同时也会产生不同的发行成本。

2. 债券的到期期限

债券到期期限是指债券从发行之日起至偿清本息之日止的时间，也是债券发行人承诺履行合同义务的全部时间。各种债券有不同的偿还期限，短则几个月，长则几十年，习惯上有短期债券、中期债券和长期债券之分。发行人在确定债券期限时，要考虑资金使用方向、市场利率变化、债券的变现能力等多种因素的影响。

3. 债券的票面利率

债券票面利率也称名义利率，是债券年利息与债券票面价值的比率，通常年利率用百分数表示。利率是债券票面要素中不可缺少的内容。债券利率有多种形式，如单利、复利和贴现利率等。

4. 债券发行者名称

这一要素指明了该债券的债务主体，既明确了债券发行人应履行对债权人偿还本息的义务，也为债权人到期追索本金和利息提供了依据。

需要说明的是，以上四个要素虽然是债券票面的基本要素，但它们并非一定在债券票面上印制出来。在许多情况下，债券发行者是以公布条例或公告形式向社会公开宣布某债券的期限与利率，只要发行人具备良好的信誉，投资者也会认可接受。

（二）债券的特征

债券具有偿还性、流动性、安全性、收益性等特征。

（1）偿还性是指债券有规定的偿还期限，债务人必须按期向债权人支付利息和偿还本金。历史上，曾有国家发行过无期公债或永久性公债。这种公债无固定偿还期，持券者不能要求政府清偿，只能按期取息。

（2）流动性是指债券期满后，可以随时按规定向发行单位一次收回本金和利息。在到期前，债券一般都可以在流通市场上自由转让。

（3）安全性是指债券通常有固定的利率，且期满时本金偿还，与企业绩效没有直接联系，收益比较稳定，风险较小。此外，在企业破产时，债券持有者享有对企业剩余资产的优先索取权。

（4）收益性主要表现在两个方面，一是投资债券可以给投资者定期或不定期地带来利息收入；二是投资者可以利用债券价格的变动，买卖债券赚取差额。

二、债券的分类

债券种类很多，在债券的历史发展过程中出现过许多不同品种的债券，各种债券共同构成了债券体系。债券可以依据不同的标准分类。

（一）政府债券、金融债券和公司债券——按发行主体分类

（1）政府债券的发行主体是政府。中央政府发行的债券被称为国债，其主要用途是解决由政府投资的公共设施或重点建设项目的资金需要和弥补国家财政赤字。

（2）金融债券的发行主体是银行或非银行金融机构。金融机构一般有雄厚的资金实力，信用度较高，因此，金融债券往往也有良好的信誉。发行债券是金融机构的主动负债，金融机构有更大的主动权和灵活性。金融债券的期限以中期较为多见。

（3）企业债券是企业为筹集投资资金而发行的债券，有广义和狭义之分。广义的企业债券泛指

一般企业和股份公司发行的债券,狭义的企业债券仅指股份公司发行的债券。

(二)贴现债券、附息债券、息票累积债券——按付息方式分类

(1)贴现债券是指在票面上不规定利率,发行时按某一折扣率,以低于票面金额的价格发行,发行价与票面金额之差额相当于预先支付的利息,到期时按面额还本的债券。

(2)附息债券在合约中明确规定,在债券存续期内,对持有人定期支付利息(通常每半年或每年支付一次)。按照计息方式不同,这类债券还可细分为固定利率债券和浮动利率债券两大类。固定利率债券是在债券存续期内票面利率不变的债券。浮动利率债券是在票面利率的基础上参照预先确定的某一基准利率予以定期调整的债券。有些附息债券可以根据合约条款推迟支付定期利率,故被称为"缓息债券"。

(3)息票累积债券与附息债券相似,虽然也规定了票面利率,但债券持有人必须在债券到期时一次性获得本息,存续期间没有利息支付。

(三)公募债券和私募债券——按募集方式分类

(1)公募债券是指发行人向不特定的社会公众投资者公开发行的债券。公募债券的发行量大,持有人数众多,可以在公开的证券市场上市交易,流动性好。

(2)私募债券是指向特定的投资者发行的债券。私募债券的发行对象一般是特定的机构投资者。

(四)担保债券和无担保债券——按担保性质分类

(1)担保债券又可分为抵押债券、质押债券和保证债券等多种形式。抵押债券指筹资人为保证债券的还本付息,以土地、设备、房屋等不动产做担保而发行的债券。当债券发行单位不能履行还本付息义务时,债券持有人有权变卖抵押来抵偿。在现代企业债券中,抵押公司债券占很大的比重。质押债券,亦称抵押信托债券,是指以公司拥有的其他单位的有价证券(股票或债券)作为担保品而发行的债券。通常情况下,发行这种债券须将作为担保品的证券,交给作为受托人的信托机构,当债券发行单位到期不能清偿时,即由受托人处理质押的证券并代为偿债。保证债券是指由第三者担保偿还本息的债券,担保人一般是政府、银行、其他企业等。

(2)无担保债券亦称信用债券,是指不提供任何形式的担保,仅凭筹资人的信用而发行的债券。一般说来,国债、地方政府债券和金融债券都属于信用债券。此外,一些信誉较高的企业也可发行信用债券,但为保证投资者的利益,发行信用债券的企业常要受到很多限制,如企业不得随意增加债务,在信用债券未清偿之前,股东分红也需有限制等。

(五)实物债券、凭证式债券和记账式债券——按债券形态分类

(1)实物债券是一种具有标准格式实物券面的债券。在标准格式的债券券面上,一般印有债券面额、债券利率、债券期限、债券发行人全称、还本付息方式等各种债券票面要素。有时债券利率、债券期限等要素也可以通过公告向社会公布,而不在债券券面上注明。无记名国债就属于这种实物债券,它以实物券的形式记录债权、面值等,不记名,不挂失,可上市流通。实物债券是一般意义上的债券,很多国家通过法律或者法规对实物债券的格式予以明确规定。

(2)凭证式债券的形式是债权人认购债券的一种收款凭证,而不是债券发行人制定的标准格式的债券。我国 1994 年开始发行凭证式国债。我国的凭证式国债通过各银行储蓄网点和财政部门国债服务部面向社会发行,券面上不印制票面金额,而是根据认购者的认购额填写实际的缴款金额,是一种国家储蓄债，可记名、挂失，以凭证式国债收款凭证记录债权，不能上市流通，从购买之日起计息。

（3）记账式债券是没有实物形态的票券，利用证券账户通过计算机系统完成债券发行、交易及兑付的全过程。我国 1994 年开始发行记账式国债。目前上海证券交易所和深圳证券交易所已为证券投资者建立了电子证券账户，发行人可以利用证券交易所的交易系统来发行债券。投资者进行记账式债券买卖，必须在证券交易所设立账户。记账式国债可以记名、挂失，安全性较高，同时由于记账式债券的发行和交易均无纸化，所以发行时间短，发行效率高，交易手续简便，成本低，交易安全。

第三节 证券投资基金

一、证券投资基金概述

（一）证券投资基金概念

证券投资基金是指通过公开发售基金份额募集资金，由基金托管人托管，由基金管理人管理和运用资金，为基金份额持有人的利益，以资产组合方式进行证券投资的一种利益共享、风险共担的集合投资方式。

作为一种大众化的信托投资工具，各个国家和地区对证券投资基金的称谓不尽相同。例如，美国称共同基金，英国和我国香港地区称单位信托基金，日本和我国台湾地区则称证券投资信托基金等。

随着社会经济的发展，证券投资基金从无到有，从小到大，尤其是 20 世纪 70 年代以来，随着全球投资规模的剧增与现代金融业的创新，品种繁多、名目各异的基金风起云涌，形成了一个庞大的产业。以美国为例，2010 年年底，美国共同基金的资产总额已达 11.8 万亿美元。基金业已经与银行业、证券业、保险业并驾齐驱，成为现代金融体系的四大支柱之一。

（二）证券投资基金的特点

证券投资基金之所以在许多国家受到投资者的广泛欢迎，发展迅速，与证券投资基金本身的特点有关。作为一种现代化投资工具，证券投资基金的特点是十分明显的。

1. 集合投资

基金的特点是将零散的资金汇集起来，交给专业机构投资于各种金融工具，以谋取资产的增值。基会对投资的最低限额要求不高，投资者可以根据自己的经济能力决定购买数量，有些基金甚至不限制投资额大小，因此，基金可以最广泛地吸收社会闲散资金，集腋成裘，汇成规模巨大的投资资金。在参与证券投资时，资本越雄厚，优势越明显，而且可能享有大额投资在降低成本上的相对优势，从而获得规模效益的好处。

2. 分散风险

以科学的投资组合降低风险、提高收益是基金的另一大特点。在投资活动中，风险和收益总是并存的，因此，"不能将鸡蛋放在一个篮子里"。但是，要实现投资资产的多样化，需要一定的资金实力。对小额投资者而言，由于资金有限，很难做到这一点，而基金则可以帮助中小投资者解决这个困难，即可以凭借其集中的巨额资金，在法律规定的投资范围内进行科学的组合，分散投资于多种证券，实现资产组合多样化。通过多元化的投资组合，一方面借助于资金庞大和投资者众多的优势使每个投资者面临的投资风险变小；另一方面，利用不同投资对象之间收益率变化的相关性，达到分散投资风险的目的。

3. 专业理财

将分散的资金集中起来以信托方式交给专业机构进行投资运作，既是证券投资基金的一个重要特点，也是它的一个重要功能。基金实行专业理财制度，由受过专门训练、具有比较丰富的证券投资经验的专业人员运用各种技术手段收集、分析各种信息资料，预测金融市场上各个品种的价格变动趋势，制订投资策略和投资组合方案，从而可以避免投资决策失误，提高投资收益。对于那些没有时间，或者对市场不太熟悉的中小投资者来说，投资基金可以分享基金管理人在市场信息、投资经验、金融知识和操作技术等方面拥有的优势，从而尽可能避免盲目投资带来的失误。

（三）证券投资基金的作用

1. 基金为中小投资者拓宽了投资渠道

对中小投资者来说，存款或购买债券较为稳妥，但收益率较低；投资于股票有可能获得较高收益，但风险较大。证券投资基金作为一种新型的投资工具，将众多投资者的小额资金汇集起来进行组合投资，由专家来管理和运作，经营稳定，收益可观，为中小投资者提供了较为理想的间接投资工具，大大拓宽了中小投资者的投资渠道。在美国，有50%左右的家庭投资于基金，基金占所有家庭资产的40%左右，基金已进入了寻常百姓家，成为大众化的投资工具。

2. 有利于证券市场的稳定和发展

证券市场的稳定与否同市场的投资者结构密切相关。基金的出现和发展，能有效改善证券市场的投资者结构。基金由专业投资人士经营管理，其投资经验比较丰富，收集和分析信息的能力较强，投资行为相对理性，客观上能起到稳定市场的作用。同时，基金一般注重资本的长期增长，多采取长期的投资行为，较少在证券市场上频繁进出，能减少证券市场的波动。此外，基金作为一种主要投资于证券市场的金融工具，它的出现和发展增加了证券市场的投资品种，扩大了证券市场的交易规模，起到了丰富和活跃证券市场的作用。

（四）证券投资基金与股票、债券的区别

（1）反映的经济关系不同。股票反映的是所有权关系，债券反映的是债权债务关系，基金反映的则是信托关系，但公司型基金除外。

（2）筹集资金的投向不同。股票和债券是直接投资工具，筹集的资金主要投向实业，而基金是间接投资工具，筹集的资金主要投向有价证券等金融工具。

（3）收益风险水平不同。股票的直接收益取决于发行公司的经营效益，不确定性强，投资于股票有较大的风险。债券的直接收益取决于债券利率，而债券利率一般是事先确定的，投资风险较小。基金主要投资于有价证券，投资选择灵活多样，从而使基金的收益有可能高于债券，投资风险又可能小于股票。因此，基金能满足那些不能或不宜直接参与股票、债券投资的个人或机构的需要。

二、证券投资基金的分类

（一）契约型基金和公司型基金——按基金的组织形式

1. 契约型基金

契约型基金又称为单位信托基金，是指将投资者、管理人、托管人三者作为信托关系的当事人，通过签订基金契约的形式发行受益凭证而设立的一种基金。契约型基金起源于英国，后来在中国香港、新加坡等十分流行。契约型基金是基于信托原理而组织起来的代理投资方式，通过基金契约来规范三方当事人的行为。基金管理人负责基金的管理操作；基金托管人作为基金资产的名义持有人，负责基金资产的保管和处置，对基金管理人的运作实行监督。

2. 公司型基金

公司型基金是依据基金公司章程设立，在法律上具有独立法人地位的股份投资公司。公司型基金以发行股份的方式募集资金，投资者购买基金公司的股份后，以基金持有人的身份成为投资公司的股东，凭其持有的股份依法享有投资收益。公司型基金在组织形式上与股份有限公司类似，由股东选举董事会，由董事会选聘基金管理公司，基金管理公司负责管理基金的投资业务。

契约型基金和公司型基金在法律依据、组织形式以及有关当事人的地位等方面是不同的，但它们都是把投资者的资金集中起来，按照基金设立时规定的投资目标和策略，将基金资产分散投资于众多的金融产品上，获取收益后再分配给投资者的投资方式。

（二）封闭式基金和开放式基金——按基金运作方式

1. 封闭式基金

封闭式基金是指经核准的基金总份额在基金合同期限内固定不变，基金份额可以在依法设立的证券交易场所交易，但基金份额持有人不得赎回的基金。封闭式基金的期限是指基金的存续期，即基金从成立起到终止之间的时间。基金期限届满即为基金终止，管理人应组织清算小组对基金资产进行清产核资，并将清产核资后的基金净资产按照投资者的出资比例进行公正合理的分配。

2. 开放式基金

开放式基金是指基金份额总额不固定，基金份额可以在基金合同约定的时间和场所申购或者赎回的基金。为了满足投资者赎回资金、实现变现的要求，开放式基金一般都从所筹资金中拨出一定比例，以现金形式保持这部分资产。这虽然会影响基金的盈利水平，但作为开放式基金来说是必需的。封闭式基金与开放式基金有以下主要区别。

（1）期限不同。封闭式基金有固定的存续期，通常在5年以上，一般为10年或15年，经受益人大会通过并经监管机构同意可以适当延长期限。开放式基金没有固定期限，投资者可随时向基金管理人赎回基金份额，若大量赎回甚至会导致基金清盘。

（2）发行规模限制不同。封闭式基金的基金规模是固定的，在封闭期限内未经法定程序认可不能增加发行。开放式基金没有发行规模限制，投资者可随时提出申购或赎回申请，基金规模随之增加或减少。

（3）基金份额交易方式不同。封闭式基金的基金份额在封闭期限内不能赎回，持有人只能在证券交易场所出售给第三者，交易在基金投资者之间完成。开放式基金的投资者则可以在首次发行结束一段时间后，随时向基金管理人或其销售代理人提出申购或赎回申请，绝大多数开放式基金不上市交易，交易在投资者与基金管理人或其销售代理人之间进行。

（4）基金份额的交易价格计算标准不同。封闭式基金与开放式基金的基金份额除了首次发行价都是按面值加一定百分比的购买费计算外，以后的交易计价方式不同。封闭式基金的买卖价格受市场供求关系的影响，常出现溢价或折价现象，并不必然反映单位基金份额的净资产值。开放式基金的交易价格则取决于每一基金份额净资产值的大小，其申购价一般是基金份额净资产值加一定的购买费，赎回价是基金份额净资产值减去一定的赎回费，不直接受市场供求影响。

（5）交易费用不同。投资者在买卖封闭式基金时，在基金价格之外要支付手续费；投资者在买卖开放式基金时，则要支付申购费和赎回费。

（6）投资策略不同。封闭式基金在封闭期内基金规模不会减少，因此可进行长期投资，基金资产的投资组合能有效地在预定计划内进行。开放式基金因基金份额可随时赎回，为应付投资者随时赎回兑现，所募集的资金不能全部用来投资，更不能把全部资金用于长期投资，必须保持基金资产的流动性，在投资组合上须保留一部分现金和高流动性的金融工具。

（三）债券基金、股票基金、货币市场基金、衍生证券基金——按投资标的

1. 债券基金

债券基金是一种以债券为主要投资对象的证券投资基金。由于债券的年利率固定，因而这类基金的风险较低，适合于稳健型投资者。债券基金的收益会受市场利率的影响，此外，如果基金投资于境外市场，汇率也会影响基金的收益，管理人在购买国际债券时，往往还需要在外汇市场上进行套期保值。按我国《证券投资基金运作管理办法》的规定，80%以上的基金资产投资于债券的，为债券基金。

2. 股票基金

股票基金是指以上市股票为主要投资对象的证券投资基金。股票基金的投资目标侧重于追求资本利得和长期资本增值。基金管理人拟定投资组合，将资金投放到一个或几个国家甚至全球的股票市场，以达到分散投资、降低风险的目的。股票基金可以细分为多种类型，其中较有代表性的是按投资目标不同，分为价值型股票基金、成长型股票基金和平衡型股票基金。价值型基金主要投资于收益稳定、价值被低估、安全性较高的股票；成长型基金主要投资于收益增长速度快、未来发展潜力大的股票；同时投资于价值型股票和成长型股票的基金是平衡型基金。由于股票投资基金聚集了巨额资金，几只甚至1只大规模的基金就可以引发股市动荡，所以各国政府对股票基金的监管都十分严格，不同程度地规定了基金购买某一家上市公司的股票总额不得超过基金资产净值的一定比例，以防止基金过度投机和操纵股市。按我国《证券投资基金运作管理办法》的规定，60%以上的基金资产投资于股票的，为股票基金。

3. 货币市场基金

货币市场基金是以货币市场工具为投资对象的一种基金，其投资对象期限较短，一般在1年以内，包括银行短期存款、国库券、公司短期债券、银行承兑票据及商业票据等货币市场工具。按我国《证券投资基金运作管理办法》的规定，仅投资于货币市场工具的，为货币市场基金。货币市场基金的优点是资本安全性高，购买限额低，流动性强，收益较高，管理费用低，有些还不收取赎回费用。因此，货币市场基金通常被认为是低风险的投资工具。

4. 衍生证券基金

衍生证券基金是一种以衍生证券为投资对象的基金，包括期货基金、期权基金、认股权证基金等。这种基金风险大，因为衍生证券一般是高风险的投资品种。

（四）成长型、收入型和平衡型投资基金——按风险与收益特征

1. 成长型投资基金

成长型投资基金以资本长期增值为目标，重点投资有较大升值潜力的公司和成长性行业。为实现最大限度的增值目标，成长型基金通常很少分红，而是将投资所得的股息、红利和盈利进行再投资。

2. 收入型投资基金

收入型投资基金以追求现金股息收益为目标，重点投资收入稳定的绩优股、债券、可转让大额定期存单等有价证券，同时倡导现金分红。

3. 平衡型投资基金

平衡型投资基金的风险和收益特征介于成长型和收入型投资基金之间，既追求长期资本增值，又追求现金收益，主要投资于债券、优先股和部分普通股，且上述各类有价证券在投资组合中有比较稳定的组合比例。

（五）主动型基金和被动型基金——按投资理念

1. 主动型基金

主动型基金认为人可以战胜市场，力图取得超越基准组合表现的基金。

2. 被动型基金

被动型基金一般选取特定指数作为跟踪对象，因此通常又被称为指数基金。指数基金是 20 世纪 70 年代以来出现的新的基金品种。由于其投资组合模仿某一股价指数或债券指数，收益随着即期的价格指数上下波动，因此当价格指数上升时，基金收益增加；反之，收益减少。基金因始终保持即期的市场平均收益水平，因而收益不会太高，也不会太低。

指数基金的优势如下。

（1）费用低廉，指数基金的管理费较低，尤其交易费用较低。

（2）风险较小，由于指数基金的投资非常分散，可以完全消除投资组合的非系统风险，而且可以避免由于基金持股集中带来的流动性风险。

（3）在以机构投资者为主的市场中，指数基金可获得市场平均收益率。

（4）指数基金可以作为避险套利的工具。对于投资者尤其是机构投资者来说，指数基金是他们避险套利的重要工具。

（六）公募基金和私募基金——按募集方式

1. 公募基金

公募基金是可以面向社会公众公开发售的基金。公募基金可以向社会公众公开发售基金份额和宣传推广，基金募集对象不固定；基金份额的投资金额要求较低，适合中小投资者参与；基金必须遵守有关的法律法规，接受监管机构的监管并定期公开相关信息。

2. 私募基金

私募基金是向特定的投资者发售的基金。私募基金不能公开发售和宣传推广，只能采取非公开方式发行；基金份额的投资金额较高，风险较大，监管机构对投资者的资格和人数会加以限制；基金的投资范围较广，在基金运作和信息披露方面所受的限制和约束较少。

（七）ETF 基金和 LOF 基金——特殊类型基金

1. ETF 基金

ETF（exchange traded funds）为**交易所交易基金**，上海证券交易所则将其定名为交易型开放式指数基金。ETF 是一种在交易所上市交易的、基金份额可变的一种基金运作方式。ETF 结合了封闭式基金与开放式基金的运作特点，一方面可以像封闭式基金一样在交易所二级市场买卖，另一方面又可以像开放式基金一样申购、赎回。不同的是，它的申购是用一篮子股票换取 ETF 份额，赎回时也是换回一篮子股票而不是现金。这种交易方式使该类基金存在一级、二级市场之间的套利机制，可有效防止类似封闭式基金的大幅折价现象。

2. LOF 基金

LOF（listed open-ended funds）为**上市开放式基金**，是一种既可以同时在场外市场进行基金份额申购、赎回，又可以在交易所进行基金份额交易和基金份额申购或赎回，并通过份额转托管机制将场外市场与场内市场有机地联系在一起的一种开放式基金。

尽管同样是交易所交易的开放式基金，但就产品特性看，深圳证券交易所推出的 LOF 在世界范围内具有首创性。与 ETF 相区别，LOF 不一定采用指数基金模式，也可以是主动管理型基金；同时，申购和赎回均以现金进行，对申购和赎回没有规模上的限制，可以在交易所申购、赎回，也可以在代销网点进行。LOF 所具有的可以在场内外申购、赎回，以及场内外转托管的制度安排，使 LOF 不会出现封闭式基金大幅度折价交易的现象。2004 年 10 月 14 日，南方基金管理公司募集设立了南方积极配置证券投资基金（LOF），并于 2004 年 12 月 20 日在深圳证券交易所上市交易。

第四节　金融衍生工具

金融衍生工具又称"金融衍生产品"，是与基础金融工具相对应的一个概念，它建立在基础产品或基础金融变量之上，其价格取决于基础金融产品价格变动的派生金融产品。这里所说的基础产品是一个相对的概念，不仅包括债券、股票、银行定期存款单等现货金融产品，也包括金融衍生工具。作为金融衍生工具基础的变量则包括利率、汇率、各类价格指数甚至天气（温度）指数。

一、金融衍生工具的特征

20 世纪 80 年代之后，衍生品市场的快速崛起成为市场经济史中最引人注目的事件之一。过去，通常把市场区分为商品（劳务）市场和金融市场，再根据金融市场工具的期限特征把金融市场分为货币市场和资本市场。然而，衍生品的普及改变了整个市场结构：它们连接起传统的商品市场和金融市场，并深刻改变了金融市场与商品市场的截然划分；衍生品的期限可以从几天扩展至数十年，已经很难将其简单地归入货币市场或是资本市场；其杠杆交易特征撬动了巨大的交易量，它们无穷的派生能力使所有的现货交易都相形见绌；衍生工具最令人着迷的地方还在于其强大的构造特性，不但可以用衍生工具合成新的衍生品，还可以复制出几乎所有的基础产品，它们具有的这种不可思议的能力已经改变了"基础产品决定衍生工具"的传统思维模式。

二、金融衍生工具的分类

金融衍生工具品种极为丰富，可以按多种形式分类。

（一）独立衍生工具和嵌入式衍生工具——按产品形态

独立衍生工具是指本身即为独立存在的金融合约，如期权合约、期货合约、互换合约等。

嵌入式衍生工具是指嵌入非衍生合同（以下简称"主合同"）中的衍生金融工具，该衍生工具使主合同的部分或全部现金流量将按照特定利率、金融工具价格、汇率、价格或利率指数、信用等级或信用指数，或类似变量的变动而发生调整。嵌入式衍生工具与主合同构成混合工具，如可转换公司债券等。

（二）交易所交易衍生工具和场外交易市场交易衍生工具——按交易场所

交易所交易衍生工具是指在有组织的交易所上市交易的衍生工具，如在股票交易所交易的股票期权产品，在期货交易所和专门的期权交易所交易的各类期货合约、期权合约等。

场外交易市场衍生工具是指通过各种通信方式而不是集中的交易所实行分散的、一对一交易的衍生工具。例如金融机构之间、金融机构与大规模交易者之间进行的各类互换交易和信用衍生品交易。近年来这类衍生品的交易量逐年增大，已经超过交易所市场的交易额，还发展出专业化的交易商。

（三）股权类产品衍生工具、货币衍生工具、利率衍生工具、信用衍生工具——按基础工具种类

股权类产品衍生工具是指以股票或股票指数为基础工具的金融衍生工具，主要包括股票期货、股票期权、股票指数期货、股票指数期权以及上述合约的混合交易合约。

货币衍生工具是指以各种货币作为基础工具的金融衍生工具，主要包括远期外汇合约、货币期货、货币期权、货币互换以及上述合约的混合交易合约。

利率衍生工具是指以利率或利率的载体为基础工具的金融衍生工具，主要包括远期利率协议、利率期货、利率期权、利率互换以及上述合约的混合交易合约。

信用衍生工具是指以基础产品蕴涵的信用风险或违约风险为基础变量的金融衍生工具，用于转移或防范信用风险，主要包括信用互换、信用联结票据等。

此外，还有相当数量的金融衍生工具是在非金融变量的基础上开发的，如用于管理气温变化风险的天气期货、管理政治风险的政治期货、管理巨灾风险的巨灾衍生产品等。

（四）金融远期合约、金融期货、金融期权和金融互换——按交易方法和特点

1. 金融远期合约

金融远期合约，指合约双方同意在未来日期按照固定价格买卖基础金融资产的合约。金融远期合约规定了将来交割的资产、交割的日期、交割的价格和数量，合约条款根据双方需求协商确定。金融远期合约主要包括远期利率协议、远期外汇合约和远期股票合约。

2. 金融期货

金融期货，指买卖双方在有组织的交易所内以公开竞价的形式达成的，在将来某一特定时间交收标准数量特定金融工具的协议。金融期货主要包括货币期货、利率期货、股票指数期货和股票期货四种。

3. 金融期权

金融期权，指合约买方向卖方支付一定费用，称为期权费或期权价格，在约定时间内享有按事先

确定的价格向合约卖方交易某种金融工具的权利的契约。金融期权包括现货期权和期货期权两大类。

4. 金融互换

金融互换，指两个或两个以上的当事人按共同商定的条件，在约定的时间内定期交换现金流的金融交易。金融互换可分为货币互换、利率互换、股权互换、信用违约互换等类别。

以上4种常见的金融衍生工具通常也称作建构模块工具，它们是最简单和最基础的金融衍生工具，而利用其结构化特性，通过相互结合或者与基础金融工具相结合，能够开发设计出更多具有复杂特性的金融衍生产品，后者通常被称为结构化金融衍生工具，或简称为结构化产品。例如，在股票交易所交易的各类结构化票据、我国各家商业银行推广的外汇结构化理财产品等都是其典型代表。

三、金融衍生工具的特点

金融衍生工具具有下列4个显著特性。

（一）跨期性

金融衍生工具是交易双方通过对利率、汇率、股价等因素变动趋势的预测，约定在未来某一时间按照一定条件进行交易或选择是否交易的合约。无论是哪一种金融衍生工具，都会影响交易者在未来一段时间内或未来某时点上的现金流，跨期交易的特点十分突出。这就要求交易双方对利率、汇率、股价等价格因素的未来变动趋势做出判断，而判断的准确与否直接决定了交易者的交易盈亏。

（二）杠杆性

金融衍生工具交易一般只需要支付少量的保证金或权利金就可签订远期大额合约或互换不同的金融工具。例如，若期货交易保证金为合约金额的5%，则期货交易者可以控制20倍于所投资金额的合约资产，实现以小博大的效果。在收益可能成倍放大的同时，投资者所承担的风险与损失也会成倍放大，基础工具价格的轻微变动也许就会带来投资者的大盈大亏。金融衍生工具的杠杆效应一定程度上决定了它的高投机性和高风险性。

（三）联动性

联动性指金融衍生工具的价值与基础产品或基础变量紧密联系、规则变动。例如，股指期货价格与其标的资产——股票指数的变动联系极为紧密。股票指数是股指期货的基础资产，对股指期货价格的变动具有很大影响。通常，金融衍生工具与基础变量相联系的支付特征由衍生工具合约规定，其联动性既可以是简单的线性关系，也可以表达为非线性函数或者分段函数。

（四）不确定性或高风险性

金融衍生工具的交易后果取决于交易者对基础工具（变量）未来价格（数值）的预测和判断的准确程度。基础工具价格的变幻莫测决定了金融衍生工具交易盈亏的不稳定性，这是金融衍生工具高风险性的重要诱因。金融衍生工具通常存在以下6种风险。

（1）交易中对方违约，没有履行所作承诺造成损失的信用风险。

（2）因资产或指数价格不利变动可能带来损失的市场风险。

（3）因市场缺乏交易对手而导致投资者不能平仓或变现所带来的流动性风险。

（4）因交易对手无法按时付款或交割可能带来的结算风险。

（5）因交易或管理人员的人为错误、系统故障或控制失灵而造成的运作风险。

（6）因合约不符合所在国法律，无法履行或合约条款遗漏及模糊导致的法律风险。

四、金融衍生工具的功能

金融衍生工具对现代经济的功能主要体现在以下 3 个方面。

（一）转移风险

现货市场价格的频繁变动给投资者带来较多的风险。非系统性风险通常可以分散投资的方式将风险的影响减到最小，而系统性风险则难以通过分散投资的方法规避。金融衍生工具恰恰创造出了转移系统性风险的合理机制。通过套期保值就可以实现规避风险，如通过股票和股指期货市场的反向操作就可以达到该目的。

（二）价格发现

在衍生金融工具交易中，市场参与者根据市场信号和对金融资产的价格走势进行预测，反复进行金融衍生品的交易。大量的交易通过平衡供求关系，能够较为准确地为金融基础产品形成统一的市场价格。例如，在公开、高效的期货市场中，众多投资者的竞价有利于形成更能反映股票真实价值的股票价格。

（三）优化资产配置

金融衍生工具的出现，为投资者提供了更多的选择机会和对象，有利于优化资产组合。例如，由于股指期货采用保证金制度，交易成本很低，因此被机构投资者广泛用来作为资产配置的手段。如一个以债券为主要投资对象的机构投资者，认为近期股市可能出现大幅上涨，此时该机构投资者可用很少资金买股指期货，获得股市上涨的平均收益，提高资金总体的配置效率。另外，工商企业也可以利用衍生工具达到优化资产组合的目的。例如，通过利率互换业务，就会使企业降低贷款成本，从而实现资产组合的最优化。

思考与练习

1. 简要概述股票的基本特征。
2. 股利政策包括哪几个方面？
3. 我国股票的类型有哪些？
4. 简述债券的特征及分类。
5. 为什么一般股票的风险较大，而债券的风险较小？
6. 为什么要发行债券和股票？
7. 简述证券投资基金的特点和分类。
8. 比较证券投资基金与股票、债券的异同。
9. 封闭式基金与开放式基金有哪些主要区别？
10. 简述金融衍生工具的特点和功能。

证券市场是各种有价证券发行与交易场所及其与此相联系的组织与管理体系的总称。证券市场是完整的市场体系的重要组成部分，发挥着筹集资金、配置资源、处理信息、管理风险以及解决激励与约束等多种功能。本章主要介绍证券市场运行的相关知识，具体包括三方面的内容：证券发行市场、证券交易市场和证券市场指数。

第一节 | 证券发行市场

一、证券发行市场的构成

证券发行市场由发行者、投资者和中介机构等 3 个主体相互连接而成。发行者的证券发行规模和投资者的实际投资能力，决定证券发行市场的容量和发达程度；同时，为了确保发行事务顺利进行，使发行者和投资者都能顺畅地实现自己的目的，承购和包销证券的中介机构经常代发行者发行证券，并向发行者收取手续费。这样，证券发行市场就形成了以中介机构为中心，连接发行者与投资者，既满足资金需求者筹措资金，又为资金供给者提供投资的机会。

（一）发行者

发行者即证券发行公司，是指在证券发行市场上公开发行证券的机构。作为发行市场的主体，它们是资金需求者。发行者的多少、发行规模的大小、发行证券的种类和质量决定证券发行市场的规模和活跃程度。

（二）投资者

投资者，即资金供应者，其数量多少和资金实力大小同样制约着证券发行市场的规模。投资者包括私人投资者和机构投资者，后者主要是证券公司、信托公司、基金公司等金融机构和企业、事业机构、社会团体等。

（三）中介机构

在证券发行市场上，中介机构主要包括证券承销商、资产评估事务所、会计师事务所、审计事务所、律师事务所等。这些中介机构各有各的职能、权利和责任，且相互配合。

二、股票发行市场

（一）股票的发行方式

根据不同的分类方法，股票发行方式可以概括如下。

1. 公开发行与不公开发行

根据发行的对象，股票发行方式可以分为公开发行与不公开发行两种。

公开发行又称公募，是指事先没有特定的发行对象，向社会广大投资者公开推销股票的方式。采用这种方式，可以扩大股东的范围，分散持股，防止囤积股票或被少数人操纵，有利于提高公司的社会性和知名度，为以后筹集更多的资金打下基础。此外，公开发行还可增加股票的适销性和流通性。

不公开发行又叫私募，是指发行者只对特定的发行对象推销股票的方式。通常在以下两种情况下采用。一是股东配股，这种新股发行价格往往低于市场价格，事实上成为对股东的一种优待，一般股东都乐于认购。二是私人配售，又称第三者分摊，即股份公司将新股票分售给除股东以外有特殊关系的第三者。采用这种方式往往出于两种考虑：一是为了按优惠价格将新股分摊给特定者，以示照顾；二是当新股票发行遇到困难时，向第三者分摊以求支持，无论是股东配股还是私人配售，发行对象都是既定的。

2. 直接发行与间接发行

根据发行者推销股票的方式可以分为直接发行与间接发行。

直接发行又叫直接招股，是指股份公司自己承担股票发行的一切事务和发行风险，直接向认购者推销出售股票的方式。在一般情况下，只有不公开发行的股票或因公开发行有困难（如信誉低所致的市场竞争力差、承担不了大额的发行费用等）的股票，或是实力雄厚，有把握实现巨额私募以节省发行费用的大股份公司股票，才采用直接发行的方式。

间接发行又称间接招股，是指发行者委托证券发行中介机构出售股票的方式。这些中介机构作为股票的推销者，办理一切发行事务，承担一定的发行风险并从中提取相应的收益。股票的间接发行有如下3种方法。

（1）代销又称为代理招股，推销者只负责按照发行者的条件推销股票，在约定期限内能销多少算多少，期满仍销不出去的股票退还给发行者。由于全部发行风险和责任都由发行者承担，因此，代销手续费较低。

（2）承销又称余股承购，股票发行者与证券发行中介机构在签订推销合同时明确规定：在约定期限内，如果中介机构实际推销的结果未能达到合同规定的发行数额，其差额部分由中介机构自己承购下来。这种发行方法的特点是能够保证完成股票发行额度，一般较受发行者欢迎，而中介机构因需承担一定的发行风险，故承销费高于代销费。

（3）包销又称包买招股，当发行新股票时，证券发行中介机构先用自己的资金一次性地把将要公开发行的股票全部买下，然后再根据市场行情逐渐卖出，中介机构从中赚取买卖差价，若有滞销股票，中介机构减价出售或自己持有。由于发行者可以快速获得全部所筹资金，而推销者则要全部承担发行风险，因此，包销费高于代销费和承销费。

3. 有偿增资、无偿增资和搭配增资

按照投资者认购股票时是否交纳股金，可以划分为有偿增资、无偿增资和搭配增资。

有偿增资是指认购者必须先按股票的某种发行价格支付现款，方能获得股票的一种发行方式。一般公开发行的股票和私募中的股东配股、私人配售都采用有偿增资的方式。采用这种方式发行股票，可以直接从外界募集股本，增加股份公司的资本金。

无偿增资是指认购者不必向股份公司缴纳现金就可获得股票的发行方式。一般来说，发行对象只限于原股东。采用这种方式发行股票，不能直接从外界募集股本，而是依靠减少股份公司的公积金或盈余结存来增加资本金，一般只在股票派息分红、股票分割和法定公积金或盈余转作资本配股时，才采用无偿增资的发行方式。无偿增资通常按比例将新股票无偿交付给原股东，其目的是增强股东信心和公司信誉；或为了调整资本结构。由于无偿发行要受资金来源的限制，因此，不能经常采用这种方式发行股票。

搭配增资是指股份公司向原股东分摊新股时，仅让股东支付发行价格的一部分就可获得一定数额股票的方式。例如，股东认购面额为 100 元的股票，只需支付 50 元就可以了，其余部分无偿发行，由公司的公积金充抵。这种发行方式也是对原股东的一种优惠，公司则可从他们那里再征集部分股金，以期快速实现增资计划。

上述这些股票发行方式，各有利弊及条件约束，股份公司在发行股票时，可根据自己的实际情况采用其中的某一方式，或同时采用几种方式。当前，世界各国采用最多、最普遍的方式是公开发行和间接发行。

（二）股票发行上市的步骤和核准程序

按照证监会的相关规定，我国企业首次发行股票至少需要经过以下 5 个环节。

1. 改制和设立

公司拟定改制重组方案，并聘请有证券从业资格的会计师事务所、律师事务所和有主承销商资格的证券公司等中介机构对拟改制的资产进行审计、评估、签署发起人协议和起草公司章程等文件，设置公司内部组织机构，设立股份有限公司。

2. 上市辅导

企业聘请辅导机构对其进行尽职调查、问题诊断、专业培训和业务指导，学习上市公司必备知识，完善组织结构和内部管理，规范企业行为，明确业务发展目标和募集资金投向，对照发行上市条件对存在的问题进行整改，准备首次公开发行申请文件。

3. 申请文件的申报与审核

企业和所聘请的中介机构，按照证监会的要求制作申请文件，保荐机构向证监会推荐并申报申请文件，证监会对申请文件进行初审，提交股票发行审核委员会审核。

4. 路演和询价

企业及保荐机构在主要的路演地对可能的投资者进行巡回推介活动，加深投资者对即将发行的股票的认知程度，并从中了解投资人的投资意向，发现投资需求和价值定位。

5. 发行与上市

发行申请经股票发行审核委员会审核通过后，证监会核准，企业在报刊上刊登招股说明书摘要及发行公告，公开发行股票，提交上市申请，办理股份的托管与登记，挂牌上市。

（三）股票的发行价格

1. 发行价格的种类

股票的发行价格就是股票在发行时向公众投资者出售的价格。股票发行价格可以分为以下 5 种。

（1）平价发行。又称为等价发行或面额发行，是指股票的发行价格与股票的票面金额相等。例如某公司股票面额为 1 元，发行时价格也是 1 元。股票平价发行，使股票的发行价格不受股票市场价格的影响，简单易行，但也缺乏灵活性。特别是在公司有可能溢价发行股票的情况下，等于自愿减少资本收益。

（2）溢价发行。是指股票的实际发行价格超过其票面金额。例如，面额 1 元的股票按 10 元的价格发行，多收的 9 元即为溢价。溢价带来的收益归该股份公司所有。股票溢价发行使发行股票的公司可以以少量投入筹集最大量的资本，为公司以后长远发展奠定良好的基础。股票有可能溢价发行的主要原因在于投资者预期该股票的收益率将大大高于同期银行存款或债券的利息率，也高于其他公司的股票收益率，愿意高价购买。

（3）时价发行。是指以流通市场上的股票价格（即时价）为基础确定发行价格。一般来说，时价要高于股票的面额，二者的差价即为溢价。时价发行与溢价发行的主要区别在于：时价发行既考虑资产增值，又考虑该股票在流通市场上的价格；溢价发行只考虑资产增值。

（4）折价发行。是指以低于面额的价格发行。折价发行有两种情况。一种是优惠性的，通过折价使认购者分享权益。例如，公司为了充分体现对现有股东优惠而采取搭配增资方式时，新股票的发行价格通常为票面价格的某一折扣，不足股票面额的部分由公司公积金抵补。另一种情况是该股票行情不佳，发行有一定困难，发行者与承销商共同议定一个折扣率，以吸引投资者认购。折价发行股票，会导致发行公司实收股本低于注册资本或章程中规定的已发行股票的金额，有悖于资本维持原则，对公司债权人非常不利。为此，各国一般都规定发行价格不得低于股票面额。

（5）中间价发行。是指股票的发行价格取股票面额和市场价格的中间值。这种价格通常是在时价高于面额，公司既需要增资，又需要照顾原有股东的情况下采用。中间价格发行对象一般为原股东。

2. 影响发行价格的因素

（1）国有企业依法改组设立的公司，发行人改制当年经评估确认的净资产所折股数可作为定价的重要参考。

（2）公司经营业绩特别是税后利润水平直接反映了一个公司经营状况的好坏，其高低直接关系股票的发行价格。在总股本和市盈率已定的前提下，税后利润越高，股票发行价格也就越高。

（3）公司发展潜力越大，意味着公司未来盈利趋势越确定，为此市场所能接受的发行市盈率也就越高，从而股票发行价格也就越高。

（4）如本次股票发行数量过大，为了确保销售期间内顺利发行股票，取得预定金额的资金，发行价格就应定得低一些；若发行量较少，询价期间申购情况较好，发行价格可略高一些。

（5）公司的成长受制于其所属产业和行业的兴衰、技术经济特点等因素的约束。如果公司属成长性行业，其发展前景就会比较好，从而对投资者的吸引力也就大；反之，如果公司属于夕阳产业，其发展前景欠佳，投资收益就相应较低。同时，行业的技术经济特点也不容忽视，如有的行业具有垄断性，有的行业市场稳定，有的行业投资周期长、见效慢等，都会对发行价格产生影响。此外，同行业上市公司的发行价格、当前市盈率也是决定发行价格高低的重要因素。

（6）二级市场的股票价格水平直接关系到一级市场的发行价格。一般而言，若二级市场处于"熊市"，则发行价格应定得低一些；若二级市场处于"牛市"，则发行价格可定得高一些。同时，发行价格的确定要给二级市场的运作留有适当的余地，以免股票上市后在二级市场上的定位发生困难，影响公司的声誉。

3. 确定发行价格的方法

（1）市盈率定价法。市盈率是指股票市场价格与盈利的比率，其本质意义在于测算投资的回收期，所以又称为本益比（P/E）。通过市盈率法确定股票发行价格，首先应依据注册会计师审核后的盈利预测计算出发行人的每股收益；然后根据二级市场的平均市盈率、发行人的行业情况、发行人的经营状况及其成长性等拟订发行市盈率；最后确定发行价格，即：发行价格=每股收益×发行市盈率。

（2）协商定价法是指由股票发行人与主承销商协商确定发行价格。发行人和主承销商在议定发行价格时，主要考虑二级市场股票价格的高低（通常用平均市盈率等指标来衡量）、市场利率水平、发行公司的未来发展前景、发行公司的风险水平和市场对新股的需求状况等因素。一般有以下两种方式。

固定价格方式。固定价格方式是指由发行人和主承销商在新股公开发行前商定一个固定价格，然后根据这个价格进行公开发售。

市场询价方式。这种方式确定新股发行价格一般包括两个步骤：首先，根据新股的价值、股票发行时二级市场运行状况、公司所处行业股票的市场表现等因素确定新股发行的价格区间；其次，主承销商协同上市公司的管理层进行路演，向投资者介绍和推介该股票，并向投资者发送预订邀请文件，征集在各个价位上的需求量，通过对反馈的投资者的预订股份单进行统计，主承销商和发行人对最初的发行价格进行修正，最后确定新股发行价格。

（3）竞价定价法是指由各股票承销商或者投资者以投标方式相互竞争确定股票发行价格。具体实施中有以下 3 种形式。

网上竞价。网上竞价指通过证券交易所电脑交易系统按集中竞价原则确定新股发行价格。新股竞价发行申报时，主承销商作为唯一的"卖方"，其卖出数为新股实际发行数，卖出价格为发行公司宣布的发行底价，投资者作为买方，以不低于发行底价的价格进行申报。

机构投资者（法人）竞价。新股发行时，采取对法人配售和对一般投资者上网发行相结合的方式，通过法人投资者竞价来确定股票发行价格。一般由主承销商确定发行底价，法人投资者根据自己的意愿申报申购价格和申购股数，申购结束后，由发行人和主承销商对法人投资者的有效申购数按照申购价格由高到低排序，根据事先确定的累计申购数量与申购价格的关系确定新股发行价格。

承销商竞价。在新股发行时，发行人事先通知股票承销商，说明发行新股的计划、发行条件和对新股承销的要求，各股票承销商根据自己的情况拟定各自的标书，以投标方式相互竞争股票承销业务，中标标书中的价格就是股票发行价格。

（4）净资产倍率法又称资产净值法，是指通过资产评估和相关会计手段确定发行人拟募股资产的每股净资产值，然后根据证券市场的状况将每股净资产值乘以一定的倍率，以此确定股票发行价格的方法。其公式为：发行价格=每股净资产值×溢价倍率。

（5）现金流量法是指选定恰当的折现率，将公司未来的收益折算为现值，借以确定股票发行价格。这是一种完全基于未来预测数据的方法，其基本原理是一项资产的价值等于该资产预期在未来所产生的全部现金流的现值总和。它是国际上评估企业价值的基本方法（详见第十二章）。

（四）股票发行与监管制度

发行与监管制度的核心内容是股票发行决定权的归属，目前国际上有两种倾向：一种是政府主导型，即核准制，要求发行人在发行证券过程中不仅要公开披露有关信息，而且必须符合一系列实质性的条件，这种制度赋予监管当局决定权；另一种是市场主导型，即注册制，股票发行之前，发行人必须按法定程序向监管部门提交有关信息，申请注册，并对信息的完整性、真实性负责，这种制度强调市场对股票发行的决定权。

1. 审批制

自 1990 年我国证券市场建立，直至 2000 年，我国股票发行制度一直实施的是行政审批制度。这种"审批制"是完全计划发行的模式，主要表现在以下几方面。

（1）额度管理。由国务院证券委会同国家计委制定年度或跨年度全国股票发行总额度，然后把总额度按条块分配给各地方政府和中央部委。

（2）两级行政审批。企业首先向其所在地地方政府或主管中央部委提交额度申请，再报送证监会复审，形成第二级审批。证监会对企业的质量、前景进行实质审查，并对发行股票的规模、价格、发行方式、时间等作出安排。

（3）价格限制。基本上采用定价发行方式，通过规定发行市盈率限制股票的发行价格。

2. 核准制

随着我国资本市场的发展，审批制的弊端日益显现，阻碍了资本市场的规范发展。为此，1999年实施的《证券法》明确规定："国务院证券管理机构依照法定条件负责核准股票发行申请"。2000年 3 月 6 日，《股票发行核准程序》颁布实施，标志着核准制的正式施行。核准制是证券监管部门根据法律法规所规定的股票发行条件，对按市场原则推选出的公司的发行资格进行审核，并做出核准与否决定的制度。核准制取消了由行政方法分配指标的做法，改为由主承销商推荐、发行审核委员会表决、证监会核准的办法。

与审批制相比，核准制的主要特点如下。

（1）由主承销商培育、选择和推荐企业，增加了主承销商的责任。

（2）企业可根据资本运营的需要选择股票发行规模，以适应企业持续成长的需要。

（3）由发行审核逐步转向强制性信息披露和合规性审核，以发挥股票发行审核委员会的独立审核功能。

（4）由发行人与主承销商协商决定发行价格，以充分反映公司股票的内在价值和投资风险。

（5）提倡和鼓励发行人和主承销商自主选择和创新股票发行方式，建立由证券发行人和承销商共担风险的机制。

核准制最初的实现形式是通道制，即对券商每年授予一定的发行股票的数目。通道的分配根据证券公司的规模大小而定，大的不超过 8 个通道，小的不少于 2 个通道。

通道制为监管部门调控市场供求关系提供了一种相对公平的机制，通过不良记分制、通道暂停与扣减等措施，提高了证券公司执业水准。但通道制没有改变股票发行"名额有限"的特点，且带有平均主义的色彩，也不能有效地敦促主承销商勤勉尽责。

3. 保荐制——核准制的优化

为了在现有框架内最大程度地发挥核准制的作用，中国证券监管部门引入了保荐代表人制度，并于 2004 年 2 月 1 日起正式实施。

保荐制是指由保荐机构（证券公司）负责发行人的上市推荐和辅导，核实公司发行文件中所载资料的真实、准确和完整，协助发行人建立严格的信息披露制度，不仅承担上市后持续督导的责任，还将责任落实到个人。通俗地讲，就是让证券公司和责任人对其承销发行的股票，负有一定的持续性连带担保责任。

保荐机构和保荐代表人资格不是终身制的。已注册登记为保荐代表人的，应当持续符合相关要求，同时两年内至少担任一个证券发行项目的保荐代表人，否则将被除名。保荐代表人可以正常有序流动。

三、债券发行市场

（一）债券发行条件

债券发行条件是指债券发行人在以债券形式筹集资金时所涉及的各项条款和规定，主要由发行额、票面金额、票面利率、期限、发行价格、付息方式、偿还方式、发行费用以及有无担保等方面的内容构成。

1. 发行额

发行额是一次发行债券所筹集的资金总额。企业应根据自身的资信状况、资金需求程度、市场承受能力、债券种类及该种债券对市场的吸引力等因素综合判断后再确定合适的发行额。发行额定得过高，会造成发售困难，进而影响发行人信誉，并对发行后债券的转让产生不良影响；发行额太小，又不易满足筹资的需求。

2. 票面金额

票面金额是债券券面表示的金额。债券票面金额的确定要考虑以下两个因素。

（1）投资者的购买能力。一般来说，如果采用公募方式向社会公众发行债券，票面金额不宜定得过高，否则会将小额投资者拒之门外；如果采用私募方式向法人投资者发行债券，则可考虑适当提高票面金额。

（2）成本测算。如果票面金额过低，就会增加发行数量，不仅增加印刷成本，还会使发行工作复杂化。因此，企业应根据不同投资者的需要，使债券面值多样化。

3. 票面利率

票面利率又称名义利率，是债券票面载明的利率，反映的是发债人每年向投资者支付的利息占票面金额的比率。票面利率的高低直接影响到发债人的融资成本和投资者的投资收益。票面利率可分为固定利率和浮动利率两种。一般地，企业应根据自身资信情况、公司承受能力、利率变化趋势、债券期限的长短以及对投资者的吸引力等因素决定选择何种利率形式与利率的高低。同时，债券票面利率高低还要符合国家相关政策。

4. 债券期限

从债券发行日起到偿还本息日止的这段时间称为债券的期限。企业通常要根据所需资金的性质和用途、对市场利率水平的预期、流通市场的发达程度、物价的变动趋势、市场上其他债券的期限构成及投资者的投资偏好等因素来确定发行债券的期限结构。一般而言，当资金需求量较大，债券流通市场较发达，利率有上升趋势时，可发行中长期债券，否则，应发行短期债券。

5. 发行价格

发行价格是指债券投资者认购新发行的债券时，实际支付的价格。债券的发行价格可以分为以下 3 种。

（1）平价发行，即按票面金额发行，一般是在债券利率与市场利率相同时采用。

（2）溢价发行，即以高于票面金额的价格发行，一般是在债券利率高于市场利率时采用。

（3）折价发行，即以低于票面金额的价格发行，一般是在债券利率低于市场利率时采用。因此，市场利率是确定债券利率的重要依据。

6. 付息方式

付息方式是指发债人在债券的有效期内，一次或按一定的时间间隔分次向债券持有人支付利息的方式。一次性付息又可分为利随本清方式（即债券到期时一次性还本付息）及利息预扣方式（即贴现发行方式）。企业可根据债券期限情况、筹资成本要求、对投资者的吸引力等因素确定不同的付息方式。一般而言，中长期债券可采取分期付息方式，短期债券则采取一次性付息方式。

7. 偿还方式

债券偿还方式需规定偿还金额、偿还日期以及偿还形式。按照债券偿还日期的不同，可分为期满偿还、期中偿还和延期偿还 3 种或可提前赎回和不可提前赎回两种；按照债券偿还形式的不同，可分为货币偿还、债券偿还和股票偿还 3 种。企业可根据自身实际情况和投资者的需求灵活决定。

8. 发行费用

发行费用是指发债人支付给有关发行中介机构、服务机构的各种费用。发债人应尽量减少发行费用，以降低发行成本。

9. 有无担保

有无担保是债券发行的重要条件之一。担保可以增加债券投资的安全性，减少投资风险，提高债券的吸引力。因此，企业可以根据自身的资信状况决定是否以担保形式发行债券。一般来说，除政府以及大的金融机构发行的债券可以没有担保外，其余的债券都应有担保条款。担保可分为信用担保和财产担保。

（二）债券发行程序

由于我国企业债券的发行总量须纳入国家信贷计划，发行审核程序也就随信贷计划而设定。一般需经过配额审核与资格审核两个环节。

1. 配额审核程序

申请企业债的发行配额审核要经过下列环节。

（1）发行人在发行债券前，须向其行业主管部门提出申请，只有在行业主管部门正式批准并且推荐的前提下，才能申请发行债券。

（2）该企业主管部门向省、自治区、直辖市或计划单列市的中国人民银行分行、计委申报发行配额。

（3）省、自治区、直辖市或计划单列市的人行分行、计委共同编制当地全国企业债券年度发行计划，并报中国人民银行总行和国家计委审核。

（4）中国人民银行总行、国家计委综合各地申报的发行计划，共同编制全国企业债券年度发行计划，并报国务院批准。

（5）全国企业债券年度发行计划被批准之后，由中国人民银行总行、国家计委联合将发行配额分给各省、自治区、直辖市和计划单列市。

（6）各省、自治区、直辖市和计划单列市中国人民银行分行与计委共同将发行配额分给企业或主管部门，企业获得发行配额，需得到中国人民银行各省、自治区、直辖市和计划单列市分行发放的"发行企业债券申请表"。

（7）发行债券所筹的资金如果用于固定资产的投资，还必须列入我国的"固定资产投资规模"之中。

2. 资格审核程序

公司在得到债券发行的配额之后，应向有权审核发行申请的国务院证券管理部门报送相关的申请文件。证券管理部门在审核发行申请时，主要考虑 3 个方面的问题，即发行人的资格、发行条件、禁止发行事由，在对这几个方面进行审查之后，做出批准发行或不予批准的决定，并且就不批准发行的理由向企业做出说明。

第二节 证券交易市场

一、证券交易市场结构

证券交易市场也称流通市场或二级市场，是已发行证券进行转让、买卖的场所。证券只有一次发行，却可以多次换手。因此，证券交易市场的规模要比发行市场大得多，影响也更大。证券交易市场可分为集中交易市场，即证券交易所和场外交易市场两大类。

（一）证券交易所

证券交易所是由证券管理部门批准的，为证券的集中交易提供固定场所和有关设施，并制定各项规则，以形成公正合理的价格和有条不紊的秩序的正式组织。

证券交易所有固定的交易地点和交易时间，接受和办理符合有关法律规定的证券买卖。但证券交易所与证券公司等证券经营机构不同，其本身不持有证券，也不从事证券买卖，更不能决定各种证券的价格。它只是为证券交易提供服务，并履行对证券交易的监管职能。

证券交易所的组织形式一般分为会员制和公司制两种。

（1）会员制证券交易所是以会员协会形式成立的、不以营利为目的的法人团体，主要由作为会员的证券商出资组成。只有会员及享有特许权的经纪人，才有资格在交易所中进行交易。交易所的一切费用由各会员分担，会员实行自治、自律、自我管理，交易中的一切责任由交易双方自行负责，交易所不负赔偿责任。会员制证券交易所的最高决策管理机构是理事会，理事会成员由会员选举产生。会员制证券交易所的优点是：会员制交易所不以营利为目的，收取的证券交易成交佣金一般较低；会员制证券交易所内部实行自律，各个会员不但自我约束，还相互约束，没有破产倒闭的可能。它的不足在于：会员制证券交易所内买卖双方需自负交易责任，不能取得交易所的赔偿，风险相对较大。目前，大多数国家的证券交易所都是会员制。我国的上海、深圳证券交易也实行会员制。

（2）公司制证券交易所是由投资者出资入股建立起来的、以盈利为目的的公司法人。公司制证券交易所的参加者主要是证券经纪人和证券自营商，他们与交易所签订合同，并缴纳营业保证金，交易所依法收取证券交易的佣金。交易所对在本所内的证券交易负有担保责任，必须设有赔偿基金。公司制证券交易所本身不参加证券买卖，只提供交易场地、设施和服务，其最高决策管理机构是董事会，董事和监事由股东大会选举产生，并规定证券商及其股东，不得担任证券交易所的董事、监理或经理，以确保交易所的经营者和参与者相分离。公司制证券交易所的优点是：既能提供比较完善的设备和服务，又能保证证券交易的公正性。瑞士的日内瓦证券交易所、香港联合交易所都采用公司制。

（二）场外交易市场

场外交易市场是相对于证券交易所交易而言的，凡是在证券交易所之外的证券交易活动都可称作场外交易。由于这种交易起先主要是在各证券商的柜台上进行的，因而也称为柜台交易（over the counter，OTC），是分散的、非组织化的市场。场外交易市场主要包括柜台市场、第三市场和第四市场。

1. 柜台市场

柜台市场是指在证券公司开设的柜台上进行交易活动。柜台交易市场上交易的证券主要是依照证券交易法公开发行但未在证券交易所上市的证券，有时也包括部分已上市证券；证券交易价格依照议价制方式确定；交易方式仅限于现货交易。

2. 第三市场

第三市场是指在证券商柜台上从事已在证券交易所上市证券的交易。因此，有人称第三市场是上市证券的场外交易市场。这部分交易原属于柜台市场范围，近年来由于交易量增大，其地位日益提高，以致许多人都认为它实际上已变成独立的市场。第三市场是为了适应大额投资者的需要发展起来的。一方面，机构投资者买卖证券的数量较大，如果由交易所的经纪人代理，须支付相当数量的佣金。为降低交易费用，机构投资者便把目光转向了交易所以外的柜台市场。另一方面，一些非交易所会员的证券商为了招揽业务，赚取较大利润，常以较低廉的费用吸引机构投资者，在柜台市场大量买卖上市证券。第三市场的交易价格，原则上是以交易所的收盘价为准。

3. 第四市场

第四市场是指证券交易不通过经纪人，而是通过电子计算机网络直接进行大宗证券买卖的场所。其特点是：证券交易活动完全脱离证券商的参与，由证券的买卖双方直接进行交易；证券交易活动借助计算机联网方式直接获得证券价格信息并完成证券的买进和卖出，买卖双方亦无须当面接洽；证券交易的数额较庞大。第四市场目前主要在美国开放，其他国家多停留于试验阶段。

二、证券商

根据《证券法》的规定，我国证券公司的证券业务包括四类，即证券经纪业务、证券自营业务、证券承销业务以及经国务院证券监督管理机构核定的其他证券业务。其中，综合类证券公司可同时经营上述四类业务中的数项，而经纪类证券公司只能从事证券经纪业务。这里主要介绍开展于证券交易市场的证券业务。

（一）证券经纪业务

证券经纪业务是证券公司在核定业务范围内，根据投资者发出的证券买卖指令，以投资者的名义和账户进行证券买卖并赚取佣金收入的行为。证券经纪业务是随着集中交易制度的实行而产生和发展起来的。由于在证券交易所内交易的证券种类繁多，数额巨大，而交易厅内席位有限，一般投资者不能直接进入证券交易所进行交易，只能通过特许的证券经纪商作中介来促成交易的完成。

在开展证券经纪业务过程中，证券公司与投资者之间属于委托关系。投资者是委托方，证券公司为受托方，投资者向证券经纪公司发出证券交易指令，证券公司依照该指令办理证券买卖业务。同时，投资者应向证券公司缴纳必要费用或佣金，并自行承担投资风险。

（二）证券自营业务

证券自营业务，是指证券公司以自有资金和依法筹集的资金，通过以自己名义开设的账户买卖有价证券、赚取差价并承担相应风险的行为。证券自营业务按业务场所一般分为两类：即场外（如柜台）自营买卖和场内（交易所）自营买卖。场外自营买卖是指证券经营机构通过柜台交易等方式，由客户和证券经营机构直接洽谈成交的证券交易；场内自营买卖是指证券经营机构在集中交易场所（证券交易所）自营买卖证券。在我国，证券自营业务一般是指场内自营买卖业务。

世界各国对场内自营买卖业务的规定较为复杂，如在美国纽约证券交易所，其经营证券自营业务的从业者又分为交易厅自营商和自营经纪人。前者只进行证券的自营买卖业务，而不办理委托业务；后者则在自营证券买卖业务的同时兼营代理买卖证券，但其代理的客户仅限于交易厅里的经纪人与自营商。此外，自营经纪人自营证券的目的并不像自营商那样追逐利润，而是为其所专业经营的几种证券维持连续市场，防止证券价格暴跌与暴涨。

在我国，证券自营业务专指证券经营机构为自己买卖上市证券的行为。上市证券包括在证券交易所挂牌交易的A股、基金、认股权证、国债、企业债券等。

三、证券交易方式

目前，世界各国的证券交易主要有以下几种方式。

（一）现货交易

现货交易又叫现货现金交易，它是指证券买卖成交以后，按当时的成交价格清算和交割的交易方式。它是证券交易中最古老的交易方式。从成交到交割的时间，各国长短不一，各种不同证券交易所也有所不同，包括当日交割（T+0）、次日交割（T+1），以及第三日交割等3种。可见，证券现货交易要求持有证券现货才能卖出证券，拥有足额资金才能买入证券。

（二）期货交易

期货交易又称期货合约交易，是指交易双方成交后，交割和清算要按契约中规定的价格和时间进行。在期货交易中，买卖双方签订合约时只需缴纳少量的保证金，只有到了约定的交割期时，买方才付货款，卖方才交出证券。按交易性质来分，股票期货交易的参加者可分为套期保值者和投机者，其中套期保值者的目的主要是想将股票的价格固定，以减少投资风险；而投机者则通过自己对市场的预测来购买股票期货合约。

（三）信用交易

信用交易又叫保证金交易或垫头交易，也就是通常所说的买空卖空，是指投资者在交付一定数额的保证金，并在允许的限度内，可通过经纪商借入资金购买证券或借入证券将其卖出。开展信用交易时，投资者必须签订一份抵押协议。协议赋予经纪商有将投资者利用保证金账户购买的证券作为贷款的担保品的权利。保证金交易可分为保证金多头交易和保证金空头交易。

（四）期权交易

期权交易。期权是一种选择权，期权的买方向卖方支付一定数额的权利金后，就拥有在一定时间内以一定的价格购买或出售一定数量的证券的权利。期权的买方行使权利时，卖方必须按期权合约规定的内容履行义务。但买方可以放弃行使权利，此时买方只是损失权利金，同时，卖方则赚取权利金。总之，期权的买方拥有执行期权的权利，无执行的义务；而期权的卖方只是履行期权的义务。期权可分为买入期权（call option）和卖出期权（put option）两种。

四、证券交易程序

投资者买卖证券，要经过开户、委托、竞价与成交、交割与清算、过户等程序。

（一）开户

投资者买卖证券一般通过委托经纪人的方式进行，需要在证券商处办理开户手续。同时，证券商要对要求开设账户的投资者进行资信等状况调查。开户时要同时开设证券账户和资金账户，证券交易以转账的方式进行。

（二）委托

投资者开户后，即可委托证券经纪商代为买卖证券。不同交易市场允许的委托种类是不同的。

1. 市价委托

市价委托（market order）指投资人限定数量而不限定价格，要求经纪商按当时最好的市价买卖证券。市场价委托的主要特点是速度快，交易量大，一般在投资者迫切需要买卖时使用，以消除不能及时成交带来的价格风险。从国外经验来看，散户使用这种委托方式较机构多，说明散户对交易的即时性要求较高。另外，在卖出时使用市价委托较买进时的比例较高，表明投资人在出仓时对时机的要求比进仓要高。

2. 限价委托

限价委托（limit order）指投资人除明确委托数量外，也限定了价格，经纪商不能违背客户指令以高于指定价格买入或低于指定价格卖出。换句话说，对于买入委托，投资者给出最高限价，经纪商只能以低于或等于最高限价的价格买入；对于卖出委托，投资者给出最低限价，经纪商只能以高于或等于最低限价的价格卖出。限价委托的好处是有利于客户控制买入成本和保证卖出收益，但也承担着因价格逆向变动所带来的无法成交的风险。

3. 止损委托

止损委托（stop order）可分为**止损买进委托**（stop order to buy）和**止损卖出委托**（stop order to sell）。前者是指投资者给定一个高于现行市价的止损价格，一旦市价涨至或高于该止损价格时，立即按市价委托买入；后者是指投资者给定一个低于现行市价的止损价格，一旦市价跌至或低于该止损价格时，立即按市价委托卖出。

4. 止损限价委托

止损限价委托（stop limit order）为止损委托再作价格限制。也就是说，当市价触及所设止损价格时，该委托自动变成限价委托。这种委托须设定两个价格：止损价和限定成交价，二者可相同也可以不同。止损买进限价委托通常是后者高于前者，且二者均比市价高；止损卖出限价委托通常是后者低于前者，且二者均比市价低。这种委托并不能保证在市价触及或穿过止损价时一定能成交，对比止损委托而言，止损功能较差，一般较少使用。

5. 触及市价委托

触及市价委托（market if touched，MIT）是指一旦市价触及所设定价格，该委托自动变成市价委托。MIT 的委托功能与限价委托类似，但交易所交易规则一般不利于限价委托的执行，比较而言，MIT 具有更高的成交概率。MIT 与止损委托的最大区别在于，买进委托所设价格通常较市价低，卖出委托所设价格通常较市价高。

（三）竞价与成交

1. 竞价原则

证券交易所内的证券交易按"价格优先、时间优先"的原则竞价成交。价格优先原则表现为：价格较高的买进申报优先于价格较低的买进申报，价格较低的卖出申报优先于价格较高的卖出申报；时间优先原则表现为：同价值申报，依照申报时序决定优先顺序，即买卖方向、价格相同的，先申报者优先于后申报者。先后顺序按证券交易所交易主机接受申报的时间确定。

2. 竞价方式

证券交易所一般采用集合竞价和连续竞价两种方式。

（1）集合竞价，是将全部有效委托进行一次集中撮合处理的过程。集合竞价确定成交价的原则如下。

① 在有效价格范围内，选取所有有效委托产生最大成交量的价位。如果有两个以上这样的价位，则依以下规则选取成交价：高于选取价格的所有买方有效委托和低于选取价格的所有卖方有效委托价格能够全部成交，与选取价格相同的委托的一方必须全部成交。如满足以上的价位仍有多个，则选取离上日收市价最近的价位。

② 进行集中撮合处理。所有买方有效委托按照委托限价由高到低的顺序排列，限价相同者按照进入撮合主机的时间先后排列。所有委托卖方有效委托按照委托限价由低到高的顺序排列，限价相同者按照进入撮合的时间先后排列，即按照"价格优先，同等价格下时间优先"的成交顺序一次成交，直到成交条件不满足为止。所有成交都以同一成交价成交。

集合竞价结束后，集合竞价中未能成交的委托，自动进入连续竞价。

（2）连续竞价是指当买卖双方连续委托买进或卖出证券时，只要彼此符合成交条件，交易均可在交易时段中的任何时点发生，成交价格也不断依买卖供需而出现涨跌变化。具体又可分为口头竞价、牌板竞价、书面竞价和电脑竞价等几种。

连续竞价确定成交价的原则如下。

① 最高买入申报与最低卖出申报价值相同，以该价格为成交价。

② 买入申报价格高于即时揭示的最低卖出申报价格时，以即时揭示的最低卖出申报价格为成交价。

③ 卖出申报价格低于即时揭示的最高买入申报价格时，以即时揭示的最高买入申报价格为成交价。

目前，我国上海、深圳证券交易所同时采用集合竞价和连续竞价两种方式。在每个交易日 9:15 至 9:25，计算机撮合系统对接收的全部有效委托进行集合竞价处理，对其余交易时间的有效委托进行连续竞价处理。

3. 竞价结果

竞价结果有 3 种可能：全部成交、部分成交、不成交。委托买卖全部成交，证券公司应及时通知委托人按规定的时间办理交割手续。部分成交，委托人的委托如果未能全部成交，证券公司在委托有效期内可继续执行，直到有效期结束。委托人的委托如果未能成交，证券公司在委托有效期内可继续执行，等待机会成交，直到有效期结束。对委托人失效的委托，证券公司须及时将冻结的资金或证券解冻。

（四）清算与交割

证券的清算与交割是指证券交易达成后，价款结算和证券交收的过程。清算和交割统称证券的结算，是证券交易中的关键一环，关系到买卖达成后交易双方责权利的了结，是市场交易持续进行的基础和保证。

证券的结算方式有逐笔结算和净额结算两种。逐笔结算是指买卖双方在每一笔交易达成后对应收应付的证券和资金进行一次交收，可以通过结算机构进行，也可以由买卖双方直接进行，比较适合以大宗交易为主、成交笔数少的证券市场和交易方式。净额结算是指买卖双方在约定的期限内将已达成的交易，按资金和证券的净额进行交收。该方式比较适合于投资者较为分散、交易次数频繁、每笔成交量较小的证券市场和交易方式。净额结算通常需要经过两次结算，即首先由证券交易所的清算中心与证券商之间进行结算，称为一级结算；然后由证券商与投资者之间进行结算，称为二级结算。

证券结算的时间安排，在不同的证券交易所因其传统和交易方式的不同而不同。目前在交收目的安排上可分为两种：一是会计日交收，是指在一个时期内发生的所有交易在交易所规定的日期交收；二是滚动交收，是指所有的交易安排在交易日后固定天数内完成。大多数国家的证券市场都采用滚动交收方式。但具体规定有别，有的规定在成交日后的第一个营业日，称其为"T+1"规则，有的规定在成交日后的第四个营业日，称其为"T+4"规则，等等。

我国目前证券结算对 A 股实行"T+1"交收，对 B 股实行"T+3"交收。

（五）过户

所谓过户是指股权（债权）在投资者之间的转移。

从上述的结算过程可以看出，我国证券交易所的证券已实行"无纸化交易"，对于交易过户而言，结算完成即实现了过户，所有的过户手续都由交易所的电脑自动过户系统一次完成，无须投资者另外办理过户手续。

第三节　证券价格指数

一、股价指数编制方法

股票价格指数是用来表示多种股票平均价格水平及其变动情况，以反映股票市场行情的指标，简称股价指数。由于股票价格起伏无常，投资者必然面临市场价格风险。对于某种股票的价格变化，投资者容易了解，而对于多种股票的价格变化，要逐一了解，既不容易，也不胜其烦。为了适应这种情况和需要，一些金融服务机构就利用自己的业务知识和熟悉市场的优势，编制出股票价格指数，公开发布，作为衡量市场价格变动的依据。

（一）股价指数的编制

股价平均数和股价指数是衡量股票市场总体价格水平及其变动趋势的尺度，也是反映一个国家或地区政治、经济发展状态的灵敏信号。股价指数是将计算期的股价或市值与某一基期的股价或市值相比较的相对变化值，用以反映市场股票价格的相对水平。股价指数的编制分为四步。

1. 选择样本股

选择一定数量有代表性的上市公司股票作为编制股价指数的样本股。样本股可以是全部上市股票，也可以是其中有代表性的一部分。样本股的选择主要考虑两条标准：一是样本股的市价总值要占在交易所上市的全部股票市价总值的大部分；二是样本股票价格变动趋势必须能反映股票市场价格变动的总趋势。

2. 选定基期，并以一定方法计算基期平均股价或市值

通常选择某一有代表性或股价相对稳定的日期为基期，并按选定的某一种方法计算这一天的样本股平均价格或总市值。

3. 计算平均股价或市值，并做必要的修正

收集样本股在计算期的价格，并按选定的方法计算平均价格或市值。有代表性的价格是样本股收盘平均价。

4. 指数化

如果计算股价指数，就需要将计算期的平均股价或市值转化为指数值，即将基期平均股价或市值定为某一常数（通常为 100、1000 或 10），并据此计算计算期股价的指数值。

（二）股价指数的计算

股价指数的计算方法有简单算术股价指数和加权股价指数两类。

1. 简单算术股价指数

简单算术股价指数有相对法和综合法之分。

相对法是先计算各样本股的个别指数，再加总求出算术平均数。若设股价指数为 I，基期第 i 种股票价格为 P_{0i}，计算期 i 种股票价格为 P_{1i}，样本数为 N，并设基期指数值为某一固定乘数（点数），计算公式为：

$$I=\frac{1}{N}\sum_{I=1}^{n}\frac{P_{1i}}{P_{0i}}\times 固定乘数 \tag{2-1}$$

综合法是将样本股票基期价格和计算期价格分别加总，然后再求出股价指数，其计算公式为：

$$I=\frac{\sum_{i=1}^{n}P_{1i}}{\sum_{i=1}^{n}P_{0i}}\times 固定乘数 \tag{2-2}$$

2. 加权股价指数

加权股价指数是根据各期样本股票的相对重要性予以加权，其权数可以是成交量、发行量等。按时间划分，权数又可以是基期权数，用 Q_0 表示；也可以是报告期权数，用 Q_1 表示。

以基期成交量（或发行量）为权数的指数称为拉氏指数。设 Q_{0i} 代表第 i 种股票的基期成交量（或发行量），则拉氏股价指数的计算公式为：

$$I=\frac{\sum_{i=1}^{n}P_{1i}Q_{0i}}{\sum_{i=1}^{n}P_{0i}Q_{0i}}\times 固定乘数 \tag{2-3}$$

以报告期成交量（或发行量）为权数的指数称为派氏指数。设 Q_{1i} 代表第 i 种股票的报告期成交量（或发行量），则派氏股价指数的计算公式为：

$$I=\frac{\sum_{i=1}^{n}P_{1i}Q_{1i}}{\sum_{i=1}^{n}P_{0i}Q_{1i}}\times 固定乘数 \tag{2-4}$$

二、我国主要的证券价格指数

（一）中证指数有限公司及其指数

中证指数有限公司成立于 2005 年 8 月 25 日，是由上海证券交易所和深圳证券交易所共同出资发起设立的一家专业从事证券指数及指数衍生产品开发服务的公司。

1. 沪深 300 指数

沪深 300 指数是沪、深证券交易所于 2005 年 4 月 8 日联合发布的反映 A 股市场整体走势的指数。沪深 300 指数的编制目标是反映中国证券市场股票价格变动的概貌和运行状况，并能够作为投资业绩的评价标准，为指数化投资和指数衍生产品创新提供基础条件。中证指数有限公司成立后，沪、深证券交易所将沪深 300 指数的经营管理及相关权益转移至中证指数有限公司。

沪深 300 指数简称"沪深 300"，成分股数量为 300 只，指数基日为 2004 年 12 月 31 日，基点为 1000 点。

指数成分股的选择空间是：上市交易时间超过一个季度（流通市值排名前 30 位的除外）；非 ST、*ST 股票，非暂停上市股票；公司经营状况良好，最近一年无重大违法违规事件、财务报告无重大问题；股票价格无明显的异常波动或市场操纵；剔除其他经专家委员会认定的不能进入指数的股票。选样标准是选取规模大、流动性好的股票作为样本股。对样本空间股票在最近一年（新股为上市以来）的日均成交金额由高到低排名，剔除排名后 50% 的股票，然后对剩余股票按照日均总市值由高到低进行排名，选取排名在前 300 名的股票作为样本股。选样方法是，先计算样本空间股票最近一年（新股为上市以来）的日均总市值、日均流通市值、日均流通股份数、日均成交金额和日均成交股份数 5 个指标，再将上述指标的比重按 2:2:2:1:1 进行加权平均，然后将计算结果从高到低排序，选取排名在前 300 的股票。

指数计算采用派许加权方法，按照样本股的调整股本为权数加权计算。公式为：报告期指数=报告期样本股的调整市值÷基期样本股调整市值×1 000。其中，调整市值=Σ（市价调整股本数）。要计算调整股本数，需要确定自由流通量和分级靠档两个因素。

为反映市场中实际可交易股份的股价变动情况，指数剔除了上市公司股本中的不流通股份，以及由于战略持股性质或其他原因导致的基本不流通股份，剩下的股本部分称为自由流通股本，即自由流通量。公司发行在外的 A 股总股本中，限售期内的限售股份和以下 6 类股份属于基本不流通股份：①公司创建者、家族和高级管理者长期持有的股份；②国有股；③战略投资者持股；④冻结股份；⑤受限的员工持股；⑥交叉持股等。自由流通比例是指公司总股本中剔除以上基本不流通股份后的股本比例。

上市公司自由流通量可能会随着时间的变化而频繁地变化，为了适度保持指数的稳定性，在计算样本指数时，采用分级靠档的方法确定样本股的加权股本数，即根据自由流通股本占 A 股总股本的比例（自由流通比例）赋予 A 股总股本一定的加权比例，以使计算指数的股本保持相对稳定。

沪深 300 指数采用除数修正法修正。当样本股名单、股本结构发生变化或样本股的调整市值出现非交易因素变动时，采用除数修正法修正原固定除数，以保证指数的连续性。

沪深 300 指数按规定定期调整。原则上指数成分股每半年进行一次调整，一般为 1 月初和 7 月初实施调整，调整方案提前两周公布。每次调整的比例不超过 10%。样本调整设置缓冲区，排名在 240 名内的新样本优先进入，排名在 360 名之前的老样本优先保留。最近一次财务报告亏损的股票原则上不进入新选样本，除非该股票影响指数的代表性。

2. 中证规模指数

中证规模指数包括中证 100 指数、中证 200 指数、中证 500 指数、中证 700 指数、中证 800 指数和中证流通指数。这些指数与沪深 300 指数共用构成中证规模指数体系。其中，中证 100 指数定位于大盘指数，中证 200 指数为中盘指数，沪深 300 指数为大中盘指数，中证 500 指数为小盘指数，中证 700 指数为中小盘指数，中证 800 指数则由大中小盘指数构成。中证规模指数的计算方法、修正方法、调整方法与沪深 300 指数相同。

除此以外，中证指数公司还编制和发布中证行业指数系列、中证风格指数系列、中证主题指数系列、中证策略指数系列和中证海外指数系列。

（二）上海证券交易所股价指数

由上海证券交易所编制并发布的上证指数系列是一个包括上证 180 指数、上证 50 指数、上证综合指数、A 股指数、B 股指数、分类指数、债券指数、基金指数等的指数系列，其中最早编制、最有代表性的为上证综合指数。

上证综合指数是上海证券交易所从 1991 年 7 月 15 日起编制并公布的上海证券交易所股价指数，它以 1990 年 12 月 19 日为基期，以全部上市股票为样本，以股票发行量为权数，按加权平均法计算。遇新股上市、退市或上市公司增资扩股时，采用除数修正法修正原固定除数，以保证指数的连续性。2007 年 1 月上海证券交易所宣布，新股于上市第 11 个交易日开始计入上证综指、新综指及相应上证 A 股、上证 B 股、上证分类指数，从而进一步完善指数编制规则，使指数更真实地反映市场的平均收益水平。

（三）深圳证券交易所股价指数

深圳证券交易所股价指数包括综合指数类与成分指数类。深证系列综合指数包括深证综合指数、深证 A 股指数、深证 B 股指数、行业分类指数、中小板综合指数、创业板综合指数、深证新指数、深市基金指数等全样本类指数。深证系列成分指数包括深证成份指数、中小板指数、创业板指数等。

深证成份指数简称**深证成指**（szse component index），由深圳证券交易所编制，是深圳证券交易所的主要股票指数。它是按一定标准选出 500 家有代表性的上市公司作为样本股，用样本股的自由流通股数作为权数，采用派氏加权法编制而成的股价指标。以 1994 年 7 月 20 日为基期，基点为 1000 点。自 2015 年 5 月 20 日起，为更好地反映深圳市场的结构性特点，适应市场进一步发展的需要，深交所对深证成指实施扩容改造，深证成指样本股数量从 40 家扩大到 500 家，以充分反映深圳市场的运行特征。

（四）香港和台湾的主要股价指数

1. 香港恒生指数

恒生指数是由香港恒生银行于 1969 年 11 月 24 日起编制公布、系统反映香港股票市场行情变动最有代表性和影响最大的指数。它挑选了 33 种有代表性的上市股票为成分股，用加权平均法计算。33 种成分股中包括金融业 4 种、公用事业 6 种、地产业 9 种、其他工商业 14 种。这些股票分布在香港主要行业，都是最具代表性和实力雄厚的大公司。它们的市价总值要占香港所有上市股票市价总值的 70%左右。恒生指数的成分股并不固定，自 1969 年以来已做了 10 多次调整，从而使成分股更具有代表性，使恒生指数更能准确地反映市场变动状况。

恒生指数最初以股市交易较正常的 1964 年 7 月 31 日为基期，令基值为 100 点，后来因为恒生指数按行业增设了 4 个分类指数，将基期改为 1984 年 1 月 13 日，并将该日收市指数的 975.47 点定为新基期指数。由于恒生指数具有基期选择恰当、成分股代表性强、计算频率高、指数连续性好等特点，因此，一直是反映和衡量香港股市变动趋势的主要指标。

香港恒生指数成分股编制规则沿用了 37 年，于 2006 年 2 月提出改制，首次将 H 股纳入恒生指数成分股。上市标准是以 H 股形式于香港上市的我国内地企业，公司的股本以全流通形式于香港联交所上市；H 股公司已完成股权分置，且无非上市股本；或者新上市的 H 股公司无非上市股本。至2007 年 3 月，中国建设银行、中国石化、中国银行、工商银行、中国人寿被纳入恒生指数，恒生指数成分股增加至 38 只。除首度将 H 股纳入恒生指数成分股外，恒生指数的编算方法也出现变动：由总市值加权法改为以流通市值调整计算，并为成分股设定 15%的比重上限。近年来，国企股占港股总市值和成交额的比重不断上升，变动后的恒生指数更能全面反映市况，更具市场代表性。

2. 台湾加权股价指数

台湾加权股价指数（简称台湾加权指数 TAIEX）是由台湾证券交易所编制的股价指数，是台湾最为人熟悉的股票指数，被视为是呈现台湾经济走向的橱窗。台湾证券交易所采用派式加权，与美国 S&P 500 指数的公式相同，是反映整体市场股票价值变动的指标。

三、国际主要股票市场及其价格指数

（一）道琼斯工业股价平均数

道琼斯工业股价平均数是世界上最早、最享盛誉和最有影响的股票价格平均数，由美国道琼斯公司编制，并在《华尔街日报》上公布。早在 1884 年 7 月 3 日，道琼斯公司的创始人查尔斯·亨利·道和爱德华·琼斯根据当时美国有代表性的 11 种股票编制股票价格平均数，并发表于该公司可编辑出版的《每日通讯》上。以后，道琼斯股价平均数的样本股逐渐扩大至 65 种，编制方法也有所改进，《每日通讯》也于 1889 年改为《华尔街日报》。

道琼斯股价平均数以 1928 年 10 月 1 日为基期，基期指数为 100 点。道琼斯斯指数的编制方法原为简单算术平均法，由于这一方法的不足，从 1928 年起采用除数修正的简单平均法，使平均数能连续、真实地反映股价变动情况。

长期以来，道琼斯股价平均数被视为最具权威性的股价指数，被认为是反映美国政治、经济和社会状况最灵敏的指标。究其原因，主要是由于该指数历史悠久，采用的 65 种股票都是世界上第一流大公司的股票，在各自的行业中都居于举足轻重的主导地位，而且不断地以新生的更有代表性的股票取代那些已失去原有活力的股票，使其更具代表性，比较好地与在纽约证券交易所上市的 2 000多种股票变动同步，指数由最有影响的金融报刊《华尔街日报》及时而详尽报道等。

现在人们所说的道琼斯指数实际上是一组股价平均数，包括 5 组指标。

（1）工业股价平均数，由 30 种有代表性的大工商业公司的股票组成，旨在反映各个时期美国整个工商业股票的价格水平，能灵敏反映经济发展水平和变化趋势。平时所说的道琼斯指数就是指道琼斯工业股价平均数。

（2）运输业股价平均数，以美国泛美航空公司、环球航空公司、国际联运公司等 20 家具有代表性的运输业公司股票为编制对象。

（3）公用事业股价平均数，以美国电力公司、煤气公司等 15 种具有代表性的公用事业大公司股票为编制对象。

（4）股价综合平均数，以上述 65 家公司股票为编制对象。

（5）道琼斯公正市价指数，以 700 种不同规模或实力的公司股票作为编制对象，于 1988 年 10 月首次发表。由于该指数所选的股票不但考虑了广泛的行业分布，而且兼顾了公司的不同规模和实力，因而具有相当的代表性。

（二）标准普尔 500 种股票价格指数

标准普尔 500 种股票价格指数（S&P 500 Index）是由标准普尔公司于 1957 年开始编制的。最初的成分股由 425 种工业股票、15 种铁路股票和 60 种公用事业股票组成。从 1976 年 7 月 1 日开始，其成分股改由 400 种工业股票、20 种运输业股票、40 种公用事业股票和 40 种金融业股票组成。几十年来，虽然有股票更迭，但始终以保留 500 种成分股为前提，维持一增一减。与道琼斯股票价格指数不同，标准普尔公司股票价格指数以上市股票发行量为权数加权计算，基期为 1941 年至 1943 年抽样股票的平均市价，基点数为 10。也就是说，用每种股票报告期的价格乘以已发行的数量的总和为分子，以基期的股价乘以股票发行数量的总和为分母，相除之数再乘以 10 即得股票价格指数。

标准普尔是世界权威金融分析机构，由普尔（Henry Varnum Poor）于 1860 年创立。标准普尔 500 指数是记录美国 500 家上市公司的一个股票指数。这个股票指数由标准普尔公司创建并维护。

标准普尔 500 指数于 1957 年开始编制，成分股都是在美国主要交易所，如纽约证券交易所、Nasdaq 交易的上市公司。最初的成份股由 425 种工业股票、15 种铁路股票和 60 种公用事业股票组成。从 1976 年 7 月 1 日开始，其成分股改由 400 种工业股票、20 种运输业股票、40 种公用事业股票和 40 种金融业股票组成。它以 1941 年至 1942 年为基期，基期指数定为 10，采用加权平均法进行计算，以股票上市量为权数，按基期进行加权计算。与道琼斯工业平均股票指数相比，标准·普尔 500 指数具有采样面广、代表性强、精确度高、连续性好等特点，被普遍认为是一种理想的股票指数期货合约的标的。

（三）金融时报证券交易所指数

金融时报证券交易所指数（也译为富时指数）是英国最具权威性的股价指数，原由《金融时报》编制和公布，现由《金融时报》和伦敦证券交易所共同拥有的富时集团编制。这一指数包括 3 种。

1. 金融时报工业指数

金融时报工业股票指数，又被称为 30 种股票指数。该指数包括 30 种最优良的工业股票价格，其中有烟草、食油、电子、化学药品、金属机械、原油等。由于这 30 家公司股票的市值在整个股市中所占的比重大，具有一定的代表性，因此，该指数是反映伦敦证券市场股票行情变化的重要尺度。它以 1935 年 7 月 1 日为基期，基期指数为 100 点。

2. 100 种股票交易指数

100 种股票交易指数，又称 FT-100 指数。该指数自 1984 年 1 月 3 日起编制并公布。这一指数挑选了 100 家有代表性的大公司股票，又因它通过伦敦股票市场自动报价电脑系统可随时得出股票市价，并每分钟计算一次，因此能迅速反映股市行情的每一变动，自公布以来受到人们的广泛重视。为了便于期货交易和期权交易，该指数基值定为 1 000 点。

3. 综合精算股票指数

该指数从伦敦股市上精选 700 多种股票作为样本股加以计算。它自 1962 年 4 月 10 日起编制和公布，并以这一天为基期，令基数为 100 点。这一指数的特点是统计面宽、范围广，能较全面地反映整个股市状况。

（四）日经 225 股价指数

日经 225 股价指数是日本经济新闻社编制和公布的反映日本股票市场价格变动的股价指数。该指数从 1950 年 9 月开始编制，最初根据在东京证券交易所第一市场上市的 225 家公司的股票算出修正平均股价，被称为"东证修正平均股价"。1975 年 5 月 1 日，日本经济新闻社向道琼斯公司买进商标，采用道琼斯修正指数法计算，指数也被改称为"日经道式平均股价指标"。1985 年 5 月合同期满，经协商，又将名称改为"日经股价指数"。

现在日经股价指数分成两组：一是日经 225 种股价指数。这一指数以在东京证券交易所第一市场上市的 225 种股票为样本股，包括 150 家制造业、15 家金融业、14 家运输业和 46 家其他行业。样本股原则上固定不变，以 1950 年算出的平均股价 176.21 元为基数。由于该指数从 1950 年起连续编制，具有较好的可比性，成为反映和分析日本股票市场价格长期变动趋势最常用和最可靠的指标。二是日经 500 种股价指数。该指数从 1982 年 1 月 4 日起开始编制，样本股扩大到 500 种，约占东京证券交易所第一市场上市股票的一半，因而更具代表性。该指数的特点是采样不固定，每年根据各公司前 3 个结算年度的经营状况、股票成交量、成交金额、市价总额等情况对样本股票进行更换。正因为如此，该指数不仅能较全面地反映日本股市的行情变化，还能如实反映日本产业结构变化和市场变化情况。

（五）NASDAQ 综合指数

NASDAQ 的中文全称是"全美证券交易商自动报价系统"，于 1971 年正式启用。它利用现代电子计算机技术，将美国 6 000 多个证券商网点连接在一起，形成了一个全美统一的场外二级市场。1975 年又通过立法，确定这一系统在证券二级市场中的合法地位。

NASDAQ 综合指数是以在 NASDAQ 市场上市的、所有本国和外国上市公司的普通股为基础计算的。该指数按每个公司的市场价值来设权重，这意味着每个公司对指数的影响是由其市场价值决定的。市场总价是所有已公开发行的股票在每个交易日的卖出价总和。现在 NASDAQ 综合指数包括 3 300 多家公司，远远超过其他市场指数。正因为有如此大的计算范围，该指数才成为 NASDAQ 的主要市场指数。该指数是在 1971 年 2 月 5 日启用的，基准点为 100 点。

纳斯达克的上市公司涵盖所有新技术行业，包括软件和计算机、电信、生物技术、零售和批发贸易等。主要由美国的数百家发展最快的先进技术、电信和生物公司组成，包括微软、英特尔、美国在线、雅虎等家喻户晓的高科技公司，因而成为美国"新经济"的代名词。

思考与练习

1. 证券发行市场的作用主要表现在哪里？
2. 我国股票发行方式应该满足哪些条件？
3. 简述证券交易所的特征。
4. 证券交易必须遵守哪些原则？
5. 简述上市公司发行新股的条件与操作程序。
6. 简述发行人首次发行股票的条件与操作程序。
7. 证券交易的程序包括哪几个环节？
8. 我国主要股票价格指数有哪些？
9. 股票价格指数编写包括哪几个步骤？
10. 样本股的选择主要考虑的标准有哪些？

第二篇

现代投资理论篇

投资者在进行投资决策时寻求的是收益与风险的平衡，既希望获得较高的收益，又要回避可能的风险。因此，收益与风险是投资活动中必须考虑的两个基本要素。正确理解这两个概念的内涵，是真正理解建立在这两个概念之上的整个现代投资理论的关键。证券收益与风险的数量化刻画由美国著名经济学家马克维茨于 1952 年在《资产组合选择》中提出。他用概率论的随机变量概念刻画证券的收益率，用期望收益刻画证券的收益，用方差或标准差刻画证券的风险，开创了用数量化方法研究证券投资的先河。此后，经济学家们一直在利用数量化方法不断丰富和完善组合管理的理论和实际投资管理方法，使之成为投资学中的主流理论。本章主要介绍三方面的内容：收益率的计算、证券期望收益率与风险，以及风险溢价与风险厌恶。

第一节 收益率的计算

一、收益的衡量

证券投资收益是指初始投资价值的增值量，该增量来源于两个部分：一是投资者所得到的现金支付，包括股息、利息等；二是市场价格相对于初始购买价格的升值。假设投资者在年初以每股 20 元的价格买入 100 股股票，在年底每股得到了 0.8 元的股利，价格也涨到 22 元，那么，一年内的收益可通过下式计算得出。

$$0.8 \times 100 + (22 - 20) \times 100 = 280$$

由于证券收益是与初始投资的金额相关的，收益的衡量也应以收益与初始投资额的百分比来表示，这个百分比叫持有期收益率（holding period return，HPR），用下式表示。

$$HPR = \frac{EMV - BMV + I}{BMV} \tag{3-1}$$

式中，HPR 指持有期收益率，EMV 指期末市场价值，BMV 指期初市场价值，I 指投资者在这一期间所得到的收入。上面的例子中，一年的收益率为：

$$HPR = \frac{0.8 \times 100 + (22 - 20) \times 100}{20 \times 100} = 14\%$$

投资者的证券持有期不一定恰好是一整年，因此，对短于或长于一年的持有期收益率（HPR）的计算要转换成年收益率，以便于对不同持有时间、不同投资额的投资收益进行比较。一般来说，除非专门指出外，HPR 都指年收益率。

二、平均收益率

平均收益率可以用算术平均法和几何平均法两种方法计算。

（一）算术平均法

算术平均法是将各历史时期已经实现的收益率相加，再除以时期数，用公式表示如下。

$$\overline{R}_A = \frac{1}{n}\sum_{t=1}^{n} R_t \tag{3-2}$$

【例3-1】W公司股票在过去四年中的收益率分别为-10%、0、15%和11%，那么用算术平均法计算的平均收益率为：

$$\overline{R}_A = (-0.10 + 0 + 0.15 + 0.11) \div 4 = 0.04 = 4\%$$

（二）几何平均法

几何平均法考虑了资金的时间价值，是一种带有复利思想的计算方法。在第一期期初所投资的 1 元，到第一期期末为 $(1+R_1)$ 元。几何平均法假定，投资者在第二期会将这 $(1+R_1)$ 元进行再投资，在第二期期末，这 $(1+R_1)$ 元则增值为 $(1+R_1)(1+R_2)$ 元。重复这种投资过程，那么在第一期期初所投资的 1 元，在第 n 期期末增值为 $(1+R_1)(1+R_2)\cdots(1+R_n)$ 元。因此，几何平均值的数学式表达为：

$$\overline{R}_G = \left[\prod_{t=1}^{n}(1+R_t)\right]^{1/n} - 1 \tag{3-3}$$

仍然使用上述 W 公司股票收益率的例子，则

$$\overline{R}_G = [(1-0.1)(1+0)(1+0.15)(1+0.11)]^{1/4} - 1 = 3.5\%$$

这一结果与算术平均收益率是不同的。一般说来，当收益率的波动很大时，两种平均收益率的差异也会随之增大。

再来看一个更具戏剧性的例子，并以此来进一步说明，运用上述两种方法可以得出不同的结果。

【例3-2】假设一支基金没有支付股息，且初始价格是每股100元。在第一年年末，该基金股票价格是每股50元，第二年年末每股100元。该基金第一年的收益率为：

$$(50-100) \div 100 = -0.50 = -50\%$$

即损失50%；第二年的收益率为：

$$(100-50) \div 50 = 1.0 = 100\%$$

即收益100%。那么，算术平均收益率

$$\overline{R}_A = (-0.5 + 1.0) \div 2 = 0.25 = 25\%$$

而几何平均收益率

$$\overline{R}_G = [(1-0.5)(1+1.0)]^{1/2} - 1 = 0 = 0\%$$

假设你投资于该基金已有两年，那么，到底哪个平均收益率是正确的？

在此例中，原始投资额是 100 元，两年之后，还是 100 元。很明显，从投资者的角度来看，没有获得任何收益，即收益率是 0%。既然几何平均收益率真实反映了该投资者资产价值的变化，那么几何平均收益率也就是正确的结果。确实如此，几何平均收益率能够用来解释资产价值的实际增减情况，而算术平均收益率在本例中则是毫无意义的。

然而，算术平均收益率在下列两种情况下则是很有用的。

（1）估计同一时期不同种类证券的平均收益率。例如，当计算某一特定行业的多种证券的平均收益率时，可以使用算术平均法。如果想评估汽车行业在过去一年中的业绩情况，就可以使用汽车

行业各种股票的算术平均收益率。也就是说，不必花时间去计算过去几个时期内该行业的增长情况，而只需计算在一个时期内该行业的平均业绩即可。

（2）估计预期收益率。假定想在用友软件股票上投资一年。根据用友软件过去 8 年的收益率，就可以很好地估计下一年用友软件的收益率。为了说明这一点，再来看看上述共同基金的例子。此共同基金的收益率第一年是-50%，第二年是 100%。再进一步假设，在将来此共同基金的收益率仅有上述两种可能。既然不能肯定在下一年中，哪一个结果可能会发生，那么，对此所做的最佳估计则应该是 25%，即-50%和100%的算术平均值。需要说明的是，这里不是对此共同基金的业绩作长期估计，而仅仅是对其将来短期内（如一年）的业绩进行估计。

三、时间权重收益率

以时间为权重的收益率简称时间权重收益率。之所以称之为时间权重收益率，是因为在计算这种收益率时，充分考虑了资金（如股息）的时间价值。时间权重收益率的计算方法假定，投资者在实现现金流入时，如收到现金股息，立即将这部分现金再投资到现存的证券上。正如几何平均法一样，时间权重法也是以复利思想来计算收益率的。从本质上来说，时间权重收益率解决这样一个问题：投资者在第一期期初投资 1 元，那么，经过 n 期之后，这 1 元在第 n 期期末的价值是多少？在这个时期内如果发生现金流入，那么从理论上来讲，投资者必须把这些资金在获得之日以当天的市场价格购买该证券以进行再投资。这样，计算收益率最为准确的办法就应该是：先计算有价证券在现金流入之日的市场价值，再计算下一个时期的期间收益率，然后，将各个时期的期间收益率综合起来考虑即可得到整个期间的收益率。

时间权重收益率的计算公式如下。

$$R_{TM} = \left[\prod_{t=1}^{n}(1+R_t) \right] -1 \qquad (3-4)$$

这里应该注意以下区别。

时间权重收益率和几何平均收益率之间的区别。时间权重收益率不开 n 次方，而几何平均收益率则要开 n 次方。这说明，时间权重收益率是 1 元投资在第 n 期期末的价值减去 1 所得的结果，而几何平均收益率则是反映各个时期的平均收益率。也就是说，时间权重收益率是计算资产在 n 个时期内所获得的总收益率，而几何平均收益率是计算资产在 n 个时期内的平均收益率。

时间权重收益率与持有期收益率的区别。时间权重收益率法的假定为：当你收到股息时，立即将这些股息进行再投资。而持有期收益率法的假定为：当你收到股息时，要么让这些股息闲置着，要么被消费掉了。一般来说，与持有期收益率相比，时间权重收益率是一种更好的衡量收益率的指标。这是因为时间权重收益率考虑了现金流入的日期，即考虑了资金的时间价值。

必须指出，不同的计算方法并不能给投资者提供最佳的投资策略。例如，有时将股息进行再投资并不太妥当，比如当股票价格下跌时。时间权重收益率方法只不过是给投资者提供了某一特定资产真实、客观、历史的收益率。

四、连续复利收益率

为介绍连续复利收益率的概念，首先讨论复利次数与期末总资金间的关系。在单期内，复利计息的次数越多，期末总资金的累积也越大，说明如下。

若年收益率为 14%，1 000 元资金投资两年后的期末资金应为

$$1\,000(1+14\%)^2 = 1\,299.6（元）$$

若每年内复利生息 2 次（每六个月复利一次），则期终资金为

$$1\,000(1+\frac{14\%}{2})^{2\times 2} = 1\,310.8$$

若每年内复利生息 4 次，则期终资金为

$$1\,000(1+\frac{14\%}{2})^{2\times 4} = 1\,316.8$$

所以，若以 R 代表年利率，m 代表每期（每年）内的复利次数，n 代表投资期限（n 年），则以 C_0 元投资 n 期（年）后所得的期末资金应为

$$C_n = C_0(1+\frac{R}{m})^{m\times n} \tag{3-5}$$

R/m 代表小期内（in a sub-period）的收益率。根据公式（3-5），可以分析连续复利收益率的概念以及计算方法。若将单一期（一年）内的复利次数（m）增加，则投资收益将会以更快的速度复利生息。也就是说，在单一期内复利生息的次数越多，计算复利的期间也就越缩短。当复利次数增至无限大时（$m \to \infty$），投资收益将在每一瞬间复利生息。这种瞬间复利生息的复利称为连续复利生息（continuously compounding）。那么连续复利会不会导致期末资金的无限大？运用高等数学的极限知识，有

$$\lim_{m\to\infty}\left(1+\frac{R}{m}\right)^{nm} = \lim_{m\to\infty}\left[\left(1+\frac{1}{m/R}\right)^{m/R}\right]^{nR} = e^{nR}$$

所以，在持续复利生息下，C_0 元投资 n 期（年）后所得的期末资金应为：

$$C_n = C_0 e^{nR} \tag{3-6}$$

反之，假设 R 代表单一期收益率，能与单期复利生息产生相同期终资金的连续复利报酬率 R' 应为

$$R' = \ln(1+R) \tag{3-7}$$

此处，ln 代表自然对数函数，证明如下：

以 C_0 元投资一期，并复利计息一次的期末资金为

$$C_1 = C_0(1+R)$$

以连续复利生息一期所得的期终资金应为

$$C_1 = C_0 e^{R'}$$

$C_1 = C_0(1+R)$ 等于 $C_1 = C_0 e^{R'}$，可得式（3-7）。所以，若单期收益率为 R，则其对等的连续复利收益率应为（$1+R$）的自然对数，即 $\ln(1+R)$。

连续复利收益率在投资研究的领域中运用十分广泛。其原因之一在于，它的概率分布接近于正态分布，对金融经济学的理论发展与实际验证的简化具有相当大的帮助。

五、应计利息与税后收益

（一）应计利息

应计利息是计算债券收益率时必须考虑的问题。世界上的大部分国家，多数债券是息票债券。

比如美国的债券，其债券按面值出售，一年在固定的时间支付两次利息。这样，债券的投资者在非付息日出售债券时会碰到自上次付息日到今日的利息如何计算的问题。债券的购买者除了应该支付债券的价格外，还应支付从上次付息日到购买日的利息，这段时间的利息是出售债券方应得的，但是在金融行情表中提供的债券价格不包括这一部分利息，因此，这段时间的利息也称作应得利息或应计利息（accrued interest）。考虑应计利息的持有期收益率计算公式为：

$$R_i = \frac{[(P_i + AI_i) - (P_{i-1} + AI_{i-1}) + C_i]}{(P_{i-1} + AI_{i-1})} \tag{3-8}$$

其中：R_i 为债券在第 i 期的持有期收益率；

P_i 为债券在第 i 期期末的市场价格；

AI_i 为在第 i 期期末时的债券中的应计利息；

P_{i-1} 为债券在第 i-1 期期末的市场价格；

AI_{i-1} 为第 i-1 期期末时债券上积累的应计利息；

C_i 为债券发行者按在第 i 期规定的日期与利率支付给债券持有人的息票利息。

这一公式提出的解决应计利息的办法是，将期初的应计利息和期末的应计利息分别加到期初的价格和期末的价格上。有了考虑应计利息的持有期收益率计算公式，就可以进一步说明考虑应计利息的时间权重收益率的计算方法了。

计算时间权重收益率的方法有综合法和指标法。综合法是用各个时期期间收益率来计算的，见公式（3-4）。指标法则是重点强调这种思想：现金收入应该立即被用来购买额外的证券。指标法有助于直观地理解时间权重收益率，而综合法在实际中计算起来比较方便和简单。这里，结合具体的例子来加以说明。

【例3-3】某债券的面值为 1 000 元，年利率为8%，每半年支付一次利息，债券发行人在5月15日和11月15日支付利息。表3-1用综合法计算债券的时间权重收益率的解题过程。该表列出了各个日期的债券市场价格、债券发行者支付的息票利息以及应计利息。

表3-1 综合法计算时间权重收益率

日期	第 i 期	支付的息票利息（元）	市场价格（元）	应计利息（元）	期间收益率	时间权重收益率
1月1日			990	10[a]		
5月15日	1	40	1 040	0	0.08	0.08
11月15日	2	40	1 020	0	0.019 2	0.100 7[b]
12月31日	3		1 000	10[a]	-0.009 8	0.09[c]

注：a：1 000×0.04×(1.5个月÷6个月)=10（元）

b：(1+0.08)×(1+0.019 2)-1=0.100 7

c：(1+0.100 7)×(1-0.009 8)-1=0.09

由公式（3-8）可知，在计算期间收益率时应先计算期初和期末证券的市场价值。在这里债券的市场价值应等于债券的市场价格加上积累在债券上的应计利息。例如，计算第一期（从1月1日到5月15日）的期间收益率时，期初市场价值等于期初市场价格加上应计利息，即期初市场价值为990+10=1 000元；期末市场价值则是1 040+0=1 040元，在第一期的期间收入为投资者在5月15日收到的息票利息，即为40元。其中，上述的10元应计利息可通过如下式子得出：(1.5个月/6个月)×40=10元。这里的1.5个月是指从前一年11月15日到今年的1月1日。所以，第一期的期间收益率为：

$$R = \frac{1\,040 - (990 + 10) + 40}{990 + 10} = 0.08 = 8\%$$

注意，在债券发行人支付利息之后，积累在债券上的应计利息便为零了。也就是说，所有的应计利息都已由发行人在约定日期（如上例中的5月15日和11月15日）支付了。从表3-1可以看出，全年的收益率为9%。

表3-2为指标法计算时间权重收益率的解题过程。

【例3-4】假设投资者购买了100份债券，由表4-2可得，用指标法计算的时间权重收益率为：

$$R = \frac{(1\,000 + 10) \times 107.918\,6}{(990 + 10) \times 100} - 1 \approx 0.09 \text{或} 9\%$$

可见，用指标法计算的结果和用综合法计算的结果基本上是一致的（忽略计算过程中的误差）。

表3-2　　　　　　　　　　　　　指标法计算时间权重收益率

日期	第 i 期	支付的息票利息（元）	市场价格（元）	应计利息（元）	新购买的债券（份）	拥有的债券数量（份）
1月1日			990	10		100
5月15日	1	40	1 040	0	3.846 2[a]	103.846 2
11月15日	2	40	1 020	0	4.072 4[b]	107.918 6
12月31日	3		1 000	10		107.918 6

注：a：（40元×100份）÷1 040元=3.846 2份

b：（40元×103.846 2份）÷1 040元=4.072 4份

（二）税后收益率

政府对一些投资征税，对另一些投资给予税收优惠，这是政府进行收入再分配和引导投资方向的一种方式。对投资收益的征税会改变投资者的收益水平，税后收益是投资者实际可以支配的收益，对投资者来说更具有实际意义。税后收益率的计算并不复杂，将计算持有期收益率的公式稍加变化即可适用于税后收益率的计算。先来看投资者在第 i 期继续持有证券情况下的第 i 期税后收益率的计算公式：

$$R_i = \frac{EMV_i - BMV_i + I_i(1-T)}{BMV_i} \tag{3-9}$$

式中，EMV_i 为第 i 期期末证券的市场价值；BMV_i 为第 i 期期初证券的市场价值；I_i 为投资者在第 i 期所获得的收入；T 为收入税税率。

再假设投资持有证券的期限一共是 n 个时期，即投资者在第 1 期初买进证券，在第 n 期期末卖出证券。那么，在计算最后一个持有时期，即第 n 期的税后收益率时，除了要考虑收入税以外，还应考虑资本利得税。这样，在第 n 期（投资者在这期的期末卖出了期初拥有的证券），投资者获得的税后收益率为：

$$R_n = \frac{EMV_n - BMV_n - N_0(P_n - P_0)T_g + I_n(1-T)}{BMV_n} \tag{3-10}$$

式中，EMV_n 为第 n 期期末证券的市场价值；BMV_n 为第 n 期期初证券的市场价值；N_0 为第 n 期期末持有的证券数量；P_n 为第 n 期期末证券的市场价格；P_0 为期初证券的市场价格；T_g 为资本利得税税率；I_n 为投资者在 n 期间所获得的收入；T 为收入税税率。

我国目前只对股利征税，对资本利得暂不征税。

六、名义利率与实际利率

（一）名义利率

名义利率（nominal interest rate）是不考虑通货膨胀影响的利率。上文对收益与利息的分析都是在名义利率基础上展开的，所得到的都是名义收益和名义利息。由于只有实际购买力增加才会使投资者的投资活动获得实际的效益，因此，在测度投资者的投资收益时，既要看名义收益和名义利息的增长情况，又要看实际收益和实际利息的增长情况。

（二）实际利率

实际利率（real interest rate）是扣除通货膨胀因素影响的利率。通货膨胀是指社会商品和服务价格的普遍上涨，通货膨胀的原因通常是由于经济过热，社会总需求大于总供给造成的。由于社会总物价水平难以测度，各国一般均以一组有代表性的商品和服务在全国多个城市和乡村的价格变化来代表社会总物价水平的变化，即由一组商品和服务的价格指数（通常为居民消费价格指数，CPI）来代表通货膨胀率。在通货膨胀的情况下，如果投资收益率超过通货膨胀率，其购买力还是增加的；如果投资收益率低于通货膨胀率，投资者所持有的资产价值就会因通货膨胀的销蚀而拥有较低的购买力。投资者进行投资，归根结底是为了未来拥有的资产具有更高的购买力。因此，实际利率水平的变化对投资者的投资意愿具有重要的影响。可以简单地从通货膨胀严重时，居民储蓄存款意愿的变化看到这一影响。实际利率与名义利率的关系为：

$$R_{\text{real}} = \frac{1+R_{\text{nom}}}{1+h} - 1 = \frac{R_{\text{nom}}-h}{1+h} \tag{3-11}$$

这里，R_{real} 为实际利率，R_{nom} 为名义利率，h 是通货膨胀率。

如果名义利率为 8%，通货膨胀率为 5%，则实际利率为：

$$[(1+0.08)\div(1+0.05)]-1=1.0285\,7-1=0.0285\,7=2.857\%$$

计算实际利率的公式还可以近似地写成

$$R_{\text{real}} \approx R_{\text{nom}} - h \tag{3-12}$$

换句话说，实际利率等于名义利率减去通货膨胀率。这就是著名的费雪关系式，最早由美国学者费雪提出。运用费雪关系式，可以认为上例的实际利率约为 3%，它是精确的实际利率的 1.05 倍。投资者在做出投资决策前，应了解银行公布的利率或市场发布的行情表指示的都是名义利率，只有从中除去预期通货膨胀率，才能得到投资项目的真实收益率。由于未来通货膨胀率事先难以准确得知，从而未来的实际收益率总是不确定的。

第二节　证券的期望收益率与风险

一、期望收益率

上一节介绍了收益率的各种计算方法，但这些方法都是用来衡量证券历史经营业绩，也就是说是已实现的收益率，称之为事后收益率。投资者在买卖股票时，面临的是股价波动的不确定性。为了对这种不确定的收益进行衡量、比较和决策，可引入期望收益率这一概念。期望收益率源自概念论与数理统计中的随机变量的数学期望。关于它的计算有两种方法：直接预测法和历史数据法。

（一）直接预测法

如果投资者能够描述影响收益率的各种可能情况，还可以估计各种情况出现的概率及收益的大小，那么期望收益率就是各种情况下收益率的加权平均，权数即为各种情况出现的概率。用 $P(s)$ 表示 s 情况下的概率，$r(s)$ 为该情形下的收益率，那么期望收益率 $E(r)$ 为：

$$E(r) = \sum_s P(s)r(s) \tag{3-13}$$

【例3-5】某投资者预测A股票可能的收益情况与整个国家的经济状况有关，如表3-3所示。

表3-3 A股票可能的收益情况

经济状况	概率	收益率（%）
繁荣	0.30	20
正常增长	0.40	10
萧条	0.30	−10

则此股票的期望收益率为：

$$E(r)=20\%×0.3+10\%×0.4+(-10\%)×0.3=7\%$$

在上例中，投资者给出了不同的经济状况出现的概率，并且估计了不同经济状况下的收益率。在实践中，要完成这项工作是有难度的。

（二）历史数据法

历史数据法要求收集足够多的能代表预测投资期收益率分布的事后收益率的样本，并假定所有观察值出现的概率相同，计算这些数据的平均值，将此平均值作为期望收益率。这种方法实际上是将收益率看成一个随机变量，用历史收益率的样本均值作为期望收益率的估计量。

$$E(r) = \frac{1}{n}\sum_{t=1}^{n} r_t \tag{3-14}$$

二、风险的含义

持有证券会带来收益，也可能带来亏损（负的收益），即证券的未来收益是不确定的。把证券收益的不确定性称为证券的风险。为了准确理解风险的内涵，先比较下面的两个例子。

【例3-6】假设你购买了政府贴现债券，其面值为100元，期限为一年。该种贴现债券的发行价格（即你的购买价格）为90元。如果你持有这种债券直至到期日，则

$$HPR = \frac{100}{90}-1 = 11.1\%$$

因为投资者在一年之后能肯定获得100元，所以11.1%是一种确定性的收益率。同时，又因为当前政府在一年之内不可能垮台，这种债券也不可能出现违约的情况，所以这是一种无风险债券。

【例3-7】假设你以每股90元的价格购买了A公司股票。显然，该项投资并不像购买一年期政府债券那样简单，因为谁也不能确切地知道一年之后A公司的股价。假设A公司没有支付股利，一年之后股票价格可能有两种情况。

（1）130元，出现概率为0.5。

（2）80元，出现概率为0.5。

那么这一年内的收益率也是不确定的，表现为：

（1）(130÷90)−1=44.4%，概率为0.5。

（2）(80÷90)−1=−11.1%，概率为0.5。

在上例中，投资者并不能确切知道将来的收益率，所以说该项投资是有风险的。虽然投资者可以知道未来收益率可能的结果，但不能知道哪个结果会发生。从上述一年期的政府贴现债券和 A 股票事例中，可以区分投资的两种情形。

（1）确定性情况。此时，投资者能确切地知道资产将来的价值（或收益率），即资产的某种收益率发生的概率为 1。

（2）不确定性或风险性情况。此时，资产未来的价值（或收益率）有多种可能的结果，投资者并不能确切地知道哪种结果会发生。在这里，可以把资产的价值看成是随机变量。若知道随机变量的概率分布，即知道每种情况发生的概率，此时面对的就是风险。若不知道每种情况发生的概率，此时面对的则是不确定性。所以，无论是风险情形，还是不确定性情形，资产的未来价值都有多种可能结果。

在现实生活中，投资者以及从事商务活动的人士在决定时，极少知道某种结果未来发生的真正概率。当人们知道某种结果发生的实际概率时，称这种概率为客观概率。在抛硬币实验时，人们能知道出现正、反面的概率各为 0.5，这里的概率 0.5 是准确真实的，是客观概率。另外还有一种概率是主观概率，主观概率并不是一种真正准确的概率，它只是一种估计概率。例如，投资者可以收集某种股票历史的收益率及相关资料，在这些数据和资料的基础上，投资者可以预测该种股票下一年度收益率的几种可能结果，并估计各种可能结果发生的概率，这种估计概率便是主观概率。在实际决策中，虽然不知道客观概率，但投资者可以用主观概率来代替客观概率。这么一来，便可以认为投资者面临的是风险而不是不确定性。因为投资者总是可以用主观概率来代替客观概率，所以，不确定性和风险表达的意思是一样的，均指投资者不能确切地知道证券将来的价值或将来的收益率。虽然市场上有些资产的收益率几乎是确定的，但是，绝大数资产（如股票、长期债券、期权以及实物投资等）的收益率是不确定的。为此，必须开发出一套系统规则来从那些收益率不确定的资产中选出几种资产，作为投资对象，并运用这套系统规则来分散投资，以求降低风险。

三、风险的度量

在投资决策时，一种证券风险的大小，不仅取决于证券收益的不确定性方面的客观因素，还取决于证券持有人的财产、收入、性格、偏好等诸多个人主观方面的因素。由于主观方面的因素太多、太复杂，且有关风险大小的感受因人而异，难以给出具体的定量描述方法。因此，在实际度量风险时，往往完全把个人主观因素撇开，仅仅只考虑证券本身的收益不确定性。风险的客观度量有很多种方法，方差是最常用的一种，即用收益率的方差来衡量资产的各种可能收益率相对于期望收益率的分散程度。方差的计算公式为：

$$\sigma^2 = \sum_s P(s)[r(s) - \mathrm{E}(r)]^2 \qquad (3\text{-}15)$$

根据表 3-3 的资料，可计算出 A 股票收益率的方差为：

$$\sigma^2 = 0.3 \times (20\% - 7\%)^2 + 0.4 \times (10\% - 7\%)^2 + 0.3 \times (-10\% - 7\%)^2 = 0.017\,97$$

当计算某种资产 n 年以来的收益率的方差时，可以简单地用 $1/n$ 来代表概率 P_i，即

$$\sigma^2 = \sum_{i=1}^{n} \frac{1}{n}[r_i - E(r)]^2 \tag{3-16}$$

如果收益率用百分比来表示，那么方差的单位则是"百分比的平方"，如果收益用"元"来表示，那么方差的单位为"元的平方"，这种情况既难以表达，又难以解释，所以，通常都将方差开算术平方根，得到**标准差**（standard deviation），与变量的单位保持一致。其计算公式为：

$$\sigma = \sqrt{\sigma^2} \tag{3-17}$$

在上面的例子中，已计算出 A 股票的方差为 0.01797，其标准差为：

$$\sigma = \sqrt{0.017\,97} = 13.4\%$$

从以上的计算中，分别得到了期望收益率和标准差，前者是预期的收益，后者是预期的风险。对于投资者而言，会更担心收益为-10%的概率值有多大，而不是收益率为 20%的概率值有多大，标准差度量的是二者对中值的偏离程度。理论证明，如果概率分布为正态分布，期望收益率 $E(r)$ 与标准差 σ 就可以准确地体现概率分布的特点，也就是说，标准差就可以精确地测度风险。

用标准差度量风险的优势在于将投资的不确定性概括成一个单一数字，不足之处是将高于期望收益和低于期望收益的这两种相反的情况等同对待，看作具有同样的风险，进行同样的处理。所以，有些学者还尝试用半方差、损失风险等方法度量风险。

第三节 风险溢价与风险厌恶

一、风险溢价

先考查一个例子。

【例3-8】假定有10万元的初始财富 W，若进行股票投资有两种可能的结果。一种结果是最终财富 W_1 增长到了15万元，收益率为50%，出现的概率为0.6；另一种结果是最终财富 W_2 减少为8万元，收益率为-20%，出现的概率为0.4。

可以用上面学到的统计方法来概括、评价投资结果。用期望收益率 $E(r)$ 表示股票的期望年收益率，有

$$E(r)=0.6\times50\%+0.4\times(20\%)=22\%$$

因此，10万元资产组合的预期盈利为2.2万元。

资产组合的方差 σ^2 的计算如下：

$$\sigma^2 = p[r_1 - E(W)]^2 + (1-p)[r_2 - E(W)]^2$$
$$= 0.6 \times (50\% - 22\%)^2 + 0.4 \times (-20\% - 22\%)^2$$
$$\sigma = 34\%$$

不难发现，上述投资的风险（34%）远远大于期望盈利（22%）。显然，这样投资风险很大。

若把国库券作为风险资产组合的另一选择。假定在做出决策时，一年期国库券的收益率为 5%，那么，投资 10 万元能稳获 5 000 元的盈利。

可见，投资于风险资产组合期望盈利比投资安全的国库券的盈利增加 17 000 元（22 000 元-5 000 元）。

所以，回报可以分为两种，一种是投资于股票上的期望总收益，另一种是投资于国库券或银行存款上的**无风险收益**（risk-free rate）。风险资产与无风险资产收益之差称之为**风险溢价**（risk premium）。上例中，作为投资风险的补偿可获得 17 000 元的风险溢价。任何特定时期已实现了的风险资产与无风险收益之差称为**超额收益**（excess return）。

为了更好地理解风险溢价这个概念，可考察投机与赌博的区别。投机的定义是"在获取相应的收益时承担一定的风险"。"相应的收益"是指去除无风险收益之后的实际期望收益，即风险溢价。"一定的风险"是指足以影响决策的风险，当增加的收益不足以补偿所冒的风险时，投资者可能会放弃一个产生正的风险溢价的机会。

赌博是"为一个不确定的结果打赌或下注"。如果拿赌博与投机的定义比较，你会发现它们主要的不同在于赌博没有"相应的报酬"，即赌博的期望收益为 0，而投机的期望收益不仅大于 0，而且大于无风险资产的收益。从经济意义上讲，赌博是为了享受冒险的乐趣而承担风险，别无其他目的。而投机是在投机者看到有利的风险—收益权衡时发生的。把赌博变成投机要求有足够的风险溢价来补偿厌恶风险的投资者所承受的风险。

在某些情况下，赌博看起来像是投机。如两个投资者对美元与英镑的远期汇率持截然相反的态度，他们可能为此打赌。假如一年之后，1 英镑的价值超过了 1.70 美元，王先生要付给张女士 100 美元；如果少于 1.70 美元，则张女士付给王先生 100 美元。这里只有两种结果：

（1）1 英镑高于 1.70 美元。

（2）1 英镑低于 1.70 美元。

如果王先生与张女士对这两种可能的结果出现的概率持相同意见，而且如果谁都不想输，那么每种结果的概率 $P=0.5$。在这种情况下，两个人的期望收益都为零，每个人都有赌博的一面。

但是，这两个人之所以要赌博，是因为王先生和张女士对英镑兑美元未来汇价的判断是不同的。张女士认为 1 英镑高于 1.70 美元的概率大于 0.5，而王先生则认为小于 0.5。他们主观地认为有两种不同的前景，经济学家把这种观点的差异称为"异质预期"。在这种情形下，投资者双方都把自己的行为看成是投机而非赌博。

王先生与张女士都应问一问："我认为会带来负的投资，为什么其他人还愿意去投资呢？"解决异质预期的理想办法是让王先生与张女士"融和信息"，即使双方明确他与她掌握了所有相关信息并且处理信息的方法得当。当然，要排除异质预期需要获取信息和深入的沟通，这要付出高昂的代价。

二、风险厌恶

所谓**风险厌恶**（risk averse）者，是指那些不喜欢收益波动性的投资者。只要两种投资的期望收益率相等，风险厌恶者便会倾向于有确定收益的投资，而不倾向于收益不确定的投资。因此，为了说服风险厌恶者购买将来收益率不确定的资产，市场就不得不给他们以更高的期望收益率作为补偿。这部分额外的期望收益率就是上面讲述的风险溢价。

为了从直观上解释为什么大多数投资者是风险厌恶者，先看一个例子。

【例3-9】假设小安是商学院的一名三年级的学生，她每周从其父母那里得到110元，这110元刚够她每星期的伙食费及一场电影。现在如果小安做出选择：一种选择是以0.5的概率得到100元和以0.5的概率得到120元；另一种选择是每周确切得到110元。她会如何选择呢？若获得100元，她将不得不取消看电影的打算，获得120元，她每周则可以看两场电影，根据经济学的边际效益递减规律可知，第二场电影的效用比不上第一场电影的效用，也就是说，放弃一场电影所引致的效用损失大于每周多看一场电影所获得的效用。因此，小安将会选择后者，即宁愿肯定地得到110元。在这里，小安被称为风险厌恶者，因为当她面对上述两种选择时，她选择了最安全的那种。

风险溢价为零时的情况称为公平游戏，风险厌恶型的投资者不会考虑公平游戏或更糟的证券投资。他们只愿意进行无风险投资或风险溢价大于零的投机性投资。

风险厌恶显然会对投资者在风险与收益间的平衡产生重大影响。市场上的投资者除了是风险厌恶者以外，还可能存在以下两种类型的人。

（1）**风险中性者**（risk neutral）。风险中性者只是按期望收益率来判断风险投资，风险的高低与他们无关。

（2）**风险爱好者**（risk lover）。风险爱好者愿意参加公平游戏与赌博。这种投资者把风险的"乐趣"考虑在内，使得效用变大。因为变大的风险效用使得公平游戏的价值高于无风险投资。大量证据表明，有些人是风险爱好者，至少在有些时期和处理小额资金时是风险爱好者。例如，大多数赌博活动、抽奖活动，其期望收益甚至不及所支付的成本，但是，有些人仍会去购买彩票。

如果所有的投资者都是风险中性者或风险爱好者，那么，购买风险资产的投资者将得不到风险补偿。一种检验金融市场上的投资者是风险厌恶者占大多数还是风险爱好者占大多数的办法是，比较不同资产的各历史时期的收益率。如果风险资产（如股票）的平均收益率高于无风险资产（如短期国库券）的平均收益率，那么可以推出，绝大多数的市场参与者都是风险厌恶者。

在计算了纽约证券交易所指数历年以来的平均收益率后发现，在扣除通货膨胀因素之后，纽约股票交易所指数的年平均收益率为6.4%；而与此同时，在扣除通货膨胀因素之后，国库券的年平均收益率仅为0.5%。可见，在股票（风险投资）的收益率中包含风险补偿。在扣除通货膨胀因素之后，风险补偿为5.9%（6.49%与0.5%之差）。既然如此，便可以得出结论：风险厌恶是一种极为普遍的态度，在市场上，大多数投资者都是风险厌恶者。为此，在本书的以后各章节中，假定所有投资者都是风险厌恶者。

三、投资者效用

假定每一投资者可以根据资产期望收益与风险的情况计算出资产组合的效用（utility）数值。期望收益越高，资产组合得到的效用数值越大；而风险大的资产组合，其效用数值也低许多。下面是金融理论者广泛使用的一个函数，资产组合期望收益为E(r)，其收益方差为σ^2，其效用值为：

$$U=E(r)-0.005A\sigma^2 \tag{3-18}$$

式中，U为效用值，A为投资者的风险厌恶指数，系数0.005是一个按比例计算的方法，这样，在式中是按百分点而不是按小数来表示期望收益与标准差的。从此公式可以看出，高期望收益一定会提高效用，而方差减少效用的程度取决于A，即投资者对风险的厌恶程度。投资者对风险的厌恶程度越高（A值越大），效用越低。那么风险厌恶指数A如何确定呢？在美国，包括美林公司在内的一些金融顾问公司的专家采用问卷调查的方式来确定投资者的风险厌恶程度。一般来说，有关风险厌恶程度的问卷内含 7～10 个问题，涉及一些个人的投资经历、投资的风险倾向等方面的内容。当然，这种调查得出的结论只有参考价值，不是很准确。如果将非常厌恶风险的归为保守派，一般厌恶风险的归为温和派，比较能承受风险的归为激进派，那么一些调查结果显示，多数投资者为温和派，只有 10%～15% 的投资者为激进派。

在式（3-18）中，若 A 值为 0，即投资者不怕任何风险，这时投资者就是风险中性者，所选择的无风险资产组合的效用就是资产组合的收益率；若 A 值小于 0，说明风险能够增加投资者的效用，此时的投资者为风险爱好者。在投资者是风险厌恶者的前提下，A 值大于 0。

【例3-10】在上一小节的例子中，投资者面临的选择是股票的期望收益率为22%，标准差34%，国库券的无风险收益率为5%。对于一个风险厌恶指数假定为A=3的比较厌恶风险的投资者而言，其效用值为：

$$U=22-0.005\times3\times34^2=4.66$$

此项股票投资的效用值为4.66%，比无风险收益率所带来的效用值5%稍低，在这种情况下，投资者会放弃股票而选择国库券。如果投资者不太厌恶风险，例如A为2时，效用值为：

$$U=22-0.005\times3\times34^2=10.44$$

因此，对A=2的投资者而言，此项投资的效用值为10.44%，高于无风险收益率，此投资者就会接受这个期望收益，愿意投资于股票。这表明，投资者对风险的厌恶程度十分关键，一个非常厌恶风险的投资者会放弃有正的风险溢价的风险证券投资；同样，一个能够承受较大风险的投资者可以接受有正的风险溢价的风险证券投资。但是，所有风险厌恶型的投资者都不会接受无风险溢价或风险溢价为负的风险证券投资。

四、均值—方差准则

风险厌恶型的投资者承担风险是要报酬的，这个风险报酬就是风险溢价。因此对于风险厌恶型的投资者来说，存在着选择资产的均值—方差准则：当满足式（3-19）和式（3-20）条件中的任何一个时，投资者将选择资产 A 作为投资对象：

$$E(r_A)\geqslant E(r_B)，且\ \sigma_A^2<\sigma_B^2 \qquad (3-19)$$

$$E(r_A)>E(r_B)，且\ \sigma_A^2\leqslant\sigma_B^2 \qquad (3-20)$$

上述准则可以理解为选择期望收益高且风险小的资产，或者在期望收益率相同的情况下，选择风险小的资产；或者在风险相同的情况下，选择收益率高的资产。实际上，可以看到大部分投资者的投资活动都是遵循这一准则的，这一准则还可以通过几何图形来表示，如图 3-1 所示。

图 3-1 也被称为收益—标准差平面，竖轴表示投资收益的期望值，横轴表示反映风险程度的标准差。假设期望收益为 E(r)，标准差为 σ 的资产组合 P 是风险厌恶投资者所喜欢的资产组合。它的期望收益大于或等于第Ⅳ象限中的任何资产组合，而它的标准差等于或小于第Ⅳ象限中的任何资产组合，即资产组合 P 优于在它东南方向的任何资产组合。相应地，对投资者来说，所有第Ⅰ象限的资产组合都比资产组合 P 更受欢迎，因为其期望收益等于或大于资产组合 P，标准差等于或小于资产组合 P，即资产组合 P 的西北方向的资产组合更受欢迎。那么，通过 P 点的投资者效用的**无差异曲线**（indifference curve）一定位于第Ⅱ和第Ⅲ象限，即一定是一条通过 P 点的、跨越第Ⅱ和第Ⅲ象

限的东北方向的曲线。因为，只有处于第Ⅱ和第Ⅲ象限的资产组合点才可能与 P 点相比较，或者期望收益更高，但需要承担更高的风险（位于第Ⅱ象限）；或者可能得到的期望收益较低，但需承担的风险也较低（位于第Ⅲ象限）。

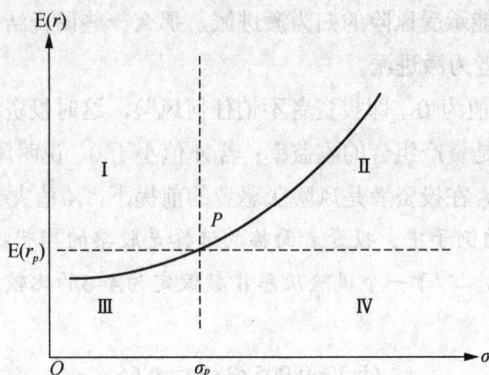

图 3-1　均值—方差准则的几何表达

在微观经济学分析消费者效用时提出了无差异曲线，并指出有多条无差异曲线，靠上方的无差异曲线表示一个更高的效用水平，如图 3-2 所示。同时还指出根据无差异曲线的定义，任意两条无差异曲线都是平行的。但风险厌恶程度不同的投资者的无差异曲线却是可以相交的，一般风险厌恶程度较高的投资者的投资效用无差异曲线较为陡峭，因为风险的增加要求很高的期望收益增长；而一般风险厌恶程度较低的投资者的投资效用无差异曲线较为平缓，因为风险的增加要求相对较低的期望收益增长就可以了。另一方面，每一个投资者一旦确定其风险厌恶程度，其投资效用的无差异曲线的形状就确定了，有一组平行它的无差异曲线，位置越高的曲线带来的效用越大，因为它一定代表了或者风险相同但期望收益更高，或者期望收益相同但风险更低。在实践中，其实难以画出投资者的无差异曲线，但是，这种分析方式对投资者确定最佳投资组合却有很大的帮助。

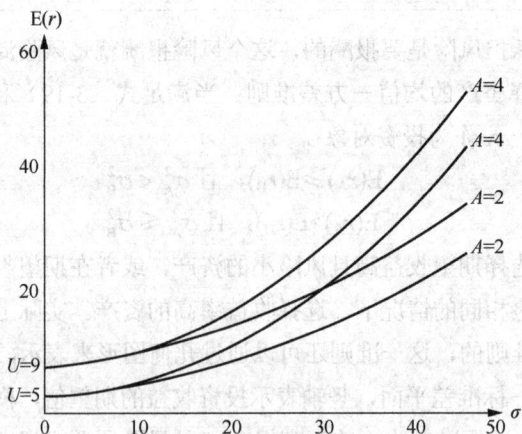

图 3-2　投资者效用曲线

思考与练习

1．用友软件公司的股票三个月前的价格为每股62.4元。三个月后的现市价格为61.5元；在这期间，该公司发放股利每股4.2元。试问该股票的三个月收益率为多少？

2. 某股票在过去6个月的每月收盘价及股利分配情况如下。

月份	收盘价格（元）	股利（元）
5	31.2	0
6	32.8	3.5
7	37.5	0
8	37.1	0
9	36.3	3.5
10	36.8	0

（1）根据上面资料，计算该股票从6月起至10月止的每月收益率。

（2）计算该股票在这5个月的长期算术平均收益率与几何平均收益率。

（3）计算每月的连续复利收益率与5个月的总连续复利收益率。

（4）利用（1）或（2）的资料，计算该股票在最后5个月的总收益率。

3. 某投资者以52.36元购买了金桥公司的股票。7个月后，该投资者以50.11元的价格出售。其间并无股利的分发。试为该投资者计算月平均收益率。

4. 杨太太投资于股市5年的每年投资收益率如下。

$$R_1=50\%, \quad R_2=15\%, \quad R_3=10\%, \quad R_4=3\%, \quad R_5=-4\%$$

试为杨太太计算5年投资的总收益率与每年的平均收益率（几何平均收益率）。为何不可以用算术平均数来衡量每年平均收益率？

5. 某投资者于年初以每股19.85元的价格购入嘉宝公司的股票。3个月后，该公司发布股票分割（stock split），分割的比率为2.5∶1（即每一股变成2.5股）。分割之后两个月，该公司发放股利每股0.75元。过后一个月，该投资者以每股8.98元的价值出售。试问该投资者的每月平均收益率为何值？若以连续复利收益率计算应为何值？

6. 某证券投资的成本为30元，该证券在未来一期的资金变动（cash flows）概率分配如下。

可能期末资金结果（元）	概率
25	0.10
30	0.15
35	0.25
40	0.20
45	0.15
50	0.15

利用上面资料，试计算该证券投资的期望收益率与标准差。

7. 大安公司的年收益率概率分配如下。

未来经济情况	概率（%）	年收益率（%）
带有高利率的经济萎缩	5	-20
带有低通胀的经济萎缩	25	10
正常成长	30	30
带有低利率的经济成长	25	40
带有高利率的经济成长	15	25

（1）根据上面资料计算该公司股票的期望收益率及方差。

（2）若该股票的期初价格为42元。试计算该股票在期末的期望价格。

（3）若在第三期末（或年末）该股票的实际价格为50元，试计算其（长期）平均收益率。若以连续复利收益率计算应为何值？

8. 风险与不确定性有什么区别？这种区别是如何解决的？

9. 投资者对风险的厌恶程度与投资者所要求的风险补偿之间有什么关系？

10. 现在你面临两种选择，第一种是以0.5的概率得到100元，以0.5的概率得到200元；第二种是你以确定的概率得到150元。如果你选择了前者，那么你是风险厌恶者还是风险追求者？

资产组合选择 | 第四章

均值－方差准则说明投资者的投资决策基于两个目标，即在寻求"期望收益最大化"的同时追求"收益的不确定性（风险）最小"。事实上，投资者要想得到较高的收益，必须承担较大的风险，证券的收益与风险不可能两全。资产组合选择理论为投资者寻求收益与风险之间的平衡提供一种行之有效的途径，即要寻求出在期望收益相同的条件下，风险最小或在风险相同的条件下，期望收益最大的最优证券组合。为此，本章在阐述资产组合的收益与风险以及资产组合的风险分散效应的基础上，首先介绍资产组合中风险资产与无风险资产之间的资本配置；其次，按由简入繁的原则，先讨论了两种风险资产组合的简单情形，然后推导出具有 N 种风险资产的投资组合在收益－标准差平面上的可行区域，并指出理性投资者的选择应位于效率边界上；最后，在投资组合中引入无风险资产，优化了马克维茨的有效边界，确定了最优风险资产组合，并按投资者的风险厌恶水平最终确定无风险资产与最优风险资产组合的比例。

第一节 | 资产组合的收益与风险

一、资产组合的含义

资产组合一般是指投资者在金融市场的投资活动中，根据自己的风险－收益偏好所选择的几种金融工具的集合。投资者之所以要进行资产组合，是为了避免因投资的孤注一掷而可能导致全军覆没的惨败。具体而言，当投资组合的一部分资产发生亏损时，另一部分的资产要产生盈利，以弥补亏损或减小亏损。对投资者意味着，即使意外事件发生，也不会损失严重。因此，做投资组合是有必要的，做好投资组合需要投资技巧。

在评估一个资产组合的风险时，投资者必须考虑到资产收益之间的相互作用。签订保险合约，交一大笔保险金是降低风险的好办法。当资产组合中的一部分资产如房屋或工厂遭受火灾的巨大损失时，购买的火险就派上了用场。房产与保险这两种资产收益相互抵消，稳定了整个资产组合的风险。投资于补偿形式的资产，使之抵消可能遇到的风险被称为**套期保值**（hedging）。保险合约便是明显的套期保值工具。在很多情况下，金融市场提供类似的、间接的套期保值机会。例如，有两个公司，一个生产防晒油，另一个生产雨伞。两个公司的股东都面临着两种相反天气的风险。多雨的夏季使防晒油公司的收益下降，却使雨伞公司的收益增加。雨伞公司的股份相当于为防晒油公司股东购买的"天气保险"，正如火险给房屋保险一样。当防晒油公司的情况不妙（天气不好）时，"保险"资产（雨伞股份）很好的收益就可以抵消这部分损失。

控制资产组合风险的另一个工具是**分散化**（diversification），这意味着投资是散布于各类资产中的，以保证任何特定证券所暴露风险的有限性。通过把鸡蛋放在许多篮子中，整个资产组合的风险实际上要比资产组合中任何一个孤立证券所有的风险低得多。

二、资产组合的收益

先考查一个例子。

【例4-1】若某投资者在年初购入了A、B、C三支股票，构成一个证券组合P，该投资者对购买的每一支股票的期末（年底）价格进行了预测，得到A、B、C三支股票的期望价格，那么证券组合P的期望收益率是多少呢？

首先算出A、B、C每种股票的预期期末价格，再汇总为组合P的期末价格，运用持有期收益率的计算公式可求得组合P的期望收益率（见表4-1）。

表4-1　　　　　　　　　　　　股票 A、B 和 C 的期望价格及其组合

股票	数量（股）	期初价格（元）	总价（元）	预期期末价格（元）	预期期末总值（元）
A	100	40	4 000	42	4 200
B	200	35	7 000	40	8 000
C	100	62	6 200	70	7 000
合计			17 200		19 200

$$E(r_p) = \frac{19\,200 - 17\,200}{17\,200} = 11.63\%$$

进一步考察更一般的情况。若投资者构建由 n 支证券构成的投资组合 P，设

$W_i\ (i=1,\cdots,n)$ 为第 i 支证券的期初总值。

W 为投资组合 P 的期初总值。

w_i 为第 i 支证券的期初总值占组合 P 期初总值 W 的比例，则：

$$W = \sum_{i=1}^{n} W_i$$

$$w_i = \frac{W_i}{W}$$

将 $W = \sum_{i=1}^{n} W_i$ 式两边同时除以 W，则：

$$1 = \frac{1}{W}\sum_{i=1}^{n} W_i = \sum_{i=1}^{n} \frac{W_i}{W}$$

现将 $w_i = \dfrac{W_i}{W}$ 式代入，并整理，得：

$$w_i + w_2 + \cdots + w_n = \sum_{i=1}^{n} w_i = 1 \qquad (4\text{-}1)$$

在式（4-1）中，将每种资产占整个组合的比例 W_i 称作权重，它反映了投资者将资金的多大部分比例投资于该种资产，且所有的权重之和一定为 1。继续设：

$W_i'\ (i=1,\cdots,n)$ 为第 i 支证券的期末预期总值

W' 为投资组合 P 的期末预望总值

$E(r_i)$ 为第 i 支证券的期望收益率

$E(r_p)$ 为投资组合 P 的期望收益率，则：

$$E(r_i) = \frac{W_i' - W_i}{W_i}$$

$$E(r_p) = \frac{W' - W}{W} = \frac{\sum_{i=1}^n W_i' - \sum_{i=1}^n W_i}{W} = \sum_{i=1}^n \frac{W_i' - W_i}{W} = \sum_{i=1}^n \frac{W_i}{W} \cdot \frac{W_i' - W_i}{W_i}$$

$$= \sum_{i=1}^n w_i E(r_i)$$

（4-2）

经过上面的推导可知，证券组合的期望收益率是单个证券期望收益率的加权平均数，其权数即为每一证券占整个组合的权重 w_i。很显然，第 i 种证券的投资权重 w_i 越大，那么，它对证券组合的期望收益率影响也就越大。一种极端的情况是，当某种证券的投资权重为 1 时，即投资者将其所有财富都投资于该证券时，证券组合的期望收益率也就等于该种证券的期望收益率。

现在可以运用式（4-2）重新计算组合 P 持有期收益率，运算过程见表 4-2。

表 4-2   组合 P 持有期收益率

证券（1）	总价（元）（2）	占总价比例（3）=（2）/17 200	期初价格（元）（4）	预期期末价格（元）（5）	预期持有收益率（%）（6）=[（5）-（4）]/（4）	对组合的预期持有收益率的贡献（%）（7）=（3）·（6）
A	4 000	0.232 5	40	42	5.00	1.16
B	7 000	0.407 0	35	40	14.29	5.82
C	6 200	0.360 5	62	70	12.9	4.65
合计	17 200	1.000 0	—	—	—	11.63

计算结果得到组合 P 的期望收益率为 11.63%，与前面的计算结果相同。但式（4-2）是更具普遍意义的计算方法，在后面的内容中会经常使用。

三、资产组合的风险

资产组合的风险可以用其方差来度量，方差的计算可以使用其定义式（3-15）直接计算，更一般的情况下，计算两个风险资产 A 与 B 的组合 P 时，会运用下面的公式来计算：

$$Var(r_p) = \sigma_{A+B}^2 = w_A^2 \sigma_A^2 + w_B^2 \sigma_B^2 + 2w_A w_B Cov(r_A, r_B)$$

（4-3）

由于 $Cov(r_A, r_B) = \rho_{AB}\sigma_A\sigma_B$，所以上式又可以写为：

$$Var(r_p) = \sigma_{A+B}^2 = w_A^2 \sigma_A^2 + w_B^2 \sigma_B^2 + 2w_A w_B \rho_{AB}\sigma_A\sigma_B$$

（4-4）

式（4-3）的推导可运用数理统计中的随机变量之和的方差公式，即

$$Var(X+Y) = Var(X) + Var(Y) + 2Cov(X,Y)$$

其中 X、Y 为随机变量。参考式（4-2），有

$$r_p = w_A r_A + w_B r_B$$

（4-5）

这里，要注意 r 与 $E(r)$ 的不同，r 为随机变量，代表不确定的收益率，$E(r)$ 为随机变量 r 的数学期望，是一个常数。所以，由式（4-2）是无法得直接得到式（4-5）的。参考式（4-2）的推导思路，再加上"证券组合的价值应该等于它的组成证券的价值之和"这个看似一目了然的假定，便可得到式（4-5）。事实上，马科维茨将证券组合收益率直接定义为式（4-5）的形式。[1]

---

[1] 参见史树中《金融经济学十讲》第 68 页。

求 r_p 的方差，按式（4-5）展开，可得：

$$\begin{aligned}
\text{Var}(r_p) &= \text{Var}(w_A r_A + w_B r_B) \\
&= \text{Var}(w_A r_A) + \text{Var}(w_B r_B) + 2\text{Cov}(w_A r_A, w_B r_B) \\
&= w_A^2 \text{Var}(r_A) + w_B^2 \text{Var}(r_B) + 2w_A w_B \text{Cov}(r_A, r_B) \\
&= w_A^2 \sigma_A^2 + w_B^2 \sigma_B^2 + 2w_A w_B \text{Cov}(r_A, r_B)
\end{aligned}$$

式（4-3）得证。同理，由 n 个证券组成的证券组合的方差为：

$$\sigma_p^2 = \text{Var}(r_p) = \text{Var}\left(\sum_{i-1}^{n} w_i r_i\right) \tag{4-6}$$

$$= \sum_{j=1}^{n}\sum_{i=1}^{n} w_i w_j \text{Cov}(r_j, r_j)$$

$$= \sum_{i=1}^{n} w_i^2 \sigma_i^2 + \sum_{i=1}^{n}\sum_{\substack{j=1\\i\neq j}}^{n} w_i w_j \text{Cov}(r_i, r_j) \tag{4-7}$$

第二节 | 资产组合的风险分散效应

一、资产组合中的协方差与相关系数

先看一个例子。

【例4-2】假设有一个资产组合，资产管理人已确定将50%的资产购买A糖果公司的股票，剩余的50%待定。白糖是A糖果公司最主要的原料，A糖果公司的股票价格对白糖的价格很敏感。多年以来，当白糖的产量下降时，白糖的价格便猛涨，A糖果公司会因成本上升而遭受巨大的损失。可用以下的情景分析来说明A糖果公司股票的命运。

表4-3 不同情景下 A 糖果公司股票的收益

A 糖果公司股票	白糖生产的正常年份		异常年份 白糖的生产危机
	股市的牛市	股市的熊市	
概率	0.5	0.3	0.2
收益率（%）	25	10	-25

运用前面介绍的证券收益与风险的几个规则，会得到如下结果。

$E(r_A) = 0.5 \times 25 + 0.3 \times 10 + 0.2 \times (-25) = 10.5\%$

$\sigma_A^2 = 0.5 \times (25-10.5)^2 + 0.3 \times (10-10.5)^2 + 0.2 \times (8-10.5)^2 = 357.25$

$\sigma_A = \sqrt{357.25} = 18.9\%$

A糖果公司的期望收益率为10.5%，标准差为18.9%，说明投资于A公司的风险还是比较大的。为了降低整个资产组合的风险，可以用剩余的资产购买国库券，国库券为无风险资产，可以稳获5%的收益率。那么，这一资产组合记为 P_1，其中50%投资于A股票，另50%投资于国库券。继续考察此资产组合的收益与风险。

由于资产组合在每种资产上的投资比例均为0.5，则

$E(r_{P_1}) = 0.5E(r_1) + 0.5E(r_2) = 0.5 \times 10.5\% + 0.5 \times 5\% = 7.75\%$

本例为风险资产与无风险资产的组合。由于风险资产与无风险资产之间的协方差为 0，且无风险资产的方差亦为 0，运用公式（4-3）可得到此资产组合的标准差等于风险资产的标准差乘以该资产权重，即

$$\sigma_{P_1}=w_2\sigma_2=0.5\times18.9\%=9.45\%$$

上述计算结果表明，由于购入了国库券这种无风险资产，组合 P_1 的标准差由 18.9%减少到 9.45%，即风险减少了一半，当然，期望收益率也由 10.5%下降到 7.75%。所以说，风险降低的代价是期望收益的减少。

是不是还有其他更好的组合呢？在调查了白糖和糖果行业之后发现，在发生糖业危机的这些年中，另一个 B 糖业公司获得了可观的利润，其股票价格也迅速上扬。对 B 糖业公司股票的情况分析如表 4-4 所示。

表 4-4 不同情景下 B 糖业公司股票的收益

B 糖业公司股票	糖生产的正常年份		异常年份糖的生产危机
	股市的牛市	股市的熊市	
概率	0.5	0.3	0.2
收益率（%）	1	-5	35

$E(r_B)=0.5\times1+0.3\times(-5)+0.2\times35=6.00\%$

$\sigma_B^2=0.5\times(1-6)^2+0.3\times(-5-6)^2+0.2\times(35-6)^2=217$

$\sigma_B=\sqrt{217}=14.73\%$

B 糖业公司股票的期望收益率为 6.00%，略好于国库券，标准差为 14.73%，接近 A 糖果公司的波动幅度。从这个粗略的分析来看，B 糖业公司的股票并不是一个诱人的投资，但是对构造资产组合 P_2 来说却很有吸引力。

B 糖业公司为 A 糖果股票的持有者提供了非常好的套期保值。在糖业危机中，当 A 糖果公司的收益最低时，B 糖业公司的收益一定是最高的。再考察资产组合 P_2 平均投资于 A 糖果公司股票和 B 糖业公司股票的情况（见表 4-5）。

表 4-5 不同情景下组合 P_2 的收益

组合 P2	糖生产的正常年份		异常年份糖的生产危机
	股市的牛市	股市的熊市	
概率	0.5	0.3	0.2
收益率（%）	(25+1)÷2=13	(10-5)÷2=2.5	(-25+35)÷2=5

$E(r_{P_2})=0.5\times13+0.3\times2.5+0.2\times5=8.25\%$

$\sigma_{P_2}^2=0.5\times(13-8.25)^2+0.3\times(2.5-8.25)^2+0.2\times(5-8.25)^2=23.312\,5$

$\sigma_{P_2}=\sqrt{23.312\,5}=4.83\%$

现在将三种可供选择的收益与风险情况归纳并对比如表 4-6 所示。

表 4-6 不同组合的收益与风险

资产组合	期望收益率（%）	标准差（%）
全部投资于 A 股票	10.50	18.90
1/2 的 A 股票+1/2 的国库券（P_1）	7.75	9.45
1/2 的 A 股票+1/2 的 B 股票（P_2）	8.25	4.83

数字本身便是有力的证明。将 B 糖业公司包括在内的资产组合 P_2 显然比投资于国库券降低风险的策略更具优势，它比资产组合 P_1 的期望收益率高且标准差小。这里想说明的是，尽管 B 糖业公司股票回报率的标准差很大，但它对于某些投资者——A 糖果公司股票的持有者来说，却是一个风险降低器。

在考察资产组合中某一资产的风险收益时，必须将其收益对整个资产组合可变性的影响考虑在内。这个例子说明了对原风险有相反作用的资产是最有力的风险降低器。

引用协方差与相关性的概念来量化资产的套期保值。

（一）协方差

协方差（covariance）测度的是两个风险资产收益相互影响的方向与程度。正的协方差意味着两种资产收益同向变动；负的协方差表明它们朝相反的方向变动。

为了测度协方差，考虑在某一特定情景中，每种股票与预期收益的偏差的积：

$$[r_A - E(r_A)][r_B - E(r_B)]$$

如果两种股票同方向运动，乘积将为正。也就是说，两种股票的收益都超出预期或达不到预期水平。另一方面，如果一只股票的收益超出预期而另一只股票达不到预期，乘积将为负。因此，所有可能情况下的一个好的测度是所有情景下的这个积的预期值，因此，协方差的定义为：

$$\text{Cov}(r_A, r_B) = \sum_s P(s)[r_A - E(r_A)][r_B - E(r_B)] \tag{4-8}$$

在本例中，根据上面表格中的数据，可以利用上式来计算协方差。两种股票的协方差为：

$$\text{Cov}(r_A, r_B) = 0.5 \times (25-10.5) \times (1-6) + 0.3 \times (10-10.5) \times (-5-6) + 0.2 \times (-25-20.5) \times (35-9) = -240.5$$

负的协方差证实了 B 糖业公司股票对 A 糖果公司股票具有的套期保值作用，即 B 糖业公司股票的收益与 A 糖果公司股票是呈反方向变动的。

（二）相关系数

相关系数（correlation coefficient）是比协方差更简便的计算方法。它把协方差的值放在-1 与+1 之间，-1 表示完全负相关，+1 表示完全正相关。两个变量的相关系数等于它们的协方差除以各自的标准差。用希腊字母 ρ 代表相关系数，有

$$\rho(A, B) = \frac{\text{Cov}(r_A, r_B)}{\sigma_A \sigma_B} = \frac{-240.5}{18.9 \times 14.73} = -0.86$$

较大的负相关系数（接近-1）表明 A 糖果公司股票与 B 糖业公司股票有很强的反向变动趋势。资产收益的协方差对资产组合的影响在下面的资产组合方差公式中明显地表现出来。在本例中，A 糖果公司股票与 B 糖业公司股票的权重相等，$w_1 = w_2 = 0.5$，$\sigma_A = 18.9\%$，$\sigma_B = 14.73\%$，$\text{Cov}(r_A, r_B) = -240.5\text{Cov}r$ 根据式（4-3）得到：

$$\sigma_P^2 = (0.5^2 \times 18.9)^2 + (0.5^2 \times 14.73^2) + 2 \times 0.5 \times 0.5 \times (-240.5) = 23.3$$

$$\sigma_P = 4.83\%$$

这一结果与前面情景分析中得出的套期保值资产组合的收益标准差相同。

从根本上说，套期保值就是购买与现有资产组合负相关的风险资产。这种负相关使得套期保值资产的波动性具有降低风险的特性。在资产组合中加入无风险资产是一种简单的风险降低策略，套期保值策略是取代这种策略的强有力方法。

上面的例子，说明具有不同协方差、相关系数的证券组合时，可以降低组合的风险。其实，直接分析公式（4-3）或公式（4-4），就可以得到以下结论。

（1）当相关性一定时，投资权重影响资产组合的方差。

（2）当投资比重一定时，资产之间的相关性越小，资产组合的方差越小。

下面将更详尽地讨论相关性对组合风险的影响。

二、组合中资产的数量与风险分散效应

在上面的例子中，已论述了将不同股票（或资产）合并成投资组合以降低组合风险的原理。事实上，降低投资风险的最原始（或最基本）方法是**随机分散法**（random diversification）或称**天真分散法**（naive diversification）。随机分散的基本原理如下：个别公司的股票期望收益率呈现不规律的变动，因此以随机方式选择股票，并合并成投资组合，能使组合内个别股票的不规律变动部分互相抵消，而使组合风险降低。股票实证研究结果显示，随机分散法的确能降低组合风险。Evans 及 Archer（1968）是最早研究随机分散法风险分散效力的学者，其研究结果可用图 4-1 表示。

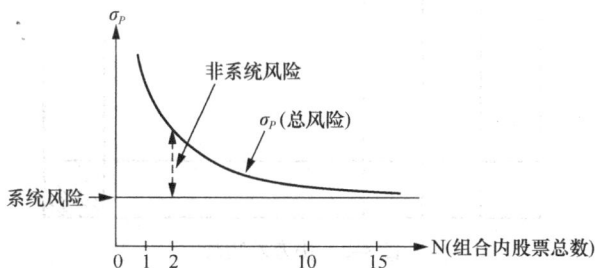

图 4-1　随机分散法的效力

由图 4-1 可知，投资组合内股票总数的增加对组合风险的降低具有很大的影响。尤其是最初增加的少数股票（2、3、4、5、6）对组合风险的降低更具效力（风险降低最快）。但当组合内的股数增至 10~15 时，组合风险的降低就比较小（效力降低）。超过了 15 种股票，组合风险几乎不再下降。故以随机分散法降低投资风险时，只需要 10 种不同的股票就可达到消除大部分非系统风险的目的。为何股数增多了，组合风险不会全部消失？因为所有公司股票都受宏观经济因素，诸如通货膨胀、利率、国民生产总值、失业率等变动的影响。例如，若通货膨胀升高，经济活力降低，则几乎所有股票价格都将下降。因此，所有股价的升降都与经济因素变动有关，以致无法完全消除投资风险。

有些职业投资专家认为随机分散法可作进一步的改进。也就是说，按照产业归类，由每一产业内随机选择数种不同的股票。而后，再将不同产业内选得的不同股票合并成投资组合。这种方法称为**产业横面分散法**（diversification across Industries）。其实，这种方法是对每一产业实施随机分散法。产业横面分散法的基本原理如下：来自不同产业内的股票应有较低的收益率相关系数，故在每一企业内施行随机选择股票，应该更能降低组合风险。但根据 Fisher 及 Lorie（1970 年）的实证研究显示，企业横面分散法并不比原来的随机分散法更具有分散组合风险的效力。其原因在于所有股票价格的升降都与经济因素变动有关，以致来自不同企业内的不同股票仍然具有高度的收益率相关系数。

考虑更一般的情况，设 P 为含有 n 种证券的投资组合，则组合 P 方差为：

$$\sigma_P^2 = \sum_{j=1}^{n}\sum_{i=1}^{n} w_i w_j \text{Cov}(r_i, r_j)$$

事实上，组合 P 的方差用图 4-2 的协方差矩阵来表示更为直观。图 4-2 中纵横各为 N 行、N 列，交叉后为 $N \times N$ 个方格，每个方格代表两个证券间的协方差、方差。第一部分为 N 项，图中对角线阴影部分为每一证券自身与自身的协方差，即自身的方差项；第二部为对角线外非阴影部分，共 $N \times N - N$ 项，为每两个证券间的协方差，当 N 较大时，协方差项的数目远大于方差项。因此，N 较大时，资产组合的风险将主要由资产间相互作用的结果决定。

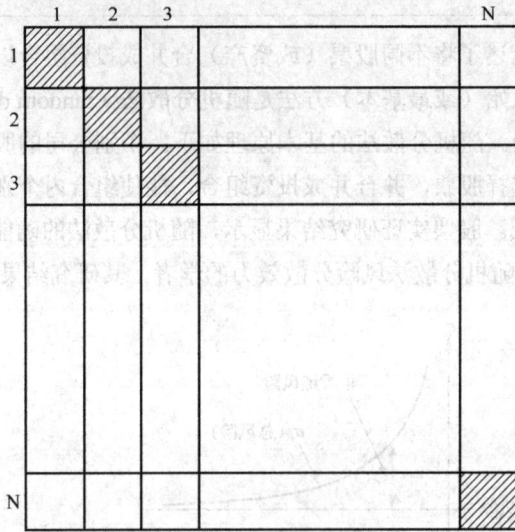

图 4-2　协方差矩阵

为说明简便，构建一个等权重的资产组合，即每一证券有平均的权重：$w_i = 1/n$，则组合的方差为：

$$\sigma_P^2 = \frac{1}{n^2}\sum_{i=1}^{n}\sigma_i^2 + \sum_{\substack{j=1 \\ i \neq j}}^{n}\sum_{i=1}^{n}\frac{1}{n^2}\text{Cov}(r_i, r_j)$$

式中第一项是各项资产自身方差项对组合方差的贡献，它反映了每一资产本身的风险状况对资产组合风险的影响；第二项是各项资产间相互作用，即协方差项对组合风险的贡献。

如果定义证券的平均方差和平均协方差为：

$$\bar{\sigma}^2 = \frac{1}{n}\sum_{i=1}^{n}\sigma_i^2$$

$$\overline{\text{Cov}} = \frac{1}{n(n-1)}\sum_{\substack{j=1 \\ i \neq j}}^{n}\sum_{i=1}^{n}\text{Cov}(r_i, r_j)$$

则可以将资产组合方差表达式改写为：

$$\sigma_P^2 = \frac{1}{n}\bar{\sigma}^2 + \frac{n-1}{n}\overline{\text{Cov}} \tag{4-9}$$

现在考察一下分散化的影响。当 n 足够大时，第一项趋近于 0，第二项接近于平均协方差，即组合的风险只包括了平均协方差。

$$\sigma_P^2 \approx \overline{\text{Cov}} \tag{4-10}$$

上式表明，公司特定风险可以被分散掉，而不可降低的风险依赖于资产组合中各项资产收益的协方差，而它也是经济中重要的系统因素的函数。也就是说，组合风险分散所能达到的最低风险是组合内所有股票的平均协方差。此外，在考虑组合风险分散时，个别股票总风险的大小并不重要，因个别股票总风险将会在组合风险分散的效力下消失，最重要的考虑因素是不同股票间的相关系数。正如式（4-10）所示，不同股票间的相关系数（或平均系统风险）越小，投资组合的风险也就越低。故要降低投资组合风险就必须选择相关系数越小的不同股票。来自不同国家间的股票相关系数比国内股票的相关系数更低。故为降低更多的风险，应考虑外国股票。

那么，在采用随机分散法时，到底需要多少不同股票才能达到一个**风险分散良好的组合**（a well-diversified portfolio of randomly chosen stocks）呢？前已述及，在 Evans 及 Archer（1968 年）的研究下，10 种不同股票就能分散大部分的组合风险。此外，Elton 及 Gruber（1977 年）的研究文献显示，当组合包含的股票种类由 1 种增至 10 种不同股票时，大约 50% 的组合风险（以标准差计）能被分散掉；再增加 10 种不同股票（至 20 种不同股票）时，能再降低 5% 的风险组合；再增至 30 种不同股票时，只能再降低 2% 的组合风险；若增至 75 种不同股票时，总共能降低 60% 的组合风险；当股票数量超过 75 种时，已无任何组合风险的降低。这里，要知道的是采用随机分散法时，到底需要多少不同股票才能达到分散风险的经济利益？根据 Statman（1987 年）的研究显示，只要分散风险的**边际利益**（marginal benefits of diversification）仍高于分散风险的**边际成本**（marginal cost of diversification），组合内的股票数目就应持续增加；当股数增至边际利益等于边际成本时，这个股数就是达到分散风险的最佳经济利益。在这一原则下，**筹借投资者**（a borrowing investor）需要 30 种不同股票，而**贷放投资者**（a lending investor）应有 40 种不同股票，才能达到最佳的分散风险经济利益及一个风险分散良好的组合。[①]

三、系统风险与非系统风险

资产组合可以有效减少和分散风险，但不能完全消除风险。从上面的分析可知，随着资产组合中资产数目的增加，各资产本身风险状况对组合风险的影响逐渐减少，乃至最终消失。但各资产间相互作用、共同运动产生的风险并不能随 N 的增大而消失，它是始终存在的。那些只反映资产本身特性，可通过增加资产组合中资产数目而最终消除的风险称为非系统风险，又称个别风险。那些反映各资产共同运动，无法最终消除的风险称为系统风险，又称市场风险。

（一）非系统风险

非系统风险是由个别资产本身的各种因素造成的收益的不稳定。也就是说，非系统风险来自个别公司或个别企业的因素，且不对整体经济（或宏观经济）层面有所影响。下列因素是非系统风险的来源：公司产品科技含量与未来发展的好坏、消费者（或客户）对公司产品喜好的变动、产品竞争的程度、政府对公司产品或服务的财力与法令支持或干预、公司经营效率高低、公司举债多寡，等等。

虽然造成非系统风险的因素众多，但可归类成两种重要的风险：商业风险与财务风险。

1. 商业风险

商业风险（business risk）是（总风险内）非系统风险的一部分，是指公司**息税前盈余**（earnings variability before interest and taxes，EBIT）的变动。EBIT 是否稳定须视公司的管理是否有效率。这

---

① 筹借及贷放投资者的概念将在下面内容中述及。

是因为好的盈余业绩代表一个公司整体经营决策的正确与经营有效率的结果。一个管理良好且有效率的公司，其盈利（EBIT）必定稳定，从而商业风险低。这种商业风险低的公司必然有一套有效率的管理策略，诸如良好的存货管理制度、积极地拓销产品与开拓新市场、有效率的营销策略、极力降低成本、改良产品品质、极力研发新产品，等等。

2. 财务风险

财务风险（financial risk）的产生是因为公司向外举债以支持公司的营运与扩充。因对外举债，公司必须按期还本付息。当公司经营顺利或经济情况良好时，公司能从容应对利息的支付与本金的偿还；但当公司经营不顺利，或遭遇恶劣经济情况时，公司背信而无法支付利息与偿还本金的可能性大增。一般说来，举债越多的公司在这种恶劣情况下越有困难支付利息与偿还本金，致使其财务风险也越大。

（二）系统风险

系统风险（systematic risk）是因某些因素对几乎所有证券的价格造成冲击而产生的。更进一步地说，经济、政治与社会情况或事件的非**预期变动**（unanticipated changes）是造成系统风险的主因。这些非预期变动造成几乎所有股票与债券的价格向同一方向变动。例如，当预测未来经济将严重萎缩时，公司的销货与利润将会大幅下降，就会导致几乎所有的股票价格下降。而在高度通货膨胀下的市场，若预测通货膨胀将会下降，则会导致市场利率下降，股价全盘上升。

造成系统风险的因素统称为**市场因素**（market factors），造成非系统风险的因素称为**额外市场因素**（extra market common factors）。前者（系统风险）主要包括市场风险、利率风险、购买力风险、商业风险与财务风险等。虽然部分商业风险与财务风险属于非系统风险，但它也部分属于系统风险。

1. 市场风险

市场风险（market risk）是指会造成投资者很快就改变他们期望的风险因素与事件。也就是说，能使投资者的投资心理或市场心理产生变化的任何有形和无形的因素与事件都是造成市场风险的原因。除经济因素外，其他无形因素或事件表面上看似乎对宏观经济不构成影响，但实质上它对整体经济的影响很可能是深重的。例如，社会不安、政治不稳定、叛乱都会造成投资者的心理转成悲观，导致对股市不利。再例如，与工业国家经济命脉有密切关系的地区发生动乱或战争都会影响工业国家与其他国家的经济发展，尽管这种事件发生在外国，但也会影响本国投资者的投资心理，造成股价下跌。20 世纪 70 年代初期，以色列与中东石油生产国家的战争就是最显著的例子。

2. 利率风险

利率风险（interest rate risk）是指因市场一般利率的不确定变动造成投资收入与证券价格不确定变动的风险。利率变动对证券价格的影响是反方向的，即当利率上升（下降）时，证券价格下降（上升）。造成利率变动的原因可来自中央银行的货币政策与政府国库券利率的升降。为控制通货膨胀，央行将会采取紧缩的货币政策，使利率上升，以防止经济增长过热，从而证券价格会因之而下降。此外，政府支出扩大，大量发行国库券只有提高国库券利率，与公司债券竞争，方能吸取所需的资金，以应付支出的扩大。但国库券利率（即无风险利率）提升将会导致其他具有风险的证券（股票及公司债券）收益率或利率上升。也就是说，股票及公司债券的收益率会跟随国库券利率的升降而升降。股票及公司债券收益率上升代表其价格下降。所以，市场利率或国库券利率变动造成证券价格变动。投资者应随时追踪央行的货币政策（或利率政策）与国库券利率的升降，并预测其未来的走向，以便拟定适当的证券投资策略。

3. 购买力风险

购买力风险（purchasing power risk）是指未来投资收入与投资价值购买力的不确定变动。投资的购买力风险包括**通货膨胀风险**（inflation risk）与**通货紧缩风险**（deflation risk）。商品与服务项目价格的持续上升称为通货膨胀；但其价格的持续下降称为**通货紧缩**（deflation）。通货膨胀与紧缩都会造成证券价格下跌，使投资者蒙受损失。这是因为在通货膨胀期间，投资者与一般大众的投资财富与收入（房地产投资除外）的购买力因物价上升而下降。通货紧缩造成商品与财富价值下降，也就是大众购买力降低。

自从第二次世界大战以后，大部分的工业国家很少面临通货紧缩，绝大部分时期面临通货膨胀。因此，一般人将购买力风险称为通货膨胀风险。

持续宽松的货币政策终会导致通货膨胀的来临。此外，原料成本的普遍上涨与商品及服务需求的急速增加都是造成通货膨胀的因素。

4. 商业风险与财务风险

前已述及，属于公司本身的商业风险与财务风险是构成非系统风险的内容。但公司的某些商业风险与经济变动有周期性的关系。例如，当经济情况良好时，公司盈利（EBIT）增加且稳定；但当经济情况恶化时，公司盈利降低，且呈现不稳定。此种商业风险称为**周期性营运风险**（cyclical operating risk），它也属于系统风险。同理，公司财务风险也会随经济情况的变动（或周期）而变化（升降）。因此，与经济情况周期变动有关系的财务风险也属于系统风险。

第三节 风险资产与无风险资产之间的资本配置

一、风险资产与无风险资产组合

资本配置决策主要解决的问题是在整个资产组合中确定各项资产的比例。简单地说，就是在资产组合中风险资产占多大比重，无风险资产占多大的比重。如果假定股票和债券为风险资产的代表，国库券为无风险资产的代表，那么，投资者制定资本配置决策就是要解决将投资的多大比例购买股票和债券，多大比例购买国库券。这也是投资者面临的最基本的决策。

上文中的国库券是指美国的短期国库券，常用来代表无风险资产，但无风险资产有时也指全部货币市场工具，有时则将货币市场中的国库券、商业票据和大额存单作为无风险资产的代表，因为货币市场基金真正大量投资的主要是货币市场中的这三种工具。

虽然我国国库券与美国国库券都属于国债，具有信誉高、无违约风险的特点，但它们的区别也是明显的。我国国库券通常期限较长，最常见的国库券为 3 年期国库券，而美国的国库券最多的是期限为 30 天和 90 天的国库券。这个差别之所以重要，是因为 30~90 天的国库券价格受通货膨胀的影响有限，而 3 年期的国库券就可能更容易受通货膨胀的影响。这表明，我国国库券的通货膨胀风险其实是较大的，这是我国投资者将国库券作为无风险资产时应考虑的问题。

明确风险资产与无风险资产概念后，再探讨一种风险资产与一种无风险资产组合的风险与收益的关系。设风险资产 P（或风险资产组合）的收益率为 r_P，其期望收益率 $E(r_P)$，标准差为 σ_P，无风险收益率为 r_f。若风险资产的权重为 w，则（$1-w$）为无风险资产的权重，这样的一个组合设为 C，其期望收益率与风险为：

$$E(r_C)=wE(r_P)+(1-w)r_f$$

$$\sigma_C=w\cdot\sigma_P$$

由 $\sigma_C=w\cdot\sigma_P$ 得 $w=\sigma_C/\sigma_P$，代入 $E(r_C)=wE(r_P)+(1-w)r_f$，整理后得：

$$E(r_C)=r_f+\left[\frac{E(r_P)-r_f}{\sigma_P}\right]\sigma_C \qquad (4\text{-}11)$$

式（4-11）说明，给定风险资产的收益与风险，以及无风险收益率，就可以明确得到其组合的收益与风险的线性关系式。图 4-3 更直观地表现了这种关系，坐标系的横轴为标准差 σ，纵轴为收益 $E(r)$，如前所述，这个坐标系被称为收益－标准差平面。那么，任一资产或资产组合的收益与风险情况都可以用此平面上一个点来代表，反之，坐标系（第一象限）中任一点也代表某一特定的资产或资产组合的收益与风险情况。有了这个重要的平面，便可以直观地从几何的角度研究投资中最重要的两个变量——收益与风险的关系。

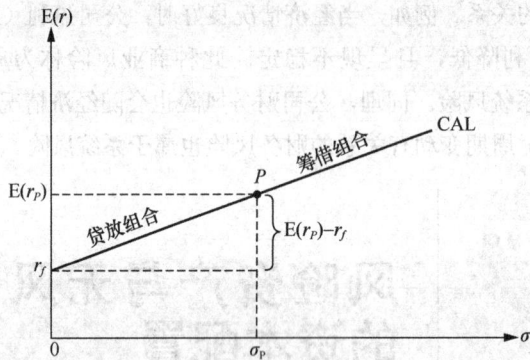

图 4-3　收益－标准差平面中风险资产与无风险资产的投资机会集合

因为无风险资产的标准差为 0，所以无风险资产 r_f 位于纵轴上，P 点代表风险资产，连接 r_f 点与 P 点的直线方程为式（4-11）。因此，风险资产与无风险资产组合的收益与风险的关系在收益－标准差平面中恰好表现为连接代表无风险资产点与代表风险资产点的直线。这条直线叫做**资本配置线**（capital allocation line，CAL），它表示投资者所有可行的风险收益组合，即风险资产与无风险资产任一分配比例构成的组合一定位于这条直线上；反之，资本配置线上的任何一点都代表了某一特定分配比例的风险资产与无风险资产的组合。

资本配置线的截距为无风险资产 r_f，斜率为 $[(E(r_P)-r_f]/\sigma_P$，反映了在选择资产组合时，每增加一单位标准差会增加的期望收益率。因此，该斜率也被称为收益与**波动性比率**（reward-to-variability ratio）。一般认为这个值大些好，此值越大，就意味着资本配置线越陡，即增加一单位风险可以增加更多的期望收益。

那么，处在资本配置线上 P 点右边的点代表什么呢？首先需要了解借贷组合的含义。由资本配置线的理论得知，可将部分资金投资于无险资产，即贷放于资本市场，而将所剩资金投放于市场组合。或者也可在资本市场筹借部分资金，以增加对市场组合的投资，即将原来的资金加上筹借所得的资金全部投放于市场组合。因投资者在配置资产时，涉及资金的**贷放**（lending）及**筹借**（borrowing），可将资本配置线上的组合划分成以下两类。

（一）贷放组合

贷放组合（lending portfolios）由风险资产及贷放资金合并而成。更详细地说，它的形成是由投资者将部分资金投放于风险资产，而剩余的资金以无险利率 r_f 贷放于资本市场。故投放于风险资产的权数为正值（0<w<1），而无风险资产的权数（1-w）也介于 0 与 1 之间。贷放组合坐落于 r_f 及 P 点之间的资本配置线上。

（二）筹借组合

筹借组合（borrowing portfolios or leveraged portfolios）是指投资者以无险利率 r_f 向资本市场筹借部分资金，而后将借得的资金及原来拥有的资金合并，共同投资于风险资产。风险资产的权数将大于 1（w>1），代表投放于风险资产的部分资金是由筹借而来的；无风险资产的权数为负值（1-w<0）。筹借组合坐落于资本配置线风险资产 P 点以上的部分。因筹借组合的形成包含筹借资金，故其风险比市场组合更高。建立筹借组合时，筹借资金愈多，其风险也越高，但其期望收益率也越高。

二、投资者对资产配置的选择

有了资本配置线，投资者就可以考虑资本配置了，到底将投资资金的多大部分投向风险资产组合，多大部分投向无风险资产组合？换句话说，投资者实际要决定的是选择资本配置线上的哪一点作为他的资产组合。一般应遵循效用最大化准则，不同的投资者有不同的风险厌恶程度，其效用函数也有所不同。风险厌恶程度较低的投资者可能会选择资本配置线比较靠右的位置，在那里的资产组合的期望收益较高，面临的风险也较大；而风险厌恶程度较高的投资者可能会选择资本配置线比较靠左的位置，在那里的资产组合的期望收益较低，面临的风险也较小。所以，在资本配置时，投资者需要确定风险资产的比重以及无风险资产的比重，即确定合适的权重 w，使组合的风险与收益相匹配，并达到效用最大化。在上一章，讲到的一个常用表述效用的数学公式为：

$$U=E(r)-0.005A\sigma^2$$

资产组合的效用随着期望收益率的上升而上升，随着方差（风险）的上升而下降。A 为风险厌恶系数，这种变化关系的程度由风险厌恶系数 A 决定。对于风险中性的投资者，$A=0$，对于风险爱好者，$A<0$。本书默认投资者均为风险厌恶者，$A>0$，那么更高水平的风险厌恶反映在更大的 A 值上。

无风险资产与风险资产组合的收益与风险为：

$$E(r_C) = w \cdot E(r_P) + (1-w)r_f \Rightarrow E(r_C) = r_f + w[E(r_P)-r_f]$$

$$\sigma_C = w\sigma_P$$

投资者试图通过选择风险资产的权重 w 来使效用最大化。将 $E(rc)=r_f+w[E(r_p)-r_f]$、$\sigma6c=w\sigma_P$ 代入 $U=E(r)-0.005A\sigma^2$，得

$$U=r_f+w[E(r_p)-r_f]-0.005Aw^2\sigma_P^2$$

这样，上述问题就转化为一个数学上的求极大值问题，自变量 w 取何值能使 U 达到最大值。由于该方程为二次函数，图形为抛物线，且开口向下，必有极大值。运用高等数学中一阶导数为零时函数取极值的方法，求 U 对 w 的一阶导数，并令其为 0，则

$U' = [E(r_P)-r_f]-0.01Aw\sigma_P^2 = 0$，解得，

$$w^* = \frac{E(r_P)-r_f}{0.01A\sigma_P^2} \tag{4-12}$$

资产组合中最优风险资产组合比例 w^* 的数学表达式说明，它与用方差测度的风险厌恶水平成反比，与风险资产提供的风险溢价成正比。

三、投资者选择行为的几何表达

还可以用几何的方法更加直观地说明如何在无风险资产与风险资产组合之间决策资产配置比例。表达这个决策问题的方式是利用无差异曲线。无差异曲线是收益标准差平面中由有所有相同的效用水平点组成的曲线，由式（3-18）经过简单的移项变换，可得

$$E(r) = U + 0.005A\sigma^2$$

将资产组合的效用 U 视为常数，则在收益—标准差平面中，效用值为 U 的无差异曲线为开口向上的抛物线，随着 U 值的不同，会有一组形状相同的抛物线，因为 $\sigma > 0$，无差异曲线为抛物线右边部分。风险厌恶系数 A 决定了抛物线的形状，由于本书默认投资者为风险厌恶者，$A > 0$，抛物线开口向上；A 值决定开口大小，A 值越大抛物线越陡峭，A 值越小抛物线越平坦；效用值 U 决定抛物线顶点的位置，即抛物线的截距。抛物线上的任意一点都具有相同 U 值，这就是效用无差异曲线的含义。

每一个投资者一旦确定其风险厌恶程度，即 A 确定，其投资效用的无差异曲线的形状就确定了，一定可以有无数条平行于它的无差异曲线，处于较上面的曲线有较高的效用。当无差异曲线与资产配置线相切时，达到的效用值最高，切点代表的资产组合为该投资者最优的资产组合，如图 4-4 所示。

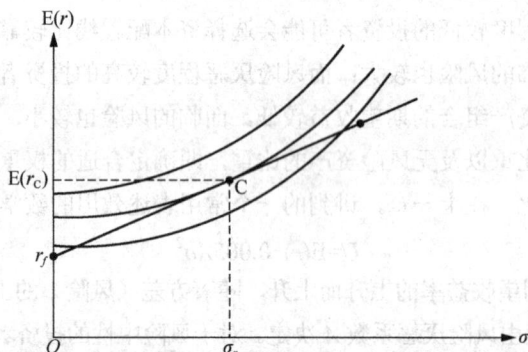

图 4-4 投资者风险资产与无风险资产最优组合选择

通过以上分析可得，投资者确定最优资本配置的简单程序是首先确定资本配置线，然后沿这条线找到与效用无差异曲线相切的点。由此还可以说，确定投资者将多少投资资金投向风险资产组合的决定因素是投资者的风险厌恶程度。从理论上看，这个分析难以直接导出具体的投资建议，因为到底投资者的资产组合中有多大比例的风险资产要取决于影响资本配置线和投资者无差异曲线的各因素。但是，实证的数据显示，哪怕最厌恶风险的投资者都应在资产组合中放上一些股票。从长期看，它们有更高的收益。

第四节 效率投资组合的建立

一、以两种风险资产做分析基础

假设两种股票的风险—收益特征如下。

$$E(r_1)=10\%, \quad \sigma_1^2=0.16$$
$$E(r_2)=20\%, \quad \sigma_2^2=0.36$$

这两种股票投资组合的期望收益率及风险可分别表示为：

$$E(r_P) = w_1 E(r_1) + w_2 E(r_2)$$
$$= 0.1w_1 + 0.2w_2$$

$$w_1 + w_2 = 1$$

$$\sigma_P = [w_1^2\sigma_1^2 + w_2^2\sigma_2^2 + 2w_1 w_2 \rho_{12}\sigma_1\sigma_2]^{\frac{1}{2}}$$
$$= [0.16w_1^2 + 0.36w_2^2 + 2w_1 w_2 \rho_{12}(0.4)(0.16)]^{\frac{1}{2}}$$

以标准差 σ_P 来代表组合风险。每一投资组合均可由其期望收益率及风险（标准差）代表。不同投资权重（w_1 及 w_2）将产生不同的投资组合，所以上述公式代表无数的投资组合。为分析方便，只选择两种权重的投资组合作为分析的基础，如表4-7所示。

表4-7　　　　　　　　　　　组合 A 与组合 B 的收益与风险

	组合 A $w_1=w_2=0.5$	组合 B $w_1=0.25, w_2=0.75$
期望收益率（％）	15	17.5
	$(0.13 + 0.12\rho_{12})^{\frac{1}{2}}$	$(0.213 + 0.09\rho_{12})^{\frac{1}{2}}$

为观察两种股票间相关系数的大小对组合风险分散的效力及效率组合的形成，将相关系数由其最大值（+1）逐步降低至（-1），以观察效率组合风险的变动情况（见表4-8）。

表4-8　　　　　　　　不同相关系数下组合 A 与组合 B 的收益与风险

相关系数 ρ_{12}	组合 A		组合 B	
	$E(r_p)$（％）	σ_P（风险）	$E(r_P)$（％）	σ_P（风险）
+1	15	0.50	17.5	0.55
+0.5	15	0.44	17.5	0.51
0	15	0.36	17.5	0.46
-0.5	15	0.26	17.5	0.41
-1	15	0.10	17.5	0.35

（一）相关系数最大值时（$\rho_{12}=+1$）

若这两种股票的相关系数是+1，组合风险并无丝毫降低；因为这两种股票的风险对组合风险的贡献与其投资权数成正比例，组合风险为

$$\sigma_P = w_1\sigma_1 + w_2\sigma_2$$

这表示组合风险正是原来股票风险（σ_1，σ_2）的加权平均值。故组合风险并未下降（组合风险最大）。在这种情形之下，所有的组合都会坐落在一条线段上，如图4-5中的线段所示。

为什么相关系数为 1 的风险资产组合的轨迹在收益标准差平面一定是连接代表两风险资产的一条线段？可以推导如下。

由 $w_1+w_2=1$ 得 $w_1=1-w_2$，代入 $\sigma_P = w_1\sigma_1 + w_2\sigma_2$，得：

$$\sigma_P = w_1\sigma_1 + (1-w)\sigma_2$$

整理后，$w_1 = \dfrac{\sigma_2 - \sigma_P}{\sigma_2 - \sigma_1}$

将 w_1 代入 $E(r_P) = w_1E(r_1) + w_2E(r_2)$,

整理后, $w_2 = \dfrac{\sigma_P - \sigma_1}{\sigma_2 - \sigma_1}$

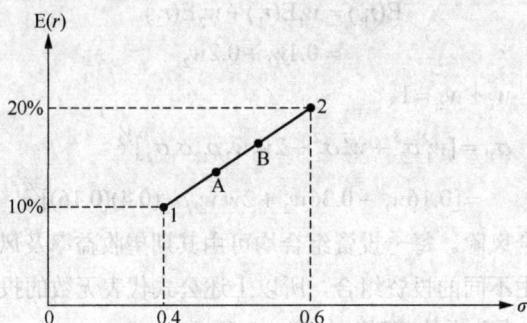

图 4-5　相关系数为+1 时的投资组合轨迹（线段）

再将 w_1、w_2 代入 $\sigma_P = w_1\sigma_1 + w_2\sigma_2$:

$$E(r_P) = \frac{\sigma_2 - \sigma_P}{\sigma_2 - \sigma_1}E(r_1) + \frac{\sigma_P - \sigma_1}{\sigma_2 - \sigma_1}E(r_2)$$

整理得

$$E(r_P) = \frac{\sigma_2 E(r_1) - \sigma_1 E(r_2)}{\sigma_2 - \sigma_1} + \frac{E(r_2) - E(r_1)}{\sigma_2 - \sigma_1}\sigma_P \qquad (4\text{-}13)$$

式（4-13）恰好为连接点（σ_1, $E(r_1)$）与点（σ_2, $E(r_2)$）直线的方程，所以当两个风险资产完全相关时，其组合的可行区域一定是收益标准差平面连接两个风险资产的线段。

（二）相关系数降低至 0.5 时

由表 4-8 的计算得知，因相关系数由+1 降低至 0.5 时，组合 A 及 B 的期望收益率均不变，但组合 A 的风险则由 0.5 降至 0.44，组合 B 风险由 0.55 降至 0.51。其实，A 及 B 的所有组合风险都降低。故每一组合因组合风险的下降而向左平行移动成为一段曲线，如图 4-6 所示。

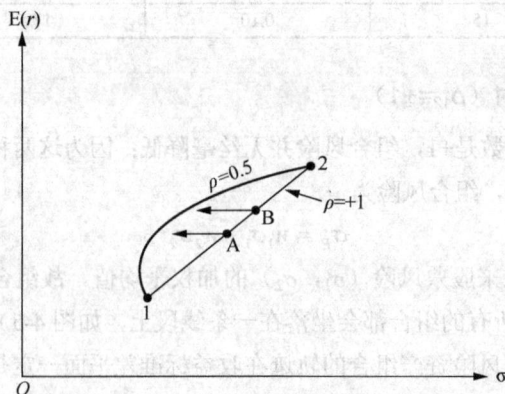

图 4-6　相关系数为+0.5 时的投资组合曲线

（三）两种股票的相关系数逐渐下降至 0.5、0、-0.5 及-1 时

如果两种股票的相关系数逐渐下降至 0.5、0、-0.5 及-1 时，所有组合的风险将持续下降。因此，代表所有组合的轨迹曲线将因相关系数越低，而愈向纵轴弯曲。弯曲的弧度因相关系数越小而越大

（因组合风险越小，并且组合收益率不变）。

若两种股票的相关系数是-1，组合的风险可由下式表达。

$$\sigma_P = \sqrt{(w_1\sigma_1 - w_2\sigma_2)^2} = |w_1\sigma_1 - w_2\sigma_2| = \pm(w_1\sigma_1 - w_2\sigma_2) \qquad (4\text{-}14)$$

组合风险正好为两直线所代表。也就是说，代表所有组合的轨迹将分成两线段（由点 1 至点 3 及由点 3 至点 2 的线段），如图 4-7 所示。

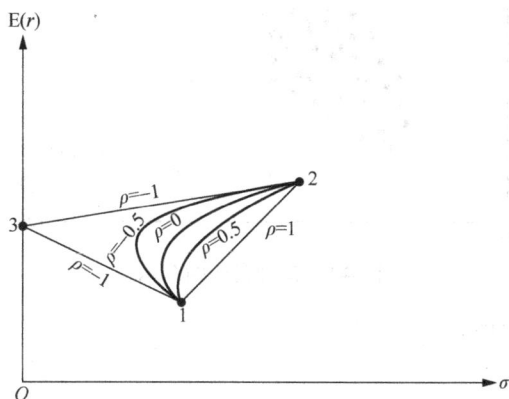

图 4-7 相关系数为 1、0.5、0、-0.5、-1 时的投资组合曲线

当 $\sigma_P=0$ 时，$|w_1\sigma_1 - w_2\sigma_2|=0$，投资组合风险为 0，即图中的点 3 代表的组合，此时两风险资产的权重为：

$$w_1 = \frac{\sigma_2}{\sigma_1 + \sigma_2}, \quad w_2 = \frac{\sigma_1}{\sigma_1 + \sigma_2}$$

当然，这种风险完全对冲是极端的情况，在实际的资产中，不可能有两种资产完全负相关，所以两种风险资产组合的方差不可能为 0。

二、马科维茨的组合理论及投资者选择

由前述分析得知，两种股票间的期望收益率相关系数越小，代表投资组合的轨迹或曲线越向纵轴弯曲，反映组合风险的降低。实际上，相关系数等于+1 或-1 的股票根本不存在（也许会很接近+1 或-1）。也就是说，在证券市场上不可能找到两种不同的股票，其期望收益率正好完全一致，或正好完全相反。故代表所有组合的轨迹将不可能是直线段，而应是曲线，曲线的弧度因相关系数的大小而异。相关系数越小，组合的曲线越向纵轴弯曲。

假设资本市场上，共有 N 种具有风险的不同资产，N>2。每一种资产（或股票）可用其期望收益率和风险表示，故每一资产或股票都可对应收益—标准差平面的一点。N 种资产，由 N 点代表，如图 4-8 所示。

将前述两种资产分析的结果应用于图 4-8 中的资产。任何两种资产的组合将会坐落于代表组合的曲线上，且曲线是向纵轴弯曲，如图 4-9 所示。

如果持续进行建立资产组合及组合的组合，最终将会得到一个类似扇形的面积，如图 4-10 所示。

扇形面积代表在资本市场内所有具有**风险投资机会**（risky investment opportunities）的集合，称

之为**投资机会集合**（investment opportunity set）。而扇形以外的点不能代表投资机会，因为它是不存在的。

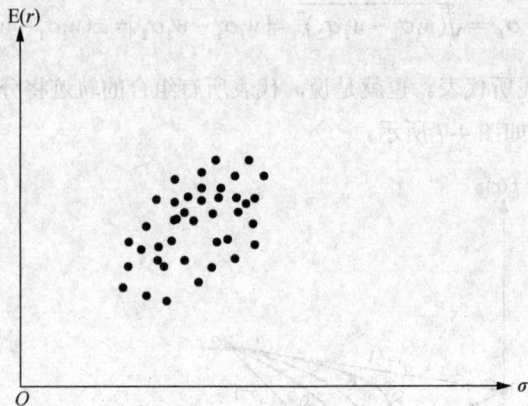

图 4-8　N 种资产的图示

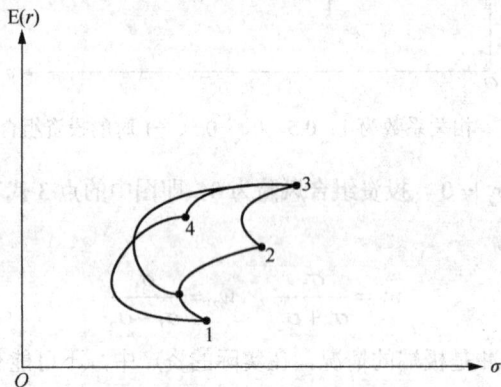

图 4-9　投资组合的轨迹

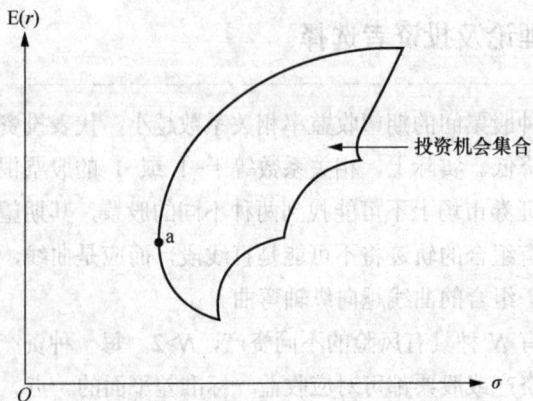

图 4-10　投资机会集合

　　一旦完成了投资机会集合的建立，根据均值－方差准则，对投资决策具有价值的投资组合完全坐落于投资机会集合的最左边缘曲线上。但并不是所有坐落于左边缘曲线上的组合都是最佳组合或效率组合。只有坐落在 a 及向上的左边缘曲线上才是**效率组合**（efficient portfolios），如图 4-10 所示（在 a 点的斜率等于无限大）。左边缘曲线上的组合代表在某一特定的期望收益率下，其风险最低。故左曲线上的组合被称为**最低风险组合**（minimum-variance portfolios），称之为效率边界。具有最低风险及最低期望收益率的唯一效率组合被称为**全球最低风险组合**（the global minimum variance portfolio），如图4-10中的a点所示。因此，一个**效率组合**（an efficient portfolio）必须同时具备下列两个条件。

（1）就某一特定风险而言，其期望收益率比其他同等风险的组合更高。

（2）就某一特定期望收益率而言，其风险比其他具有同等期望收益率的组合更低。

上述内容就是马科维茨资产组合选择理论的主要内容。效率边界可通过求解下列方程得到。

$$\min \sigma_P^2 = \sum_{j=1}^{n} \sum_{i=1}^{n} w_i w_j \mathrm{Cov}(r_i, r_j) \tag{4-15}$$

约束条件：

（1）$\sum_{i=1}^{n} w_i = 1$。

（2）组合的期望收益率为：$\mathrm{E}(r_P) = \sum_{i=1}^{n} w_i \cdot \mathrm{E}(r_i)$。

（3）无卖空风险资产限制条件，即 $0 \leqslant w_i \leqslant 1$，$i=1,2,\cdots,n$。

若可以卖空，即只满足（1）、（2）两个约束条件，问题会有明显表达式的解，效率边界将是双曲线右边的一支。若不允许卖空，即满足（1）、（2）、（3）三个线束条件，问题的求解将变得复杂，不可能有明显的表达式，这时得到的效率边界将是若干直线段与双曲线段的拼接。

最低风险组合的求得，可在某一期望收益率水平下，寻求各资产的投资权重（$w_1, w_2, \cdots w_n$）促使组合风险降到最低。也就是说，可在某一期望收益率水平下，如组合的期望收益率为5%、10%、15%，录求合适的权重，使方程（4-15）获得最小值，也就是组合的风险最小，如图4-11所示。

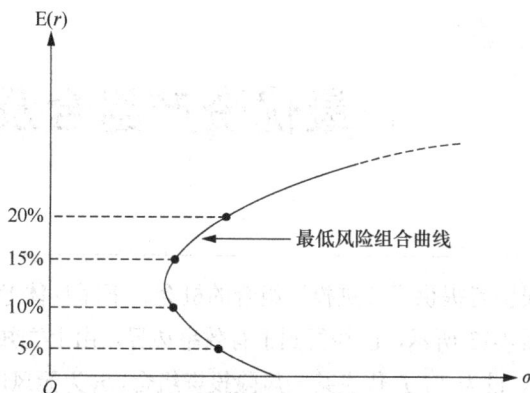

图4-11　最低风险组合的建立——马科维茨模型

一旦完成建立在不同期望收益率下的数个最低风险组合后，可将它一一连接成线，得最低风险组合左边缘曲线。在这左边缘曲线上的任意一点（组合）都是最低风险组合。

在实际应用马科维茨模型时，必须预计或预测每种资产的期望收益率、风险及每两种资产间的协方差。如果有100种股票（$N=100$），则需要预计100个期望收益率、100个方差（风险）及4 950个协方差[$N(N-1)/2=100(99)/2=4\,950$]。这的确需要不少资料，且很费时。此外，按照 Markowitz 模型以电脑计算组合权数也相当费时，因其程序涉及解答**协方差矩阵**（covariance matrix）的**逆矩阵**（the inverse matrix）。当组合内的股票种类多时，解答协方差矩阵的逆矩阵程序耗时甚多，造成困难，这也是组合理论的局限所在，因此，马科维茨组合理论常用于股票、债券等大类资产的配置。

一旦效率边界决定后，投资者可按照他们对承担风险或风险喜好的程度来选择适合他们的效率组合。在经济学上，投资者对风险承担的程度可由他们的无差异曲线代表。

越能承担风险的投资者（具有冒险性的投资者），其无差异曲线在风险—收益空间上的位置越高，但其斜度越平，如图 4-12 中的点 1 所示。较保守的投资者（承担风险低的投资者），其无差异曲线的位置较低，但其斜度较陡，如图 4-12 中的点 2 所示。一般投资者承担风险程度介于上述两种类型投资者之间，故其无差异曲线的位置介于上述两种无差异曲线之间。每一类型投资者选择最适合于他们的效率组合，是他们最高无差异曲线相切于效率界上的切点，正如图 4-12 中的点 1、点 2 及点 3 所示。

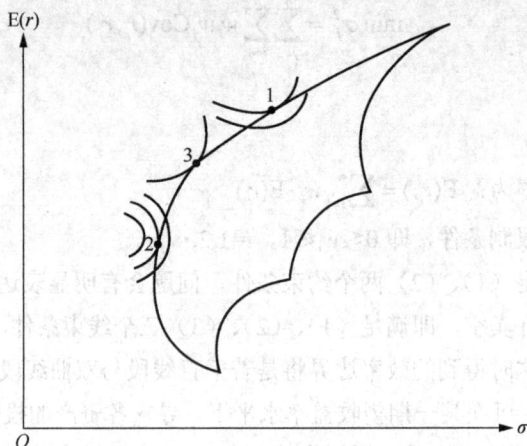

图 4-12　投资者对效率组合的选择

第五节　最优资产组合及选择

一、直线效率边界

无风险资产的存在为投资者提供了改进投资组合的机会。下面具体考察在投资组合中加入无风险资产会有什么效果。如图 4-13 所示，已经得到了有效率边界，由上文知道，投资组合一定要选择效率边界 ab 曲线上的一点，设为 P，P 代表某一风险投资组合，r_f 为无风险资产。当 P 与 r_f 组合时，其组合的可行区域为一条连接 r_f 与 P 点的直线。而位于线段 r_fP 上的投资组合优于 aP 曲线上的投资组合。在 aP 曲线上任取一点 X，则与 X 点具有相同收益的线段 r_fP 上 M 点，其风险低于 X 点，同理，与 X 点风险相同的 N 点，其收益要高于 X 点。因此，无风险资产被引入资产组合后，优化了马科维茨的效率边界。

无风险资产与有效率边界任意一点代表的风险资产组合再组合，可以得到一组由无风险点 r_f 出发的资产配置射线，如图 4-14 所示。但在众多的组合中，有一个特殊的组合 T 是非常重要的。由于无风险资产与风险投资组合进行的新组合都处在连接无风险资产与风险资产组合的直线上，又由于马克维茨模型中的效率边界是凹性的（即向纵轴凸出），因此，存在着唯一的投资组合，该投资组合与无风险资产进行新的组合产生的风险与收益给投资者带来最大的效用。这一投资组合是从无风险点 r_f 向效率边界做切线的切点，在图形中表示为 T 点。任何一条经过无风险利率点的射线，只要斜率低于这条切线的斜率，就不能带来最佳的收益与风险的匹配，因为在给定风险时，这条切线带来的收益是最高的，因此给投资者带来的效用也是最大的。任何经过无风险点 r_f，但斜率高于切线的射线都是不可能的，因为在这样射线上的点都超过了马科维茨投资集的范围。所以，引入无风险资产后，新的效率边界就变成了一条直线，在这条直线效率边界上，所有的组合都是无风险证券与切点 T 组合而成的新组合。投资者的最优组合一定落在新的直线效率边界上。如果刚好落在 T 点上，则说明投资者的资金全部购买风险资产，无风险资产的持有量为 0，也就是说，投资者既不借入资金，也不贷出资金；如果落在 T 点的左下方，说明投资者的全部投资组合中，既包括风险资产，又包括无风险资产，也就是说，投资者购买的风险资产的数量是其总资金量的一部分，另一部分以无风险产的形式持有，即贷放组合；如果切点落在 T 点的右上方，说明投资者购买的风险证券的量已经超过了他的总资金量，超过的部分是通过借入资金或者说是卖空无风险证券来实现的，即筹借组合。

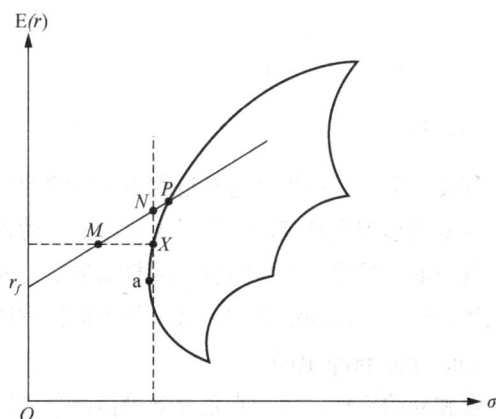

图 4-13　包含无风险资产的投资组合的轨迹

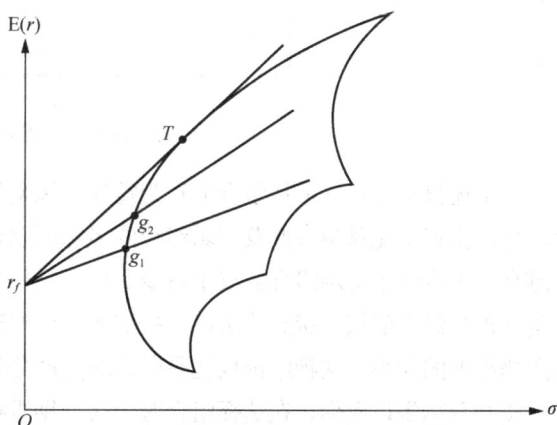

图 4-14　直线效率边界的形成

不同的投资者对相同资产的期望收益率、方差、协方差有着不同的估计，所以不同的投资者的效率界面是不同的，虽然如此，相信大部分的投资者对未来的估计大致相同，而且为了研究投资者的共同投资行为及其经济意义，假设所有的投资者对资产的期望收益率等具有相同的估计，在这种**同质预期假设**（homogeneous expectations）下，每个投资者得到的马科维茨效率边界是相同的。这也意味着对所有投资者而言切点 T 也是唯一的。

因此，在相同期望的假设下，所有投资者都有共同的投资机会集合及效率边界。同时，在无风险资产存在下，所有投资者也共同拥有相同的直线效率边界。这个共同直线效率边界代表所有投资者在做投资决策时，所应遵循的共同风险—收益准则。

二、投资者的风险承担及组合选择

在无风险资产存在的情况下，投资者面临的最佳组合选择的对象是直线效率边界上的借贷组合。对风险厌恶程度较低的投资者，可决定投资较多的资金于市场组合，而将较少资金投放于无风险资产。较保守的投资者（承担风险程度低），投放于无风险资产的数量较多，投资于市场组合的数量较少，故其风险较低，期望收益率也低，如图 4-15 所示的 A 点。具有冒险性的投资者，可筹借额外资金，增加对市场组合的投资，以获得更高的期望收益率，当然所承受的风险也高，如图 4-15 所示的 B 点。若不允许借入无风险资产，又要获得高期望收益，只能选择如图 4-15 所示的 Q 点，Q 点不包括无风险资产，是效率边界与投资者效用无差异曲线的切点。

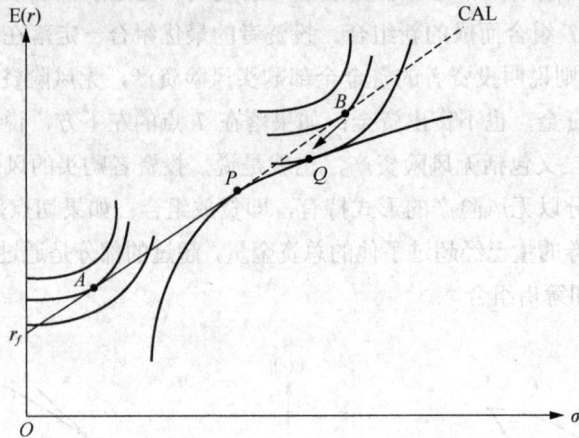

图 4-15　最优资产组合选择

由上述投资者选择最佳组合的行为得知，风险厌恶程度的大小，在组合选择过程中所扮演的角色，已由投资于无风险资产及市场组合的多寡所取代。风险厌恶程度越高，投放于无风险资产的权重越高，而投资于市场组合的权重越少。但风险厌恶程度愈低，投放于无风险资产的权重越低，而投资于市场组合的权重越高。所以，投资者可以通过无风险资产及市场组合的多寡来代表他们对风险厌恶程度的大小。这种结论也就是所谓的**资产分割**（separation property）。

资产分割告诉我们，在选择组合时，可分别进行两项独立的工作。第一步是建立最佳组合（切点组合），可用马科维茨模型或其他简易法求之。这个最佳组合适用于所有的投资者，不管他们的风险厌恶程度如何。第二步是根据个人的偏好，决定资本在无风险资产和风险资产组合中的分配，这时客户是决策者。所以，共同基金经理所应选择的最佳组合是切点组合，并提供给所有的投资者。基金经理不应该因投资者的财富多寡及风险厌恶程度的不同而提供不同的组合给投资者，这样会使投资效率降低，不能完全分散非系统风险，以及不能得到应有的期望收益率。因为这些不同的组合不会是最佳组合（切点组合）。此外，也会增加基金管理费用。

思考与练习

1. 假设投资于股票及黄金的期望收益率及风险如下。

	期望收益率（%）	标准差（%）
股票	16	20
黄金	12	33

投资于黄金的风险不但比股票高，而且其期望收益率也比股票低。为何仍然有不少投资者投资于黄金？投资于黄金是否有何益处？

2. 如果投资于股票的期望收益率至少可得7%，在资本市场均衡下，无险资产的收益率不应超过多少？

3. 投资组合的期望收益率是个别股票期望收益率的加权平均值。试问组合风险（方差）是否也是个别股票风险的加权平均值？

4. 假设下列四个组合位于马科维茨的效率边界上。

组合	期望收益率（%）	标准差（%）
A	9	8
B	11	10
C	22	20
D	30	48

投资者可得到的无风险借贷利率为7%。请回答下列问题。

（1）假设组合C是切点组合，请画直线效率组合。

（2）如果你希望你的效率组合能获得8%的期望收益率，如何建立此组合？此组的标准差（风险）又应为多少？

（3）若你欲建立一个效率组合，使其标准差为18%，应如何行之？

5. 实际上，借贷利率是不相等的。这对直线效率边界有何更改？切点组合是否只有一个？

6. 甲、乙两种不同共同基金的标准差（风险）分别为8%和20%。其收益率相关系数为0.40。你是否能将甲、乙共同基金合并组成更低投资组合？

7. 举例说明何种股票或资产具有负的相关系数。

8. 假设无风险借贷利率为5%。证券分析家王先生发现下列两种股票成为成长股的可能很大。

股票	期望收益率（%）	标准差（%）
A	35	20
B	25	15

股票A及B的相关系数为0.70。根据股票A及B，你如何建立一个最佳组合（切点组合），使其具有最大的风险市场价格？

9. 假设两种资产正好有完全的负相关数（$\rho=-1$）。它们的风险（标准差）分别为0.07和0.06。试问如何建立一个无风险组合？

10. 为何在资本市场线上的任意组合都与切点组合具有完全正相关？

11. 有效界面为什么一定是凸向纵轴？

12. 理性投资者的行为特征是什么？

13. 假设投资者在财富增长时不喜爱风险的程度降低，这时他对无风险资的借贷有什么变化？

14. 为什么大多数金融资产都呈不完全正相关关系？试分别举一个资产收益高度正相关和高度负相关的例子。

15. 请分析不同资产的数量与资产组合的关系，并说明什么是系统风险与非系统风险。

第五章 | 均衡资本市场定价模型

投资组合选择理论解释投资者应怎样选择适合自己偏好的最优资产组合，而风险资产定价模型解决投资者是如何以他们的效率组合去影响市场定价。本章基本内容包括三点：一是**资本资产定价模型**（capital asset pricing model，CAPM），这是基于风险资产的期望收益均衡基础上的预测模型，由威廉·夏普（William Sharpe）、约翰·林特纳（John Lintner）与简·莫辛（Jan Mossin）等人在资产组合理论的基础上提出来的，被誉为现代金融学的奠基石，旨在解释资产的均衡价格是如何在收益与风险的权衡中形成的。二是**因素模型**（factor models）。因素模型认为各种证券资产的收益率均受某个或某几个共同因素影响，其重要目的就是要找出这些因素并确定证券收益率对这些因素变动的敏感度。三是**套利定价理论**（arbitrage pricing theory，APT）。套利定价理论也规定了一种期望收益与风险之间的关系，但它运用了不同于资本资产定价模型的假设和方法，认为在不增加风险的情况下，投资者将利用套利组合的机会来增加现有投资的期望收益率，从而推动证券价格趋近其均衡价格。

第一节 | 资本资产定价模型的基本内容

一、资本资产定价模型的前提假设

若用"如果怎么，那么就会怎么"这样的逻辑思维方式来推导资本资产定价模型，"如果"部分描绘的是一个简化了的世界，通过"如果"部分的诸多假定建立一个非现实中的理想世界，将有助于得到"那么"部分的结论。在得到简单情形结论的基础上，再加上复杂化的条件，对环境因素做合理的修正，这样一步步地推进，观察最终的结论是如何从简单形式逐步过渡形成的，从而建立起一个符合现实的、合理的，并且易于理解的模型。

下面给出的是简单形式的 CAPM 模型的若干基本假定，这些基本假定的核心是尽量使个人投资行为相同化，不同的只是投资者初始财富和风险厌恶程度。投资者相同的投资行为会使分析大为简化。这些假定有如下内容。

（1）存在着大量投资者，每个投资者的财富相对于所有投资者的财富总和来说是微不足道的。投资者是价格的接受者，单个投资者的交易行为对证券价格不发生影响。这一假定与微观经济学中对完全竞争市场的假定是一样的。

（2）所有投资者都在同一证券持有期内计划自己的投资。这种行为忽略了在持有期结束后可能发生的事件，它是短视的，而短视行为并非最优行为。

（3）投资者投资范围仅限于公开金融市场上交易的资产，如股票、债券等，并假定投资者可以在固定的无风险利率基础上借入或贷出任何额度的资产。

（4）不存在证券交易费用及税赋。如实际交易中支付的佣金与印花税，以及利息税、红利税等。

（5）所有投资人均是理性的，追求资产组合的收益最大化与方差最小化，这意味着他们都采用马科维茨的资产选择模型。

（6）所有投资者对证券的评价和经济局势的看法都一致。这样，投资者关于证券收益率的概率分布预期是一致的。依据马科维茨模型，给定一系列证券的价格和无风险利率，所有投资者的证券收益的期望收益率与协方差矩阵相等，从而产生了有效率边界和一个独一无二的最优风险资产组合。这一假定也被称为**同质期望**（homogeneous expectations）。

二、资本资产定价模型的基本结论

显然，以上这些假定条件是相当严格的。提出如此严格的假定条件，是为了高度简化现实中碰到的问题，便于把握问题的精髓。

下面详细阐述一系列由假定的有价证券和投资者组成的世界所普遍通行的均衡关系的含义。

（1）所有投资者将按照包括所有可交易资产的**市场组合**（market portfolio，用 M 表示）来按比例地复制自己的风险资产组合。为了简化起见，将风险资产特定为股票。每只股票在市场组合中所占的比例等于这只股票的市值（每股价格乘以股票流通在外的股数）占所有股票市值的比例。

（2）市场组合不仅在有效率边界上，而且市场组合相切于最优资本配置线，资本市场线也是可能达到的最优资本配置线。所有投资者选择持有市场组合作为他们的最优风险资产组合，投资者之间的差别只体现在投资于最优风险资产组合与无风险资产的比例不同。

（3）市场组合的风险溢价与市场风险和个人投资者的风险厌恶程度成比例。数学上可以表述为：

$$E(r_M) - r_f = \bar{A}\sigma_M^2 \times 0.01$$

式中，σ_M^2 为市场组合的方差；$\bar{A}$ 为投资者风险厌恶的平均水平。请注意由于市场组合是最优资产组合，即风险有效地分散于资产组合中的所有股票，σ_M^2 也就是这个市场的系统风险。

（4）单个资产的风险溢价与市场组合 M 的风险溢价是呈比例的，与其贝塔系数（β）也成比例。单个证券的风险溢价等于：

$$E(r_i) - r_f = \beta_i[E(r_M) - r_f]$$

上式即为著名的资本资产定价模型。贝塔（β）是用来测度一支股票与市场一起变动的情况下股票收益变动的程度。贝塔的正式定义如下。

$$\beta_i = \frac{\text{Cov}(r_i, r_M)}{\sigma_M^2}$$

三、市场组合与资本市场线

什么是市场组合？把所有个人投资者的资产组合加总起来时，加总的风险资产组合价值等于整个经济中全部财富的价值，这就是市场组合。每个借入者都有一个相应的贷出者与之对应，借入与贷出将互相抵消，因此，市场组合不含有无风险资产。进一步，所要研究的市场组合是建立在高度理想化的假设下，正如上文所述，CAPM 模型建立在同质期望及**完全资本市场**（perfect capital markets）的假设下，资本市场均衡时，直线效率边界上的切点组合就是市场组合。

经过市场组合的直线效率边界，是投资者投资决策时所应选择的对象，也就是说，直线效率边界代表投资者所应遵循的风险－收益准则。这条很重要的直线效率边界称为**资本市场线**（capital

---

market line，CML），如图 5-1 所示。

资本资产定价模型认为每个投资者均有优化其资产组合的倾向，最终所有个人的资产组合会趋于一致，每种资产的权重都与市场组合中每种资产的权重相同。依据前文给定的假设条件，投资者在一个相同的时期内计划他们的投资，他们对证券收益率的概率分布预期也是一致的，并且都按马科维茨的投资组合理论选择证券，那么他们的效率边界必然是相同的，从无风险资产出发的直线效率边界也必然是相同的，都会经过相同的最优风险资产组合，即切点组合。这意味着，所有投资者都会持有切点组合，而所有投资者的持股总和就是市场组合，因此，直线效率边界上的切点组合就是市场组合。

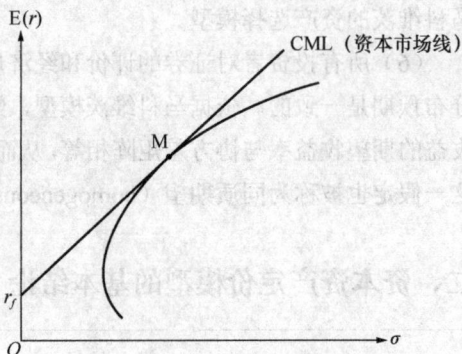

图 5-1　资本市场线与市场组合

例如，若 A 公司在一个普通投资者的风险资产组合中所占的比例为 1%，那么 A 公司的市值在市场组合中的比例也是 1%。这一结果对任何投资者的风险资产组合中的每一只股票都适用。结果，所有投资者的最优风险资产组合只不过是市场组合的一部分。不难看出，所有的投资者均倾向于持有同样的风险资产组合。

此外，现在假设最优资产组合中不包括 B 公司的股票。当所有投资者对 B 公司股票的需求为零时，B 公司的股价将相应下跌，当这一股价变得异乎寻常的低廉时，它对于投资者的吸引力就会超过任意其他一支股票的吸引力。最终，B 公司的股价会回升到这样一个水平，在这一水平上，B 公司完全可以被接受进入最优股票的资产组合之中。

这样的价格调整过程保证了所有股票都被包括在最优资产组合之中，这也说明了所有的资产都必须包括在市场组合之中，区别仅仅在于，在一个什么样的价位上投资者才愿意将一支股票纳入其最优风险资产组合。

以上分析看起来好像是绕了一个大圈才得到一个简单的结果：如果所有的投资者均持有同样的风险资产组合，那么这一资产组合一定就是市场组合。应当讲，这一均衡过程是证券市场运作的基础。

第二节　资本资产定价模型的推导

资本资产定价模型被誉为金融市场的基石。为了更好地理解这一模型，本节介绍了两种推导方法。一是来自兹维·博迪编写的《投资学》（第五版），二是来自威廉·夏普——CAPM 模型的创始人。

一、资本资产定价模型的推导（方法一）

CAPM 模型认为，单个证券的合理风险溢价取决于单个证券对投资者整个资产组合风险的贡献程度，资产组合风险对于投资者而言，其重要性在于投资者根据资产组合风险来确定他们要求的风险溢价。

由于所有投资者的投资结构一致，这意味着所有投资组合的期望收益、方差与协方差均相等。把这些协方差放在一个协方差矩阵当中（见表 5-1），比如第 5 行和第 3 列的交点即为第 5 个证券和第 3 个证券间收益率的协方差。协方差矩阵的正对角线为证券同其自身的协方差，也就是证券本身的方差。

表 5-1   协方差矩阵

资产组合	w_1	w_2	...	w_A	...	w_n
w_1	$\text{Cov}(r_1,r_1)$	$\text{Cov}(r_1,r_2)$	...	$\text{Cov}(r_1,r_A)$	...	$\text{Cov}(r_1,r_n)$
w_2	$\text{Cov}(r_2,r_1)$	$\text{Cov}(r_2,r_2)$	...	$\text{Cov}(r_2,r_A)$	...	$\text{Cov}(r_2,r_n)$
$\vdots$	$\vdots$	$\vdots$	...	$\vdots$	...	$\vdots$
w_A	$\text{Cov}(r_A,r_1)$	$\text{Cov}(r_A,r_2)$	...	$\text{Cov}(r_A,r_A)$	...	$\text{Cov}(r_A,r_n)$
$\vdots$	$\vdots$	$\vdots$	...	$\vdots$	...	$\vdots$
w_n	$\text{Cov}(r_n,r_1)$	$\text{Cov}(r_n,r_2)$	...	$\text{Cov}(r_n,r_A)$	...	$\text{Cov}(r_n,r_n)$

可用 A 公司同市场组合的协方差来刻画其对资产组合风险的贡献程度。为解释这种测算方法，先要说明市场组合方差的计算方法。为此，将 n 阶协方差矩阵各项按照从行到列的顺序分别乘以各证券在市场组合中的权重并加总，从而得到市场组合的方差。

而每一种股票对资产组合贡献的方差就可表示为股票所在行的协方差项的总和，这里，每个协方差都已被股票所在行的权重与列的权重相乘。如 A 公司对市场组合方差的贡献为：

$$w_A[w_1\text{Cov}(r_1,r_A)+w_2\text{Cov}(r_2,r_A)+\cdots+w_A\text{Cov}(r_A,r_A)+\cdots+w_n\text{Cov}(r_n,r_A)] \tag{5-1}$$

当市场中有很多种股票时，协方差项的数目将大大超过方差项的数目。通常情况下，一支股票同所有其他股票的协方差决定了这支股票对整个资产组合风险的贡献程度。因此，可将式（5-1）括号里的各项简化为 A 公司股票与市场组合的协方差，也就是说，用单支股票同市场组合的协方差来测度其对市场组合风险的贡献程度，即

A 公司股票对市场组合方差的贡献度 $=w_A\text{Cov}(r_A,r_M)$

如果 A 公司股票与市场其他股票的协方差为负，那么 A 公司股票对于市场组合的风险贡献程度就是"负的"，由于 A 公司股票的收益率与其他所有股票收益率的变动方向相反，因此 A 公司股票的收益率与整个市场组合的收益率的变动方向亦相反。反之，如果它们的协方差为正，那么 A 公司股票对市场组合的风险贡献程度也是"正的"。

下面是一个严格的论证。市场组合的收益率可以表示如下。

$$r_M = \sum_{k=1}^{n} w_k r_k$$

所以 A 公司股票与市场组合的协方差为：

$$\text{Cov}(r_A, r_M) = \text{Cov}\left(r_A, \sum_{k=1}^{n} w_k r_k\right) = \sum_{k=1}^{n} w_k \text{Cov}(r_A, r_k) \tag{5-2}$$

将式（5-2）中的最后一项同式（5-1）中括号内的项相比较，可以看出 A 公司股票与市场组合的协方差确实与 A 公司股票对市场组合方差的贡献度是成比例的。

测度了 A 公司对市场方差的贡献度后，就可以确定 A 公司股票的合理风险溢价了。首先，注意到市场组合的风险溢价为 $\text{E}(r_M)-r_f$，方差为 σ_M^2，收益与波动性比率为：

$$\frac{\text{E}(r_M) - r_f}{\sigma_M^2} \tag{5-3}$$

  这一比率通常称为**风险的市场价格**（market price of risk），因为它测度的是投资者对资产组合风险要求的额外收益值。风险溢价与方差的比率表明资产组合单位风险下的额外收益率的大小。当市场处于均衡状态时，所有股票的边际风险市场价格都是相等的。下面将利用这一条来推导资本资产定价模型。

  假定投资者投资于市场组合的比例为 100%，现在他打算通过借入无风险资产的方式少量增加 δ 比例的市场组合。新的资产组合由以下三部分组成：收益为 $E(r_M)$ 的原有市场资产头寸；收益为 $-\delta r_f$ 的无风险资产空头头寸 δ；收益为 $E(r_M)$ 的市场组合的头寸 δ。总的资产组合收益为 $E(r_M)+\delta(E(r_M)-r_f)$，与最初期望值 $E(r_M)$ 比较，期望收益的增加额为：

$$\Delta E(r)=\delta[E(r_M)-r_f]$$

  为了度量新资产组合的风险，重新计算资产组合的方差。新资产组合由权重为 $(1+\delta)$ 的市场组合与权重为 $-\delta$ 的无风险资产组成，则新的资产组合的方差为：

$$\sigma^2=(1+\delta)^2\sigma_M^2=(1+2\delta+\delta^2)\sigma_M^2=\sigma_M^2+(2\delta+\delta^2)\sigma_M^2$$

  由于 δ 非常小，所以相比于 2δ 而言 δ^2 可以忽略不计。于是资产组合方差的增加额为：

$$\Delta\sigma^2=2\delta\sigma_M^2$$

  综合以上结果，增加的风险溢价与增加的风险之间的比例，即风险的边际价格为：

$$\frac{\Delta E(r)}{\Delta\sigma^2}=\frac{E(r_M)-r_f}{2\sigma_M^2}$$

  又假定投资者将以无风险利率借入的资金（比例为 δ）改为投资于 A 公司股票。他的平均超额收益的增加值为：

$$\Delta E(r)=\delta[E(r_A)-r_f]$$

  这一资产组合中投资于市场组合的资金权重为 1，投资于 A 公司股票的资金权重为 δ，投资于无风险资产的资金权重为 $-\delta$。这一资产组合的方差为：

$$1^2\sigma_M^2+\delta^2\sigma_A^2+[2\times1\times\delta\times\text{Cov}(r_A,r_M)]$$

  因此，方差增加值包括两部分：A 公司股票新增头寸的方差和两倍 A 公司市场组合的协方差，即

$$\Delta\sigma^2=\delta_2\sigma_A^2+2\text{Cov}(r_A,r_M)$$

δ^2 忽略不计，A 公司股票的风险边际价格为：

$$\frac{\Delta E(r)}{\Delta\sigma^2}=\frac{E(r_A)-r_f}{2\text{Cov}(r_A,r_M)}$$

  在市场均衡条件下，A 公司股票的风险边际价格必须等于市场组合的风险边际价格，否则，如果前者大于后者，投资者将会在承担相同风险的前提下增加资产组合中 A 股票的头寸，一直到 A 公司股票价格上升到市场应有水平，最终当 A 公司股票的风险边际价格等于市场的风险边际价格时，购买 A 公司股票的行为才会停止。反之，如果 A 公司股票的风险边际价格低于市场组合的风险边际价格，则会有相反的价格运动出现。建立 A 公司股票的风险边际价格同市场组合的风险边际价格相等的等式如下。

$$\frac{E(r_A)-r_f}{2\text{Cov}(r_A,r_M)}=\frac{E(r_M)-r_f}{2\sigma_M^2}$$

  经整理，并用字母 i 代表任一公司，则股票的正常风险溢价

$$E(r_i)-r_f=\frac{\text{Cov}(r_i,r_M)}{\sigma_M^2}[E(r_M)-r_f] \tag{5-4}$$

测度的是 i 公司股票对市场组合方差的贡献程度，这一比率被称为贝塔（beta），以 β 表示，这样，式（5-4）就可以写为：

$$E(r_i) = r_f + \beta_i[E(r_M) - r_f] \qquad (5\text{-}5)$$

式（5-5）即是 CAPM 模型的最普通形式，**期望收益－贝塔关系**（expected return-beta relationship）。现在应该明白关于投资者投资行为的一致性这一假设对于得出的结论是多么重要了。

二、资本资产定价模型的推导（方法二）

CAPM 模型要回答的是在市场均衡状态下，某项风险资产的期望收益与其所承担的风险之间的关系，这种关系可以利用资本市场线 CML 和市场组合 M 推导出来，如图 5-2 所示。

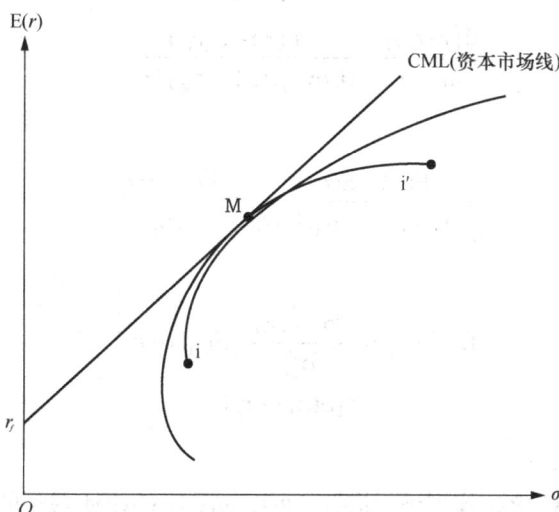

图 5-2　CAPM 模型的推导

假设建立一个风险资产 i 与市场组合 M 的新组合 P，设 w 为风险资产 i 的权重，则组合 P 的期望收益率与标准差为：

$$E(r_P) = w \cdot E(r_i) + (1-w)E(r_M)$$
$$\sigma_P = \sqrt{w^2 \cdot \sigma_i^2 + (1-w)^2 \sigma_M^2 + 2w(1-w)\text{Cov}(r_i, r_M)}$$

在允许卖空的条件下，i 资产与市场组合 M 的组合 P 的集合应在 iMi'曲线上，该曲线也一定与 CML 线相切于 M 点，这可用反证法来证明。首先，如果不相切，就意味着与 CML 线相交，此时，会有 iMi'曲线上的资产组合落在 CML 线的上方，也在效率边界的上方，这与马克维茨的投资组合理论确定的所有资产可行区域是相矛盾的。其次，如果不相切，还有一可能是 CML 与 iMi'曲线相离，但市场组合 M 即在 CML 上，又在 iMi'曲线上。综上所述，曲线 iMi'与 CML 线即不相交又不相离，因此，曲线 iMi'与 CML 线一定相切于 M 点。利用这一特征推导 i 资产的期望收益与风险之间的关系。

曲线 iMi'与资本市场线相切于 M 点，可用数学公式表示如下：

$$\left. \frac{d\big(E(r_P)\big)}{d(\sigma_P)} \right|_{w=0} = \frac{E(r_M) - r_f}{\sigma_M}$$

$\dfrac{\mathrm{d}\left(\mathrm{E}(r_P)\right)}{\mathrm{d}\left(\sigma_P\right)}$ 为曲线 iMi'的导函数。$w=0$ 时，即为曲线 iMi'在 M 点切线的斜率，此斜率等于资本市场线的斜率 $\dfrac{\mathrm{E}(r_M)-r_f}{\sigma_M}$。进一步，得

$$\frac{\mathrm{d}\left(\mathrm{E}(r_P)\right)}{\mathrm{d}\left(\sigma_P\right)}=\frac{\mathrm{d}\left(\mathrm{E}(r_P)\right)/\,\mathrm{d}w}{\mathrm{d}\left(\sigma_P\right)/\,\mathrm{d}w}=\frac{\mathrm{d}[w\cdot\mathrm{E}(r_i)+(1-w)\mathrm{E}(r_M)]/\,\mathrm{d}w}{\mathrm{d}\left[\sqrt{w^2\cdot\sigma_i^2+(1-w)^2\sigma_M^2+2w(1-w)\mathrm{Cov}(r_i,r_M)}\right]/\,\mathrm{d}w}$$

$$=\frac{\mathrm{E}(r_i)-\mathrm{E}(r_M)}{\dfrac{2w\sigma_i^2+2w\sigma_M^2-2\sigma_M^2+2\mathrm{Cov}(r_i,r_M)-4w\mathrm{Cov}(r_i,r_M)}{2\sqrt{w^2\cdot\sigma_i^2+(1-w)^2\sigma_M^2+2w(1-w)\mathrm{Cov}(r_i,r_M)}}}$$

$w=0$ 时，资产组合 P 全部为市场组合 M，有 $\sigma_P^2=\sigma_M^2$，即

$$\frac{\mathrm{d}\left(\mathrm{E}(r_P)\right)}{\mathrm{d}(\sigma_P)}=\frac{\mathrm{E}(r_i)-\mathrm{E}(r_M)}{[\mathrm{Cov}(r_i,r_M)-\sigma_M^2]/\sigma_M}$$

则

$$\frac{\mathrm{E}(r_i)-\mathrm{E}(r_M)}{[\mathrm{Cov}(r_i,r_M)-\sigma_M^2]/\sigma_M}=\frac{\mathrm{E}(r_M)-r_f}{\sigma_M}$$

经整理，得

$$\mathrm{E}(r_i)-r_f=\frac{\mathrm{Cov}(r_i,r_M)}{\sigma_M^2}[\mathrm{E}(r_M)-r_f]$$

$$=\beta_i[\mathrm{E}(r_M)-r_f]$$

即 CAPM 的传统公式。

运用上面两种方法对 CAPM 模型进行推导，可以加深对 CAPM 模型的理解。两种方法相比，第一种方法易于理解 CAPM 的思想，第二种方法则是一种简洁的证明。

第三节 CAPM 模型的经济学含义

一、CAPM模型的意义

当存在市场组合时，单个资产的收益率与其系统风险存在线性关系。单个资产的风险包括两部分：一部分为系统风险，即市场组合 M 收益变动而使资产 i 收益发生的变动，即 β 值；另一部分为非系统风险，即资产 i 本身的风险。通过 CAPM 公式可知，单个资产的价格只与该资产的系统风险大小有关，与非系统风险无关。换句话说，只有承担系统风险才会有收益，承担非系统风险则没有收益。

如果一个股票的 β 值大于 1，则这种股票被称为**进取型股票**（aggressive stock），也就是说该股票收益率的变化大于市场组合收益率的变化。例如，某只股票的 β 值为 1.2，意味着若市场组合的超额收益率为 10%，那么该股票的超额收益为 12%。如果一只股票的 β 值小于 1，则这种股票被称

防守型股票（defensive stock），即该股票收益率的变化小于市场组合收益率的变化。

但在现实中投资者很难持有市场组合，CAPM 模型中的许多前提条件也难以满足，但是这个模型仍然具有实际的价值和意义。通过投资合理分散的资产组合可以消除企业特有的非系统风险，这样，投资者面临的主要是系统风险。投资者的资产组合尽管不是市场组合，但是只要他持有的资产组合是合理分散的，他的资产组合同市场组合之间仍然会有很好的一致性，其资产组合的贝塔值和市场的贝塔值仍然是一个有效的风险测度尺度。

二、证券市场线

风险厌恶型投资者通过方差来测度最优风险资产组合的风险，但单个资产期望收益（或风险溢价）取决于其对资产组合风险的贡献程度。股票的贝塔值测度了股票对市场组合方差的贡献程度。因此，对于任何资产或资产组合而言，风险溢价都被要求是关于贝塔的函数。CAPM 模型确认了这一预期，并进一步认为证券的风险溢价与贝塔和市场组合的风险溢价是直接成正比的。所以，有了CAPM 公式后，资产的风险可以用系统风险 β 值作为衡量标准来取代方差与标准差。

期望收益—贝塔关系曲线就是**证券市场线**（security market line，SML），如图 5-3 所示，由于市场组合的贝塔值为 1，故斜率为市场组合风险溢价，横轴为 β 值，纵轴为期望收益。当横轴的 $\beta=1$ 时，即市场组合的贝塔值，这时在对应的纵轴可以看到市场组合的期望收益值。

资本市场线反映的是有效资产组合（市场组合与无风险资产构成的资产组合）的风险溢价是该资产组合标准差的函数，标准差测度的是投资者总的资产组合的风险。而证券市场线反映的是单个资产的风险溢价是该资产风险的函数，测度

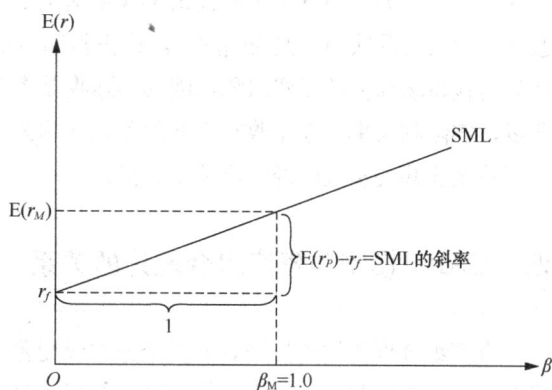

图 5-3　证券市场线

单个资产风险的工具不再是该资产的方差或标准差，而是该资产对于资产组合方差的影响程度或贡献度，可用贝塔值来测度这一贡献度。证券市场线对于有效率资产组合与单个资产均适用。有了证券市场线，只要知道资产的贝塔值，就可以知道投资者投资该资产要求的期望收益。进一步说，所有合理评价（fairly priced）的资产一定位于证券市场线上，因为只有这样，这些资产的期望收益才与它们的风险相匹配。也就是说，在均衡市场中，所有的证券均在证券市场线上。

三、CAPM模型中的阿尔法

在资本市场均衡下，所有资产或股票都会坐落在证券市场线上（SML），这意味着在市场均衡情况下，所有的股票或资产都已得到市场的合理评价。股票的期望收益率与其风险（β）成正比，如图 5-4 中的 A、B 及 C 所示。也就是说，投资者所得的投资收益率是他们承担风险的正当收益，而无额外收益。例如，若张先生投资于股票 A，而承担的风险是 β_A，则他的期望收益率将是证券市场线上所示的 $E(r_A)$。若林先生投资于共同基金 B（或股票 B），共同基金 B 的风险为 β_B，则他应得的（正

常）期望收益率将是证券市场线上所示的 $E(r_B)$。

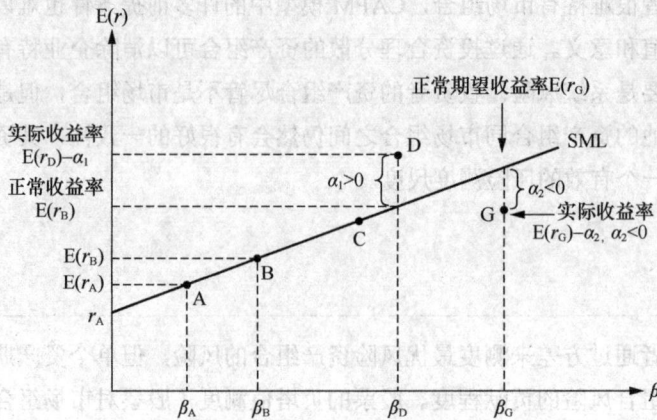

图 5-4　证券市场线与阿尔法

　　但在证券分析时，投资者希望能发掘被市场低估的股票，只有投资于被低估的股票才能获得额外的收益。例如，图 5-4 中的股票 D（或基金 D）标在证券市场线的上方，代表它是被市场低估的股票。故其实际收益率是 $E(r_D)+\alpha_1$，比正常期望报酬率 $E(r_D)$ 高出 α_1，$(\alpha_1>0)$。反之，基金 G（或股票）是被市场高估的投资对象，因其实际收益率为 $E(r_G)+\alpha_2$（$\alpha_2<0$），低于正常期望收益率 $E(r_G)$。所以，实际收益率与期望收益率间的差距（称为 α）可用来衡量某股票是否为市场高估或低估，也可评鉴某些共同基金的经营成绩是否优良。

四、CAPM模型与资产组合理论的关系

　　资产组合理论讨论投资者的资金分配或配置问题，具体地说是投资者应如何根据其风险厌恶程度选择风险资产与无风险资产的比例，选择风险资产中不同股票、债券的比例。它的基本思路是在已经确定投资的具体证券（包括股票、债券），且已经知道这些证券之间的相关系数的情况下，确定购买它们的比例。

　　而 CAPM 模型具有评价股票（包括债券）价值的能力，只要计算出具体股票的贝塔值，就可以算出它的期望收益。因此，通过比较该股票在市场中的实际价格，可以确定哪些股票具有投资价值。也就是说，它是从另一个角度来选择适合投资的证券。两者虽然功能相同，但是由于在 CAPM 模型中是以 β 系数作为度量风险的指标，对比计算期望收益、方差和协方差而言，工作量大大减少了，这是该模型的价值所在。因为这样就使马克维茨开始创立的资产选择工作变成一项真正可以操作的工作了。

五、CAPM模型的应用及局限

　　CAPM 模型除了上述证券选择与业绩评价外，在实际资产投资中也得到广泛应用。

（一）资产价值评估

　　一种资产的合理价值是其未来所能带来的现金流量的现值。现值的求得，必须以该资产的期望收益率为贴现率。而资产的期望收益率必须按照其系统风险 β，再由资本资产模型求得。例如，若

某项工程投资的系统风险是 1.4(β)，且已知 E(r_M)=12%，r_f=4%，则该项工程的期望收益率（资本成本）应为：

$$E(r)=0.04+(1.4)(0.12-0.04)=15.2\%$$

也就是说，只有该项工程的内部收益率大于 15.2%时，才能保证获利，即保证该工程的净现值大于 0。所以，资本的期望收益率代表项目（诸如工程计划、扩充计划、购买新机器、增设分店等）的最低应得收益率。若投资项目的实际收益率低于其资本成本，该项目不是有利的投资，应放弃。因此，资本的期望收益率在资本投资决策时，可作为仲裁收益率（the cutoff rate of return）。任何资本投资的（内在）收益率低于其资本成本，都必须予以放弃；只有收益率高于资本成本的资本投资，才可接受。

（二）公营企业及受法规所限制企业的定价

公营企业或受政府法规所限制的公司不得自行调整其产品或服务项目的价格。为维护居民或消费者的权益，这些公司、企业的产品或服务项目在调整价格时，必须符合期望收益率相当于系统风险的原则，以示公平。例如，在美国，当电力公司、电话公司及煤气公司向美国联邦政府或州政府要求允许加价时，政府必须聘请金融专家估计这些公司的系统风险，而后再由资本资产定价模型决定这些公司的应得期望收益率。举例说明如下：

【例5-1】假设电力公司目前的每单位家庭电费为2元，在这种电费水平及目前经营状况下，该公司的系统风险为0.85(β)，设E(r_M)=12%，r_f=4%。故其资本成本或最低收益率应为：

$$0.04+0.85\times(0.12-0.04)=10.8\%$$

若电力公司计划共投资 100 亿元，则政府允许电力公司以能获利 10.8 亿元（10.8%×100 亿元）为准则提高电费。也就是说，电力公司可提高电费的合理幅度，应以能补偿其所增加的系统风险为原则，适当的报偿是 10.8 亿元。若电费的提高致使获利超过了 10.8 亿元，电力公司将获得额外的收益（或利润）。这对消费者（或居民）而言，是不公平，也不合理的。

上述分析假设 100 亿元的投资并不改变电力公司的系统风险。当该项计划会增加电力公司的系统风险至 1 时，资本成本应为 12%。允许电力公司提高电费的额度，以能增加 12 亿元的盈利为准则。

（三）CAPM 模型的局限性

CAPM 模型的运用有两个问题：一是需要构造市场组合，实际上无法构造这样一个组合以供研究检验市场组合的有效性；二是模型反映的是各种期望收益之间的关系，而可以观察和检验的只有实际的或已实现的收益。

第四节

因素模型

一、影响收益的因素

先看一个关于青岛海尔股票收益的例子。试想在未来的一个季度中，哪些因素将影响青岛海尔股票的收益？

任何在金融市场上交易的股票的收益都由两个部分组成。

（1）正常收益或期望收益。这部分收益是市场上的股东对其投资收益的预测或期望。它取决于股东所拥有的关于其所持有股票的信息，以及如何认识和使用在未来一个季度有关影响股票价格变动的因素的信息。

（2）不确定性收益或风险收益。这部分收益源于在本季度内将要披露的信息。这类信息非常多，如关于青岛海尔公司的研究和开发的信息、关于政府公布的国内生产总值数字、发现竞争者的产品已经升级、关于青岛海尔的销售数量高出预期的销售数量、利率突然升降、青岛海尔的创始人和总经理突然提前退休，等等。因此，一种预测下个季度青岛海尔股票收益的办法是：

$$r=E(r)+U$$

式中，r 为下个月的实际总收益；$E(r)$ 为实际总收益中的期望收益那部分；U 为实际总收益中的非期望收益那部分。

在研究相关信息对收益的影响或作用时，必须认真慎重。例如，政府可能公布 GDP 或失业率的统计数字，但是对于投资者来说，这些数字在多大程度上属于新的信息呢？当然，在季初，股东或投资者对于下个季度的 GDP 就会有些想法或者进行预测。在股东已经预测到政府所公布的统计数字的程度上，预测结果应该是季初的期望收益那部分，即 $E(r)$。另一方面，如果政府公布的信息出人意料之外，并且达到了影响股票收益的程度，就会出现非期望收益部分或预想不到的收益，即 U。

例如，假设市场上的投资者已经预测到本季度的 GDP 增长 2.5%，并假设 GDP 会影响股票的收益，那么投资者将使用有关 GDP 的预测信息去预测本季度的期望收益，即 $E(r)$。因此，如果政府公布本季度的 GDP 增长率正好是 2.5%，等于预测值，那么投资者没有得到任何新的信息，政府公布的数字也不是任何新的信息。换言之，投资者已经对政府公布的信息进行折现。在这里，折现一词不同于计算现值使用的"折现"，但精神实质有类似之处。当对未来的信息或公布的指标进行折现时，可以说由于市场上的投资者已经知道这一信息的大部分内容，这一信息对市场所产生的作用或影响就比较小。如果政府公布本季度 GDP 的实际增长率是 3.5%，高出投资者的预测值 1%，那么投资者确实获得了某些新的信息。实际结果和预测结果之间的差异，有时被称作"变动"或"异动"。

任何公布的信息都可以分为两个部分，"预期"或"期望"部分和"变动"或"异动"部分，写作：

$$公布信息=期望部分+异动部分$$

式中，"期望部分"指市场为获得某一种股票的期望或预期收益 $E(r)$ 而使用的部分信息；"异动部分"为影响该种股票"没有预期到的收益"（U）的那部分信息。

当公布信息时，实际上所指的是所公布信息中的惊异部分，而并非是市场已经预期到并对此进行了折现的那部分信息，即上述的期望部分。

二、风险的系统性和非系统性

没有预期到的那部分收益，即由于惊异引起的那部分收益，其实是任何投资的真实风险。虽然风险有各种各样的来源，但它们之间存在重要的差别。回顾前面提到的一系列有关信息，其中某些信息直接与青岛海尔有关，其他的信息比较一般。那么，哪些信息对于青岛海尔来说特别重要呢？

显然，公布关于利率或 GDP 的信息对所有公司来说都很重要，而关于青岛海尔总经理的信息、研究开发的信息、销售的信息、竞争对手的信息，对青岛海尔来说特别重要。依据上述这两种不同类型的信息划分相应的风险，即系统性风险和非系统性风险。但有时，系统性风险与非系统性风险之间的区别并不只限于目前所认识到的这些。即使是范围最小的信息都可能波及经济，小小的事件也可能对全球产生影响。因此，没有能力确切地定义系统性风险和非系统性风险，但是在它们发生时，知道如何区别。

可以将青岛海尔股票收益的风险分为两个部分：系统性风险和非系统性风险。所以有

$$r=E(r)+U$$
$$=E(r)+m+\varepsilon$$

式中，m 代表收益的系统性风险，有时又称作"市场风险"，这说明在某种程度上，m 影响着市场上所有资产的价格；ε 代表收益的非系统性风险，因为非系统性风险是某一公司特有的，所以有时又称作"特有风险"，不同公司之间的特有风险不相关。

三、因素模型的数学表达

一个出人意料之外的通货膨胀出现，在某种程度上将会影响到几乎所有的公司。问题是青岛海尔股票的收益对这一没有预期到的通货膨胀反应的敏感程度如何呢？通过应用贝塔系数，可以确定像通货膨胀这种系统性风险对某种股票收益的影响。在前一章，定义了贝塔系数用于度量某种证券的风险溢价对于市场组合风险溢价的反应程度。现在，因为考虑非常多种具体的系统性风险，所以贝塔系数不局限于在 CAPM 模型中的定义，把贝塔定义为证券的收益对某一特定因素的敏感程度。因此，在本章讨论的问题可以看作是前一章所讨论问题的一般化。

如果公司股票的收益与通货膨胀的风险正相关，则该种股票具有的通货膨胀的贝塔系数为正。如果公司股票的收益与通货膨胀的风险负相关，则该种股票具有的通货膨胀的贝塔系数为负。如果公司股票的收益与通货膨胀的风险无关，则该种股票具有的通货膨胀的贝塔系数为 0。例如，因为出人意料之外的通货膨胀上升通常引起金价的上涨，所以金矿公司股票的通货膨胀贝塔系数可能是正数。又如，由于汽车制造公司面临激烈的外国企业竞争，通货膨胀的上升意味着公司要支付更多的工资，但是又无法通过提高价格来支付工资的增长，最后导致利润萎缩，即公司费用的增长超过收入的增长，结果出现负的通货膨胀贝塔系数。某些公司几乎没有资产，它们实际上充当经纪商，即从竞争性市场上购买一些货物，然后在市场上销售。这类公司的成本和收入随通货膨胀的变动而同时呈现同一方向的变动，所以这类公司的股票收益基本上不受通货膨胀的影响，它的通货膨胀贝塔系数可能为 0。

至此，十分有必要建立一种理论框架。设想已经确认三种重要的系统性风险因素：通货膨胀、GDP 和利率。同时，确信这三种系统性风险因素是足以描述影响股票收益的三种系统性风险因素。因此，每种股票都具有与这三种系统性风险有关的敏感度（或贝塔系数）：通货膨胀贝塔系数、GDP 贝塔系数和利率贝塔系数。所以，可以用以下公式来表示股票的收益：

$$r=E(r)+U$$
$$=E(r)+m+\varepsilon$$
$$=E(r)+\beta_1 F_1+\beta_{GDP}F_{GDP}+\beta_r F_r+\varepsilon$$

以上讨论的模型称为因素模型（factor model），其中系统性风险因素记作 F，称为"系统性风险源"，简称"因素"。如果有 K 个系统性风险因素，那么因素模型的完整公式如下。

$$r=E(r)+\beta_1 F_1+\beta_2 F_2+\beta_3 F_3+\cdots+\beta_K F_K+\varepsilon \tag{5-6}$$

其中：

r 为股票的收益率；

E(r)为股票的期望收益率；

F 为第 i 个系统性风险因素的非预期变动，E(F)=0；

ε 为股票特有的非系统性风险的收益，并且它与其他公司股票的 ε 不相关，也与任何系统风险因素 F_i 不相关，各系统风险因素 F_i 之间也不相关。

前面的例子是个三因素模型。用通货膨胀率、GDP 增长率和利率的变动作为系统性风险因素或系统性风险源。到目前为止，研究人员尚未能够确定系列的系统性风险因素。就像许许多多其他的公式那样，这也许永远是一个悬而未决的问题。

在实践中，研究人员经常使用"单因素收益模型"，即

$$r=\text{E}(r)+\beta F+\varepsilon \tag{5-7}$$

四、单指数模型概述

由于单因素模型没有提出具体测试某种因素是否影响证券收益的方法，其用途有限。一个较理智的方法是用权威的股票指数来代表宏观系统风险因素。这种方法引出与因素模型类似的等式，称为单指数模型（single-index model）。

依照与因素模型相似的原理，可以把实际的或已实现的证券收益率分成宏观（系统）的与微观（公司特有）的两部分。把每个证券的收益率写成超额收益的形式，并分解为三个部分的总和：

$$r_i - r_f = \alpha_i + \beta_i(r_M - r_f) + \varepsilon_i \tag{5-8}$$

式中，α_i 为市场超额收益 $r_M - r_f$ 为零时的股票期望收益率。

β_i 是证券对市场运动的敏感度，$\beta_i(r_M - r_f)$ 为随整个市场运动的收益成分。

ε_i 为只与这个证券（公司特有）相关的非预期事件形成的非预期收益率。

r_f 为无风险收益。

用大写的 R 代表超过无风险收益的超额收益，则上式可以写为：

$$R_i = \alpha_i + \beta_i R_M + \varepsilon_i \tag{5-9}$$

单指数模型的主要优势是大大减少了股票分析时所需估算的工作量。由于单指数模型将股票的风险分为系统风险和非系统风险，如果将系统风险的不确定性即 R_M 的方差定义为 σ_M^2，将非系统风险的不确定性 ε_i 的方差定义为 $\sigma^2(\varepsilon_i)$，则股票 i 的收益率的方差为：

$$\sigma_i^2 = \beta_i^2 \sigma_M^2 + \sigma^2(\varepsilon_i)$$

由于非系统风险是公司特有的，独立于系统风险，因此 R_M 和 ε_i 的协方差为 0。又因为 ε_i 和 ε_j 都是每个公司特有的，它们之间显然不相关。而两个股票超额收益率的协方差，如 R_i 与 R_j 的协方差都与市场因素 R_M 有关，所以，R_i 与 R_j 的协方差为：

$$\text{Cov}(R_i, R_j) = \text{Cov}\big((\alpha_i + \beta_i R_M + \varepsilon_i), (\alpha_j + \beta_j R_M + \varepsilon_j)\big)$$
$$= \text{Cov}\big((\beta_i R_M + \varepsilon_i), (\beta_j R_M + \varepsilon_j)\big) = \text{Cov}(\beta_i R_M, \beta_j R_M) = \beta_i \beta_j \sigma_M^2$$

现在每次分析股票时，需要进行的估算量为 n 个期望超额收益 R_i、n 个公司 β_i 的估计、n 个公司特有方差 $\sigma^2(\varepsilon_i)$ 的估计和 1 个宏观经济因素的方差 σ_M^2 的估计。这里，由于有了 n 个 β_i 的估计，又有了宏观经济因素的方差 σ_M^2 的估计，所以可以得出需要的协方差。现在的估算量是股票数量的 3 倍加 1，即 $3n+1$。如果要分析的股票为 60 种，要进行估算的不是马克维茨模型的 1 890 个值，而是

181 个值；如果要分析的股票有 300 种，也只要估算 901 个值；即使要分析上交所和深交所的 1 400 种股票，也只需要估算 4 201 种，而不是近 100 万个了。夏普的研究成果使马克维茨的资产选择理论真正有了实用性。

从式（5-9）中可以看到，由于 ε_i 的期望收益为 0，因此，单指数模型可以表达为一条截距为 α_i，斜率为 β_i 的直线。这条直线所处的坐标系是横轴为市场的超额收益，纵轴为股票 i 的超额收益。如果直线的斜率为 1.24，其含义就为市场的超额收益每增减 1%，股票 i 的超额收益就会相应增减 1.24%，即股票 i 对市场超额收益是很敏感的。如果斜线的斜率 β_i 为 0.34，其含义就为市场的超额收益每增减 1%，股票 i 的超额收益只相应增减 0.34%，即股票 i 对市场超额收益是很不敏感的。实际上这条直方程线要利用具体的市场数据和公司数据通过线性回归的方法计算得出。回归计算得出的这条直线称作**证券特征线**（security characteristic line，SCL）。图 5-5 所示为证券特征线图。

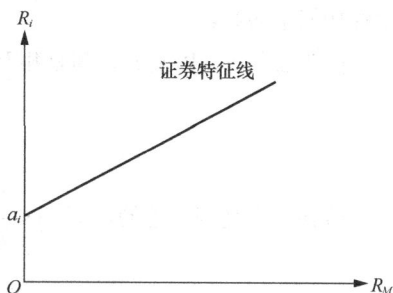

图 5-5　证券特征线

五、投资组合与因素模型

现在，讨论这样一个问题：当每种股票都表示为单因素模型时，由这些股票构成的投资组合将出现什么状况？为了便于展开讨论，取一个月为期限来观察股票的收益。当然，也可以用一天、一年或其他时限。在通常情况下，一个月是一个合理的、可用的时限。

将从 n 种股票中构建一个组合，并且应用单因素模型确定其系统性风险。在 n 种股票中，第 i 种股票的收益为：

$$r_i = E(r_i) + \beta_i F + \varepsilon_i$$

若 β_i 等于 0，则第 i 种股票的收益不受因素 F 的影响。若 β_i 是正数，则第 i 种股票的收益的变动与因素 F 的变动成正比，随 F 的上升而上升，或随 F 的下降而下降。反之，若 β_i 是负数，则第 i 种股票的收益的变动与因素 F 的变动成反比，随 β_i 的上升而下降，或随 F 的下降而上升。

现在开始讨论在每种股票的收益都可以表示为单因素模型的情况下，构建的投资组合的结果如何？设 w_i 是第 i 种证券在投资组合中的权重，则

$$w_1 + w_2 + w_3 + \cdots + w_n = 1$$

投资组合的收益是组合中每种资产的收益的加权平均收益，可以写为：

$$r_p = w_1 r_1 + w_2 r_2 + w_3 r_3 + \cdots + w_n r_n$$

根据单因素模型，每种资产的收益都是由风险因素 F 和非系统性风险 ε_i 决定的，故

$$
\begin{aligned}
r_p &= w_1\left(E(r_1) + \beta_1 F + \varepsilon_1\right) + w_2\left(E(r_2) + \beta_2 F + \varepsilon_2\right) + \cdots + w_n\left(E(r_n) + \beta_n F + \varepsilon_n\right) \\
&= \left(w_1 E(r_1) + w_2 E(r_2) + \cdots + w_n E(r_n)\right) + \left(w_1\beta_1 + w_2\beta_2 + \cdots + w_n\beta_n\right) \times F \\
&\quad + \left(w_1\varepsilon_1 + w_2\varepsilon_2 + \cdots + w_n\varepsilon_n\right) \\
&= \sum_{i=1}^{n} w_i E(r_i) + \left(\sum_{i=1}^{n} w_i\beta_i\right) \times F + \sum_{i=1}^{n} w_i\varepsilon_i \\
&= E(r_p) + \beta_p F + \varepsilon_p
\end{aligned}
$$

其中，$E(r_p) = \sum_{i=1}^n w_i E(r_i)$，$\beta_p = \sum_{i=1}^n w_i \beta_i$，$\varepsilon_p = \sum_{i=1}^n w_i \varepsilon_i$

公式中的第一项是各种证券期望收益的加权平均数，没有不确定性；第二项是组合中各种证券贝塔系数的加权平均数与因素 F 的乘积，不确定性反映在 F。虽然知道 F（F 的变化）的数学期望值等于 0，但是无法知道在某一时限内 F 的具体值等于多少；第三项是组合中各种证券非系统性风险的加权平均数。

因为 ε_i 与 F，以及 ε_i 之间是相互独立的，所以该组合的方差为：

$$\sigma_p^2 = \beta_p^2 \sigma_F^2 + \sigma^2(\varepsilon_p)$$

其中，$\sigma^2(\varepsilon_p) = \sum w_i^2 \sigma^2(\varepsilon_i)$

若该组合是等权重的，即 $w_i = \dfrac{1}{n}$，则

$$\sigma^2(\varepsilon_p) = \sum \left(\frac{1}{n}\right)^2 \sigma^2(\varepsilon_i) = \frac{1}{n}\left[\frac{1}{n}\sum \sigma^2(\varepsilon_i)\right] = \frac{1}{n}\bar{\sigma}^2(\varepsilon_i)$$

$\bar{\sigma}^2(\varepsilon_i)$ 为 ε_i 方差的均值，当 $n \to \infty$ 时，$\sigma^2(\varepsilon_p) \to 0$ 显然，如果 n 非常大，非系统方差将趋于 0。不仅是等权重的资产组合，其他任何能满足随 n 增大每个 w_i 都稳定减小或随 n 增大每个 w_i^2 趋于 0 的投资组合，都满足该组合之非系统风险随 n 增大而趋于 0 的条件。这样充分分散化的投资组合的收益公式就成为：

$$r_p = E(r_p) + \beta_p F \tag{5-10}$$

式（5-10）说明一个风险分散良好的组合（a well-diversified portfolio）的非系统风险趋近于 0，但上述推导还是比较粗糙的。因为，组合的方差 σ_p^2 趋近于 0，未必能得到 ε_p 趋近于 0。严谨而详细的论证可参阅史树中的《金融经济学十讲》。

第五节 套利定价模型

套利定价理论（APT）是一个类似于资本资产定价模型（CAPM）的均衡状态下的定价模型，由罗斯（Stephen Ross）于 1976 年提出。这种模型得出了与资本资产定价模型（CAPM）相似的结论，但是以不同假设为基础。在导出套利定价理论（APT）时，罗斯并没有假定投资人要回避风险，也没有假定以均值—方差规则为依据，他认为期望收益和风险之间存在正比例关系是因为在证券市场上没有套利机会。如果投资者可以找到这样一种证券组合，其初始净投资为 0 而又能赚得一定的正值收益，那么所有的投资者都会投资于这种吸引人的证券。结果，这种证券组合的价格将发生变化，直到均衡状态下正的收益降为 0 并且这种诱人的投资机会从市场上消失为止。据此，得到了一种与资本资产定价模型非常类似的风险—收益关系。

一、套利举例

首先考虑一个最简单的例子。

【例5-2】李同学从A银行以5%的利率借入100元，又把这笔资金以6%的利息率存入一家完全保险的B银行。在期初，李同学的初始投资为0；在期末，有1元的利润（100×(1+6%) − 100×(1+5%)）。

一般而言，这种情况在市场上并不存在，但这个简单的例子说明了套利机会的概念。如果这样一种条件存在，就可以获得套利利润，获得这种利润的金融交易也就称为**套利交易**（arbitrage transaction）。

更现实一些的例子，也是对套利定价理论的导出非常必要的例子，则是证券的卖空。当投资者卖空某种证券时，卖出的是他们并不拥有的股份。**卖空**（short selling）的过程如下：投资者从经纪人手中借入股票，并把这些股份在市场上卖出，得到出售款项。在未来某一日期，这名投资者必须在市场上购入这种股票，偿还借入的股票。当股价下跌时，卖空股票可以获利。假定从经纪人手中借入 1 股股票，并以 100 元的价格卖出，一个月后，股票跌至 98 元，股票的收益率为-2%，你以 98 元的价格买回 1 股股票，把它归还给经纪人，那么你的利润就是+2 元。

【例5-3】假定有三种证券A、B、C，收益如表5-2所示。为简单起见，假定每种股票都以100元交易，以现金计算的利润或损失数字也是投资的百分比收益数字，如100元的投资赚取10元意味着收益率为10%。从表5-2中可以看出，股票B的收益并不总是好于股票A的收益，股票B在衰退状况下和在稳定状况下的收益都低于股票A。除此之外，股票C的收益也不总是好于股票A的收益。当经济繁荣时，股票C的收益低于股票A的收益。虽然B和C都并不总是好于A，但投资者仍可以构造一个包含B和C的证券组合，以得到套利机会。

表 5-2   投资股票 A、B 及 C 的损益情况   单位：元

经济状况	证券		
	A	B	C
衰退	-2	-4	0
稳定	6	4	10
繁荣	10	16	6

在忽略任何交易成本的情况下，买入B和C证券，并卖空A证券，买入与卖出金额相同，初始投资为0，可以套利。假定以200元的价格卖空2股A股票，并用200元的实得款项以100元的价格购入1股B股票，以100元的价格购入1股C股票。这一交易的收益由表5-3所示。因此，这一套利交易中总的净收益在经济衰退时为0，在经济稳定或经济繁荣时各为2元。

表 5-3   卖空的套利利润   单位：元

经济状况	交易现金流量		
	卖空股票A	一股股票B和一股股票C的证券组合	套利交易的总的净收益
衰退	2×2=4	1×(-4)+1×0=-4	4-4=0
稳定	2×(-6)=-12	1×4+1×10=14	-12+14=2
繁荣	2×(-10)=-20	1×16+1×6=22	-20+22=2

因为有这种无风险套利机会，投资者将继续卖空A，并买入B和C，以赚取套利利润。在这种大额交易很多的情况下，A股票面临卖出压力，B股票和C股票将面临买入压力。因此，A股票的价格将下跌，B股票和C股票的价格将上升，直到最后套利机会不存在时为止。市场作用会减少套利利润。

当股票价格使套利利润不存在时，每种证券的期望收益和风险之间存在线性关系，这是套利定价理论的主要结论。如果价格变动（初始投资为0）产生的收益为：经济衰退时收益为-2元，经济稳定时为+5元，经济繁荣时为+4元，就认为套利机会消失，因为存在发生损失的机会。

一般而言，小投资者不可能从卖空中获得套利收益，因为卖空所得款项是由经纪人持有的。但是，大投资者，尤其是机构投资者，确实可以获得卖空收益。并非所有的投资者都能进行套利交易；但只要有一个大投资者能创造出这种机会使股票符合套利定价理论就足够了，这正是这一模型从直觉上比资本资产定价模型更吸引人之处。

二、套利定价模型的推导

套利定价理论的假定前提如下。

（1）股票的收益率取决于两个因素：对所有股票都有影响的系统因素和对个别股票有影响的非系统因素。

（2）市场中存在大量的不同资产，资本市场是完全竞争的市场。

（3）市场中允许卖空，卖空所得款项归卖空者所有。

（4）投资者偏向获利较多的投资策略。

下面用双因素模型进行推导。

$$r_i = E(r_i) + \beta_{i1}F_1 + \beta_{i2}F_2 + \varepsilon_i$$

若无风险套利机会存在，投资者可建立零投资额且无风险的套利组合 P，同时，假设 P 为风险分散良好的组合。在组合 P 内，资产投资权数的总和为 0：

$$\sum_{i=1}^{n} w_i = 0 \tag{5-11}$$

根据单因素模型公式（5-10），可知该投资组合的收益率为：

$$r_p = \sum_{i=1}^{n} w_i r_i$$
$$= \sum_{i=1}^{n} w_i E(r_i) + F_1\left(\sum_{i=1}^{n} \beta_{i1} w_i\right) + F_2\left(\sum_{i=1}^{n} \beta_{i2} w_i\right)$$

若无风险套利机会存在，即该套利组合对两个共同风险因素的系统风险均为 0：

$$\sum_{i=1}^{n} \beta_{i1} w_i = 0 \; 及 \; \sum_{i=1}^{n} \beta_{i2} w_i = 0 \tag{5-12}$$

这种无风险套利机会的存在，将诱使投资者建立更多零投资额且无风险的套利组合。在完全性及无交易阻碍的资本市场下，此种无险套利机会将会很快消失，使资本市场恢复均衡状态，在这种状态下，一个零投资额且无风险的套利组合将无利润可言，故其期望收益率为 0：

$$E(r_p) = \sum_{i=1}^{n} w_i E(r_i) = 0 \tag{5-13}$$

为应用向量空间理论进行推导，把上面得出的结论写成向量或矩阵的形式，设：

$$\overline{W} = \begin{bmatrix} w_1 \\ w_2 \\ \vdots \\ w_n \end{bmatrix}, \; \overline{E} = \begin{bmatrix} E(r_1) \\ E(r_2) \\ \vdots \\ E(r_n) \end{bmatrix}, \; \overline{I} = \begin{bmatrix} 1 \\ 1 \\ \vdots \\ 1 \end{bmatrix}, \; \overline{\beta}_1 = \begin{bmatrix} \beta_{11} \\ \beta_{21} \\ \vdots \\ \beta_{n2} \end{bmatrix}, \; \overline{\beta}_2 = \begin{bmatrix} \beta_{12} \\ \beta_{22} \\ \vdots \\ \beta_{n2} \end{bmatrix}$$

则 $\sum_{i=1}^{n} w_i = 0$ 可以写为如下形式，即向量 $\overline{W}'$ 与 $\overline{I}$ 正交：

$$\overline{W}'\overline{I} = \sum_{i=1}^{n} w_i = 0 \qquad (5\text{-}14)$$

则 $\sum_{i=1}^{n}\beta_{i1}w_i=0$ 及 $\sum_{i=1}^{n}\beta_{i2}w_i=0$ 可以写为如下形式，即向量 $\overline{W}'$ 分别与 $\overline{\beta}_1$、$\overline{\beta}_2$ 正交：

$$\overline{W}'\overline{\beta}_1 = \sum_{i=1}^{n}\beta_{i1}w_i = 0 \text{ 及 } \overline{W}'\overline{\beta}_2 = \sum_{i=1}^{n}\beta_{i2}w_i = 0 \qquad (5\text{-}15)$$

则 $\mathrm{E}(r_p) = \sum_{i=1}^{n} w_i\mathrm{E}(r_i)=0$ 可以写为如下形式，即向量 $\overline{W}$ 与 $\overline{E}$ 正交：

$$\overline{W}'\overline{E} = \sum_{i=1}^{n} w_i\mathrm{E}(r_i) = 0 \qquad (5\text{-}16)$$

由向量空间理论得知，向量 $\overline{I}$ 与 $\overline{\beta}_1$、$\overline{\beta}_2$ 是期望收益率空间的基础向量，也就是说，在期望收益率空间内的任一期望收益率向量 $\overline{E}$ 都是向量 $\overline{I}$ 与 $\overline{\beta}_1$、$\overline{\beta}_2$ 的线性组合，以公式表示如下。

$$\overline{E} = \lambda_0 I + \lambda_1\overline{\beta}_1 + \lambda_2\overline{\beta}_2$$

λ_0、λ_1、λ_2 为常数。将之应用于任一资产（i）时，可得在均衡下资产期望收益率的决定模型：

$$\mathrm{E}(r_i) = \lambda_0 + \lambda_1\beta_{i1} + \lambda_2\beta_{i2}$$

上式即为两个共同因素的套利定价模型。若无风险资产（f）存在，即，$i=f$ 而无风险资产是确定性的常数，与任何因素都无关，即 $\beta_{f1}=0$，$\beta_{f2}=0$ 则 $\mathrm{E}(r_f)=\lambda_0$，所以

$$\lambda_0 = r_f \qquad (5\text{-}17)$$

λ_0 为无风险资产的收益率 r_f。除了 λ_0 外，λ_1 及 λ_2 也有其经济含义。若只考虑第一因素 F_1，暂不考虑第二因素 F_2，令 $\beta_{i2}=0$ 同时，可以建立一个风险分散良好的组合 P_1，使其对第一因素的敏感度为 1，即 $\beta_{P_1}=1$，则

$$\lambda_1 = \mathrm{E}(r_{P_1,F_1}) - r_f \qquad (5\text{-}18)$$

其中，$\mathrm{E}(r_{P_1,F_1})$ 是指风险分散良好组合 P_1 在只受因素 F_1 影响的期望收益，所以 λ_1 表示期望收益超过无风险利率的部分，叫作因素风险收益（factor risk premium）。同理可以得出，$\lambda_2 = \mathrm{E}(r_{P_2,F_2}) - r_f$。代入可得套利定价模型的另一表达方式：

$$\mathrm{E}(r_i) = r_f + \big(\mathrm{E}(r_{P_1,F_1}) - r_f\big)\beta_{i1} + \big(\mathrm{E}(r_{P_2,F_2}) - r_f\big)\beta_{i2} \qquad (5\text{-}19)$$

式中第二项 $\big(\mathrm{E}(r_{P_1,F_1}) - r_f\big)\beta_{i1}$ 可解释为承担第一种因素的风险收益，式中第三项 $\big(\mathrm{E}(r_{P_2,F_2}) - r_f\big)\beta_{i2}$ 为承担第二种因素的风险收益。所以，在双因素的套利定价模型下，任一资产的期望收益率为无风险收益率与承担两种因素风险的收益。对风险的敏感性越大，即 β 越大，则其应得到的补偿也就越大。

以单因素套利定价模型为例来说明此理论的含义。即

$$\mathrm{E}(r_i) = \lambda_0 + \lambda_1\beta_{i1} \qquad (5\text{-}20)$$

$$\mathrm{E}(r_i) = r_f + \big(\mathrm{E}(r_{P,F}) - r_f\big)\beta_{i1} \qquad (5\text{-}21)$$

将式（5-15）这条直线方程画在坐标系中，横轴为 β，纵轴为 $\mathrm{E}(r)$，如图 5-6 所示，这条线叫作套利定价线。资产 C 位于 APT 线下，代表资产 C 为市场所高估，故卖空资产 C，再以所得资金平均投放于资产 A 及 B，以得组合 D。组合 D 的系统风险与资产 C 相同，但组合 D 具有较高的期望收益率，所以可获得无风险收益，$\mathrm{E}(r_D) - \mathrm{E}(r_C) > 0$。只要这种无风险套利机会存在，投资者将会建立更多的零投资额且无险套利组合，致使无险套利的机会很快消失，使资产 C 的价格下降，收益率

升，回复至 APT 线上，消除套利机会，达到均衡。

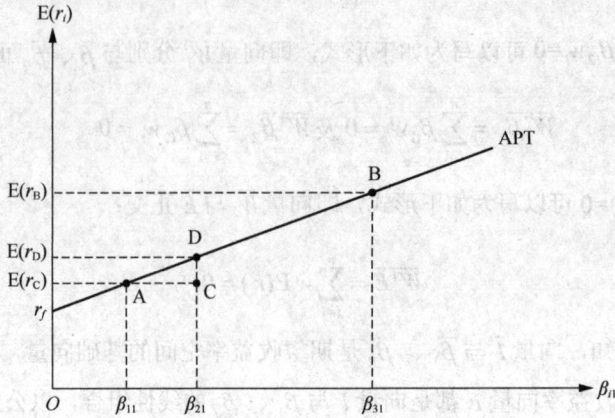

图 5-6　单因素定价模型

虽然以双因素模型为例，建立套利定价均衡理论，但该理论可延伸至任何数目的因素，可以建立多因素的套利定价模型，假设投资者认为资产收益率的不确定性可由 k 个系统风险因素决定（$k>2$），则

$$E(r_i) = \lambda_0 + \lambda_1\beta_{i1} + \lambda_2\beta_{i2} + \cdots + \lambda_n\beta_{ik}$$

一般写为

$$E(r_i) = r_f + \left(E(r_{P_1,F_1}) - r_f\right)\beta_{i1} + \left(E(r_{P_2,F_2}) - r_f\right)\beta_{i2} + \cdots + \left(E(r_{P_K,F_K}) - r_f\right)\beta_{ik} \tag{5-22}$$

三、套利定价理论和资本资产定价模型的比较

（一）APT 和 CAPM 的一致性

根据 APT 得到证券的期望收益率等于无风险利率加上 k 个因子风险溢价分别乘以这个证券的 k 个因子的敏感度之和。为与 CAPM 模型比较，将敏感度 β 改写为 b，所以只有一个因素 F 时的 APT 模型为：

$$E(r_i) = r_f + \left(E(r_{P,F}) - r_f\right)b_i \tag{5-23}$$

而 CAPM 模型为：

$$E(r_i) = r_f + \left(E(r_M) - r_f\right)\beta_i \tag{5-24}$$

如果在式（5-23）中取 $E(r_{P,F})=E(r_M)$，同时 b_i 代表 β_i，那么 APT 将与 CAPM 一致。

然而，一般情况下，$E(r_{P,F})$ 不一定等于市场组合的期望收益率。如果式（5-23）和式（5-24）同时成立，那么 b_i 和 β_i 有什么关系呢？由 β 的定义式及公式（5-7）推导得（其中 ε_i，r_M 相互独立，其协方差为 0）：

$$\beta = \frac{\text{Cov}(r_i, r_M)}{\sigma_M^2} = \frac{\text{Cov}(E(r_i) + b_i F + \varepsilon_i, r_M)}{\sigma_M^2}$$

$$= \frac{\text{Cov}(b_i F, r_M) + \text{Cov}(\varepsilon_i, r_M)}{\sigma_M^2} \tag{5-25}$$

$$= \frac{\text{Cov}(F, r_M)}{\sigma_M^2} b_i$$

上式中 b_i 的系数是 $\dfrac{\mathrm{Cov}(F, r_M)}{\sigma_M^2}$ 一个不随 i 变化的常数。就是说若式（5-23）式（5-24）同时成立，则 CAPM 中的 β_i 等于一个常数乘以 APT 中的 b_i。把式（5-25）代入式（5-24）得

$$\mathrm{E}(r_i) = r_f + \left[\left(\mathrm{E}(r_M) - r_f \right) \frac{\mathrm{Cov}(F, r_M)}{\sigma_M^2} \right] b_i \tag{5-26}$$

将式（5-26）与式（5-20）比较可得

$$\lambda_1 = \left(\mathrm{E}(r_M) - r_f \right) \frac{\mathrm{Cov}(F, r_M)}{\sigma_M^2} \tag{5-27}$$

在式（5-14）中没有给出因素风险收益 λ_1 的大小，但是，如果 CAPM 还成立，那么且 λ_1 必满足式（5-21）。

现在考虑式（5-17），假定它的因素是一个股票指数，如 S&P 500，若这个指数与市场组合完全相关，即 $\rho = 1$，并且与市场组合的回报的方差相等。那么 $\mathrm{Cov}(F, r_M) = \sigma_F \sigma_M \rho = \sigma_M^2$ 根据式（5-19）可得 $\beta_i = b_i$，再由式（5-21）与式（5-12）得 $\mathrm{E}(r_{P,F}) = \mathrm{E}(r_M)$。因此，因素 S&P500 的敏感度（$b$）为 1 的一个证券组合的期望收益率等于市场组合的期望收益率。所以，如果能找到一个股票指数与市场组合完全相关，并且方差相等，就可以用这个指数代替市场证券组合。然而，因为市场证券组合是不可观测的，所以就不可能找到这样的代理变量。

（二）APT 和 CAPM 的区别

套利定价理论是一个极其吸引人的模型，它依赖于"资本市场中的理性均衡会排除套利机会"这一假设。即便很少的投资者注意到市场的不平衡，违反套利定价理论的定价关系也将引起巨大的压力，使其恢复均衡。

进一步说，利用一个由许多证券构成的充分分散化的投资组合，套利定价理论可以得出期望收益—贝塔关系。相比之下，资本资产定价模型则是在内在的、难以观测的市场投资组合的假定基础之上推导出来的。

尽管有这些吸引人的优势，套利定价理论并没有完全占有支配资本资产定价模型的地位。CAPM 在期望收益—贝塔关系上对所有的资产提出了明确清晰的陈述，而套利定价理论只说明该关系对除了可能的小部分以外的所有证券适用。这是一个重要的区别，但要证明它是徒劳的，因为从一开始 CAPM 就不是一个容易检验的模型。而套利定价理论与指数模型之间比较则更有效。

除了 CAPM 的假设外，指数模型还依赖于以下两个附加的假设条件：其一，一个特定的市场指数与（难以观测的）理论市场投资组合几乎完全相关；其二，股票收益的概率分布是静态的，所以，样本期收益便可以提供对期望收益和方差的有效估计。

指数模型意味着市场指数资产组合是有效的，并且期望收益—贝塔关系对所有资产均成立。证券收益的概率分布是静态的和指数的可观测性这两个假定，使得对指数资产组合的有效性和期望收益—贝塔关系的检验成为可能。从假设到上述含义的观点的证明依赖于均值方差的有效性，也就是说，如果任何证券违反了期望收益—贝塔关系，那么许多投资者（每一个相对都较小）将调整各自的投资组合，以使它们共同的对价格的压力恢复均衡，从而使其满足期望收益—贝塔关系。

相比较而言，套利定价理论利用单一要素证券市场假定和套利观点以获得满足充分分散化投资组合的期望收益—贝塔关系。因为它着眼于无套利条件，没有市场或指数模型的进一步假定，所以套利定价理论不能排除任何个别资产违反期望收益—贝塔关系。而为此，需要资本资产定价模型的

假设和它的支配性论点。

总之，套利定价理论与 CAPM 模型的共同点是它都认为期望收益与风险之间存在正相关关系。它们的区别有以下几点。

（1）在推导期望收益—贝塔关系时，前者的基础是一个可操作的充分分散化资产组合，后者的基础是个难以实现的真实市场组合。

（2）在实际运用时，套利定价理论可以方便地分析多种影响股票收益的因素，而 CAPM 模型却缺乏这种能力。

（3）套利定价理论的证明建立在一般的理性理解之上，缺乏严格的数学表达，因而不能排除任何个别资产违反期望收益—贝塔关系；CAPM 模型的证明则要严谨得多。也正是因此，虽然套利定价理论有优点，但并不能取代 CAPM 模型具有的主导地位。

思考与练习

1. 叙述 CAPM 模型的假设。

2. 什么是市场组合？一个证券不包含在市场证券组合中可能吗？为什么？

3. 在 CAPM 模型下，所谓的借款或贷款有何意义？

4. 在 CAPM 理论下，承受何种风险才会有市场价格？为何总风险（方差或标准差）在 CAPM 下，不是风险的计算标准？为何非系统风险并无市场价格？（也就是，承担非系统风险并无收益可言）

5. 为何 CAPM 是适用较广泛的理论？就评价资产的期望收益率与风险（β）而言，CAPM 是否适用于任何效率与无效率资产？

6. 证券市场线（SML）可用来决定哪些股票为股市低估或高估。在应用上，应如何进行？

7. 资本市场线与证券市场线有何区别？

8. 已知两种股票 A、B，其收益率标准差分别为 0.25 和 0.6，与市场的相关系数分别为 0.4 和 0.7，市场指数的回报率和标准差分别为 0.15 和 0.1，无风险利率为 0.05。

（1）计算股票 A、B 和 0.5A+0.5B 组合的 β 值。

（2）利用 CAPM 计算股票 A、B 和 0.5A+0.5B 组合的预期收益率。

9. 预计未来一年中国证券市场的期望收益率将为 15%，且中国政府债券年利率为 5%。假设你考虑购买招商银行股票，现价为每股 25 元。预计分发每股 2.5 元的股利，而一年后的价格预计为 27 元。若招商银行的 β 为 1.5，试问你是否应购买它？

10. 在股票投资界，我们经常听到套利投资者寻找股市所误估的股票，而后进行买卖行为以获利。为何这种买卖行为是具有风险的套利而不是无风险套利？

11. 套利证券组合的条件是什么？

12. 为什么单指数模型可以大量简化马克维茨有效集的计算过程？

13. APT 模型与 CAPM 模型的主要区别有哪些？

14. 假定影响国家经济的两个因素已确定：工业生产增长率与通货膨胀率。目前，预计工业生产增长率为 3%，通货膨胀率为 5%。某股票与工业生产增长率的贝塔值为 1，与通货膨胀率的贝塔值为 0.5，股票的预期收益率为 12%。如果工业生产真实增长率为 5%，而通胀率为 8%，那么，修正后的股票期望收益率为多少？

股票价格的上升或下跌是否有迹可寻始终是投资者最为关心的事件之一。1953 年，莫里斯·肯德尔（Maurice Kendall）对股票价格的历史变化进行了研究，试图寻找某些变化规律。但他却惊异地发现股价的运行似乎是随机的，无法确定股价的可预测形式。肯德尔的结论困惑了一些金融经济学家，股票市场没有任何逻辑规律。尽管如此，经济学家们的进一步反应则是要彻底扭转对肯德尔研究的诠释。这个问题不久就变得显而易见，即股价的随机变化表明了市场是正常运作或者是有效的，而非无理性的。本章主要内容包括两点：一是市场有效性假说，将考察那些似乎让人感到意外的结论背后的推理，证明竞争将自然地导致市场的有效性，并考察市场有效性假设对投资策略的含义。二是有效市场的检验，主要介绍那些支持与反驳市场有效性观点的经验证据。

第一节　有效市场假说

一、股票价格的随机游走与有效市场

从最早的巴契里耶到 20 世纪 30 年代的沃金，从肯德尔到萨缪尔森都研究过股价的预测问题，都得出股价的变化是无法预测的结论。他们认为，股价的表现没有任何规律可循，完全是随机的。无论过去的业绩如何，在任何一天它们都有可能上升或下跌。因此，无法根据过去公司的表现及公司未来的前景来预测公司股票的价格。但是他们也认为，这并不意味着股票市场没有任何逻辑和规律可言，股价无法预测正是股票市场有效的结果，也是股价变化的规律。因为如果股价可以预测，投资者就可以根据预测结果买卖股票，轻松地赚钱。但是这种套利的前景会使大量资金投入股市，使股价在预期变化的时间到来之前就迅速上升或下跌。假如投资者发现深发展股票价格 3 天后会上涨 10%，且许多投资者都了解这一趋势，他们就会立即买入深发展股票，而结果是深发展股票没有等到 3 天后，而是立即就上涨了 10%。这样，许多投资者就会来不及在股价上涨之前购买。因此，说股价不可预测是因为任何可用于预测股价的信息已经在股价中被反映出来了，投资者通常只能得到与股票风险相称的收益率。这就是说，股价只对新的信息做出上涨或下跌的反应。根据常识，新信息是不可预测的，如果它们是可预测的，则可预测的信息就会成为已知信息的一部分。这样，随不可预测的新信息变动的股价必然是不可预测的。这就是股价遵循的**随机漫步理论**（random walk）。

二、有效市场是竞争的结果

有效市场的定义容易使人们质疑：股价的预测分析和研究是不是就没有用处了？如果不是的话，是否与有效市场的定义相矛盾；如果是的话，为什么还有那么多投资机构和散户在进行这方面的研究。美国学者格罗斯曼和斯蒂格里茨回答了这个问题。他们认为，有效市场是竞争的结果，因此，有效市场假定与证券研究并不矛盾。市场之所以有效，有关信息之所以可以广为投资者所知，就是因为投资者进行了信息的搜集和有关的分析与研究，掌握了必要的信息，或者媒体和其他方式分享了有关的研究成果或信息。市场的有效性在于这些信息可以迅速地在投资者之间传播，而不是由少数人长时间垄断。市场有效理论认为预测和研究并不能确保获利，因为研究者不知道还有多少其他投资者也在进行同样的研究并获得了相同的信息。如果投资者肯定知道有数量众多的其他投资者在进行相同的研究并获得了相同的信息，他可能就不愿进行这样的研究，因为这种研究毕竟要花费很多时间和费用；如果投资者肯定知道没人进行这样的研究，他的研究就肯定可以获得套利的机会和大量的盈利。正是这种不确定的情形，使投资者愿意不断地进行股价的预测和研究，希望自己可以得到他人得不到的信息，或者优先他人一步，早一点知道有关的信息，以获得获利的空间。也正是这种不断寻找套利机会，并不断套利使市场变得有效起来。结论是，在一般情况下，你要想获得额外的信息，就需要付出额外的努力，也就是冒更高的风险，才有更高的期望收益。如果不是这样，要打折扣的不是有效市场理论，而是市场的有效程度。

三、有效市场假说

美国学者法马 1965 年在多位学者研究的基础上提出了有效市场的假说，对理论界与实务界产生了巨大的影响。他在文章中指出股价已经反映了所有已知信息，这种观点叫作**有效市场假说**（efficient market hypothesis，EMH）。有效市场假说按市场有效性的程度分为三种情况。

（一）弱式有效市场

弱式有效市场（weak form）认为股价已经反映了全部能从市场交易数据中得到的信息，这些信息包括过去的股价、交易量等数据。因此，对市场的价格趋势进行分析是徒劳的。因为过去的股价资料是公开的，可以毫不费力地获得。弱式有效市场认为，如果这样的数据曾经传达了未来业绩的可靠信号，那么所有投资者肯定已经学会如何运用这些信号，随着这些信号变得广为人知，它们的价值会消失。所以，在弱式有效市场的情况下，技术分析没有任何价值。

（二）半强式有效市场

半强式有效市场（semi-strong form）认为与公司前景有关的全部公开已知信息一定已经在股价中反映出来了。除了过去的价格信息外，这种信息还包括公司生产经营管理方面的基本情况、统计数据、技术状况、产品状况、各种会计与财务数据等。因此，如果某投资者能从公开已知渠道获取这类信息，可以认为它也已经反映在股价中了。半强有效市场否定了基本分析的意义。

（三）强式有效市场

强式有效市场（strong form）认为股价反映了全部与公司有关的信息，甚至包括仅为内幕人员所知的信息。由于证券法规禁止公司管理层和了解公司经营活动和决策过程的内幕人士利用他们所知道的有关信息进行股票交易的盈利活动，因此从理论上说，一个机制完善、监管严格的市场是不存在利用内幕消息进行交易的。从这个意义讲，是无所谓强有效假定的。但实际上，内幕交易很难界定，法律无法确定所有在尚未广为人知之前就获得信息的投资者全是违规投资者。其次，市场监管也难以做到没有违规交易发生。当然，要求一个市场的股价能反映包括内幕信息在内的全部公司有关信息，是太高的要求，在现实中并不存在这样的市场。它的意义和价值在于从理论上确定理想市场的标准，为内幕交易的违法性提供理论上的根据。

四、积极与消极的资产组合管理

投资者之间的竞争保证了任何容易实现的股票评估方法都将被广泛利用，以致任何由此得到的买卖信息都将在股票价格中得到反映。或许只有那些大公司花费人力、物力与资金研究的方法会产生交易利润？然而投资者能肯定大公司具有发现定价不当股票的能力或资源吗？还有，是不是任何不当定价都足以补偿主动投资管理的费用？

有效市场假说的拥护者相信，主动管理基本上是白费精力或者未必值得花那么多费用。因此，他们提倡一种**被动投资策略**（passive investment strategy），该策略并不试图战胜市场。被动策略的目的只在于建立一个充分分散化的证券投资组合，而不去寻找那些过低或过高定价的股票。被动管理常被描述为一种买入并持有策略。因为有效市场理论指出，当给定所有已知信息时，股价的水平是公正的，频繁地买入或抛出股票是没有意义的，只会浪费大笔经纪佣金而不会提高其业绩。

被动管理的一个常用策略就是建立一个**指数基金**（index fund)，它被设计成一个代表包含广泛股票的指数的股票基金。例如，沪深300指数基金持有的股票种类与沪深300指数中的成分股相同，其持有的每种股票数量与沪深300指数中成分股的权重成正比。沪深300指数基金的业绩因而反映了沪深300指数走势。它的管理费用可以降至最低，因为基金经理无须付钱给分析家来评估股票前景，也无须为高周转率而付出交易费用。这种基金的投资者仅花较少的管理费就可获得广泛的多样化。

五、资产组合在有效市场中的作用

如果市场是有效的，何不随意选择一些股票而是理智地构造一个组合呢？这是一个从"证券定价是公平的"这个命题中得到的吸引人的结论，但这个结论绝非轻易得到。即使在完全有效的市场中，理性的资产组合管理也有重要作用。

组合选择的一条基本原则就是分散化。即使所有的股票价格都是公正的，每一种股票仍具有厂商特定风险，而这种风险是可以通过分散化来消除的。因此，即使在一个有效的市场中，理性的投资者也需建立与其风险厌恶水平相适应的充分分散化的资产组合。在国外，理性的投资者在选择证券时还要求考虑赋税。高税阶层的投资者通常不愿购入对低税阶层有利的证券。理性资产组合管理的第三个观点与投资者的特定风险范畴有关。例如，上海汽车公司的一个经理，其红利视公司的利润水平而定。通常他不应在汽车股上进行额外的投资，因为其薪水已经反映公司的业绩，该经理已经在上海汽车上过度投资了，不应再使其单一投资情况更加恶化了。

由此，可以得到的结论是，即使在有效的市场中，资产组合管理仍具作用。投资者资金的最佳部位将随税赋、风险厌恶程度以及职业等因素而变化。有效市场中的资产组合经理们的任务是确保资产组合适应这些需要，而不是冲击市场。

第二节 | 有效市场的检验

一、弱式有效市场检验

弱式有效市场是比较容易检验的，也是人们最早进行实证检验的有效市场形式。弱式有效市场强调的是证券价格的随机游走，不存在任何可以识别和利用的规律。因此，对弱式有效市场的检验主要侧重于对证券价格时间序列相关性的研究上，具体来讲，这种研究又分别从自相关、操作试验、过滤法则和相对强度等不同方面进行。

（一）时间序列的自相关检验

时间序列的自相关是指时间序列的数据前后之间存在相互影响，如果股票价格的升降对后来的价格变化存在某种影响，那么在时间序列上应表现出某种自相关关系。但对股票价格的时间序列自相关性的研究表明，价格变化并不存在这种自相关关系，即使少数交易量和交易次数较少的股票价格的自相关系数稍大，但仍无法用于价格预测。关于股票价格变化的自相关研究肯定了随机游走理论的正确性。

法马在 1965 年检验了股票价格是否存在"趋势"，即是否存在连续上升或连续下降的自相关现象。法马将道·琼斯 30 种工业指数股票分为正向变化、负向变化和零变化三组，以检验是否存在可利用的趋势。他的研究表明，并不存在与弱式有效市场相矛盾的现象。尽管股票价格变化存在轻度的自相关，但这种趋势很弱，考虑到证券交易成本，这种趋势不能用来谋取超额利润。

（二）操作检验

操作检验是一种非参数统计检验方法。这一方法将股票价格的变化方向用正负号表示，价格上升为正，下降为负。如果价格变化的自相关性较强，应能看到一个较长的同号序列，表示价格的连续下降或连续上升。但研究者们并未发现这种序列，因此，这一检验也肯定了随机游走模型。

（三）过滤法则检验

过滤法则检验是通过模拟股票买卖过程来检验随机游走理论的可信性。这一方法将股票价格变化作为买入卖出股票的指示器，如果股票价格上升，表明股市看好，则在次日买入一定比例的股票；如果股票价格下降，表明股市看跌，次日卖出一定比例的股票。如股票价格变化存在某种相关关系，这种买入卖出方法的收益应显示出一定的特性。但经过许多学者的研究，都未能找到价格变化对投资决策有重要影响的证据。

（四）相对强度检验

相对强度检验也是模拟证券投资过程对随机游走理论进行的检验。检验者首先选择一个与股票价格变化有关的指标，然后按照这一指标数值的指示决定买入卖出某种股票的数额。研究结果并未找到价格变化对投资决策有重要影响的证据。

二、半强式有效市场检验——事件研究

事件研究（event study）描述了一种经验财务研究技术，运用这种技术可以使观察者评估某一

事件对一个公司股价的影响。

例如，要分析一项已公开的红利变化的影响。在任何一天，股价都对广泛的经济信息诸如最新的 GDP 预测、通货膨胀率、利率、公司盈利能力等做出反应。研究任务是要把由红利变化公告引起的那部分股价变动分离出来。研究人员经常运用统计方法来测度由于某一信息发布而产生的影响，这种方法结合了市场有效理论和指数化模型。想要测度由某一事件引起的非期望收益，这便是真实股票收益与在给定市场业绩下的期望收益之间的差异。

实践中使用的是改进的指数模型。例如，美林证券使用标准普尔 500 指数作为市场组合的替代，它依靠最近 60 个月每月的观测值来计算回归参数，模型使用总收益而不是超额收益来做回归。他们以这一方法估计了指数模型的一个变形，即用

$$r_i = a + br_M + \mathrm{e}_i \tag{6-1}$$

去替代：

$$r_i - r_f = \alpha_i + \beta_i(r_M - r_f) + \varepsilon_i \tag{6-2}$$

为了解这一分离效应，将上式重新写成

$$r_i = \alpha_i + (1 - \beta_i)r_f + \beta_i r_M + \varepsilon_i \tag{6-3}$$

比较式（6-1）与式（6-3），可以看到，如果在某个样本期间上，r_f 为常数，则这两个等式具有相同的独立变量 r_M 和残值。因此，在这两个回归中斜率系数相同。但是，被美林证券称为截距的 a 实际上是 $\alpha_i + (1 - \beta_i)r_f$ 的一个估计。采用这一程序的明显理由是，按月为基准的 $(1 - \beta_i)r_f$ 较小。

下面运用美林证券改进的指数模型。股票收益 r_t 在一段给定的时间 t 上，可以用数学公式表达为：

$$r_t = a + br_{Mt} + e_t \tag{6-4}$$

r_{Mt} 是在该时间段上市场的收益率，e_t 是由厂商特定事件引起的那部分证券收益率，系数 b 表示该股票对市场收益的敏感程度，a 是股票在市场收益为 0 的时期实现的平均收益率。因此，式（6-4）把市场因素和厂商特定因素分解开来。厂商特定收益应解释为由事件引起的非期望收益。对式（6-4）变换得

$$e_t = r_t - (a + br_{Mt}) \tag{6-5}$$

式（6-5）有一个简单的解释：要确定股票收益中厂商特定因素的部分，要从股票收益率中减去由给定的市场变化而使股票相应获得的收益。剩余部分 e_t，是在给定股票对市场的敏感度时，股票在该期间基于市场变化预测之外的收益。

例如，假定分析家估计某股票的 a= 0.5%，b=0.8。在某一天市场上涨了 1%，将可以预知股票将会上升一个预期值：0.5%+0.8×1%=1.3%。如果股票事实上涨了 2%，分析家会推断那天的厂商特定信息引起了 2%-1.3%=0.7%的股票额外收益。有时把 e_t 称为**非常规收益**（abnormal return），即来自市场变动之外的收益。

事件研究中的一个通常策略是在某个股票的新信息在市场发布的那几天对非常规收益进行估计，并且把股票的非正常行为归因于新信息。该研究的第一步是估计研究中的每一种股票的参数 a 和 b，这些工作通常利用指数回归模型计算事件发生前一段时间的数据，用这种方法求出参数。用事件前一段时间的数据进行估计，可以使参数的估计不受事件的影响。接下来，记录每一公司的信息发布日期。例如，在研究收购企图对目标公司股价的影响时，发布日期就是指公众得知收购企图的那一天。最后，计算在发布日期前后每一家公司的非常规收益，评估有代表性的非常规收益的统

计显著性和规模，以决定新发布信息的影响力。

使事件研究变得复杂的一件事就是信息泄露。泄露是指与一件相关事件有关的信息在官方公布之前已经发布给一小群投资者。在这种情况下，股价可能会在官方公布日的几天前或几周前上升（假设这是个好消息）。这样，官方公布日的任何非常规收益对于信息发布的影响便是一个粗略的指示器。一个较好的指示器将会是**累积非常规收益**（cumulative abnormal return），即该期间所有非常规收益的简单加总。这样，当市场对新信息做出反应时，累积非常规收益便包含了在整个期间厂商特定股票的全部变化。

图 6-1 所示为一个相当典型的事件研究的结果。这项研究的发起者对收购公布之前的信息泄露感兴趣并构造了一个由 194 家收购目标公司组成的样本。在大多数收购中，被收购公司的持股人把他们的股份以高于市值的价格卖给收购者。收购的公布对目标公司的持股人是好消息，因为会引起股价跃升。

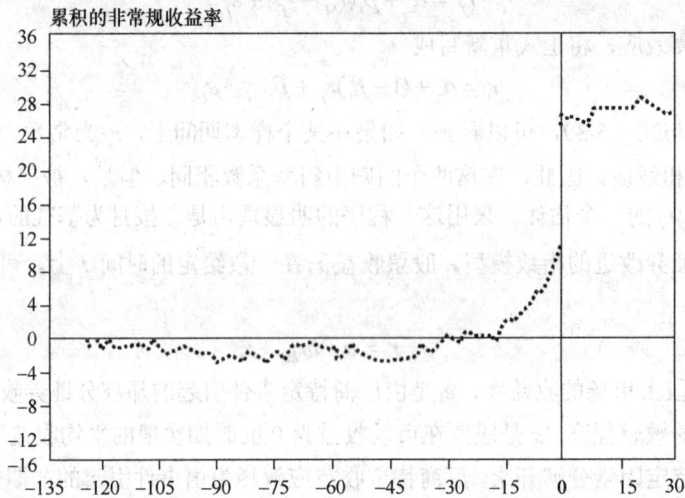

图 6-1　收购目标公司在收购前的累积非常规收益

图 6-1 证实了好消息发布的本质。在信息发布当天（假定它为第 0 天），目标样本中的目标公司的平均累积非常规收益大幅上升，表明了公布日有大量正的非常规收益。注意，在紧接着公布日的几天中，累积非常规收益不再显著上升或下跌。这是与有效市场假定一致的，一旦信息被公开，股价几乎立刻跃升以响应好消息。公布日之后，累积非常规收益缺乏波动也是有效的市场将信息体现在股价之中的最清晰的证据。从公布日前几天的收益模式可以得出一些关于有效市场和信息泄露的有趣证据。如果内幕人员交易规则被严格遵守且得到完全实施，则在信息发布之前，股价不应显示存在非常规收益，因为在公布之前不可能获得任何厂商特定信息。

三、强式有效市场检验

如前所述，强式有效市场是一个极端的假设，对这一假设的检验主要是检验内部人员的股票交易和专业投资机构的股票交易的盈利状况。

公司内部人员从事股票交易要受到严格限制的，他们只能在法律允许的范围内从事合法交易。如果公司人员利用内幕消息进行非法交易，他们无疑是可以赚钱的。但是，由于合法与非法的界限非常精细，在实际区分时比较困难。对公司内部人合法交易的研究结果是不明确的。有些研究发现公司内部人员从事股票交易可以获得额外利润；有些研究发现公司高级职员（如总裁、经理人员等）的股票交易收益要高于其他公司内部人员；但也有些研究认为公司内部人员作为一个整体，在股票投资收益方面并没有太突出的表现。

专业投资机构由于拥有专业投资人员，具备专门的分析技巧和预测方法，同各股份公司的联系密切。人们通常认为他们能够比一般投资者掌握更多的信息和资料，能够发现一些在股票价格中未曾反映出来的信息，因此其投资收益也应优于一般投资者，但大量事实表明，这些投资机构的表现并不突出。这一发现，是对强式有效市场假设的支持。

总之，早期的各项实证研究对弱式有效市场和半强式有效市场假设给予了较充分的肯定，但对强式有效市场假设的支持则明显不足。

四、市场上的异常事件

最后，简短回顾一下对有效市场理论的一些广为人知的异常事例。市场异常即表明市场无效。异常因素存在于有效市场理论的任何形式之中，但大多数情况下，它都是在半强式有效市场理论下出现的。市场异常事件是指任何可能产生超额利润的事件。研究人员对这些异常事件进行了深入的分析，即通过研究过去的股价变动同异常事件的相互关系来加以检测。后验（back testing）的结果是显而易见的，只要这种异常事件发生，股价相互有所变动，这种效应就会发生。在这里，主要说明 4 种类型的异常事件：季节异常、事件异常、公司异常和会计异常。

（一）季节异常

季节异常（seasonal anomaly）只与时间有关。例如，一月异常就是指股票价格在一月（及十二月份）存在上升的趋势。一月效应是世界性的。一月份全球指数的平均月收益率为 2.35%，这明显高于其他任何一个月。周末异常是指证券价格在星期五趋于上升，在星期一趋于下降的现象。这种现象在假日之前的周末更为显著。此外，还发现以下 3 种与时间有关的异常现象。

（1）工作日异常：证券价格在一天中的最初 45 分钟和最后 15 分钟趋于上升。

（2）季节异常：季节销售额高的公司在高销售时期价格趋于上升。

（3）假日异常：在某假日前的最后一个交易日有正值收益。

（二）事件异常

事件异常（event anomaly）是指某种容易辨明的事件发生后的价格变动。另一种这一类型的异常是指分析家们的推荐。分析家们对某种证券的推荐越多，在不久的将来这种证券的价格就越有可能下跌。这种令人困惑的结果可以解释如下：当一两个分析家发现了某种价格被低估的股票时，就会向他们的客户推荐这种股票，当客户们购买这种股票时会把价格抬高。价格的上升吸引了其他分析家的注意，他们随即也推荐这种股票，从而把价格推向更高的水平。这种价格上升的压力会延续下去，直到分析家们开始从购买推荐变为建议抛出为止，随后价格下跌。此外，还有以下几种事件异常现象：

（1）内幕知情人交易。购买某种股票的内幕知情人越多，这种股票的价格越有可能上升。

（2）价值线指数成分股变动。在价值线指数把某种股票纳入后，该证券价格将继续上升。

（3）上市。在某种证券宣布它将在某交易所挂牌交易后，该种证券价格将会上涨。

（三）公司异常

公司异常（firm anomaly）是由公司本身或投资者对公司的认同程度引起的。例如，在排除风险因素之后，小公司的业绩好于大公司，这种异常称为规模效应（size effect）。一种与之类似的异常是忽略公司效应（neglected firm effect），分析家对某一特定证券的了解越少，其平均收益就越大。这种异常可能是规模效应的一种，因为被忽略的公司往往是小公司。此外，还有以下几种公司异常现象。

（1）封闭式共同基金，以折价交易的封闭式基金的收益率较高。

（2）机构持有的公司，为少数机构持有的公司趋于较高收益。

（四）会计异常

会计异常（accounting anomaly）是指在会计信息发布后发生的股价变动。主要有以下 5 种异常现象。

（1）市盈率，市盈率较低的股票往往有较高收益率。

（2）盈余意外，实际盈余大于预期盈余的股票甚至在宣布盈余后，价格仍会继续上升。

（3）市净率，如果市净率（价格与账面价值比）较低，那么这种股票股价有上涨潜力。

（4）股利收益率，如果股利收益率高，那么这种股票有一定的投资价值。

（5）盈余增长，盈余增长率持续增长的公司，其业绩往往好于其他同类的股票，其股票具有投资价值。

尽管对有效市场理论有很多争论，但一般来说，市场还是有效的。许多人听过这样一个笑话：路上掉了一张 100 元的钞票，有两位散步路过的经济学家看到了，一位要去捡，另一位劝阻道："别费劲了，如果是真的，别人早捡走了。"教条主义害死人。投资者一定不能认为，既然市场是有效的，再对股价进行分析研究还有什么意义。实际上，当市场具有充分竞争性时，任何想象的优异投资策略都值得怀疑，但特别的勤奋、智慧和创造性也一定会得到应得的回报。

思考与练习

1. 列出并简短定义有效市场假设的3种形式。
2. 试述现实中不同程度上支持3种形式的有效市场的例子。
3. 公司刚刚宣布其年收益增加的好消息，但其股价却下跌了，可否对这一现象做出合理的解释？
4. 试用有效市场理论评价技术分析与基本分析。
5. 讨论组合资产管理者在绝对有效市场中扮演的角色。

証券投资管理与业绩评价 | 第七章

前述的证券投资一般都是就个人而言。每个人根据自己的偏好选择证券，同时还根据个人的特长、性格、知识背景选择证券分析方法。事实上大多数人都不具备证券投资经验和知识，同时又不甘心把全部积蓄投入无风险资产。这一矛盾需要依靠专门的金融投资机构来解决。一方面，金融机构可组织具有专门知识的人员选择和组合证券，另一方面，它们可根据投资者的不同需求设计不同种类的证券组合以供选择。因此，随着证券市场的不断发展，投资基金逐步取代个人投资者而成为证券市场的主体。而个人投资者只需根据自身的经济结构、风险偏好、消费节奏等因素，通过选择不同类型的投资基金来满足自己的投资需求。此外，无论是从外部投资者的角度看，还是从投资基金内部考核激励的角度看，都面临如何评价投资组合业绩的问题。本章主要介绍专门的投资机构采用的证券投资方法及其业绩衡量，具体内容包括证券组合管理和证券组合投资业绩评价。

第一节 证券组合管理

一、证券组合的含义与类型

（一）证券组合的含义

在投资实践中，无论是个人投资者还是机构投资者，都会有意或无意地将资金投资在不同种类的金融产品上，如同时投资于股票和债券，或者将投资分散在同一类型的金融产品的不同品种上，以构成自己的投资组合。因此，证券组合是指投资主体持有的各种有价证券的集合。

（二）证券组合的类型

按投资目标的不同，证券组合通常分为若干种类。

（1）避税型证券组合。避税型证券组合一般投资于地方和中央政府的免税债券。

（2）收入型证券组合。收入型证券组合追求基本收益（即利息、股息）的最大化，一般投资于保守的优质股票、公用事业股票以及优先股。

（3）增长型证券组合。增长型证券组合旨在追求高的资本增长率，一般投资于潜在的成长型股票，投资风险较大。

（4）收入和增长混合型证券组合。收入和增长混合型证券组合追求基本收益和资本增长并重，一般投资于优质的普通股票，承担的风险小于增长型证券组合。

（5）货币市场型证券组合。货币市场型证券组合一般投资于到期期限在一年以内，具有高度流动性的货币市场上的证券，如国库券、高信用等级的商业票据等。

（6）指数化型证券组合。指数化型证券组合旨在跟踪复制某种市场指数，即按选定指数的成分股在指数中所占的比重，选择同样的资产配置模式投资，以获取该目标指数代表的资本市场的平均收益率。

二、证券组合管理的基本步骤与方法

（一）证券组合管理的意义和特点

证券组合管理是指投资管理人根据对不同证券品种的收益—风险特性的分析和投资者的收益—风险偏好，运用证券组合理论，将资金按不同比例配置在不同的证券上，以构造符合预定投资目标的证券组合，并按照市场情况的变化对投资组合进行评估和修改的行为。因此，证券组合管理的特点主要表现在以下两方面。

（1）多元化投资。证券组合理论认为，证券组合的风险随着组合所包含证券数量的增加而降低，尤其是证券间关联性极低的多元化证券组合可以有效降低非系统风险，使证券组合的投资风险趋向于市场平均风险水平。因此，组合管理强调构成组合的证券应多元化。

（2）风险与收益相匹配。资本资产定价理论认为，资产的收益率与其承担的系统性风险存在线性关系。换句话说，投资收益是对承担的系统性风险的补偿。系统性风险越大，收益越高；系统性风险越小，收益越低。因此，组合管理强调投资的期望收益应与风险的承受能力相适应。

（二）证券组合管理的基本步骤

证券组合管理的全过程通常包括 5 个基本步骤。

1. 确定证券投资政策

证券投资政策是投资者为实现投资目标应遵循的基本方针和准则，包括投资目标、投资规模和投资对象三方面的内容以及应采取的投资策略和措施等。投资目标是指投资者在承担一定风险的前提下，期望获得的收益率。不难理解，投资者在设立投资目标时会受个人性格、收入、知识等主观因素的影响，而投资管理人不可能把握每个投资者的上述主观因素，只能根据证券的收益—风险特征组合出具有不同特色的金融商品以供选择。由于证券投资属于风险投资，且风险和收益之间呈正相关关系。因此，投资目标的确定应兼顾风险和收益两方面。投资规模是指用于证券投资的资金数量。投资对象是指证券组合管理者准备投资的证券品种，它是根据投资目标确定的。确定证券投资政策是证券组合管理的第一步，它反映了证券组合管理者的投资风格，并最终反映在投资组合包含的有价证券的类型和特征上。

2. 证券投资分析

证券投资分析是证券组合管理的第二步，旨在对第一步确定的个别证券或证券组合的具体特征进行考察分析，了解这些证券的价格形成机制以及价格与价值的偏离情况。

3. 构建证券投资组合

构建证券投资组合是证券组合管理的第三步，旨在确定具体的证券投资品种和在各证券上的投资比例。在构建证券投资组合时，投资者需要注意个别证券选择、投资时机选择和多元化这三个问题。个别证券选择主要是预测个别证券的价格走势及波动情况；投资时机选择涉及预测和比较各种不同类型的证券的价格走势及波动情况；多元化则是指依据一定的现实条件，构建一个在收益一定的条件下，风险最小的资产组合。

4. 投资组合的修正

投资组合的修正作为证券组合管理的第四步，实际上是定期重温前三步的过程。随着时间的推移，现有的证券组合也许已不再是最佳组合了。这可能是因为投资者改变了投资目标，或者是投资管理者的预测发生了改变。为此，需要对现有的资产组合产品进行挑选或增补。必须指出，任何修正都必须考虑证券交易成本，包括佣金、买卖差价和价格冲击的影响，以确保修正后的资产组合价值减去原资产组合价值和交易成本后的价值净增值最大化。这样，最好的修正方案不一定就是理论上所说的最优资产结构。当达到最优资产结构的交易成本很高时，一般满足于达到一个次优的资产结构。

5. 投资组合业绩评价

证券组合管理的第五步是评估投资组合的业绩。与投资目标相适应，投资业绩评估也包括投资收益和所承担的风险两方面。

（三）证券组合管理的方法

根据投资管理者对市场效率的不同看法，证券投资管理分为主动型和被动型两类。

1. 被动型

所谓被动型投资管理，是指按照市场现行的证券比例建立一个充分分散化的证券投资组合的投资管理方法。主张这种方法的管理者认为，证券市场能够有效地反映供求方面各种因素的变化，使证券的价格与其内在价值一致。因此，任何企图预测市场行情或寻找那些过低或过高定价的证券，并借此频繁调整持有证券的行为都不可能提高期望收益率，反而会增加交易成本。单纯购买持有策略是被动型投资管理的典型例子，他们持有的证券组合要么就是市场组合的替代组合——指数化型证券组合，要么是适合于那些与普通投资者具有不同偏好和要求的投资者的特别组合。

2. 主动型

所谓主动型投资管理，是指经常预测市场行情或寻找那些过低或过高定价的证券，并借此频繁调整证券组合，以获得尽可能高的收益的管理方法。主张这种方法的管理者认为，证券市场不能有效地平衡供求双方，证券的价格往往偏离其内在价值，需要经常调整证券组合比例。

三、证券投资的形式

以证券组合为基础的投资可以有不同的实施形式，它们涉及证券选择、资产配置和市场时机选择等环节的配合使用。

（一）证券选择

这种投资形式要求投资管理者先预测所有可投资的各个证券的期望收益、收益的标准差以及收益之间的协方差；然后计算出证券组合可能达到的最佳风险收益关系，即证券组合有效边界；最后，根据投资委托人的偏好，选择相应的具有最佳风险收益关系的证券组合比例。图 7-1 所示为单纯使用证券选择方法的证券投资形式。

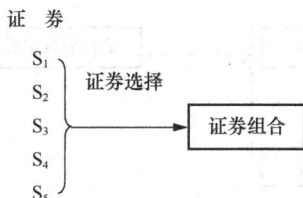

图 7-1 证券选择投资形式

（二）资产配置

资产配置是指在证券选择的基础上，按照投资委托人的偏好，将委托人的资金在选定的股票组合与债券组合之间进行分配。图 7-2 为证券选择与资产配置相结合的证券投资形式。这种投资形式首先要求同时预测最佳股票组合和最佳债券组合这两个组合的期望收益率和标准差，并预测这两个组合的协方差；然后确定由这两个组合构成的所有新组合的期望回报率和标准差；最后在由这些新的组合组成的有效边界上，根据投资委托人的偏好确定应该选择的最佳组合。如果将股票和债券先按其特征分类，再引入证券选择和资产配置方法，就构成了内部结构更为精细的证券投资形式，如图 7-3 所示。这种投资形式首先要求按证券的风险收益特征分为若干组（类），在各组（类）中用证券选择的方法确定组（类）内的最佳证券组合；然后将不同类别的股票和债券分别进行再组合，得到最佳的股票组合和债券组合；最后按投资委托人的偏好进行资产配置。股票一般按行业分类，如工业、公用事业、金融业等，这是因为同行业的股票通常具有较高的相关性。债券一般按到期期限分类，因为相同到期期限的债券一般具有相同的利率和利率风险。

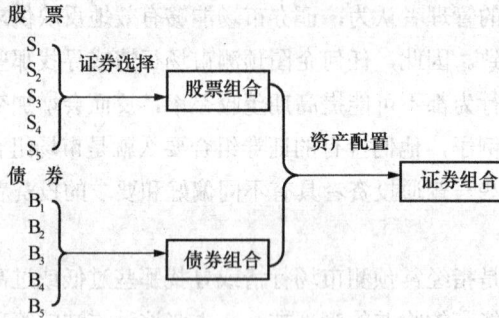

图 7-2 证券选择和资产配置投资形式

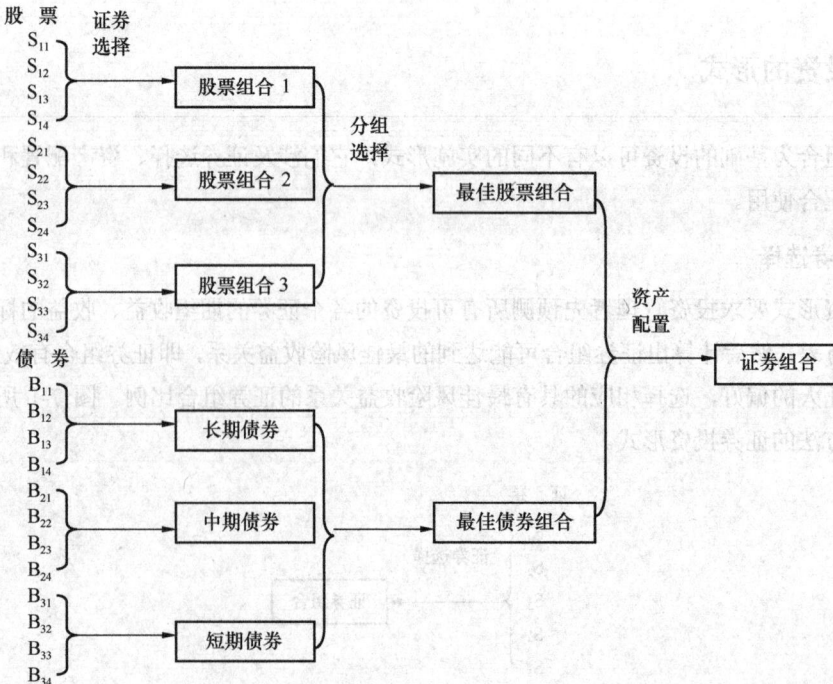

图 7-3 证券选择、证券分组选择和资产配置投资形式

（三）市场时机选择

除了上面介绍的投资形式之外，还有一种捕捉证券买卖时机的投资形式，称为市场时机选择。换句话说，所谓市场时机选择，是指投资组合管理人在预期市场将处于牛市行情时就采取更加进取的投资策略，将更多的资金投资于风险资产，而预期处于熊市的情况下则将更多资产投资于无风险资产。因此，市场时机选择与前述的各种投资形式的不同之处在于，它涉及如何在一个替代的市场组合（通常既包括股票又包括长期债券）和一种无风险资产（如国库券）之间分配投资的积极决策。图 7-4 为市场时机选择投资形式。在风险证券组合中，只按市场的份额比例被动地选择证券，然后根据证券市场的行情，不断地调整有风险资产和无风险资产在总资产中的比例。

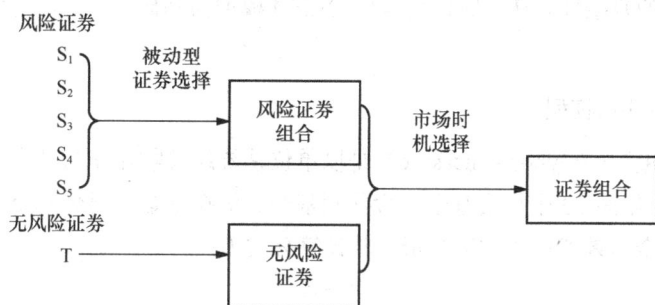

图 7-4　市场时机选择投资形式

主动型投资管理并不意味着在证券、资产配置的各个环节，或一个环节的各个方面都实施分析、预测和选择决策。这样太费力，也不可能。一般根据投资管理者的特长、经验、知识背景等，专注于一个或几个方面。根据投资管理者注重环节的不同，投资管理可分为若干类型。

（1）证券选择型，旨在证券选择环节实行主动选择，其他环节只作被动选择。

（2）资产选择型，旨在资产配置环节实行主动选择，其他环节只作被动选择。资产选择型可以包括市场时机选择这一特殊形式。

（3）分组轮换型，只在证券组类中的一个或几个认为有必要的环节或方面实施主动选择，其他均作被动选择。

在实际的投资管理中，大多数投资管理者基本上只选择上面所说的 3 种类型之一，称为单纯投资类型。也有一些投资管理者采用上述各种类型的组合，称为复合型投资类型。

第二节
证券组合投资业绩评价

个人投资者在现有的种种投资组合中选择一个或者几个作为投资的对象时，总要先比较各种组合以往的投资业绩，分析投资业绩来自于运气还是经营水平，预测投资业绩的变动趋势。这些正是投资组合业绩评估的主要内容。

一、单因素整体业绩评价模型

如前所述，证券投资收益与风险之间的关系是正向的。有些投资组合表现似乎良好，但是它的风险也比其他组合更高。因此，简单地比较投资收益是不科学的。至少在调整收益风险后，才能做出初步结论。另一方面，任何评价都只是相对的，都会有一个参照物。投资组合业绩评价最主要的目的是评价相比基准而言的投资表现，因而应该首先选择适当的基准投资组合作为参照体系，据此再来评价业绩。

马克维茨的均值—方差理论以及夏普的资本资产定价模型的出现，为较为精确地评估投资组合的业绩提供了基准。但是这一模型涉及计算所有资产的协方差矩阵。而当我们面对上百种可选择的资产，模型本身的复杂性也就制约了实际应用。杰克·特雷纳（1965 年）、威廉·夏普（1966 年）以及詹森（1968 年）基于 CAPM 模型，各自提出具有深远影响的业绩评价模型，从根本上简化了投资组合整体绩效评价的复杂性。基于它们均是以 CAPM 模型为基础，因此，统称为单因素整体业绩评价模型。

（一）特雷纳指标评估模型

特雷纳指标（测度）（Treynor's measure）是以单位系统风险收益作为基金绩效评估指标的，他利用美国 1953—1962 年间 20 个投资基金（含共同基金、信托基金与退休基金）的年收益率资料作为研究样本，进行基金绩效评估的实证分析，其计算公式为：

$$T_p = \frac{r_p - r_f}{\beta_p} \tag{7-1}$$

式中，T_p 为特雷纳绩效指标，r_p 为该投资组合在样本期内的平均收益，r_f 为该时期的无风险利率，β_p 为该投资组合在样本期内的系统风险。

特雷纳指标表示该投资组合承受每单位系统风险所获取风险收益的大小，其评估方法是首先计算样本期内各种基金和市场的特雷纳指标，然后进行比较，较大的特雷纳指标意味着较好的绩效。从经济学理论看，如果进行足够分散化的组合，那么，应该不存在非系统的异质性风险。事实上，很多投资组合并没有能够或者就没有计划分散这种原则上可以通过分散化投资抵消的风险，可见，特雷纳指标的局限性是比较直观的，它隐含了非系统风险已全部被消除的假设，旨在衡量单位系统风险的收益。因此，它能反映投资组合经理的市场调整能力，但不能评估经理人分散和降低非系统风险的能力。如果非系统风险没有全部消除，则特雷纳指数可能给出错误信息。

由于市场指数的 β 值为 1，因此，市场指数的特雷纳指标为：

$$T_M = r_M - r_f$$

资产组合 P 的平均超额收益为：

$$r_p - r_f = \alpha_p + \beta_p(r_M - r_f)$$

因此，投资组合 P 的特雷纳指标测度即为：

$$T_p = \frac{r_p - r_f}{\beta_p} = \frac{\alpha_p + \beta_p(r_M - r_f)}{\beta_p} = \frac{\alpha_p}{\beta_p} + (r_M - r_f) = \frac{\alpha_p}{\beta_p} + T_M \tag{7-2}$$

公式（7-2）是特雷纳指标的另一种表示法。式中的第二项对所有参与比较的投资组合都是一样的，影响投资业绩优劣的仅仅是第一项 α_p / β_p，即资产组合每单位系统性风险具有的超额收益率。这正是特雷纳指标的实践意义。

（二）夏普指数评估模型

夏普指数（Sharpe's measure）是用资产组合的长期平均超额收益（相对于无风险利益）除以这

个时期该资产组合收益的标准差。夏普利用美国 1954—1963 年间 34 只开放式基金的年收益率资料进行了绩效的实证研究，计算公式为：

$$S_p = \frac{r_p - r_f}{\sigma_p} \tag{7-3}$$

式中，S_p 为夏普绩效指数，σ_p 为投资基金组合 P 收益率的标准差，反映基金投资组合承担的总风险，包括系统风险和非系统风险。当采用夏普指数评估模型时，首先要计算市场上各种组合在样本期内的夏普指数，然后进行比较，较大的夏普指数表示较好的绩效。

不难理解，夏普指数衡量的是该投资组合每单位总风险带来的收益。夏普指数的实践含义如下。令 σ_m 表示证券组合 P 的系统性风险，由 β 系数的定义知：

$$\beta_p = \frac{\sigma_{pm}}{\sigma_m^2}$$

对于资产组合 P 而言，有：

$$S_p = \frac{r_p - r_f}{\sigma_p} = \frac{\alpha_p + \beta_p(r_M - r_f)}{\sigma_p} = \frac{\alpha_p}{\sigma_p} + \frac{r_M - r_f}{\sigma_m^2} \cdot \frac{\sigma_m}{\sigma_p} \tag{7-4}$$

式中第二项的 $(r_M - r_f)/\sigma_m^2$ 对所有的资产组合都一样，它是资本市场线的斜率，表示每单位系统性风险应得到的收益率补偿。第二项中的 σ_m/σ_p 则表示资产组合系统性风险占总风险的比例。在理想的状态下，非系统性风险完全被分散掉，σ_m/σ_p 达到最大值 1。因此，夏普指数评价投资业绩的依据是资产组合中每单位总风险具有的超额收益率和系统性风险要求的收益率补偿。夏普指数和特雷纳指标一样，能够反映投资管理经理人的市场调整能力。此外，由于夏普指数同时考虑了系统风险和非系统风险，即总风险，它还能够反映经理人分散和降低非系统风险的能力。如果证券投资组合已完全分散了非系统风险，那么夏普指数和特雷纳指标的评估结果应该近似于相同。如果证券投资组合分散非系统风险的水平较低，那么采用夏普指数的评价值比较低，采用特雷纳指标的评价值则比较高。

由于夏普指数和特雷纳指标提供的关于基金业绩的信息不同，业绩比较时可能产生很大的差异。比如，利用夏普指数衡量投资组合 A 比投资组合 B 好，而利用特雷纳指标，则结论是投资组合 B 比 A 好。那么，个人投资者如何选择较好的基金呢？最终的结果要取决于投资者对风险度量的概念。因为，当投资者所要评价的投资组合构成了该投资者在某特定资产类别中的主要甚至是全部投资时，非系统风险一般不能得到充分分散。在这种情况下，要用全部风险来对其收益进行调整，即用投资组合收益的标准差来衡量风险是较为适当的；而当所要评估的投资组合仅仅构成该投资者在特定资产类别内投资的较小一部分时，可以认为非系统风险已被充分分散了，所面临的主要是系统风险。在这种情况下，用该组合的 β 值度量风险就更为恰当。

（三）詹森指数评估模型

詹森指数（Jensen's measure）是建立在 CAPM 模型基础上的。詹森利用美国 1945—1964 年间 115 个基金的年收益率资料以及标准普尔 500 指数计算的市场收益率进行了实证研究。计算公式为：

$$J_p = \alpha_p = r_p - [r_f + \beta_p(r_M - r_f)] \tag{7-5}$$

式中，J_p 为詹森指数，r_M 为市场投资组合（或者基准投资组合）在某一时期的收益率。詹森指数为绝对绩效指标，评价投资业绩的依据是资产组合的超额收益率。由于市场组合的詹森指数恒等于 0，因此当其值大于 0 时，表示该投资组合的绩效优于市场投资组合绩效。当投资组合之间进行业绩比较时，詹森指数越大越好。

詹森模型奠定了投资组合绩效评估的理论基础，也是至今为止使用最广泛的模型之一。但是，用詹森指数评估投资组合整体绩效时同样隐含了一个假设，即投资组合的非系统风险已通过投资组合彻底分散，因此，该模型只反映了收益率和系统风险因子之间的关系。如果投资组合并没有完全消除非系统风险，则詹森指数可能给出错误信息。例如，A、B 两种投资组合具有相同的平均收益率和系统风险，但组合 A 的非系统风险高于组合 B。按照詹森指数来评估，两种投资组合绩效相同。但实际上，组合 A 承担了较多的非系统风险，因而 A 组合的经理人分散风险的能力弱于 B 组合的经理人，组合 A 的绩效应该劣于组合 B。由于该模型只反映了收益率和系统风险的关系，因而投资组合经理的市场判断能力的存在就会使 β 值呈时变性，使投资组合绩效和市场投资组合绩效之间存在非线性关系，从而导致詹森模型评估存在统计上的偏差。因此，特雷纳（Treynor）和马祖（Mazuy）在模型中引入了二次回归项、默顿（Merton）和赫里克森（Heriksson）也提出了双 β 值市场模型，并利用二次回归项和随机变量项进一步研究投资组合经理人的选股能力与市场运用中的时间选择能力。

总之，夏普指数与特雷纳指标均为相对绩效度量方法，而詹森指数是一种在风险调整基础上的绝对绩效度量方法，表示在完全的风险水平情况下，投资组合经理人对证券价格的准确判断能力。特雷纳指数和詹森指数在对投资组合绩效评估时，均以 β 系数来测定风险，忽略了投资组合中所含证券的数目（即投资组合的广度），只考虑获得超额收益的大小（即投资组合的深度）。另外，当投资组合的 β 系数处于不断变化的过程中时，詹森的 α 系数和特雷纳比率都无法恰当地评价投资组合的表现。而在衡量投资组合的绩效时，投资组合的广度和深度都必须同时考虑。因此，比较而言，夏普指数模型和特雷纳指数模型对投资组合绩效的评估较具客观性，詹森指数模型用来衡量投资组合实际收益的差异较好。

（四）估价比率

估价比率（appraisal ratio）建立在 CAPM 模型基础上，是一种与詹森指数密切相关的评价指标，由 Treynor 和 Black 于 1973 年提出。

在一段时期内使用股票选择或使用其他技术增加的回报率都会具有波动性，这些波动性表明了存在于投资管理行为中的风险。对于与股票选择相联系的风险，称为残值风险（亦称跟踪误差或残差）。在投资组合管理中，总是期望在增加投资组合价值增量 α_p 的同时尽可能地减少残值风险。当残值风险较低时，可以以较大的置信度相信 α_p 值是稳定的；而残值风险较高时，投资组合的价值增量 α_p 就会有更大的不确定性。为了提高对业绩度量的置信度，应该使价值增量 α_p 与面临的残值风险的比率达到最大，这一比率称为估价比率或者信息比率（information ratio）。其计算方法为：

$$APR = \frac{\alpha_p}{\sigma_e} = \frac{投资组合价值增量}{残值风险（跟踪误差）} \tag{7-6}$$

APR 为估价比率，α_p 为詹森绩效指标，即投资组合的价值增量，σ_e 为资产组合残差的标准差，即非系统风险测度。不难理解，估价比率等于用 CAPM 测度的投资组合的超额收益率除以非系统风险，衡量的是每单位非系统风险带来的超额收益率。坎诺（Connor）和科拉杰克（Korajczyk）于 1986 年对此进行了实证研究，证明根据该比率对投资组合业绩进行排序的稳定性较高，因此适于预测投资组合的未来相对表现。但是，这一结论的成立是建立在一系列假设基础之上的，包括市场无法预测、收益率服从多元正态分布、所有投资组合经理人的效用函数都是指数型的、所有投资组合持有的所有投资资产都是可交易的等。由于这些约束条件比较严格，因此这一比率在进行投资组合排序时实用性不强。此外，当投资组合经理具有时机选择能力而不断调整组合时，估价比率也会出现失效的情况。

（五）M^2测度指标

业绩的 M^2 测度指标是由摩根斯坦利公司的利厄·莫迪利亚尼（Leah Modigliani）及其祖父，诺贝尔经济学奖得主佛朗哥·莫迪利亚尼（Franco Modigliani）对夏普测度进行改进后引入的，其目的是纠正投资者只考虑投资组合原始业绩的倾向，鼓励他们应同时注意投资组合业绩中的风险因素，从而帮助投资者挑选出能带来真正最佳业绩的投资组合。与夏普指标类似，M^2 测度指标也把全部风险作为风险的度量，反映资产组合同相应的无风险资产混合以达到同市场组合具有同样的风险水平时，混合组合的收益高出市场收益的大小。其计算方法为：

$$M^2 = r_{p^*} - r_M \qquad (7\text{-}7)$$

式中，p^* 为一构造的组合，构造方法如下：假设有一个投资组合，当把一定量的无风险资产（如短期国债）头寸加入其中后，这个经过调整的资产组合风险就可以与市场指数的风险相等。例如，某个投资组合 P 原先的标准差为市场指数的 2 倍，那么经过调整后的资产组合应该包括 1/2 的投资组合 P 和 1/2 的无风险资产。把经过调整的资产组合称为 p^{*1}。

很显然，该测度数值越大，投资组合业绩相对越好。由于调整后的组合和市场指数的标准差相等，即风险相当，因此，只要比较它们之间的收益率就可以考察它们的业绩了。因此，同夏普指数相比，其经济解释更为直观。

二、多因素整体业绩评估模型

如前所述，单因素模型都是建立在 CAPM 资产定价模型基础之上的，只考虑了市场因素下的经风险调整的收益，无法解释按照市盈率（P/E）、股票市值、账面价值比市场价值（BE/ME）以及过去的收益等股票特征进行分类的投资组合收益之间的差异。APT 理论的诞生，大大推动了理论界对投资组合业绩表现研究的深入发展。一些学者提出了以 APT 模型为基础的多因素整体业绩评估模型。

Lehman 和 Modest（1987 年）认为影响证券收益的因素包括市场平均指数收益、股票规模、公司的账面价值比市场价值（BE/ME）、市盈率（P/E）、公司前期的销售增长等。法马（1993 年）和 French（1996 年）在 CAPM 模型的基础上，认为影响证券收益的因素除了上述因素外，还应包括按照行业特征分类的普通股组合收益、小盘股收益与大盘股收益之差（SMB）、高账面价值比市场价值的收益与低账面价值比市场价值的收益之差（HML）等因素，并将其引入绩效评估模型。Carhart（1997 年）在以上因素的基础上，引入了基金所持股票收益的**动能效应**（momentum effect），从而讨论了投资组合表现的持续性问题。

综合他们的评价方法，可以得到多因素整体业绩评估模型的一般表达式：

$$R_i = \alpha_i + b_{i1}I_1 + b_{i2}I_2 + \cdots + b_{ik}I_k + \varepsilon_i \qquad (7\text{-}8)$$

式中，α_i 表示证券收益率中独立于各因素变化的部分；$I_1, I_2 \cdots I_k$ 分别表示影响证券 i 的收益的各因素值，$b_{i1}, b_{i2} \cdots b_{ik}$ 分别表示各因素对证券收益变化的影响程度。

该模型有两个基本假设：ε_i 具有零期望值，且任意两种证券的剩余收益 ε_i、ε_j 之间均不相关；

任意两个因素 I_i、I_j 之间及任意因素 I_i 和剩余收益 ε_i 之间均不相关。

多因素模型虽然部分解决了单因素模型存在的问题，模型的解释力也有所增强。但在实证研究中，多因素模型要求能识别所有的相关因素，绩效的评估结果对因素的选取十分敏感。而投资定价理论并没有明确地给出对风险资产定价所需的所有因素或因素的个数。所以在实证时，因素的选择就受到个人主观判断的影响，而且这些因素的构成可能本身就不稳定，因此基于这些因素构成的多基准投资组合也不一定稳定。

三、市场时机选择的业绩评估模型

以市场时机选择为基础的投资管理方法是：不断调整有风险资产与无风险资产之间的组合比例。也就是说，投资组合管理人在预期市场将处于牛市行情时就采取更加进取的投资策略，将更多的资金投资于风险资产，而预期处于熊市的情况下，将更多资产投资于无风险资产。由于单因素模型无条件地采用投资组合的历史收益来估计期望的绩效，因此，它们并未考虑投资组合期望收益和风险的时变性。而实际上，如果投资组合经理人具有市场择时能力，它会主动改变组合的风险，以适应市场的变化并谋求高额的收益；资本资产的价值本身也可能随时间的变化而变化，这些原因都会使 β 值呈现时变性。为此，学者们提出不同的回归模型来检验组合 β 值变动的有效性。其中，最为典型的有三个模型：Treynor 和 Mazuy（1966 年）提出的 T-M 模型；Henriksson 和 Merton（1981 年）提出的 H-M 模型；Chang 和 Lewellen（1984 年）提出的 C-L 模型。

（一）T-M 模型

Treynor 和 Mazuy 的 T-M 模型通过在回归模型中加入一个二次项来评估证券投资管理人的市场时机选择能力。他们认为，具备市场时机选择能力的管理人应能预测市场走势，在多头时，通过提高投资组合的风险水平，以获得较高的收益；在空头时通过降低投资组合的风险水平，以避免较大的损失，因此证券特征线不再是有固定斜率的直线，而是一条斜率会随市场状况而改变的曲线。其模型的一般表达式为：

$$R_{pt} - r_{ft} = \alpha + \beta_1(r_{Mt} - r_{ft}) + \beta_2(r_{Mt} - r_{ft})^2 + \varepsilon_{pt} \tag{7-9}$$

式中，其中 R_{pt} 为组合收益率，r_{Mt} 为市场基准组合的收益率，r_{ft} 为无风险资产收益率，α 为常数项，反映了组合的证券选择能力（以下模型的 α 也均有此意），β_1 为投资组合所承担的系统性风险，β_2 为择时能力指标，ε_{pt} 为误差项。如果 β_2 在统计上显著大于 0，表明投资管理人具有市场时机选择能力。

（二）H-M 模型

Henriksson 和 Merton 将市场时机选择能力定义为投资组合管理人预测市场收益与无风险收益之间差异大小，并根据这种差异将资金进行有效分配的能力。具备市场时机选择能力管理人可以先于市场变化调整资金配置，以减少市场收益小于无风险收益时的损失。因此，他们提出了一种较 T-M 模型更为简单的模型。他们假设投资组合的 β 只取两个值：当市场行情看好时取较大值，当市场行情看跌时取较小值。其模型的一般表达式为：

$$R_{pt} - r_{ft} = \alpha + \beta_1(r_{Mt} - r_{ft}) + \beta_2 \times D(r_{Mt} - r_{ft}) + \varepsilon_{pt} \tag{7-10}$$

这里的 D 为虚拟变量，当市场情看好，即 $r_{Mt} > r_{ft}$ 时，$D=1$，否则 $D=0$。如果 D 在统计上显著大于 0，表明投资管理人具有市场时机性质能力。

（三）C-L 模型

C-L 模型是对 H-M 模型变形和改进的模型。其模型的一般表达式为：

$$R_{pt} - r_{ft} = \alpha + \beta_1 \text{Min}[0, r_{Mt} - r_{ft}] + \beta_2 \text{Max}[0, r_{Mt} - r_{ft}] + \varepsilon_{pt} \qquad (7\text{-}11)$$

如果 $r_{Mt} > r_{ft}$，则 $\text{Min}[0, r_{Mt} - r_{ft}] = 0$，$\text{Max}[0, r_{Mt} - r_{ft}] = r_{Mt} - r_{ft}$。此时，$\beta_2$ 表示多头市场下的 Beta 系数。如果 $r_{Mt} - r_{ft} < 0$，β_1 表示空头市场下的 Beta 系数。如果 β_2 显著高于 β_1，就表示组合管理人具有市场时机选择能力。

思考与练习

1. 试比较主动型和被动型投资管理的异同。

2. 证券投资形式有哪几种？

3. 为什么评估投资组合业绩时要确立合理的基准？

4. 什么是特雷纳指标、夏普指数和詹森指数？它们在评价投资组合业绩时各有什么优点和缺点？

5. 什么是评估比率？它成立的条件是什么？

6. 现有3种共同基金9年的年回报资料，并且以S&P500指数作为市场证券组合，联邦短期债券作为无风险资产，使用夏普指数、特雷纳指标和詹森指数判断这3种共同基金的业绩。3种共同基金A、B、C以及S&P500和联邦短期债券的回报（%）如下。

年	A	B	C	S&P500	R_f
1	-38.7	-16.0	-33.0	-26.0	7.9
2	39.6	39.4	30.0	36.9	5.8
3	11.1	34.3	18.2	23.6	5.0
4	12.7	-6.9	-7.3	-7.2	5.3
5	20.9	3.2	4.9	6.4	7.2
6	35.5	28.9	30.9	18.2	10.0
7	57.6	24.1	34.7	31.5	11.5
8	-7.8	0.0	6.0	-4.8	14.1
9	22.8	23.4	33.0	20.4	10.7

第八章 行为金融学

行为金融学是金融理论领域的一次革命，它打破了期望效用最大化理论和有效市场假说的传统范式的统治地位，构建起了新的框架和新的基本观念。过去几十年的金融研究发展中一直存在着一个趋势，假设所有人类行为是严格理性的，人们利用信息也是完美的。而行为金融学的兴起和发展是这种趋势的一个自然逆转。有效市场传统中的金融理论已经发展成一个比较完善的数学性学科，推进这种范式发展的研究也带来了许多有用的模型和见解。但另一方面，人们也意识到传统金融理论中的某些结论是不正确的，至少是起着很大程度上的误导作用。对金融学来说，行为金融革命是一个折中道路的回归，它不再局限于一个狭窄的理论框架，而是将其他社会科学的理论和见识纳入考察范围，特别是心理学，当然还包括社会学、政治科学和人类学。本章在对行为金融学进行概述的基础上主要介绍4个方面的内容：一是行为金融对认知偏差的研究；二是前景理论；三是行为金融学的主要理论模型；四是行为金融学对异象的解释。

第一节 行为金融学概述

一、行为金融学的定义

随着自然科学与社会科学的发展，越来越多的学科开始走向相互融合、相互促进的发展道路。各种交叉学科也不断涌现，行为金融学就是其中之一。顾名思义，所谓"行为金融"，就是将行为与金融相结合的科学。如果把**行为学派**（behaviorism）视为心理学的分支，那么行为金融学可以视为心理金融学的一个分支。但是，行为金融学不仅融合了心理学，也引入许多其他科学的研究内容，如社会学。因此，难以明确区分行为金融学的学科归属，而且这种区分也无多大意义。简单来说，行为金融学是以心理学和其他相关学科的成果为基础，并尝试将这些成果应用于探讨和解决金融问题的科学。

作为一个新兴的研究领域，行为金融学至今还没有一个为学术界公认的严格定义。但是，不少学者提出了自己的看法。

泰勒（Thaler）认为，行为金融学只是为了解释金融学实证之谜而有必要认为一些代理人的经济行为有时并非完全理性，因此他将行为金融理论称为**思路开放式金融研究**（open-minded finance），只要对现实世界关注，考虑经济系统中的人有可能不是完全理性的，就可以认为是开始研究行为金融理论了。

席勒（Shiller）从以下3个层次定义行为金融学。

（1）行为金融学是心理学和决策理论与经典经济学和金融学相结合的学科。

（2）行为金融学试图解释金融市场中实际观察到的或是金融文献中论述的与传统金融理论相违背的反常现象。

（3）行为金融学研究投资者如何在决策时产生系统性偏差。

林特纳（Lintner）认为，行为金融学是研究人类如何解释信息以及根据信息如何做出决策。

Olsen 声称行为金融学并不是试图去定义"理性"的行为或者把决策打上偏差或错误的标记，而是寻求理解并预测市场心理决策过程的系统含义。

Statman 在对行为金融学进行总结时指出，行为金融学与现代主流金融学本质上并没有很大的差异，他们主要目的都试图在一个统一的框架下，利用尽可能少的工具构建统一的理论，解决金融市场中的所有问题。唯一的差别就是行为金融学利用了与投资者信念、偏好以及决策相关的认知心理学和社会心理学的研究成果。

Hsee 则认为，行为金融学是将行为科学、心理学和认知科学的成果运用到金融市场中产生的学科。它的主要研究方法是基于心理学实验结果，提出投资者决策时的心理特征假设来研究投资者的实际投资决策行为。

综合以上学者的观点，可以认为行为金融学主要有如下 4 个特征。

（1）以心理学和其他相关学科的研究成果为依据。

（2）突破了传统主流金融理论只注重用理性投资决策模型对证券市场投资者实际决策行为进行简单测度的范式，强调了投资者在更多时候是非理性或有限理性的。

（3）以人们的实际决策心理为出发点，研究投资者的投资决策行为规律及其对市场价格的影响。

（4）使人们可以更加透彻、真实地了解和刻画金融市场。

二、行为金融学与传统主流金融学的关系

传统主流金融理论把金融投资过程看作一个动态均衡过程，根据均衡原理，在理性假设和有效市场的基础上，推导出证券市场的均衡模型。有效市场假说被认为是传统主流金融理论的核心之一，它充分反映了传统金融的研究脉络。史莱佛（Shleifer）归纳为有效市场建立在以下 3 个不断弱化的假设条件之上：其一，投资者是理性的，可以理性地评估证券价格；其二，即使投资者是不理性的，由于他们交易的随机性，能抵消彼此对价格的影响；其三，若部分投资者有相同的不理性行为，市场可以利用"套利"行为使价格恢复理性。

有效市场理论诞生后，各种质疑不断涌来。金融噪声理论、分形市场假说、协同市场假说均对其进行批评和修正，但真正具有挑战力的只有行为金融学。行为金融学是行为理论与金融分析相结合的研究方法与理论体系。它分析人的心理、行为以及情绪对人的金融决策、金融产品的价格以及金融市场发展趋势的影响，也是心理学与金融学结合的研究成果。20 世纪 90 年代以来，行为金融学通过实验手段，从人类决策行为的非理性角度出发，对市场有效性假说提出了质疑。其基本结论是：证券的市场价格并不只是由证券自身包含的一些内在因素决定，而且在很大程度上受到各参与主体行为的影响。换句话说，证券市场并不是有效的。行为金融学在质疑传统理论的假设的基础上，就资本市场的价格发生、预测等重大问题初步形成了独具特色的研究框架。

Van Raaij 提出的"经济心理学"的一般模型很好地解释了行为金融学与传统金融理论的差异。首先，经济环境反映出一般经济状况的改变。但由于个人因素的差异，不同的人对经济情况会有不同的认知与感受，加上个人主观的价值判断，进而通过行为表现与经济环境产生复杂的互动关系。换言之，不同的个体对市场或经济状况会有相同或不同的"**认知**"（perception），进而转化为行为和彼此间的相互作用，最后再反馈到市场和经济中。以股票价格的决定为例，股价的变动可能来自公

司本身基本面的变化（市场和经济状况的变动），也可能反映了投资者个人预期的改变（心理因素），或者两者兼而有之。传统金融理论将人视之为理性，认为价格变动的原因主要来自于基本面的变化（盈利水平、宏观经济环境等），而忽视了个人和群体决策的作用。相反，行为金融学则大大提升了"人"的地位。

行为金融学试图用以人为中心的范式代替传统金融理论的机械式的力学范式。尽管如此，行为金融学也承认传统金融理论的范式在一定的范围内仍然是正确的。从研究方法上看，行为金融学与传统主流金融理论是基本相同的，都是在某种假设的基础上建立模型，并对金融市场的现象做出相应的解释。所不同的是，行为金融学关于投资者行为的假设是以心理学对人们实际决策行为的研究成果为基础的。因此，研究行为金融学的理论基础，建立适合金融市场实际情况的行为模型，提供基于行为金融学的投资策略，成为目前行为金融学的研究框架。

传统主流金融学与行为金融学的对比如表 8-1 所示，从中更清晰地分辨两者之间的区别。

表 8-1 传统主流金融学与行为金融学的区别

	传统主流金融学	行为金融学
理论基础	"理性人"假设	投资者实际决策模式（应变性、偏好多样化、追求满意方案等）
分析方法	推理和数学模型	综合运用经济学、数学、实验经济学、心理学等多种方法
涉及学科及领域	经济学、金融学、数学	经济学、金融学、数学、心理学、生物学、社会学、系统动力学等
研究视角	将复杂的经济现象抽象为简单的数学模型	探究决策过程中投资者的实际行为和心理依据，并基于此对经济现象加以解释

三、行为金融学的产生

在传统主流金融理论发展的同时，有关金融市场的经验研究发现实际中存在许多主流金融理论不能解释的异象。这激起了许多学者对交易者风险偏好、信念的反思和修正。这时，以心理学对投资人决策过程的研究成果为基础，重新审视整体市场价格行为的行为金融学逐渐获得重视。

19 世纪勒庞（Gustave Lebon）的《乌合之众》（The Crowd）和马凯（Charles Mackey）的《投资与骗局》（Extraordinary Popular Delusion and the Madness of Crowds）两本书就已经开始研究投资市场群体行为了。1936 年，凯恩斯的"空中楼阁理论"开始关注投资者自身的心理影响。该理论主要从心理因素角度出发，强调心理预期在人们投资决策中的重要性。他认为决定投资者行为的主要因素是心理因素，投资者是非理性的，其投资行为是建立在所谓"空中楼阁"之上的，证券的价格决定于投资者心理预期形成的合力，投资者的交易行为充满了**"动物精神"**（animal spirit）。

真正意义上的行为金融学理论是由美国奥瑞格大学商学教授 Burrel 和 Bauman 于 1951 年最先提出来的，他们认为，金融学家们在衡量投资者的投资收益时，不仅应建立和应用量化的投资模型，而且应对投资者传统的行为模式进行研究。1972 年，心理学教授 Slovic 发表了一篇启发性的论文，开始从心理学的角度出发研究投资决策的过程。但是由于 20 世纪七八十年代正好是传统金融理论迅速发展的时期，其金融理论体系的完美性，加之大量实证结果的支持，使得行为金融理论处于相对弱势的地位。

这一时期的行为金融研究主要以斯坦福大学教授特维斯基（Tversky）和普林斯顿大学卡纳曼（Kahneman）为代表人物。Tversky 和 Kahneman 的两篇论文对行为金融学的创立和发展影响深远，其研究核心是人在面对不确定未来世界时是否总能保持理性。1974 年在《科学》杂志中，他们讨论了**直觉驱动偏差**（heuristic-driven error），1979 年《经济计量学杂志》发表了他们讨论框架依赖的论文。而直觉驱动偏差和框架依赖正是行为金融学的重要论题。

行为金融理论作为一种新兴金融理论真正兴起于 20 世纪 80 年代后期，1985 年德邦（Debondt）和泰勒（Thaler）发表了题为《股票市场过度反应了吗？》一文，引发了行为金融理论研究的复兴，因而被学术界视之为行为金融研究的正式开端。此后，行为金融研究有了突破性的进展，主要原因，一是经济学重新重视经济行为主体本源的规律性挖掘，金融学则顺应这种转向越来越注重对微观金融现象的研究；二是大量异常现象的产生和一些心理学实验研究表明传统金融存在基础上的缺陷；三是对研究方法论的再思考，行为金融理论研究首先关注的是"实际是什么"，注意对现实的研究，再试图找出这些现象背后深层次的经济学解释；四是卡纳曼和特维斯基提出的前景理论得以进一步发展并得到广泛认可。

泰勒研究了股票回报率的时间序列、**投资者心理账户**（mental account）以及**行为生命周期假说**（the behavioral life-cycle hypothesis）等问题。席勒从证券市场的**波动性**（volatility）角度，揭示出投资者具有非理性特征，同时他在羊群效应、投机价格和流行心态的关系等方面也做出了卓著的贡献。2001 年 Clark 经济学奖得主拉宾（Rabin）将人的心理行为因素引入经济学的分析模型，他关注在自我约束的局限下，人们会出现**"拖延"**（procrastination）和**"偏好反转"**（preference reversal）等行为，这些有趣的研究成果对储蓄、就业等问题都具有一些有意义的启示。除此以外，史莱佛对**噪声交易者**（noise traders）和**套利限制**（limited arbitrage）的研究、Odean 对**"处置效应"**（disposition effect）的研究、Kim 和 Ritter 对 IPO 定价异常现象的研究等都受到了广泛的关注。

20 世纪 90 年代以来，大量学者将注意力投向这个领域，行为金融研究进入深化阶段，其影响力也与日俱增。由于心理因素是影响投资决策和资产定价不可缺少的影响因素，这个时期的行为金融理论更加关注基于投资者心理的最优组合投资决策和资产定价研究。1994 年，Shefrin 和 Statman 提出了**行为资本资产定价模型**（behavioral asset pricing model，BAPM)，2000 年他们又提出**行为组合理论**（behavioral portfolio theory，BPT)。

随着影响的日益扩大，行为金融理论已经开始为主流经济学家们所关注并逐渐接受。2002 年度的诺贝尔经济学奖颁给行为金融学奠基人之一的卡纳曼，就充分反映了主流经济学的认可，同时也彰显了行为金融学在未来学科发展中不可忽视的位置。不管暂时这个理论有多少不足和缺陷，对它的认可本身就给主流经济学带来了巨大的冲击和挑战，预示着经济学的一场革命。

第二节　行为金融对认知偏差的研究

行为金融学对投资者认知偏差的研究主要吸收了认知心理学（cognitive psychology）的研究成果。认知心理学是研究人的高级心理认识过程，如注意、知觉、表象、记忆、思维和语言等的学科。目前西方心理学界通常所指的认知心理学，是指狭义的认知心理学，也就是所谓的信息加工心理学。它把投资行为看作是系统的信息处理过程，认知就是信息的加工。在这个过程中，投资者受到诸多因素的影响，每个阶段都可能对信息的理解发生偏离，从而导致投资者认知偏差的产生。

一、投资者认知偏差的原因

解决问题的策略多种多样，应用哪种策略既依赖于问题的性质和内容，也依赖于人的知识和经验。总地说来，人所应用的问题解决策略可分两类，即**算法**（algorithm）和**启发法**（heuristics）。算法是解题的一套规则，精确地指明解题的步骤。如果一个问题有算法，那么只要按照其规则进行操作，就能获得问题的解，这是算法的根本特点。启发法是凭借经验的解题方法，也可称为经验规则。启发法与算法不同，它不能保证问题一定得到解决，但却常常有效地解决问题。心理学的研究表明。人们在面对复杂、不确定的、缺乏现成算法的问题时所采取的是启发式法，寻求解决问题的捷径。这种方法会导致人们形成一些经验规则，这些经验规往往使得人们处理问题和决策判断时有了一些相对迅速、简单的方法和标准。但是当涉及与统计有关的投资行为时，大量的行为科学研究发现，人并不是良好的**直觉统计处理器**（intuitive statistical processor）。人的心理状况会扭曲推理过程，常常会导致一些不自觉的偏误，这些错误的推理结果就表现为一系列心理偏差，即所谓的"启发式偏误"（heuristic bias）。此外，人们在决策时存在"框架信赖"，而非现代金融理论"框架独立"的假设。下面将结合心理学理论来分析投资者在金融市场上行为特征和偏差的表现。

（一）代表性启发法

Kahneman、Slovic 和 Tversky（1982 年）认为，人们在不确定性条件下，会关注一个事物与另一个事物的相似性，以推断第一个事物与第二个事物的类似之处。人们假定将来的模式会与过去相似并寻求熟悉的模式来判断，并且不考虑这种模式的原因或者模式重复的概率。认知心理学将这种推理过程称为**代表性启发法**（representative heuristic）。它是指人们倾向于根据样本是否代表（或类似）总体来判断其出现的概率。

代表性启发法与贝叶斯规则的预测在某些特定场合可能是一致的，从而造成人的概率推理遵循贝叶斯规则的印象。它是思想在处理现实世界问题时所走的捷径，这在大多数时候是很有效的。人们运用代表性启发法判断问题时存在这样的认知倾向：喜欢把事物分为典型的几个类别，然后，在估计事件概率，过分强调这种典型类别的重要性，而不顾有关其他潜在可能性的证据。常见的表现有，人们习惯用大样本中的小样本去代替大样本；或者凭经验掌握了一些事物的"代表性特征"，当人们判断某一事物是否出现时，他们常常只看这一事物的"代表性特征"是否出现。

代表性启发法导致的偏差在股票市场中也表现出来。如果公司过去几年的业绩不错，那么未来高利润的可能性就比较大。De Bondt 和 Thaler（1985 年）发现，由于受到代表性启发法的影响，投资者认为过去的状况会持续，对于股市中过去的输家会过度悲观，而对过去的赢家会过度乐观追捧，结果使得股价和基本面价值的差异越来越大。

（二）可得性启发法

可得性启发法（availability heuristic）是指人们倾向于根据一个客体或整体在知觉或记忆中的可得性程度来评估其相对频率，容易知觉到的或回想起的被判定为更常出现。可得性在评估频率和概率时是有用的线索，因为大集合（更容易得到的事件）的例子通常比小集合（不容易得到的事件）能更好、更快地获得。因此，可得性启发法在事件的可得性与其客观频率有高度相关时是非常有用的，然而，依靠可得性进行预测可能会导致偏差。

投资者很多时候只是简单地根据信息获取的难易程度来确定事件发生的可能性。之所以造成这种现象，是因为个人不能完全从记忆中获得所有相关的信息，因此往往对容易记起来的事情更加关注，认为其发生的可能性较大。比如，具体事情比抽象概念容易记住，因此给人印象更深刻。Shiller（2000年）通过调查发现，由于20世纪90年代后的股市繁荣伴随着网络的迅速发展，网络使用者们倾向于将股市繁荣归功于网络的发展。由于网络发展给人的印象比较深刻，相对于其他的事情而言，这些投资者认为网络在这一轮牛市行情中起着更重要的作用。

（三）锚定与调整启发法

在判断过程中，人们最初得到的信息会产生**锚定效应**（anchoring effect），从而制约对事件的估计。人们通常以一个初始值为开端进行估计和**调整**（adjustment），以获取问题的答案。这些初始值的设定，会受到很多影响，围绕初始值的调整也是不充分的，而且不同的初始值会产生不同的最终估计。锚定效应在复杂事件的风险评估过程中尤其显著。

金融市场中常见的对价格反应不足等现象与锚定与调整启发法有着密切的关系。Cutler、Porterba和Summers（1989年）发现，当重要消息发生时，股票价格只有少许变动，随后在没有什么重大信息透露时发生巨幅变动。他们在1991年也发现短于一年的短期收益率呈现正自相关的现象，此种正自相关的现象意味着价格对消息一开始反应不足，然后逐渐消化并反应出来。Bernard和Thomas（1989年）发现公司股票价格会延迟反应公司盈余的消息。

La Porta（1996年）发现分析师预期的低盈利成长的公司在盈利宣布日股价会上升，而分析师预期的高盈利成长的公司股价在盈余宣告日会下跌。他认为该现象的原因主要在于分析师（包括市场）过度依赖过去的盈利变化来预测，而且当盈利的消息产生时，调整的速度相对较慢。Shefrin（2000年）也认为分析师和投资者对于新信息的反应都比较保守。

（四）框架依赖

由于人们对事物的认知和判断过程中存在对背景的依赖，所以事物的表面形式会影响对事物本质的看法，事物的形式（form）用来描述决策问题时常称为"**框架**"（frame）。"**框架独立**"（framing independence）是指形式与行为无关。传统金融学的拥护者认为框架是透明的，表明证券市场的专业人士可以通过不同的方法看到现金流是如何被描述的。然而许多框架不是透明的而是隐晦难懂的，当一个人通过不是透明的框架来看问题时，他的决定将在很大程度上取决于他所用的特殊框架，这就是所谓的"**框架依赖**"（framing dependence）。由框架依赖导致认知与判断的偏差即为"**框架偏差**"（framing bias），它是指人们的判断与决策依赖于所面临的决策问题的形式，即尽管问题本质相同，但因形式的不同，也会导致人们做出不同的决策。

二、投资者认知偏差的表现行为

（一）过度自信

过度自信（over-confidence）源于人们的**乐观主义**（optimism），大多数人对自己的能力和对未来的预期能力表现出过分的乐观自信。Alpert（1982 年）认为这种过度自信会导致投资者主动承担更大风险，从而偏离行为理性的轨道。Odean（1998 年）对过度自信作了阐述，他认为过度自信导致投资者将投资成功是归结于自己能力的结果而不是归结为运气，而且随着成功投资次数的增加，投资者会变得更加过度自信。过度自信往往还受到环境的影响，一般，牛市往往会导致更多的过度自信，比如 20 世纪 90 年代末期股市的网络热潮。过度自信对投资者处理信息有很大的影响。一方面，投资者会过分依赖自己的信息而忽视公司基本面的状况或者其他投资者的信息；另一方面，投资者在审视信息时，会故意注重那些能够增强他们自信心的信息，而忽视那些明显伤害自信心的信息。

过度自信还体现在交易过度上。按照传统金融理论的分析，如果没有任何信息的披露，投资者不会盲目地参与交易，也就是说市场交易量会保持在相对低的水平上。然而事实并非如此，20 世纪 50 年代以来，纽约股票市场的平均年换手率为 18%，而某些年份如 1987 年却高达 73%，对于这种过度交易（over-trade）的行为，Benos（1998 年）和 Odean（1998 年）认为，投资者的交易决策总是基于自己的某种判断、基于某种信息、基于技术面分析，或是基于基本面分析。理性的投资者交易的基本原则是：卖出预期表现较差的股票，买进预期收益较好的股票；或者表述为卖出预期损失较大的股票换成预期至少没有损失的资产。如果投资者对自己的信息处理能力和决策能力过度自信，就会进行一些非理性的交易。他们交易的股票（买或卖）在未来的表现往往与预期并不一致。投资者越是过度自信，所获得的收益与预期相比越低。Odean 通过对近 80 000 个投资者交易账户数据的实证分析，发现散户会在卖出股票后很快又买进另一种股票，但是平均来说第一年的时候，即使不算交易成本，他们卖的股票也明显比买进的股票表现要好。这就验证了投资者过度自信的存在。

过度自信与"后见之明"的心理偏差有着密切的关系。人们经常在某件不确定事件结果出现后，自我觉得似乎"我早就知道很可能是这个结果"。这种过分相信自己具有"先知先觉"能力，称为后见之明（hindsight）。它帮助人们构建一个对过去认知似乎合理的事后法则，使得人们为自己的判断能力感到自豪。

（二）过度反应与反应不足

反应过度（over-reaction）与反应不足（under-reaction）可以说是行为金融学挑战传统金融理论的一个领域，而且由于过度反应等导致的股价异常现象也是对传统金融理论攻击的主要切入点之一。许多实证结果表明，股票市场上短期的股价收益率呈现正相关现象，而长期的股价收益率呈现负相关现象。行为金融学认为，以上现象的产生主要是投资者对信息的反应过度和反应不足造成。Kahneman（1973 年）和 Tversky（1982 年）的研究表明：投资个体对预测的直觉性使他们倾向于对一些醒目的信息（如近期信息）过分关注，而轻视不醒目的信息（如以往信息）。Arrow（1982 年）进一步认为，对现有信息的偏激反应存在于所有的证券市场和期货市场。Russell（2000 年）归纳了投资者基于新信息而对未来预期的行为分布，发现尽管有 80%的投资者能够对信息做出正确的反应，但仍然有 10%左右的投资者存在明显的反应过度或者反应不足。

De bondt 和 Thaler（1985 年）在文章"股票市场反应过度吗？"中着力对反应过度进行深入的研究，正式、系统地提出了"反应过度"说，指出投资者在实际投资活动中会对一些突发性的、戏剧性的信息产生"反应过度"，并且他们基于 50 多年的经验数据对此假说进行实证检验。他们认为所谓的"反应过度"是和贝叶斯规则中的"恰当反应"相对而言的。在贝叶斯规则中，投资者是完全理性的，因此他们对信息的理解是一致的、无偏倚、对信息会产生适当的反应，是自身的修正行为。"反应过度"无疑打破这一观点，投资者并没有依照贝叶斯提出的客观法则调整他们的信念，从而高估新信息的重要性，低估旧有的较长期的信息。也就是说，他们对信息的评判是依据启发法，而不是根据历史几率所做的客观计算，从而产生反应过度，造成估价过低或过高。通过有关"反应过度"假说，反映投资者在实际投资行为中表现的非理性特征，从而揭示出市场存在的非有效性。基于"反应过度"假说，De bondt 和 Thaler（1987 年）对**"价格反转现象"**（price reversal）进行了解释：投资者在前期的交易中反应过度，导致价格偏离太远，后期进行自我纠正，因而出现了前期"亏损"组合在后期有更好的收益率表现的现象。同样他们也对"市盈率"现象进行了解释：低市盈率股价的形成是因为投资者对其一贯较差的信息太过悲观，股价一直被低估，当其信息面有了意外改观，投资者在进行自我纠正时，低市盈率股就会有突出的表现。

反应不足是人们对信息反应不准确的另一种形式，也可称之为**"保守主义"**（conservation），它主要是指人们思想一般存在着惰性，不愿意改变个人原有信念，因此当有新的信息到来时，人们对原有信念的修正往往不足。特别是当新的数据并非显而易见时，人们就不会给它足够的重视。与个人投资者对新信息往往反应过度相反的是，职业的投资经理人以及证券分析师们更多地表现为反应不足。这些人往往对证券市场有着很深的研究，但正因如此，他们对自己的判断比较自信，不会轻易改变自己的决策，从而对新信息反应不足。Dwards 最先提出保守主义，他认为个人并不会按照理性的贝叶斯规则在新信息出现时修正他们之前的观点。通常认为，导致"保守主义"的主要原因是处理新信息和更新观点所需的成本非常大。有证据表明，人们对很容易处理（或者说成本比较小）的信息倾向于反应过度，而对难以处理（或成本较大）的信息则反应不足。

隔离效应（disjunction effect）是指个人在决策时存在这样一种倾向，即使将要披露的信息对决策没有太大关系，或者在不知道该信息时，也可以作出相同的决策，但其还是愿意等到信息披露后才做出决策。Shiller（1999 年）认为，隔离效应可以用来解释在信息披露时，股票价格和交易量的变化情况。比如，某些股票在重大事件发布之前，价格波动性比较小而且交易量萎缩，但在事件宣布之后会出现很大的价格波动性及交易量的放量增长。

（三）损失厌恶与后悔厌恶

前景理论（prospect theory）的重要贡献之一，就是发现人们在决策过程中。其内心对利害的权衡是不均衡的，赋予"避害"因素的考虑权重远大于"趋利"因素的权重，也就是表现出所谓的**"损失厌恶"**（loss aversion）特征。Kahneman 和 Tversky 通过实验发现，人们在面临损失时带来的负效用是同样数量收益带来的正效用的 2 倍左右。除了普通的"损失厌恶"以外，还有一种与之相关的心理偏差特征也是非常常见的。我们知道，从长期角度而言，股票的长期收益常常会伴随着周期性的短期损失。一些短视的投资者往往会过分关注短期的损失，从而不愿意承担风险，Benartzi 和 Thaler（1995 年）将这种现象称为**"短视的损失厌恶"**（myopic loss aversion）。导致这种心理主要有两个因素：一个因素是"损失厌恶"，即人们对一项亏损的忧虑程度是从同等收益中获取欢乐程度的两倍；另一个因素就是短视的问题。人们在短视的情况下总是不停地清点自己的资产，他们对短期收益和损失异常关心，对长期的表现反而不在意。事实上，如果投资者每年评估一下他们的资产，很大程度上暂时的损失会使得投资者放弃投资股票的长期高回报率，而投资于有稳定回报率的债券。这些投资者可能没有意识到，通货膨胀的影响可能都远远超过了这些稳定的低回报率，如果人们将注意力集中到长期收入上，他们可能会拥有更多的权益资产。事实证明，一个世纪以来，股票的长期回报率远远高于债券的回报率，这是所谓的"股权溢价之谜"。

后悔厌恶（regret aversion）是指当人们做出错误决策时，对自己的行为感到痛苦。为了避免后悔，人们常做出一些非理性行为。与后悔厌恶相关的是**认知失调**（cognitive dissonance）。所谓认知失调，是指当人们面临的结果与他心中的想法和判断不同时所产生的一种心理冲突，有学者认为认知失调是对自己错误观点和判断的后悔，因此也可以看成是后悔厌恶的一种表现形式。Festinger（1957 年）认为个人可能会采取行动以尽量降低认知失调，如避免新信息，甚至极力提出一些歪道理来为自己错误的想法辩解。Erlich、Guttman、Schopenbach 和 Mills（1957 年）发现，刚刚新买车的人在购买完成后会有选择性地避免阅读其他车型的广告，而仅仅关注他自己所选择车子的广告。Erlich 等解释说购买车子的顾客是为了避免"认知失调"，因此尽量避免新信息。Mcfadden（1974 年）利用人们忘记对自身决策不利证据的概率，构建了"认知失调"过程的理论模型，并论述了这一概率是怎么样扭曲主观概率的。

在共同基金市场有一种奇怪现象：资金流入绩效好基金的速度比资金从绩效差的基金流出的速度要快很多。Goetzmann 和 Peles（1993 年）认为"认知失调"可以用来解释这一现象，他们认为持有业绩较差基金的投资者不愿意轻易赎回他们的基金，因为这样要面对自己投资损失的事实。这一点和在"处置效应"（disposition effect）中，投资者不愿意抛掉已经亏损的股票的原因是相似的，都是不愿面对损失带来的痛苦。

（四）心理账户

人们常常错误地将一些资产的价值估计得比另一些低。如赌场赢得的资金、股票市场获得的财富，意想不到的遗产等。人们倾向于更轻率地或愚蠢地使用这些被低估的资产。人们根据资金的来源、资金的所在和资金的用途等因素对资金进行归类，这种现象称为**心理账户**（Mental Accounting）。个人投资者自然地认为在他们的投资组合中有一个受最低风险保护的安全部分和一个设计投资致富的风险部分。Shefrin 和 Thaler（1988 年）认为人们把他们的收入来源分为三类：当前的工资和薪金收入、资产收入和未来收入，并且区别地支出这些不同收入的现值。例如，人们不愿意支出未来收入，即使它肯定会到来。

心理账户还可以对弗里德曼－萨维奇困惑进行解释，即为什么投资者会同时购买保险和彩票这两种风险和期望收益完全矛盾的资产？为什么不将与本国股票相关性极低的外国股票纳入股票组合之中？这些问题从不同的心理账户、相应的预期回报和风险承受能力角度做出了合理解释。对于股利之谜即股东要求分红的现象，心理账户从投资者对投资收益的"资本账户"和"红利账户"两个局部账户，区别理解资本账户损失和红利账户损失，从而对股利之谜做出了解释。

（五）时间偏好

传统经济学假定效用是随时间以指数的方式贴现的，人的偏好在时间变量上是一致的。拉宾（Rabin M.，1996 年）认为，人们倾向于推迟执行那些需要立即投入而收益滞后的任务。而马上执行那些立即带来收益而投入滞后的事情。如果你需要在今明两天之间做出选择，即使知道拖到明天去做也许比今天做多费点劲，你可能仍然出于本能要把它拖到明天，如果这是一件愉快的事，你会倾向于今天就去做。这是所谓的**时间偏好**（time preferences）。大量的心理学实验表明，人们是按照双曲线而不是指数曲线来贴现将来预测的效用值的。双曲线的特征是：人们对近期的增加时差要比远期增加的时差的贴现值更大一些。

人们的时间不一致偏好，在经济的各个领域中都有普遍的表现。这样的偏好对于消费和储蓄决策很重要，因为当期消费的利益是立时可现的，而储蓄允许增加的未来消费，在时间上是滞后的。有学者发展了储蓄行为的时间不一致模型，它认为人们有较高的现在消费倾向，这种情况下自我控制就显得十分重要。特别是对于习惯性商品的需求来讲更是如此，因为这种习惯上瘾意味着今天追求的消费愿望要在将来付出代价。

第三节
行为金融的基础理论——前景理论

Kahneman 和 Tversky 将个人的选择和决策过程分成两个阶段，并且利用两种函数来描述个人的选择行为：**价值函数**（value function）和**决策权重函数**（decision weighting function）。其中价值函数取代了传统预期效用理论中的效用函数，决策权重函数则将预期效用函数的概率转变成决策权重。如果说预期效用理论定义了人类的理性行为的话，前景理论则描述了投资者的真实行为。预期效用理论可以清楚地描述某些简单清楚的决策问题中的选择，但现实生活中更多决策问题却复杂繁乱，因此需要更复杂的行为模型，前景理论就是其中之一。

一、前景理论的理论基础

行为心理学家们通过大量实验研究发现，人们在决策过程中不仅仅存在直觉性偏差，其风险态度和行为模式经常会偏离传统经济金融理论的最优行为模式假设。Kahneman 和 Tversky 指出传统的预期效用理论无法完全描述个人在不确定情况下的决策行为。他们以大学教授和学生为基础进行问卷调查，发现大部分受访者显示许多偏好违反传统预期效用理论的现象。他们将这些违反传统预期效用理论的部分归纳成下列 3 个效应来说明。

（一）确定性效应

确定性效应（certainty effect）是指相对于不确定的结局（outcome)来说，个人对于结果确定的结局过度重视。确定性效应表明，在特定情况下，人们会低估一些只是可能性的结果而相对高估确定性的结果，它直接导致面临条件相当的盈利前景时，更倾向于接受确定性盈利。

（二）反射效应

个人在面对损失时有风险偏好的倾向，这种现象称为**反射效应**（reflection effect）。确定性效应认为人们存在对不确定性的厌恶，但反射效应告诉，这一结论只在面对收益时表现出来，而面对损失时刚好相反。这种现象不仅在涉及金钱时存在，日常生活人们面临痛苦时也会表现出风险偏好，如许多人为了解除长期病痛的困扰，而甘愿冒手术失败的风险。

（三）分离效应

人们在分析评估不同的"待选择前景"(prospects)时，经常暂时剔除掉各种前景中的相同因子。但是通常情况下一组"待选择前景"可以用不止一种方法分解成相同和不同的因子，这种分解方式的多样性会导致人的偏好和选择不一致，这种现象称为**分离效应**（isolation effect）。

Kahneman 和 Tversky 的工作不仅限于上述对预期效用理论的批判，他们还在其 1979 年的文章中提出了一种替代的模型框架。与预期效用理论的公理形式不同，前景理论是描述式的。他们在一系列心理实验结果的基础上提出了主要观点：人们更加看重财富的变化量而不是最终量；人们面临条件相当的损失时，倾向于冒险赌博，而面临条件相当的盈利时，倾向于接受确定性盈利；盈利带来的快乐与等量的损失带来的痛苦不相等，后者大于前者，等等。综合这些结果和观点，他们给出了解释人们在不确定条件下的决策行为的模型。

二、个人的风险决策过程

预期效用理论认为投资者面对不确定状态下的投资决策是基于期末财富和结果发生的概率大小做出的。传统主流金融理论假设下的投资者的决策框架依据自身的财富水准和对结果发生的概率而做出一种预期效用的优化选择，这种决策模式建立在对各种信息资讯的充分占有和对情景的全面分析基础之上。

但是在金融市场的现实中，投资者由于受到外部环境的变迁、投资者的知识水平、信息占有的不对称、分析判断工具的先进性及自身心理素质等种种因素的制约，上述的预期效用最优决策是不可能实现的。因此，前景理论对投资者的决策框架进行了修正，他们认为：个人在做选择和决策时会经历两个阶段：事件的发生以及人们对事件结果及相关信息的收集、整理为第一阶段，被称为**编辑阶段**（editing phase）；接下来才是第二阶段，进行评估和决策，也就是**评价阶段**（evaluation phase）。在决策的编辑阶段往往会依据个人决策偏好而对各种备择方案进行编码；在决策评价阶段，相对于参考点，投资者对收益和风险的预期决定了最终决策方案的制定。如图 8-1 所示。

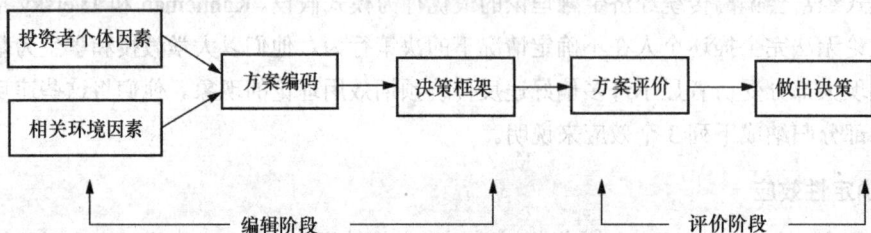

图 8-1 前景理论对投资者的决策框架

三、价值函数

大量心理学证据表明，人们通常考虑的不是财富的最终状况，而是财富的变化状况。前景理论一个非常重大的突破就是用价值函数 $v(\cdot)$ 替换了传统的效用函数，从而将价值的载体落实在财富的改变而非最终状态上。

事实上，这一点从人们日常生活的体验中也可以理解。比如人们在感知温度、光线时，首先会根据过去经验和现在的环境背景确定一个适应水平（参考点）。然后通过对比当前刺激和参考点获得该刺激的感知水平。比如人从黑暗的房间中出来，会觉得光线特别强。而一直在室外的人会觉得光线并不是很强。同样的原理也适用于财富、健康、荣誉等给人们带来的效用，不难理解，200 元对于一个富人来说不算什么，但对于一个乞丐却具有极大的价值。

下面看看价值函数有哪些重要的特性。

（1）单调递增。对于个人来说，任何情况下收益总是比损失要好的，而且收益越大，价值越高（或者损失越小，价值越高）。因此毫无疑问，价值函数应该是一个单调递增的曲线。

（2）参考点为原点。价值函数是定义在相对于某个参考点的利得和损失，而不是一般传统理论所重视的期末财富。也就是说，$v(x)$中的x是指相对于参考点的变化，如果没有利得或损失，则价值为0，$v(x)=0$。因此，在以参考点为原点，以收益（正轴为收益，负轴为损失）为自变量的坐标图上，价值函数是一条通过原点且单调递增的曲线。

（3）S型。根据"反射效应"，价值函数应该是以原点为中心，向收益和损失两个方向偏离的反射形状，也就是呈S型。在面对利得时是凹函数，体现风险厌恶；而面对损失是凸函数，体现出风险偏好的特性。

（4）下陡上缓。价值函数在损失部分（负轴）上的斜率比获利部分（正轴）上的斜率要大。投资者在相对应的利得与损失下，其边际损失比边际利得要敏感，在图形上就表现为损失部分的曲线要陡于收益部分的曲线。心理学的证据表明，对财富变化态度的另一个重要特征就是损失的影响要大于收益，损失一单位的边际痛苦大于获得一单位的边际利润。

综合以上四点特征，可以得到价值函数的大致图形，如图8-2所示。

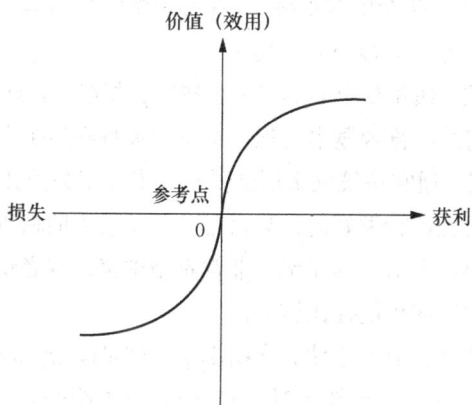

图 8-2　价值函数

四、参考点

价值函数中一个非常重要的特点就是**参考点**（reference point)的存在。图8-2中0点的位置就是参考点，在0点右方是凹函数，左方是凸函数，因此，参考点也就是数学意义上的拐点。

人们在评价事物或做出选择时，总会有意无意地将其与一定的参照物对比，当对比的参照物不同时，即使相同的事物也会得到不同的结果。因此，参考点作为一种评价标准，它是个人主观确定的，而且会因评价主体、环境、时间等的不同而发生变化。因此，Kahneman 和 Tversky 就指出，我们可以通过改变参考点的方法来操纵人们的决策。比如百货商场在举行促销活动时，常常会将原价标得特别高，这样顾客在做判断时如果以原价为参考点，就会形成该商品很便宜的错觉。Thaler 和 Johnson 发现，在某些情况下，利得会增加个人参加赌局的意愿，这称为"私房钱效应"。

参考点的选择有很多，人们通常以目前的财富水准为基准，但也不完全如此。参考点可能会因为投资人对未来财富预期的不同，而有不同的考虑。除了证券的买价之外，价格的未来走势也会影响到参考点的决定。比如，假设有人在房地产正要繁荣之前以 10 万元买了一套房子，预期房地产市场开始火爆时该房子价值可达 20 万元。此时若要他出售房子的话，其参考点就不再是初始买价了，而变成了预期财富 20 万元。

五、决策权重函数

面临不确定性决策时，人们常常需要通过概率来估算不同结果发生的可能性。传统的预期效用理论认为，风险情境下最终结果的效用水平是通过决策主体对各种可能出现的结果按照出现概率的加权求和后得到的。概率可以分为客观概率和主观概率。客观概率不依赖于人的主观认识，人们可以借助概率论和统计方法，基于客观情景的分析，计算出客观概率分布。主观概率则在于个人主观上对客观事物的认识，以及个人的经验和偏好，而且人们在加工不确定信息时，常常会犯一些认知偏差，因此，主观概率和客观概率往往是不相符合的。Savage 在预期效用理论的基础上发展出主观预期效用，他认为事实上在做决策时，人们对于客观概率无法到达准确的认知，因此只能使用主观概率，但遗憾的是他并没有给出主观预期效用的形式。

Kahneman 和 Tversky 摒弃了传统的客观概率，在心理学研究的基础上发展出了"决策权重函数"（decision weighting function）。它具有以下几个特征。

（1）$\pi(\cdot)$ 是 p 的递增函数。决策权重 $\pi(p)$ 与客观概率 p 相联系，$\pi(\cdot)$ 是 p 的递增函数，$\pi(0)=0$，$\pi(1)=1$。但 $\pi(p)$ 不是概率，它并不符合概率公理，也不应被解释为个人的主观概率。除了个人主观认定的事件发生的可能性以外，通常决策权重还会受到与事件相关的其他因素影响，比如个人喜好。人们在做决策过程中，对于自己比较偏好的结果常常会赋予较大的权重。在购买彩票时，尽管人们明确知道中奖的可能性比较小，但情感的支配（非常希望中奖，或者认为老天会垂青自己等）使得购买者一厢情愿地认为自己中奖的可能性比较大。

（2）重视小概率事件，忽略大概率事件。在概率 p 很小时，$\pi(p)>p$，这表示个人对于概率很小的事件会过度重视；但当概率 p 一般或较大时，$\pi(p)<p$，这说明个人在过分注意概率很低的事件的同时，往往忽略了例行发生的事情。

（3）次确定性（sub certainty）。各互补概率事件决策权重之和小于确定性事件的决策权重。对于所有的 $0<p<1$，$\pi(p)+\pi(1-p)<1$。

（4）亚比例性（sub proportionality）。当概率比一定时，大概率对应的决策权重的比率小于小概率对应的权重比率。用数学式子可以表示为：

$$对任意的 0<p,q,r\leqslant 1，有 \pi(pq)/\pi(p)<\pi(pqr)/\pi(pr)$$

（5）概率极值时的不确定性。当逼近确定性事件的边界时，也就是当概率 p 非常接近于 0（极低概率）或者 1（极高概率）时，个人对概率的评价处于非常不稳定的突变状态，此时权重常常被无端忽视或者突然放大。而且，到底多少可以算作极低的概率或者极高的概率是由投资者的主观判断决定的。在有些情况下，人们对极低概率事件有高估倾向，这使得人们对可能性很小的盈利表现出风险偏好，同时对可能性很小的损失表现出极度的厌恶。这就解释了彩票和保险为什么具有如此大的吸引力，因为它们都是以较小的固定成本换取可能性小，但十分巨大的潜在收益。

综合以上 5 个特征，大致可以描绘出决策权重函数的近似图像，见图 8-3 的虚线部分。权重函数是客观概率的非线性函数，单调上升，在低概率段，$\pi(p)>p$，而在相对高概率部分，$\pi(p)<p$。

需要注意的是，在一些情况下，人们对极低概率事件也会有将其忽略的倾向。也就是说，人们有时会把可能性极小的事件简单地视之为不可能事件，从而将其决策权重赋为 0，同时把极可能发生的事件的权重赋为 1。此时，决策权重函数的图形就要做一些变动，如图 8-4 所示。此时，在概率非常靠近 0 的一小部分，$\pi(p)=0$，在概率非常靠近 1 的领域里，$\pi(1)=1$。

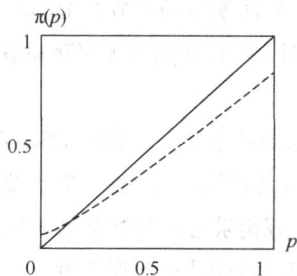

图 8-3　决策权重函数　　　　　图 8-4　决策权重函数另一种形式

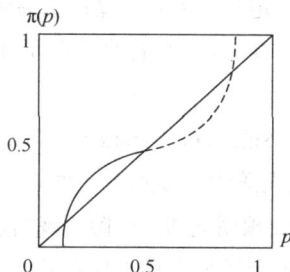

第四节

行为金融学的主要理论模型

　　模型化是学科发展走向成熟的标志。行为金融发展至今，尚未形成完整的理论体系，但是行为金融理论的先行者们在行为金融理论的范式基础上已经成功地进行了一些理论创新。他们不仅仅对传统主流金融理论加以批判，还对一些现象从理论建模上加以解释，而且针对传统的资产组合理论和资本资产定价模型，行为金融也提出了相应的理论和模型，这标志着行为金融理论开始逐步走向系统化。本节简单介绍行为金融学的几种常见模型。

一、噪声交易模型

　　Black 把不拥有内部信息却非理性地把噪声当作有效信息进行交易的人称为"噪声交易者"。金融市场中的"噪声"具有如下特点。

　　（1）它是虚假或失真的信号，是与投资价值无关的信息。

　　（2）从其来源看，可能是市场参与者主动制造的虚假信息，也可能是被市场参与者误判的信息。按照有效市场假说隐含的价值判断，只有根据与基础资产价值有关的信息进行交易，才能取得效用最大化，但是这些信息是否与基础资产的内在价值相关却无法先验地判断，而投资者在决策时对所谓"信息"进行评价的标准仍是主观的，因此交易者主观认为与价值相关的信息从整个市场的角度来看却可能只是一系列的"噪声"。

　　交易者拥有不同的经验、偏好和反应机制，因此即使是对同一组信息，也可能做出不同的决策。作为风险厌恶者，他可能放弃套利机会，不与噪声交易者的错误判断相对抗。从而噪声交易者可能获得高于理性套利者的收益。这种非理性预期变动的风险是相对于短期套利者而言的，也就是说，当噪声交易者的投资理念进一步偏离其均值时，套利者变现时，价格可能并未发生如他所料的逆转。例如，当噪声交易者今天对某一资产持悲观态度时，空头力量会使价格下跌，套利者此时进行交易是因为他认为价格在不久就会恢复。如果噪声交易者的看法并未扭转，反而更加悲观时，短期套利者就可能遭受损失。由于这种风险的存在，套利者对噪声交易者的对抗力量削弱，从而可能使价格明显偏离于基础价值，噪声交易者可以从他们自身创造的风险中获利，从而噪声交易者自己可以创造短期套利空间，特别是噪声交易者的市场影响很大时。由于噪声交易者收益高于套利者，在示范效应影响下，新进入市场的交易者会模仿噪声交易者，同时部分进行套利的交易者也会转变为噪声交易者。从一定时期来看，噪声交易者暂时主导了整个市场，从而使市场有效性很弱。这样，由于噪声交易者的存在，套利者除了将面对系统风险（system risk）外，还必须面对**噪声交易者风险**（noise trader risk）。

Delong、Shleifer、Summers 和 Waldmann 提出了噪声交易的基本模型（简称 DSSW 模型），他们认为，当理性套利者进行套利时，不仅要面对基础性因素变动的风险，还要面对**噪声交易者**（noise trader）非理性预期变动的风险。该模型证明了非理性交易者不仅能够在与理性交易者的博弈中生存下来，而且由于噪声交易者制造了更大的市场风险，他们还将有可能获得比理性投资者更高的风险溢价。

二、行为资产定价模型

行为金融学家坚持认为研究投资者行为是至关重要的，行为金融研究的目的就是要修正 CAPM 的假设，使其更接近现实。Shefrin 和 Statman（1994 年）构筑了 BAPM（behavioral asset pricing model）作为主流金融学中 CAPM 的对应物。BAPM 将投资者分为信息交易者（information traders）和噪声交易者两种类型。信息交易者即 CAPM 下的投资者，他们从不犯认知偏差，而且不同个体之间表现有良好的统计均方差性；噪声交易者则是那些处于 CAPM 框架之外的投资者，他们时常犯认知偏差，不同个体之间具有显著的异方差性。将信息交易者和噪声交易者以及两者在市场上的交互作用同时纳入资产定价框架是 BAPM 的创意。在 BAPM 模型中，两类交易者互相影响共同决定资产的价格。当信息交易者在市场上起主导作用时，市场是有效的；当噪声交易者在市场起主导作用时，市场是无效的。

BAPM 中证券的预期收益决定于其行为**贝塔系数**（behavioral betas），即正切均值方差有效（tangent mean variance efficient）资产组合的贝塔。因为噪声交易者对证券价格的影响，正切均方差有效资产组合并非**市场组合**（market portfolio）。例如，噪声交易者倾向于高估成长型股票的价格，相应地，市场组合中成长型股票的比例也就偏高。为了纠正这种偏差，正切均值方差有效资产组合较之市场组合要人为调高成熟型股票的比例。行为贝塔系数的估计是一个难点，因为正切均方差有效资产组合随时都在变化，这个月还在起重要作用的行为因素下个月可能变得微乎其微，很难找到它的有效替代物。

当然，这些问题都不能阻止金融学家们对资产定价模型的追求。CAPM 也好，BAPM 也好，这些资产定价模型都是经济学中供求均衡基本思想的一个翻版。供求曲线既决定于理性趋利特性（如对产品成本、替代物价格的分析），也决定于消费者的价值感受（如口味等）。在 CAPM 中，供求仅仅决定于理性趋利特性下的标准贝塔，在三因子 APT 中，供求决定于公司规模（size）、市净率以及市场组合本身，但对公司规模和市净率的判断是具有理性趋利特性的客观标准，还是反映了投资者的价值感受特性，Fama 和 French（1992 年）持前一种观点，Brennan、Chordia 和 Subrahmanyam（1992 年）则持后一种观点。

BAPM 涵盖了包括理性趋利特性和价值感受特性的诸多因素，如钦佩（Admiration）。《财富》杂志每年都对职业经理人和投资分析家最钦佩的公司做一次调查。Shefrin 和 Statman（1995 年）发现，回答者明显偏爱其钦佩公司的股票，而且这种偏爱已经明显超越了预期回报（理性）的解释能力。在股票市场上，人们对成长股的追捧同样超越了理性。事实证明，价值感受特性和理性趋利特性一样，应当成为决定预期收益的参数。

另外，BAPM 还对在噪声交易者存在的条件下，市场组合回报的分布、风险溢价、期限结构、期权定价等问题进行了全面研究。在 BAPM 模型中，由于既考虑了价值表现特征，又包含了效用主义特性，因此，它一方面从无法战胜市场的意义上接受市场的有效性；另一方面从理性主义意义出发拒绝市场有效性，这对金融研究的未来发展有着深刻的启示。

Hirshleifer（2001 年）总结认为，证券预期收益是由风险和错误估价（misvaluation）共同决定的，少数人的非理性甚至造成了整个市场系统性的偏差。证券收益是由贝塔系数和错误估价共同决定的。而错误估价是由于投资者的各种认知偏差（如过度自信）引起的。

三、行为组合理论

以均值−方差模型为核心的现代投资组合理论忽略了投资者的心理因素及个体差异，缺乏对个体投资者行为的研究，从而导致在理性人假设、风险态度等方面存在局限性，这是造成资产组合理论受到批评的主要原因。为更好地契合现实，Shefrin 和 Statman（2000 年）借鉴资产组合的有益部分建立了行为资产组合理论（BPT）。该理论认为，现实中的投资者无法在均值−方差有效无边界上选择最优的组合配置，他们实际构建的资产组合是基于对不同资产的风险程度的认识以及投资目的所形成的一种金字塔式的资产组合，位于金字塔各层的资产都与特定的目标和风险态度相联系，而各层之间的相关性被忽略了。而且，BPT 认为投资者将通过综合考虑期望财富、对投资者安全性与增值潜力的欲望、期望水平以及达到期望值的概率 5 个因素来选择符合个人意愿的最优组合，从而使理论与投资行为更为接近。行为组合理论有两种分析模型：单一心理账户行为组合理论（BPT-SMA）和多重心理账户行为组合理论（BPT-MMA）。

（一）单一心理账户行为组合理论（single mental account，SMA）

投资者关心投资组合中各资产间的相关系数，把所有资产放在同一个心理账户中。该理论关于资产组合的选择类似于均值方差模型中的证券组合选择。依据该理论，投资者将通过有效边界最大化函数 $U[E_h(W)、D(A)]$ 来选择最优证券组合。$E_h(W)$ 是期望财富 $E(W)$ 受到感情因素的影响与支配后的变形；$D(A)$ 是用大于某一投资期望值的概率 $Prob\{W \geqslant A\}$ 表示的对安全或者风险的度量。SMA 将投资者对待风险的态度纳入到模型中，突破了现代资产组合理论投资者风险态度假设的局限性，更符合投资人在投资时只考虑投资后的将来财富水平降低到某一水平的风险的实际投资决策过程。

（二）多重心理账户行为组合理论（multiple mental account，MMA)

投资者在构造投资组合时，把资产放在不同的心理账户中，并对各账户的资金具有不同的风险态度，同时也忽略了各账户之间的相关系数。Shefrin 和 Statman（2000 年）提出投资者具有两个心理账户，分别对应高、低两个期望值。投资者的目标就是将现有财富 W 在两个账户间分配以使整体效用达到最大。因此，投资者实际构建的资产组合是基于对不同资产风险程度的认识以及投资目的所形成的一种金字塔式的行为资产组合（见图 8-5），资产组合的每一层都对应着投资者特定的投资目的和风险特性（方差）。一些账户内的资金投资于较低资产，主要用于保障投资者的生活需要，安全是主要考虑因素。另一些账户的资金则投资于较高层次资产，用来争取变得更富有。投资者根据自己的判断赋予两个心理账户不同的组合权重。

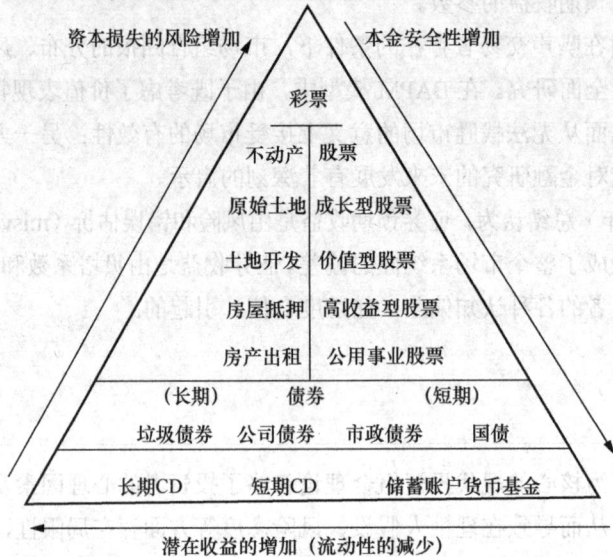

图 8-5　金字塔型结构的资产组合

　　行为资产组合理论的投资者通过设定不同的风险和期望值而将资产放入不同的心理账户，有利于提高投资者对风险的自控能力。但实际上，不同心理账户内的资产并没有什么不同，只是投资者自己通过心理预设而在投资行为当中产生的心理偏差。

第五节　行为金融学对异象的解释

　　上一节介绍了证券市场的种种异象，这些实证研究中发现的无法解释的问题，引发了人们对传统理论假设的重新思考。在这种背景下，以投资者的决策过程为基础，重新审视整体市场价格行为的行为金融学逐渐获得关注。从 20 世纪 80 年代开始，尤其是进入 90 年代以后，行为金融理论在众多学者的努力下迅速发展，并有力地解释了许多用传统理论无法解释的现象。

一、行为金融学对"波动性之谜"的解释

　　Barberis、Huang 和 Santos 综合了前景理论中的损失厌恶和 Thaler 以及 Johnson 提出的私房钱效应，修正了传统的一般均衡定价模型，解释了股权收益的高波动性。他们认为，现金流的利好消息推动股价上升，使得投资者前期的股票收益（资本利得）增加，此时私房钱效应会降低投资人风险规避的程度，即使其后出现损失，痛苦的冲击也被前一次利得减轻。于是投资人会用较低的折现率来折现股利，从而股价更高，造成股价相对于当前股利水平偏高。同理，如果股价下跌，由于私房

钱效应的影响，投资者对风险的容忍度比以前更低，对损失更敏感。他们会用较高的折现率折现未来现金流，因此股价更低。这样一来，价格红利比将会过度振动，股票收益也更具有波动性。

Barberis 和 Huang 认为个别股票的折现率是股票过去业绩的函数，假如股票过去的业绩较好，由于私房钱效应，投资人会认为该股票风险较低，从而用较小的折现率来折现未来现金流。在这种情况下，价格／股利比将会被推动上升，这也使得股票收益波动率变大。

投资者对私有信息的过度自信也可以解释波动率之谜。比如，一个投资者通过公开信息形成对未来现金流增长的先验信念，而后自己收集信息并对这些信息过度自信，投资者会高估私有信息的准确性，并给予其比先验信念更大的权重。如果私有信息是正面的，投资者将把股价推到相比当时红利高得多的价位，因此引起价格红利比的过度波动。

另外，投资者对未来红利增长信念的形成方式也可以解释波动率之谜，原因在于代表性偏差，特别是被称之为"小数定律"的推理法则，使其相信平均红利增长率比实际的波动更大。在看到红利增长后，投资者很快会认为红利增长率提高了，于是其相应的买入行为将价格推高到与红利不相适应的水平；同时，在看到红利下降后，投资者很快会相信平均的红利增长率降低了，相应的卖出行为也会将价格压低到与红利不相适应的水平。

二、行为金融学对"股权溢价之谜"的解释

Benartzi 和 Thaler 提出，根据前景理论，人们有规避损失的倾向，特别是大部分投资者的"短视的损失厌恶"心理，使得他们在短期内不愿意持有股票。相对于无风险的政府债券而言，股票必须具有非常大的收益才能吸引投资者。

进一步，Barberis、Huang 和 Santos 也解释了股权溢价之谜。他们认为，Benartzi 和 Thaler 的理论只考虑损失厌恶并不能完全解释股权溢价。还必须考虑私房钱效应。因为如果不考虑过去历史，投资人的风险规避程度不会随时间变化而变化，股价失去最重要的波动性来源，这样波动率小的收益导致风险也相应减小，无法解释很大的股权溢酬。因此他们另外引进 Thaler 和 Johnson 提出的私房钱效应，也就是说考虑前一次收益是如何影响损失厌恶的。上面介绍了 Barberis、Huang 和 Santos 的观点可以解释股权收益的高波动性，而高的波动率可以导出高的股权溢酬，因此也就可以解释股权溢价之谜。事实上，直观的理解就是：由于私房钱效应的存在，价格变化会导致损失厌恶程度变化，而损失厌恶程度变化又会导致股价过度波动，并且损失厌恶本身又使得投资者不愿意看到股市过度频繁地波动。因此他们对持有的风险资产要求更多的溢酬。

另外，投资者的模糊厌恶也可以解释股权溢价之谜。由于投资者通常不能确切地知道股票收益率的分布，当面对模糊时，人们宁可选择自己心中最坏的估计。Maenhout 指出投资者为了弥补他们采取错误的股票收益模型带来的风险，他们将要求更高的股权溢价。

三、行为金融学对"时间序列收益可预测性"的解释

"收益的时间序列可预测性"包括"短期股价收益的正自相关性"以及"长期收益的负自相关性"。传统理论认为"收益的时间序列可预测性"可以有很多来源。Fama 认为这些可预测性可以源自预期收益随时间变化（time varying）的特性，因此未必是市场无效率的证据。此外，买卖差价（bid-ask spread）与非同步交易（nonsynchronous trading）等市场摩擦因素也会造成个股收益的自相关性。

行为金融学对此表示出了不同的看法。短期收益的正自相关一般被视为反应不足，因为短时间内收益正自相关现象反映消息慢慢地对股价产生作用。而长期收益的负相关则是过度反应的结果。

Delong、Shleifer、Summers 和 Waldmann 认为噪音交易者会引起过度反应，因此在长期来看，收益会呈现负的自相关性。在资产价格上涨太高或下跌太深时，将可能会修正并回归。另外，过度反应同时也导致股票收益过度波动。Odean 提出一个以过度自信为基础的单一风险性资产的静态模型。当投资者认为自己所得到的信息比实际的信息要准确时，对这个信息市场价格会发生过度反应。然而当真实状况发生后，市场价格会再修正回来。对信息的过度反应和价格反转趋势会引起价格的过度波动和长期收益的负自相关。

Barberis、Shleifer 和 Vishny 构建了一个描述投资者信念动态更新过程的模型。他们假定公司盈利变化的真实过程是遵循随机游走的，投资者则认为公司的盈利过程由两种机制中的一种来决定：一种是"均值回归"，一种是"趋势"，并且产生盈利的机制是随时间而外生变化的。因此投资者的主要任务就是确定当前是哪一种机制在决定盈利的变化。BSV 模型主要基于两种重要的认知心理：保守性偏差和代表性法则。其中"趋势"机制主要描述投资者的代表性法则，即投资者倾向根据少量的盈利的信息而做出"趋势"的错误判断。"均值回归"机制则描述投资者的保守性心理，即投资者轻视有关盈利的最新信息，坚持认为新消息的冲击在下一个时间会逐渐回转。

对单个未预期的盈利增长（正盈利冲击），由于投资者的保守性偏差，他们对正盈利冲击反应不足，而真实的盈利是随机游走的，那么下一次盈利公告常常会给投资者带来"惊喜"，从而产生公开事件的价格惯性和惯性效应。在经历了一系列正盈利冲击后，投资者不仅会调整自己的保守心理，而且在代表性推断的影响下，投资者会认为这种盈利有增长的趋势，并且不断将价格推高到一个与当前盈利不相符的水平。由于真实盈利是随机的，从长期平均来说，之后的盈利公告可能会让投资者"失望"，由此产生价格的长期反转。

Daniel、Hirshleifer 和 Subrahmanyam 的解释则是利用了人的**过度自信**（overconfidence）和**自我归因偏差**（self-attribution）。过度自信是指投资者对自己的能力估计过高。简而言之，自我归因偏差是指个人在行动获得成功时，把原因归为是自己的能力强，而在行动失败时，则把原因归咎为外部因素。过度自信使得投资者对自己的判断或私人信息不断反应过度，对公共信息反应不足。随着公共信息的不断披露，投资者的对私人信息的反应过度将得到校正。通过自我归因偏差，一方面强化了投资者的过度自信，导致他们对自己的判断能力估计过高，另一方面它也阻碍了投资者根据新的公共信息来对自己的过度反应进行校正，使得校正成为一个长期过程。结果就使得股票收益率在短期表现出正的自相关性（惯性）和在长期表现出负的自相关性（反转），并且长期中的负自相关性是短期正自相关性导致的结果。

Hong 和 Stein 的解释则是假设有两类投资者，**信息挖掘者**（news watcher）和**惯性交易者**（momentum trader），每一类投资都是理性的，但是他们交易依赖的信息集都不完整：基本面信息在信息挖掘者之间逐渐传播，在短期内，每个信息挖掘者只能观察到部分基本面信息，并根据这部分私人信息来估计股票的价值；而惯性交易者看不到基本面信息，他们只能根据过去股票价格的变动趋势进行交易。这样，最开始时，股票价格取决于信息挖掘者的行为。因为基本面信息在信息挖掘者之间是逐渐传播的，这就导致股票价格对信息的反应是逐渐的。即短期内反应不足。这就给惯性交易者提供了一个套利的机会。惯性交易者根据股票价格的变化趋势作同方向的交易，例如在股价上涨时买进。

这将推动股价进一步上涨，使得股价在短期表现出惯性。股价的上涨进一步刺激惯性交易者买入，致使股票价格的上涨超过适当的幅度，背离了基本面价值。当长期股价最终向基本价值回归时，就表现为反转。

Grinblatt 和 Han（2001 年）则用处置效应来解释惯性。在公司有利好（空）消息时，股价会随之上涨（下跌），使得投资获利（亏损）的投资者人数增加，在处置效应的趋势下，投资者会选择卖出（持有）股票，这样就阻缓了价格的上涨（下跌），使得股价对新信息反应不足。但是这种反应不足又会吸引新的投资者买入（卖空）股票，导致价格继续上涨（下跌）。这样就导致价格具有了惯性。

四、行为金融学对"封闭基金之谜"的解释

Lee、Shleifer 和 Thaler 提出了一个简单的行为观点。他们认为：封闭基金的部分个人投资者是噪声交易者，他们对于未来的基金回报有时过分乐观，有时又过分悲观，从而导致基金价格忽高忽低以及连动变化。这时，投资者就面临两种风险：基金价值的变动和噪声交易者情感的波动，那么，对第二种风险理性交易者就会要求得到补偿，这就是基金折价交易的原因。这同样也可以解释溢价发行，企业家总是选择投资者预期良好时创立封闭基金，这时将其以超过实际价值的价格出售。另一方面，当封闭基金清偿时，因为价格必须等于净资产价值，投资者不再担心噪声交易者情感的变化，也就不再要求对该风险的补偿，基金价格回升到净资产价值水平。另外，对基金价格的连动现象解释如下：某一基金的噪声交易者变得悲观或乐观，并影响了持有其他基金的噪声交易者，导致了基金价格的联合下跌或上扬。

思考与练习

1. 什么是行为金融学？
2. 举例说明证券市场中存在的认知偏差。
3. 请用行为金融学理论解释封闭基金折价交易现象。
4. 简述前景理论的主要内容。
5. 简要说明投资者心态模型有哪些。
6. 试分析行为金融学的不完善之处。

第三篇

证券分析篇

宏观经济分析 第九章

作为基本分析重要内容的宏观经济分析对于证券投资者来说是非常重要的，不仅投资对象受到宏观经济形势的深刻影响，证券业务本身的生存、发展和繁荣也与宏观经济因素息息相关。为此，证券投资基本分析通常从分析整体的经济状况开始，继而考察公司经营所处行业的外部环境对公司的影响，最后考察公司在行业内的相对地位以及盈利状况，借以确定公司股票的内在价值，并判断证券在市场上是否恰当定价。通过本章学习，能够把握宏观经济分析的意义、方法，宏观经济形势的基本变量，宏观经济对证券市场的影响和股票市场的供求关系。本章主要包括三方面内容：宏观经济分析意义与方法、宏观经济分析与证券投资和国际金融市场环境分析。

第一节 宏观经济分析概述

一、宏观经济分析的意义

（1）判断证券市场的总体变动趋势。在证券投资中，宏观经济分析是重要环节，只有把握住宏观经济运行的大方向，才能把握证券市场的总体变动趋势，做出正确的投资决策；只有密切关注宏观经济因素的变化，尤其是货币政策和财政政策的变化，才能抓住证券投资的市场时机。

（2）把握整个证券市场的投资价值。证券市场的投资价值与国民经济整体素质及其结构变动密切相关。这里证券市场的投资价值是指整个市场的平均投资价值。从一定意义上说，整个证券市场的投资价值就是整个国民经济增长质量与速度的反映，不同部门、不同行业与成千上万的不同企业相互影响、相互制约，共同影响国民经济发展的速度和质量。宏观经济是个体经济的总和，企业的投资价值必然在宏观经济的总体中综合反映出来，因此宏观经济分析是判断整个证券市场投资价值的关键。

（3）掌握宏观经济政策对证券市场的影响力度与方向。证券市场与国家宏观经济政策息息相关。在市场经济条件下，国家通过财政政策和货币政策来调控经济，或抑制经济过热，或促进经济增长。这些政策将会影响经济增长速度和企业经济效益，并进一步对证券市场产生影响。因此，必须认真分析宏观经济政策，只有掌握其对证券市场的影响力度与方向，才能准确把握整个证券市场的运动趋势和不同证券品种的投资价值变动。

（4）了解转型背景下，宏观经济对股市的影响不同于成熟市场经济，了解中国股市表现和宏观经济相背离的原因。中国证券市场是新兴加转轨的市场，具有一定的特殊性，比如国有成分比重较大、行政干预相对较多、阶段性波动较大、投机性偏高、机构投资者力量不够强大等，由此导致证券市场对宏观经济的反应存在特殊的不确定性。证券分析师在分析时应该既看到中国证券市场与海外成熟市场的共性，又要看到国内股市的特性，这样才能更加准确地把握证券市场的国民经济"晴雨表"特征。

二、评价宏观经济形势的基本指标

宏观经济分析的重要环节是建立科学的、具有实用性的评价宏观经济形势的基本指标体系。宏观经济形势的基本指标评价体系主要包括以下指标。

(一)国民经济总体指标

1. 国内生产总值

国内生产总值（GDP）是指一个国家（或地区）所有常住居民在一定时期内（一般按年统计）生产活动的最终成果。区分国内生产和国外生产一般以常住居民为标准，只有常住居民在一年内生产的产品和提供劳务所得到的收入，才计算在本国的国内生产总值之内。常住居民是指居住在本国的公民、暂居外国的本国公民和长期居住在本国但未加入本国国籍的居民。因此，一国的国内生产总值是指在一国的领土范围内，本国居民和外国居民在一定时期内所生产的、以市场价格表示的产品和劳务的总值。从这个意义上讲，与以国民原则为核算标准的国民生产总值（GNP）相比，以国土原则为核算标准的国内生产总值不包含本国公民在国外取得的收入，但包含外国居民在国内取得的收入；相反，国民生产总值包含本国公民在国外取得的收入，但不包含外国居民在国内取得的收入。

国内生产总值的增长速度一般用来衡量经济增长率（也称经济增长速度），是反映一定时期经济发展水平变化程度的动态指标，也是反映一个国家经济是否具有活力的基本指标。发达国家的经济发展总水平已经达到相当的高度，经济发展速度的提高相对来说比较困难；经济尚处于较低水平的发展中国家由于发展潜力大，其经济发展速度可能达到高速甚至超高速增长。这时就要警惕由此可能带来的诸如通货膨胀、泡沫经济等问题，以避免造成宏观经济过热。

2. 工业增加值

工业增加值是指工业行业在报告期内以货币表现的工业生产活动的最终成果，是衡量国民经济的重要统计指标之一。工业增加值有两种计算方法：一是生产法，即工业总产出减去工业中间投入；二是收入法，即从收入的角度出发，根据生产要素在生产过程中应得到的收入份额计算，具体构成项目有固定资产折旧、劳动者报酬、生产税净额、营业盈余。这种方法也称要素分配法。

3. 失业率

失业率是指劳动力人口中失业人数所占的百分比。劳动力人口是指年龄在 16 岁以上具有劳动能力的人的全体。目前，我国统计部门公布的失业率为城镇登记失业率，即城镇登记失业人数占城镇从业人数与城镇登记失业人数之和的百分比。城镇登记失业人数是指拥有非农业户口、在一定的劳动年龄内、有劳动能力、无业而要求就业，并在当地就业服务机构进行求职登记的人员数。

失业率上升与下降是以 GDP 相对于潜在 GDP 的变动为背景的，失业率本身则是现代社会的一个主要问题。当失业率很高时，资源被浪费，人们收入减少。此时，经济问题还可能影响人们的情绪和家庭生活，进而引发一系列的社会问题。但值得注意的是，通常所说的充分就业是指对劳动力的充分利用，但不是完全利用，因为在实际的经济生活中不可能达到失业率为零的状态。在充分就业情况下也会存在一部分正常的失业，如由于劳动力的结构不能适应经济发展对劳动力的需求变动所引起的结构性失业。

4. 通货膨胀

通货膨胀是指一般物价水平持续、普遍、明显的上涨。对通货膨胀的衡量可以通过衡量一般物价水平的上涨幅度来进行。一般来说，常用的指标有：零售物价指数、生产者价格指数、国民生产总值物价平减指数等。零售物价指数又称**消费物价指数**（CPI）或生活费用指数，反映消费者为购买消费品而付出的价格的变动情况。**生产者价格指数**（PPI）是衡量工业企业产品出厂价格变动趋势和变动程度的指数，是反映某一时期生产领域价格变动情况的重要经济指标。国民生产总值物价平减指数则是按当年不变价格计算的国民生产总值与按基年不变价格计算的国民生产总值的比率。由于以上指标在衡量通货膨胀时各有优缺点，且所涉及商品和劳务的范围、计算口径不同，即使在同一国家的同一时期，各种指数反映的通货膨胀程度也不尽相同。因此，在衡量通货膨胀时需要选择适当的指数。一般来说，在衡量通货膨胀时，零售物价指数使用得最多、最普遍。

计算 CPI 是确定一个固定的代表平均水平的一篮子商品和服务，并根据其当前价值除以基准年份的价值，则 t 年 CPI 表示为：

$$\text{CPI}_t = \frac{\sum_i^N P_{it} \times q_i^*}{\sum_i^N P_i^* \times q_i^*} \tag{9-1}$$

式中：

P_{it}——t 年第 i 种最终商品或服务的价格；

q_i^*——篮子中第 i 种最终商品或服务的数量；

P_i^*——基准年第 i 种最终商品或服务的价格；

通货膨胀率（π_i^{CPI}）是 CPI 在两个时期之间的变化率：

$$\pi_i^{\text{CPI}} = \frac{\text{CPI}_t - \text{CPI}_{t-1}}{\text{CPI}_{t-1}} \tag{9-2}$$

通货膨胀一般以两种方式影响到经济：通过收入和财产的再分配以及通过改变产品产量与类型影响经济。通货膨胀对社会经济产生的影响主要有：引起收入和财富的再分配，扭曲商品相对价格，降低资源配置效率，引发泡沫经济乃至损害一国的经济基础和政权基础。

正因为通货膨胀对经济运行有这样大的影响，投资者要进行投资就必须大致预测通货膨胀产生的可能及其程度。对于通货膨胀产生的原因，传统的理论解释主要有三种：需求拉上的通货膨胀、成本推进的通货膨胀、结构性通货膨胀。而在实践中，要正确把握通货膨胀可能的发展变化，还必须把它与经济增长的动态比较结合起来考虑，并考虑各种对通货膨胀产生影响的重要冲击因素，如政治经济体制改革、经济结构转变、战争、国际收支状况以及一些突发的不确定性事件等。

5. 采购经理指数——宏观经济运行景气指标

采购经理指数（PMI）是根据企业采购与供应经理的问卷调查数据而编制的月度公布指数。采购经理根据企业财务数据进行填报，反映企业实际财务和运行状况，取得的原始数据不做任何修改，汇总结果采用科学方法进行统计和计算，保证了数据来源的真实性。从国际上看，PMI 分为制造业PMI 和服务业 PMI，也有些国家建立了建筑业 PMI。采购经理指数的应用起源于美国，目前全球有20 多个国家建立了 PMI，已经是全球范围内非常核心的一个经济分析指标。

PMI 具有明显的先导性，是经济先行指标，是国际上通行的宏观经济监测指标体系之一，对国家经济活动的监测和预测具有重要作用。通常以 50% 作为经济强弱的分界点，PMI 高于 50%，反映制造业经济扩张；低于 50%，则反映制造业经济衰退。根据美国专家分析，PMI 指数与 GDP 具有高度相关性，且转折点往往领先于 GDP 几个月。在过去 40 多年里，美国制造业 PMI 的峰值可领先商业高潮 6~18 个月，领先商业低潮一般 2~16 个月。

6. 国际收支

国际收支包括经常项目和资本项目。经常项目主要反映一国的贸易和劳务往来状况，包括贸易收支（也就是通常的进出口）、劳务收支（如运输、港口、通信和旅游等）和单方面转移（如侨民汇款、无偿援助和捐赠、国际组织收支等），是最具综合性的对外贸易指标。资本项目则集中反映一国同国外资金往来的情况，反映一国利用外资和偿还本金的执行情况。资本项目分为长期资本和短期资本。长期资本是指合同规定偿还期超过一年的资本或未定偿还期的资本（如公司股本），其主要形式有直接投资、政府和银行的长期借款及企业信贷等。短期资本指即期付款的资本和合同规定借款期为一年或一年以下的资本。

进口和出口是国际收支中最主要的部分。进口量是指一个国家（或地区）所有常住居民向非常住居民购买或无偿得到的各种货物和服务的价值。反之，出口量则指一个国家（或地区）所有常住居民向非常住居民出售或无偿转让的各种货物和服务的价值。进出口总量及其增长是衡量一国经济开放程度的重要指标，且进口和出口的数量与结构直接对国内总供需产生重大的影响。

实现国际收支平衡需要避免国际收支的过度逆差或顺差，可以维持适当的国际储备水平和相对稳定的汇率水平。

（二）投资指标

投资规模是指一定时期在国民经济各部门、各行业再生产中投入资金的数量。投资规模是否适度是影响经济稳定与增长的一个决定因素。投资规模过小，不利于为经济的进一步发展奠定物质技术基础；投资规模安排过大，超出了一定时期人力、物力和财力的可能，又会造成国民经济比例失调，导致经济大起大落。

全社会固定资产投资是衡量投资规模的主要变量。按经济类型划分，全社会固定资产投资包括国有经济单位投资、城乡集体经济单位投资、其他各种经济类型的单位投资和城乡居民个人投资。按我国现行管理体制划分，全社会固定资产投资包括基本建设、更新改造、房地产开发投资和其他固定资产投资四部分。

随着我国改革开放的不断深入，投资主体呈现出多元化的趋势，主要包括政府投资、企业投资和外商投资三个方面：

（1）政府投资。政府以财政资金投资于经济建设，其目的是改变长期失衡的经济结构，完成私人部门不能或不愿从事但对国民经济发展却至关重要的投资项目，如大型水利设施、公路建设和生态保护等。同时，政府投资也是扩大投资需求、促进经济增长的重要手段。

（2）企业投资。随着我国市场化改革的不断深入，企业投资需求将成为国内投资需求的主要组成部分，企业投资的规模和方向影响着一国经济未来的走向。

（3）外商投资。外商投资包括外商直接投资和外商间接投资。外商直接投资是指外国企业和经济组织或个人（包括华侨、港澳台胞以及我国在境外注册的企业）按我国有关政策、法规，用现汇、实物、技术等在我国境内开办外商独资企业与我国境内的企业或经济组织共同举办中外合资经营企业、合作经营企业或合作开发资源的投资（包括外商投资收益的再投资）以及经政府有关部门批准的项目投资总额内企业从境外借入的资金等。外商间接投资是指除对外借款（外国政府贷款、国际金融组织贷款、商业银行商业贷款、出口信贷以及对外发行债券等）和外商直接投资以外的各种利用外资的形式，包括企业在境内外股票市场公开发行的以外币计价的股票或人民币发行总额，国际租赁进设备的应付款，补偿贸易中外商提供的进口设备、技术、物料的价款，加工装配贸易中外商提供的进口设备、物料的价款。

（三）消费指标

1. 社会消费品零售总额

社会消费品零售总额是指国民经济各行业通过多种商品流通渠道向城乡居民和社会集团供应的消费品总额。社会消费品零售总额按销售对象划分为两大部分，即对居民的消费品零售额和对社会集团的消费品零售额。对居民的消费品零售额针对售给城乡居民用于生活消费的商品；对社会集团的消费品零售额针对企业、事业和行政等各种类型单位用公款购买的用作非生产、非经营用的消费品。

社会消费品零售总额是研究国内零售市场变动情况、反映经济景气程度的重要指标。社会消费品零售总额的大小和增长速度也反映了城乡居民与社会集团消费水平的高低、居民消费意愿的强弱。

2. 居民可支配收入

居民可支配收入是居民家庭在一定时期内获得并且可以用来自由支配的收入。家庭总收入包括工薪收入、经营净收入、财产性收入（如利息、红利、房租收入等）、转移性收入（如养老金、离退休金、社会救济收入等）。分析一国的消费能力时，应注意该国居民可支配收入占国民收入的占比及占比变化。

3. 城乡居民储蓄存款余额

城乡居民储蓄存款余额是指某一时点城乡居民存入银行及农村信用社的储蓄金额，包括城镇居民储蓄存款和农民个人储蓄存款，不包括居民的手持现金和工矿企业、部队、机关、团体等单位存款。居民储蓄存款是居民可支配收入扣除消费支出以后形成的。居民储蓄量的大小首先决定于可支配收入的多少，同时又受可支配收入中消费支出比例的限制。

居民储蓄增加以后，银行的资金来源扩大了，如果存贷比率不变，银行贷款投放也会相应增加，这就扩大了企业的资金使用，正常情况下就会扩大国内投资需求。所以，储蓄扩张的直接效果可能会导致投资需求扩大和消费需求减少。

（四）金融指标

1. 总量指标

（1）货币供应量是单位和居民个人在银行的各项存款和手持现金之和，其变化反映了中央银行货币政策的变化，对企业生产经营、金融市场，尤其是证券市场的运行和居民个人的投资行为有重大的影响。中央银行一般根据宏观监测和宏观调控的需要，根据流动性的大小将货币供应量划分为不同的层次。我国现行货币统计制度将货币供应量划分为以下 3 个层次。

① 流通中现金（M_0），指单位库存现金和居民手持现金之和，其中"单位"指银行体系以外的企业、机关、团体、部队、学校等单位。

② 狭义货币供应量（M_1），指 M_0 加上单位在银行的可开支票进行支付的活期存款。

③ 广义货币供应量（M_2），指 M_0 加上单位在银行的定期存款和城乡居民个人在银行的各项储蓄存款以及证券公司的客户保证金。其中，中国人民银行从 2001 年 7 月起，将证券公司客户保证金计入广义货币供应量 M_2。

M_2 与 M_1 的差额，通常称为准货币。

中央银行可以通过对货币供应量的管理来调节信贷供给和利率，从而影响货币需求并使其与货币供给相一致，对宏观经济施加影响。

（2）金融机构各项存贷款余额是指某一时点金融机构存款金额（包括企业存款、财政存款、机关团体存款、城乡储蓄存款、农业存款、信托及其他类存款）与金融机构贷款金额（包括工业贷款、农业贷款、商业贷款、建筑业贷款、私营及个体贷款、乡镇企业贷款、固定资产贷款、信托及其他类贷款）。其中，金融机构主要包括商业银行、政策性银行、非银行信贷机构和保险公司。

（3）金融资产总量是指手持现金、银行存款、有价证券、保险等其他资产的总和。私人家庭的金融资产包括现款、储蓄存款、股票、债券、投资基金和人寿保险权利等在内。我国居民的金融资产中，银行储蓄存款占绝大部分，而有价证券和其他金融资产所占的比例很小。

金融资产的多样化是社会融资方式变化发展的标志。改革开放以来，中国金融资产由单一的银行资产向市场化、多元化的方向发展。非银行金融机构提供的其他各种类型的金融资产比重相对上升；同时，银行贷款形式的金融资产比重相对下降，被证券化的金融资产开始不断涌现。

（4）社会融资总额是全面反映金融与经济关系，以及金融对实体经济资金支持的总量指标。社会融资总额是指一定时期内（每月、每季或每年），实体经济从金融体系获得的全部资金总额。这里的金融体系为整体金融的概念，从机构看，包括银行、证券、保险等金融机构；从市场看，包括信贷市场、债券市场、股票市场、保险市场以及中间业务市场等。社会融资总量的内涵主要体现在三个方面。一是金融机构通过资金运用对实体经济提供的全部资金支持，即金融机构资产的综合运用，主要包括人民币各项贷款、外币各项贷款、信托贷款、委托贷款、金融机构持有的企业债券、非金融企业股票、保险公司的赔偿和投资性房地产等。二是实体经济利用规范的金融工具、在正规金融市场、通过金融机构服务所获得的直接融资，主要包括银行承兑汇票、非金融企业股票筹资及企业债的净发行等。三是其他融资，主要包括小额贷款公司贷款、贷款公司贷款、产业基金投资等。随着我国金融市场发展和金融创新深化，实体经济还会增加新的融资渠道，如私募股权基金、对冲基金等。未来条件成熟，也可将其计入社会融资总量。

非银行信贷的繁荣已经给货币政策带来一定挑战，央行仅仅试图依靠调节银行体系的信贷规模来实现货币政策意图已不大可能，信贷调控和宏观目标之间越来越脱节，非银行金融机构和非信贷市场对货币政策的传导机制及其有效性却发挥着越来越大的作用。

（5）外汇储备是一国对外债权的总和，用于偿还外债和支付进口，是国际储备的一种。一国当前持有的外汇储备是以前各时期一直到现期为止的国际收支顺差的累计结果。一国的国际储备除了外汇储备外，还包括黄金储备、特别提款权和在国际货币基金组织（IMF）的储备头寸。我国后两者所占比例较低，国际储备主要由黄金和外汇储备构成。

外汇储备的变动是由国际收支产生差额引起的。当国际收支发生顺差时，流入国内的外汇量大于流出的外汇量，外汇储备就会增加；当发生逆差时，外汇储备减少。当外汇流入国内时，拥有外汇的企业或其他单位可能会把它兑换成本币，比如用来在国内市场购买原材料等，这样就形成了对国内市场的需求。因而，扩大外汇储备会相应增加国内需求。需要强调的是，一个国家除了储备外汇外，还有一部分非储备外汇，即通过国际货币市场单纯进行货币交易而增加或减少的外汇。它和储备外汇的不同之处就是它不是通过国际收支账户实现的。很多时候，人们可能需要兑换货币。当一个国家在国际市场卖出持有的外汇时，外汇流向国外，本币流向国内；当买进外汇时，本币流出，外币流入。所以，非储备外汇减少意味着国内需求增加，非储备外汇增加意味着国内需求减少。它和储备外汇在方向上是不同的。

（6）外汇占款是指受资国中央银行收购外汇资产而相应投放的本国货币。由于人民币是非自由兑换货币，外资引入后需兑换成人民币才能进入流通使用，国家为了外资换汇要投入大量的资金增加货币的需求量，形成外汇占款。

银行购买外汇形成本币投放，所购买的外汇资产构成银行的外汇储备。由于银行结售汇制由银行柜台结售汇市场和银行间外汇市场两层市场体系组成，两个市场上外汇供求都存在管制刚性。因而外汇占款也就相应具有两种含义：一是中央银行在银行间外汇市场中收购外汇所形成的人民币投放；二是统一考虑银行柜台市场与银行间外汇市场两个市场的整个银行体系（包括央行和商业银行）收购外汇所形成的向实体经济的人民币资金投放。其中前一种外汇占款属于央行购汇行为，反映在中央银行资产负债表中。后一种外汇占款属于整个银行体系（包括中央银行与商业银行）的购汇行为，反映在全部金融机构人民币信贷收支表中。与两种含义的外汇占款相对应，在严格的银行结售汇制度下，中央银行收购外汇资产形成中央银行所持有的外汇储备，而整个银行体系收购外汇资产形成全社会的外汇储备。我们日常所说的外汇储备是全社会的外汇储备。

两种含义的外汇占款对国内的人民币货币、资金各有不同的影响。具体表现为：中央银行购汇→形成央行所持有的外汇储备→投放基础货币；整个银行体系购汇→形成全社会外汇储备→形成社会资金投放。

2．利率

（1）利率（或称利息率）是指在借贷期内形成的利息额与本金的比率。利率直接反映的是信用关系中债务人使用资金的代价，也是债权人出让资金使用权的报酬。从宏观经济分析的角度看，利率的波动反映出市场资金供求的变动状况。在经济发展的不同阶段，市场利率有不同的表现。在经济持续繁荣增长时期，资金供不应求，利率上升；当经济萧条市场疲软时，利率会随着资金需求的减少而下降。除了与整体经济状况密切相关之外，利率影响着人们的储蓄、投资和消费行为；利率结构影响着居民金融资产的选择和证券的持有结构。利率可以分为存款利率、贷款利率、国债利率、回购利率、同业拆借利率等。随着市场经济的不断发展和政府宏观调控能力的不断加强，利率特别是基准利率已经成为中央银行一项行之有效的货币政策工具。

贴现率与再贴现率。贴现是指银行应客户的要求，买进其未到付款日期的票据。办理贴现业务时，银行向客户收取一定的利息，称为贴现利息或折扣，其对应的比率即贴现率。再贴现率是商业银行由于资金周转的需要，以未到期的合格票据再向中央银行贴现时适用的利率。对中央银行而言，再贴现是买进票据，让渡资金；对商业银行而言，再贴现是卖出票据，获得资金。

再贴现是中央银行的一项主要的货币政策工具。中央银行根据市场资金供求状况调整再贴现率，能够影响商业银行资金借入的成本，进而影响商业银行对社会的信用量，从而调节货币供给总量。如果中央银行提高再贴现率，就意味着商业银行向中央银行再融资的成本提高了，因此它们必然要调高对客户的贴现率或提高放款利率，从而带动整个市场利率上涨，这样借款人就会减少，起到紧缩信用的作用，市场货币供应量减少；反之，如果中央银行降低再贴现率，就可以起到扩大信用的作用。所以，再贴现率的变动对货币供应量起直接作用，进而对国内总需求产生影响。当再贴现率提高时，会降低总需求；当再贴现率降低时，会扩大总需求。

（2）同业拆借利率。同业拆借利率是指银行同业之间的短期资金借贷利率。同业拆借有两种利率，即拆进利率与拆出利率。拆进利率表示银行愿意借款的利率；拆出利率表示银行愿意贷款的利率。一家银行的拆进（借款）实际上也是另一家银行的拆出（贷款）。同一家银行的拆进和拆出利率相比较，拆进利率永远小于拆出利率，其差额就是银行的收益。同业拆借中大量使用的利率是伦敦同业拆借利率（LIBOR）。现在 LIBOR 已经作为国际金融市场中大多数浮动利率的基础利率，并作为银行从市场上筹集资金进行转贷的融资成本。我国对外筹资成本通常是在 LIBOR 基础上加一定的百分点。

中国人民银行借鉴国际经验而推动建立的报价制中国金融市场基准利率——上海银行间同业拆借利率（Shibor）于 2006 年 10 月 8 日起开始运行，2007 年 1 月 4 日正式对外发布。Shibor 是由信用等级较高的银行组成报价团自主报出的人民币同业拆出利率计算确定的算术平均利率，是单利、无担保、批发性利率。Shibor 包括隔夜、1 周、2 周、1 个月、3 个月、6 个月、9 个月及 1 年 8 个品种。目前，以 Shibor 为基准的拆借、回购、转贴现的交易量正在不断扩大，对短期融资券、企业债券、浮息债券等债券产品定价的指导作用明显增强。

（3）回购利率。回购是交易双方在全国统一同业拆借中心进行的以债券（包括国债、政策性金融债和中央银行融资券）为权利质押的一种短期资金融通业务，是指资金融入方（正回购方）在将债券出质给资金融出方（逆回购方）融入资金的同时，双方约定在将来某一日期由正回购方按某一约定利率计算的资金额向逆回购方返还资金，逆回购方向正回购方返还原出质债券的融资行为。该约定的利率即回购利率。

全国银行间债券市场的回购交易是以国家主权级的债券作为质押品的交易。其回购利率可以说是一种无风险利率，可以准确反映市场资金成本和短期收益水平，比较真实地反映中国金融市场的资金供求情况，已成为中央银行制定货币政策、财政部和其他债券发行人制定发行策略、市场参与者进行资产管理的重要参考指标。

（4）各项存贷款利率。各项存贷款利率包括金融机构对客户存贷款利率，即城乡居民和企事业单位存贷款利率、中国人民银行对金融机构存贷款利率、优惠贷款利率。

银行利率的变动不仅对银行存贷款有直接影响，对债券利率也会产生影响，其他货币的市场价格也会随利率的变动而变动。所以，利率是对市场反应非常灵敏的一个经济变量。在对利率与总供需关系的研究中，应该对存款利率和贷款利率加以区别。一般情况下，两者之间的变动方向是一致的，但是有时候在变动幅度上可以不同，因而，存贷款利率之间的差额也可以成为调节供需关系的一种工具。在其他条件不变时，由于利率水平上浮引起存款增加和贷款下降，使居民的消费支出减少，使企业生产成本增加，会同时抑制供给和需求；利率水平降低则会引起需求和供给的双向扩大。

3．汇率

汇率是外汇市场上一国货币与他国货币相互交换的比率。一般来说，国际金融市场上的外汇汇率是由一国货币代表的实际社会购买力平价和自由市场对外汇的供求关系决定的。

汇率变动是国际市场商品和货币供求关系的综合反映。以外币为基准，当汇率上升时，本币贬值，国外的本币持有人就会抛出本币，或者加快从国内市场购买商品的速度。对于国内来说，一方面是流回国内的本币增多，另一方面是从国内流出的商品增多，出口量扩大，这就形成了国内需求的扩大和供给的减少。当汇率下降时，本币升值，国外对本币的需求增大以及流出增加，对国内的进口增加，这就使国内需求减少，使国内供给增加。

一国的汇率会因该国的国际收支状况、通货膨胀率、利率、经济增长率等的变化而波动；同样，汇率波动又会影响一国的进出口额和资本流动，并对一国的国内经济、对外经济以及国际经济联系都产生重大影响。

（五）财政指标

1. 财政收入

财政收入指国家财政参与社会产品分配取得的收入，是实现国家职能的财力保证。财政收入目前主要包括以下内容。

（1）各项税收：增值税、营业税、消费税、土地增值税、城市维护建设税、资源税、城市土地使用税、印花税、个人所得税、企业所得税、关税、农牧业税和耕地占用税等。

（2）专项收入：征收排污费收入、征收城市水资源费收入、教育费附加收入等。

（3）其他收入：基本建设贷款归还收入、基本建设收入、捐赠收入等。

（4）国有企业计划亏损补贴。这项为负收入，冲减财政收入。

2. 财政支出

财政支出是指国家财政将筹集起来的资金进行分配使用，以满足经济建设和各项事业的需要。财政支出可归类为两部分：一部分是经常性支出，包括政府的日常性支出、公共消费产品的购买、经常性转移等；另一部分是资本性支出，就是政府的公共性投资支出，包括政府在基础设施上的投资、环境改善方面的投资以及政府储备物资的购买等。在财政收支平衡条件下，财政支出的总量并不能扩大和缩小总需求。但财政支出的结构会改变消费需求和投资需求的结构。经常性支出的扩大可以扩大消费需求，其中既有个人消费需求，也有公共物品的消费需求。资本性支出的扩大则扩大投资需求。在总量不变的条件下，两者是此多彼少的关系。所以在需求结构调整时，适当调整财政的支出结构就能显著地产生效应。

3. 赤字或结余

财政收入大于支出表现为结余，财政收不抵支则出现赤字。如果财政赤字过大，就会引起社会总需求的膨胀和社会总供求的失衡。同时，财政赤字或结余也是宏观调控中应用最普遍的一个经济变量。财政发生赤字时有两种弥补方式：一是通过举债即发行国债来弥补，二是通过向银行借款来弥补。发行国债对国内需求总量是不会产生影响的。财政向银行借款弥补赤字，如果银行不为此而增发货币，只是把本来应该增加贷款的数量借给财政使用，那么财政赤字同样不会使需求总量增加。只有在银行因为财政的借款而增加货币发行量时，财政赤字才会扩大国内需求。

（六）主权债务

主权债务是指一国以自己的主权为担保向外（不管是向国际货币基金组织，还是向世界银行，还是向其他国家）借来的债务。因此，从概念上讲，主权债是一国对国外的负债。一国适度举债，可以利用国外资本发展本国经济，但过度举债，超越国家的财政偿还能力就会引发主权债务危机。

20世纪90年代阿根廷主权债务事件和2009年11月发生的迪拜主权债务违约事件对国际经济和金融市场造成极大的负面影响。20世纪90年代，阿根廷政府外债大幅度增加，2000年时达到了1 462亿美元，超过了外汇收入的4倍以上，当年还本付息占出口收入的38%。2001年11月，阿根廷政府宣布无力偿还外债，决定实施债务重组，随后阿根廷的货币大幅贬值。迪拜政府2009年称，其负债额达590亿美元的国有集团迪拜世界请求债务偿还暂停6个月，迪拜世界旗下棕榈岛集团的35亿美元到期债券也将被延后偿还。受迪拜债务危机拖累，全球股市、期市应声暴跌。

2009 年 12 月，全球三大评级机构下调希腊主权信用评级，随即希腊危机愈演愈烈，并不断向其他国家扩散，2012 年 1 月 16 日标普宣布将塞浦路斯、意大利、葡萄牙、西班牙长期信贷评级下调 2 个级别；并将奥地利、法国、马耳他、斯洛伐克、斯洛文尼亚长期信贷评级下调 1 个级别。至此，法国和奥地利失去了最高的 3A 评级。2012 年 1 月 27 日，惠誉将欧元区第三大经济体意大利的主权信用评级下调 2 个级别至 A-，将西班牙的主权信用评级从 AA-下调两个级别至 A。此外，惠誉还分别调降了比利时、塞浦路斯以及斯洛文尼亚的主权信用评级。正当欧债危机逐步深化时，美国的 3A 信用评级在 2011 年 8 月 5 日被标普意外下调至 AA+，评级展望负面。这是美国历史上首次失去 AAA 主权信用评级，引发全球股市、期市以及商品价格的大幅度下跌。

主权债务危机的实质是国家债务信用危机。一般对债务风险的判断都是基于国债负担率、赤字率、债务依存度、偿债率这样一些指标。国债负担率又称国民经济承受能力，是指国债累计余额占国内生产总值（GDP）的比重。这一指标着眼于国债存量，反映了整个国民经济对国债的承受能力。国际公认的国债负担率的警戒线为发达国家不超过 60%，发展中国家不超过 45%。偿债率是指当年的还本付息额与当年出口创汇收入额之比，它是分析、衡量外债规模和一个国家偿债能力大小的重要指标。国际上一般认为，一般国家偿债率的警戒线为 20%，发展中国家为 25%，危险线为 30%。当偿债率超过 25% 时，说明该国外债还本付息负担过重，有可能发生债务危机。

主权债务危机一般会产生以下的负面影响。

（1）导致新的贸易保护。

（2）危机国财政紧缩、税收增加和失业率增加，社会矛盾激化。

（3）危机国货币贬值，资金外流。

（4）危机国债收益率上升，筹资成本大幅度增加，甚至无法发行国债。

第二节　宏观经济分析与证券市场

证券投资的宏观经济分析主要有两个方面的内容，即宏观经济运行和宏观经济政策的影响分析。

一、宏观经济运行分析

证券市场是国民经济的重要组成部分，国民经济的宏观走势对证券市场有着重要的影响。在进行证券投资分析时，首先要将其置身于宏观经济运行的大背景之中，在确定基本面影响后才能展开有关的技术分析。

（一）宏观经济运行对证券市场的影响途径

证券市场素有"经济晴雨表"之称，这既表明证券市场是宏观经济的先行指标，也表明宏观经济的走向决定了证券市场的长期趋势。宏观经济环境对整个证券市场的影响，既包括经济周期波动这种纯粹的经济因素，也包括政府经济政策及特定的财政金融行为等混合因素。宏观经济运行对证券市场的影响主要表现在以下方面。

1. 企业经济效益

无论从长期看还是从短期看，宏观经济环境是影响公司生存、发展的最基本因素。公司的经济效益会随着宏观经济运行周期、宏观经济政策、利率水平和物价水平等宏观经济因素的变动而变动。如果宏观经济运行趋好，企业总体盈利水平提高，证券市场的市值自然上涨；如果政府采取强有力的宏观调控政策，紧缩银根，企业的投资和经营会受到影响，盈利下降，证券市场市值就可能缩水。

2. 居民收入水平

在经济周期处于上升阶段或在提高居民收入政策的作用下，居民收入水平提高将会在一定程度上拉动消费需求，从而增加相关企业的经济效益。另外，居民收入水平提高也会直接促进证券市场投资需求的提高。

3. 投资者对股价的预期

投资者对股价的预期，也就是投资者的信心，是宏观经济影响证券市场走势的重要途径。当宏观经济趋好时，投资者预期公司效益和自身的收入水平会上升，证券市场自然人气旺盛，从而推动市场平均价格走高；反之，则会令投资者对证券市场信心下降。

4. 资金成本

当国家经济政策发生变化，如采取调整利率水平、实施消费信贷政策、征收利息税等政策，居民、单位的资金持有成本将随之变化。例如，利率水平的降低和征收利息税的政策将会促使部分资金由银行储蓄变为投资，从而影响证券市场的走向。

（二）宏观经济变动与证券市场波动的关系

1. 国内生产总值变动

国内生产总值（GDP）是一国经济成就的根本反映。从长期看，在上市公司的行业结构与该国产业结构基本一致的情况下，股票平均价格的变动与GDP的变化趋势是相吻合的。但不能简单地认为GDP增长，证券市场就必将伴之以上升的走势，必须将GDP与经济形势结合起来考察。

在持续、稳定、高速的GDP增长情况下，社会总需求与总供给协调增长，经济结构逐步合理，趋于平衡，经济增长来源于需求刺激并使得闲置的或利用率不高的资源得以更充分利用，从而表明经济发展势头良好。这时证券市场将基于下述原因而呈现上升走势。

（1）伴随总体经济成长，上市公司利润持续上升，股息不断增长，企业经营环境不断改善，产销两旺，投资风险也越来越小，从而公司的股票和债券全面得到升值，促使价格上扬。

（2）人们对经济形势形成了良好的预期，投资积极性得以提高，从而增加了对证券的需求，促使证券价格上涨。

（3）随着GDP的持续增长，国民收入和个人收入都不断得到提高，收入增加也将增加证券投资的需求，从而导致证券价格上涨。

高通货膨胀下的GDP增长。当经济处于严重失衡下的高速增长时，总需求大大超过总供给，这将表现为高的通货膨胀率。这是经济形势恶化的征兆，如不采取调控措施，必将导致未来的滞胀。这时，经济中的各种矛盾会突出表现出来，企业经营将面临困境，居民实际收入也将降低，因而失衡的经济增长必将导致证券市场行情下跌。

宏观调控下的GDP减速增长。当GDP呈失衡的高速增长时，政府可能采取宏观调控措施以维持经济稳定增长，这样必然减缓GDP的增长速度。如果调控目标得以顺利实现，GDP仍以适当的速度增长而未导致GDP的负增长或低增长，说明宏观调控措施十分有效，经济矛盾逐步得以缓解，并为进一步增长创造了有利条件。这时，证券市场也将反映这种好的形势而呈平稳渐升的态势。

转折性的GDP变动。如果GDP一定时期以来呈负增长，当负增长速度逐渐减缓并呈现向正增长转变的趋势时，表明恶化的经济环境逐步得到改善，证券市场走势也将由下跌转为上升。当GDP由低速增长转向高速增长时，表明低速增长中，经济结构得到调整，经济的瓶颈制约得以改善，新一轮经济高速增长已经来临，证券市场亦有快速上涨之势。

证券市场一般提前对GDP的变动做出反应，即证券市场是反映预期的GDP变动，而GDP的实际变动公布时，证券市场只反映实际变动与预期变动的差别，因而分析GDP变动时必须着眼于未来。另外，还必须强调指出，以上有关GDP与证券市场关系的陈述对分析一国在相当长的时间内的情况比较有价值。由于影响证券市场走势的因素很多，有时一国证券市场与本国GDP走势在2~5年内都有可能出现背离。

2. **经济周期变动**

经济周期是一个连续不断的过程，表现为扩张和收缩的交替出现。某个时期产出、价格、利率、就业不断上升直至某个高峰——繁荣，之后可能是经济的衰退，产出、产品销售、利率、就业率开始下降，直至某个低谷——萧条。接下来则是经济重新复苏，进入一个新的经济周期。

证券市场综合了人们对于经济形势的预期，这种预期又必然反映到投资者的投资行为中，从而影响证券市场的价格。既然股价反映的是对经济形势的预期，因而其表现必定领先于经济的实际表现（除非预期出现偏差，经济形势本身才对股价产生纠错反应）。当经济持续衰退至尾声即萧条时期，百业不振，投资者已远离证券市场，每日成交稀少。此时，那些有眼光而且在不停搜集和分析有关经济形势并做出合理判断的投资者已在默默吸纳股票，股价已缓缓上升。当各种媒介开始传播萧条已去、经济日渐复苏时，股价实际上已经升至一定水平。而那些有识之士在综合分析经济形势的基础上，认为经济将不会再创热潮时，就悄然抛出股票，股价虽然还在上涨，但供需力量逐渐发生转变。当经济形势逐渐被更多的投资者认识，供求趋于平衡直至供大于求时，股价便开始下跌。

3. **通货变动**

通货是指一个国家的法定货币，它的国内购买力水平是以可比物价变动情况来衡量的。通货变动包括通货膨胀和通货紧缩。

（1）通货膨胀对证券市场的影响。通货膨胀对证券市场特别是个股的影响，没有一成不变的规律可循，应从该时期通货膨胀的原因、通货膨胀的程度、配合当时的经济结构和形势政府可能采取的干预措施等方面的分析入手，具体情况具体分析。以下是分析的几个一般性原则。

温和的、稳定的通货膨胀对股价的影响较小。通货膨胀提高了债券的必要收益率，从而引起债券价格下跌。

如果通货膨胀在一定的可容忍范围内持续，而经济处于景气（扩张）阶段，产量和就业都持续增长，那么股价也将持续上升。

严重的通货膨胀是很危险的，经济将被严重扭曲，货币加速贬值，这时人们将会囤积商品、购买房屋等进行保值。这可能从两个方面影响证券价格：一是资金流出证券市场，引起股价和债券价格下跌。二是经济扭曲和失去效率，企业筹集不到必需的生产资金；同时，原材料、劳务成本等价格飞涨，使企业经营严重受挫，盈利水平下降，甚至倒闭。

政府往往不会长期容忍通货膨胀存在，因而必然会使用某些宏观经济政策工具来抑制通货膨胀，这些政策必然对经济运行造成影响。

通货膨胀时期，并不是所有价格和工资都按同一比率变动，而是相对价格发生变化。这种相对价格变化引致财富和收入再分配，因而某些公司可能从中获利，而另一些公司可能蒙受损失。

通货膨胀不仅产生经济影响，还可能产生社会影响，并影响投资者的心理和预期，从而对股价产生影响。

通货膨胀使得各种商品价格具有更大的不确定性，也使得企业未来经营状况具有更大的不确定性，从而增加证券投资的风险。

通货膨胀对企业的微观影响表现为：通货膨胀之初，税收效应、负债效应、存货效应和波纹效应等都有可能刺激股价上涨。但长期严重的通货膨胀必然恶化经济环境、社会环境，股价将受大环境影响而下跌。

（2）通货紧缩对证券市场的影响。通货紧缩将损害消费者和投资者的积极性，造成经济衰退和经济萧条，不利于币值稳定和经济增长。从消费者的角度来说，通货紧缩持续下去，消费者对物价的预期值下降，而更多地推迟购买。对投资者来说，通货紧缩将使投资产出的产品未来价格低于当前预期，促使投资者更加谨慎，或推迟原有投资计划。消费和投资的下降减少了总需求，使物价继续下降，从而步入恶性循环。从利率角度分析，通货紧缩形成了利率下调的稳定预期，由于真实利率等于名义利率减去通货膨胀率，下调名义利率降低了社会的投资预期收益率，导致有效需求和投资支出进一步减少，工资降低，失业增多，企业的效益下滑，居民收入减少，引致物价更大幅度的下降。

二、宏观经济政策分析

当代市场经济国家对经济的干预主要是通过货币政策和财政政策来实现的。根据宏观经济运行的不同，政府可采取扩张的和紧缩的货币政策和财政政策，以调节经济的增长和物价总水平的稳定，实现充分就业目标。这些政策的实施会直接或间接地反映到作为国民经济"晴雨表"的证券市场上。

（一）财政政策

财政政策是政府依据客观经济规律制定的指导财政工作和处理财政关系的一系列方针、准则和措施的总称。

1. 财政政策工具

财政政策工具主要包括国家预算、税收、国债、财政补贴、财政管理体制、转移支付制度等。这些工具可以单独使用，也可以配合协调使用。

（1）国家预算。作为政府的基本财政收支计划，国家预算能够全面反映国家财力规模和平衡状态。国家预算收支的规模和收支平衡状态可以对社会供求的总量平衡产生影响。在一定时期，当其他社会需求总量不变时，财政赤字具有扩张社会总需求的功能，财政采用结余政策和压缩财政支出具有减少社会总需求的功能。

国家预算的支出方向可以调节社会总供求的结构平衡。财政投资主要运用于能源、交通及重要的基础产业、基础设施的建设，财政投资的多少和投资方向直接影响和制约国民经济的部门结构，因而具有造就未来经济结构框架的功能，也有矫正当期结构失衡状态的功能。

（2）税收是国家凭借政治权力参与社会产品分配的重要形式。税收具有强制性、无偿性和固定性的特征，它既是筹集财政收入的主要工具，又是调节宏观经济的重要手段。税制的设置可以调节和制约企业间的税负水平。税收还可以根据消费需求和投资需求的不同对象设置税种或在同一税种中实行差别税率，以控制需求数量和调节供求结构。进口关税政策和出口退税政策对国际收支平衡具有重要的调节功能。

（3）国债是国家按照有偿信用原则筹集财政资金的一种形式。国债可以调节国民收入的使用结构和产业结构，用于农业、能源、交通和基础设施等国民经济的薄弱部门和瓶颈产业的发展，调整固定资产投资结构，促进经济结构合理化。政府还可以通过发行国债调节资金供求和货币流通量。另外，国债的发行对证券市场资金的流向格局也有较大影响。如果一段时间内，国债发行量较大且具有一定的吸引力，将会分流证券市场的资金。

（4）财政补贴是国家为了某种特定需要，将一部分财政资金无偿补助给企业和居民的一种再分配形式。我国财政补贴主要包括价格补贴、企业亏损补贴、财政贴息、房租补贴、职工生活补贴和外贸补贴等。

（5）财政管理体制是中央与地方、地方各级政府之间以及国家与企事业单位之间资金管理权限和财力划分的一种根本制度，其主要功能是调节各地区、各部门之间的财力分配。

（6）转移支付制度。转移支付制度是中央财政将集中的一部分财政资金，按一定的标准拨付给地方财政的一项制度。其主要功能是调整中央政府与地方政府之间的财力纵向不平衡，调整地区间财力横向不平衡。

2. 财政政策对证券市场的影响

财政政策分为扩张性财政政策、紧缩性财政政策和中性财政政策。总地来说，紧缩财政政策将使过热的经济受到控制，证券市场也将走弱；而扩张性财政政策将刺激经济发展，证券市场将走强。具体而言，实施积极财政政策对证券市场的影响如下。

（1）减少税收，降低税率，扩大减免税范围。其政策的经济效应是：增加收入直接引起证券市场价格上涨，增加投资需求和消费支出又会拉动社会总需求；而总需求增加又反过来刺激投资需求，从而使企业扩大生产规模，增加企业利润；利润增加，又将刺激企业扩大生产规模的积极性，进一步增加利润总额，从而促进股票价格上涨。市场需求活跃，企业经营环境改善，盈利能力增强，进而降低了还本付息风险，债券价格也将上扬。

（2）扩大财政支出，加大财政赤字。其政策效应是：扩大社会总需求，从而刺激投资，扩大就业。政府通过购买和公共支出增加对商品和劳务的需求，激励企业增加投入，提高产出水平，于是企业利润增加，经营风险降低，使得股票价格和债券价格上升。同时，居民在经济复苏中增加了收入，持有货币增加，景气的趋势更增加了投资者的信心，买气增强，证券市场和债券市场趋于活跃，价格自然上扬。但过度使用此项政策，财政收支出现巨额赤字时，虽然进一步扩大了需求，但增加了经济的不稳定因素。

（3）减少国债发行（或回购部分短期国债）。国债是证券市场上重要的交易券种，国债发行规模的缩减使市场供给量减少，从而对证券市场原有的供求平衡发生影响，导致更多的资金转向股票，推动证券市场上扬。

（4）增加财政补贴。财政补贴往往使财政支出扩大。其政策效应是扩大社会总需求和刺激供给增加，从而使整个证券市场的总体水平趋于上涨。

紧缩财政政策的经济效应及其对证券市场的影响与上述情况相反。

（二）货币政策

所谓货币政策，是指政府为实现一定的宏观经济目标制定的关于货币供应和货币流通组织管理的基本方针和基本准则。

1. 货币政策工具

货币政策工具是指中央银行为实现货币政策目标所采用的政策手段。货币政策工具可分为一般性政策工具（包括法定存款准备金率、再贴现政策、公开市场业务）和选择性政策工具（包括直接信用控制、间接信用指导等）。

（1）一般性政策工具。一般性政策工具是指中央银行经常采用的三大政策工具。

法定存款准备率是指中央银行规定的金融机构为保证客户提取存款和资金清算需要而准备的在中央银行的存款占其存款总额的比例。当中央银行提高法定存款准备金率时，商业银行可运用的资金减少，贷款能力下降，货币乘数变小，市场货币流通量便会相应减少。所以，在通货膨胀时，中央银行可提高法定准备金率；反之，则降低法定准备金率。由于货币乘数的作用，法定存款准备金率的作用效果十分明显。人们通常认为这一政策工具效果过于猛烈，因此，一般对法定存款准备金率的调整都持谨慎态度。

再贴现政策是指中央银行对商业银行用持有的未到期票据向中央银行融资所作的政策规定。中央银行根据市场资金供求状况调整再贴现率，以影响商业银行借入资金成本，进而影响商业银行对社会的信用量，从而调整货币供给总量。在传导机制上，若商业银行需要以较高的代价才能获得中央银行的贷款，便会提高对客户的贴现率或放款利率，其结果就会使信用量收缩，市场货币供应量减少；反之，则相反。中央银行对再贴现资格条件的规定则着眼于长期的政策效用，以发挥抑制或扶持作用，并改变资金流向。

公开市场业务。在多数发达国家，公开市场业务操作是中央银行吞吐基础货币、调节市场流动性的主要货币政策工具，通过中央银行与指定交易商进行有价证券和外汇交易，实现货币政策调控目标。1999 年以来，公开市场业务已成为中国人民银行货币政策日常操作的重要工具，对于调控货币供应量、调节商业银行流动性水平、引导货币市场利率走势发挥了积极的作用。

（2）选择性政策工具。随着中央银行宏观调控作用重要性的加强，货币政策工具也趋向多元化，因而出现了一些供选择使用的新措施，这些措施被称为选择性货币政策工具。

直接信用控制是指以行政命令或其他方式，直接对金融机构尤其是商业银行的信用活动进行控制。其具体手段包括：规定利率限额与信用配额、信用条件限制，规定金融机构流动性比率和直接干预等。

间接信用指导是指中央银行通过道义劝告、窗口指导等办法间接影响商业银行等金融机构行为的做法。

2. 货币政策对证券市场的影响

货币政策对证券市场的影响，可以从 4 个方面加以分析。

（1）利率对证券价格的影响。中央银行调整基准利率的高低，对证券价格产生影响。一般来说，利率下降时，股票价格上升；而利率上升时，股票价格下降。原因有：第一，利率是计算股票内在投资价值的重要依据之一。当利率上升时，同一股票的内在投资价值下降，从而导致股票价格下跌；反之，则股价上升。第二，利率水平的变动直接影响到公司的融资成本，从而影响股票价格。利率低，可以降低公司的利息负担，增加公司盈利，股票价格也将随之上升；反之，则股票价格下跌。第三，利率降低，部分投资者将把储蓄投资转成股票投资，需求增加，促成股价上升；反之，则股价下降。

上述利率与股价运动呈反向变化是一般情况，不能将此绝对化。当形势看好、股票行情暴涨时，利率的调整对股价的控制作用就不会很大。同样，当股市处于暴跌时，即使出现利率下降的调整政策，也可能会使股价回升乏力。

美国在 1978 年就出现过利率和股价同时上升的情形。当时出现这种异常现象的原因主要有两个：一是许多金融机构对美国政府当时维持美元在世界上的地位和控制通货膨胀的能力没有信心；二是当时股票价格已经下降到极低点，远远偏离了股票的实际价格，从而使大量的外国资金流向了美国股市，引起了股票价格上涨。我国香港 1981 年也曾出现过同样的情形。

（2）中央银行的公开市场业务对证券价格的影响。当政府倾向于实施较为宽松的货币政策时，中央银行就会大量购进有价证券，从而使市场上货币供给量增加。这会推动利率下调，资金成本降低，从而企业和个人的投资和消费热情高涨，生产扩张，利润增加，这又会推动股票价格上涨；反之，股票价格将下跌。

（3）调节货币供应量对证券市场的影响。中央银行可以通过法定存款准备金率和再贴现政策调节货币供应量，从而影响货币市场和资本市场的资金供求，进而影响证券市场。如果中央银行提高法定存款准备金率，这在很大程度上限制了商业银行体系创造派生存款的能力，等于冻结了一部分商业银行的超额准备。由于法定存款准备金率对应着数额庞大的存款总量，并通过货币乘数的作用使货币供应量更大幅度减少，证券市场价格便趋于下跌。同样，如果中央银行提高再贴现率，对再贴现资格加以严格审查，商业银行资金成本增加，市场贴现利率上升，社会信用收缩，证券市场的资金供应减少，证券市场行情走势趋软。反之，如果中央银行降低法定存款准备金率或降低再贴现率，通常都会导致证券市场行情上扬。

（4）选择性货币政策工具对证券市场的影响。为了实现国家的产业政策和区域经济政策，我国对不同行业和区域采取区别对待的方针。一般来说，该项政策会对证券市场整体走势产生影响，而且会因为板块效应对证券市场产生结构性影响。当直接信用控制或间接信用指导降低贷款限额、压缩信贷规模时，从紧的货币政策使证券市场行情呈下跌走势，但如果在从紧的货币政策前提下，实行总量控制，通过直接信用控制或间接信用指导区别对待，紧中有松，那么一些优先发展的产业和国家支柱产业以及农业、能源、交通、通信等基础产业及优先重点发展地区的证券价格则可能不受影响，甚至逆势而上。总的来说，此时贷款流向反映当时的产业政策与区域政策，并引起证券市场价格的比价关系做出结构性的调整。

（三）汇率

汇率是国际贸易中最重要的调节杠杆。由于世界各国货币的名称不同，币值不一，所以一国货币对其他国家的货币要规定一个兑换率，即汇率。

1. 汇率制度

通常来讲，汇率制度主要有 4 种：自由浮动汇率制度、有管理的浮动汇率制度、目标区间管理和固定汇率制度。

自由浮动汇率制度是指汇率由货币的供求关系决定，央行不对外汇市场实施任何干预措施，市场参与者根据物价水平变化、利差、经济增长和其他相关的变量决定买卖外汇。这些经济变量会受政府政策等多种因素的影响；同时，市场参与者对此做出反应并不断调整自己的买卖决策。

汇率大幅度波动可能会危害一个国家的经济稳定，因此，绝大部分实行浮动汇率制度的国家都采取措施避免汇率大幅度波动，这样的汇率制度即为有管理的浮动汇率制度。央行干预是避免汇率大幅度波动的手段，主要有 3 种干预措施。其一，一些中央银行的干预目标是平滑日常的波动，它们偶尔进入市场，但不会尝试干预货币的基本趋势。其二，另一种更加积极的干预是逆经济风向而行。阻止那些由于暂时性的事件引起的外汇市场上突然的短期或中期波动。然而，这种干预意在推延而非抵销货币的基本趋势。其三，最后一种干预称为非官方盯住，是指央行通过对市场的干预使汇率变化不得超出官方非公开的汇价上下限。

目标区间管理是减少汇率波动的另一种汇率制度。在目标区间汇率制度下，一个国家的中央银行将调整其货币政策，以保持汇率在一个以中心汇率为基准上下浮动的区间内。1978—1998 年欧洲货币体系（EMS）就是这样一种汇率制度。

目标区间管理降低了由汇率波动造成的不稳定性，而且，如果这种管理是可信的，汇率在没有央行干预时也将会保持在区间内。可信性就是中央银行在面临偏离目标区间的威胁时，维护汇率的意愿和能力。在 1992 年的危机导致几个国家脱离欧洲货币体系之后，这个体系的汇率调整越来越少，因此，一些欧洲国家开始使用统一货币——欧元。从 1999 年 1 月开始，这些国家开始将本国货币兑换成欧元，并于 2002 年 1 月实现全部兑换。

在固定汇率制度下，政府将汇率维持在某一个目标水平。事实上，固定汇率制度相当于浮动区间很小的目标区间汇率制度，一旦这个国家的汇率偏离固定水平超过一个既定的百分比，央行将进入外汇市场进行干预。

如果一个国家迫于市场压力放弃原先的目标汇率而实行新的汇率，则称之为汇率的再安排。之所以实施汇率再安排，有时是为了解决长期性的经常项目赤字或盈余。汇率再安排可以是本币的升值，也可以是本币的贬值。

2005 年 7 月 21 日，我国对人民币汇率形成机制进行改革。人民币汇率不再盯住单一美元，而是选择若干种主要货币组成一个货币篮子，同时参考一篮子货币计算人民币多边汇率指数的变化，实行以市场供求为基础、参考一篮子货币进行调节、有管理的浮动汇率制度。

2. 汇率变化对证券市场的影响

汇率对证券市场的影响是多方面的。一般来讲，一国的经济越开放，证券市场的国际化程度越高，证券市场受汇率的影响越大。

一般而言，以外币为基准，汇率上升，本币贬值，本国产品竞争力强，出口型企业将增加收益，因而企业的股票和债券价格将上涨；相反，依赖于进口的企业成本增加，利润受损，股票和债券的价格将下跌。同时，汇率上升，本币贬值，将导致资本流出本国，资本的流失将使得本国证券市场需求减少，从而市场价格下跌。

另外，汇率上升时，本币表示的进口商品价格提高，进而带动国内物价水平上涨，引起通货膨胀。通货膨胀对证券市场的影响需根据当时的经济形势、具体企业以及政策行为进行分析。为维持汇率稳定，政府可能动用外汇储备，抛售外汇，从而减少本币的供应量，使得证券市场价格下跌，直到汇率回落恢复均衡，反面效应可能使证券价格回升。如果政府利用债市与汇市联动操作达到既控制汇率的升势，又不减少货币供应量，即抛售外汇的同时回购国债，则将使国债市场价格上扬。

（四）收入政策

收入政策是国家为实现宏观调控总目标和总任务，针对居民收入水平高低、收入差距大小在分配方面制定的原则和方针。

1. 收入政策概述

与财政政策、货币政策相比，收入政策具有更高一层次的调节功能，它制约着财政政策和货币政策的作用方向和作用力度，而且收入政策最终也要通过财政政策和货币政策来实现。

收入总量调控政策主要通过财政、货币机制，以及行政干预和法律调整等机制来实施。财政机制通过预算控制、税收控制、补贴调控和国债调控等手段贯彻收入政策。货币机制通过调控货币供应量、调控货币流通量、调控信贷方向和数量、调控利息率等贯彻收入政策。因而，收入总量调控通过财政政策和货币政策的传导对证券市场产生影响。

2. 我国收入政策及其对证券市场的影响

我国个人收入分配实行以按劳分配为主体、多种分配方式并存的收入分配政策。在以劳动收入为主体的前提下，国家依法保护法人和居民的一切合法收入和财产，鼓励城乡居民储蓄和投资，允许属于个人的资本等生产要素参与分配。

随着社会主义市场经济体制的建立和完善，我国收入分配格局发生了根本性的变化，从而导致了我国民间金融资产大幅度增加，并具有相当规模。民间金融资产的增大、社会总积累向社会分配的趋向，将导致储蓄增加，同时增加证券市场需求，促进证券市场规模的扩大和价格水平的逐步提高。着眼于短期供求总量均衡的收入总量调控通过财政、货币政策来进行，因而收入总量调控通过财政政策和货币政策的传导对证券市场产生影响。

第三节 国际金融市场环境分析

国际金融市场按经营业务的种类，可以分为货币市场、证券市场、外汇市场、黄金市场和期权期货市场。这些市场是一个整体，各个市场相互影响。证券市场仅仅是国际金融市场的一部分。

随着经济全球化和金融市场一体化进程的加快，一国经济形势和金融市场的动荡都会对相关国家产生直接或间接影响。中国自加入世界贸易组织（world trade organization，WTO）之后，资本市场逐步开放，尽管目前人民币还没有实现完全自由兑换，证券市场相对独立，但由于经济全球化的发展，我国经济与世界经济的联系日趋紧密。自2007年开始的美国次贷危机引发的金融危机，对全球经济和金融市场产生了巨大的冲击，而国际金融市场的剧烈动荡会通过各种途径影响我国的证券市场。

一、国际金融市场动荡通过人民币汇率预期影响证券市场

从趋势上看，由于中国经济持续高速发展，人民币渐进升值对股票市场的影响主要体现在两个方面。

（1）将全面提升人民币资产升值，对内外资投资于中国资本市场都将产生极大的吸引力，特别是伴随金融业的全面开放、合格境外机构投资者（QFII）投资额度放宽、市场扩容和金融衍生工具增加等，我国资本市场正在迎来加速发展的时期。

（2）拥有人民币资本类的行业或企业将特别受到投资者的青睐，如零售商业、房地产业、金融业等。这类行业在2006年和2007年伴随人民币升值，成为股指上扬的龙头。人民币升值不仅对A

股产生影响，对 B 股也会产生影响。由于上海与深圳两个 B 股市场分别是以美元和港元标价，出于对人民币升值的预期，2002 年以来，这两个市场在走势上出现一定的分化。

二、国际金融市场动荡通过宏观面间接影响我国证券市场

改革开放以来，我国国民经济的对外依存度大大提高，国际金融市场动荡会导致出口增幅下降、外商直接投资下降，从而影响经济增长率。宏观经济环境的恶化导致上市公司业绩下降和投资者信心下降，最终使证券市场行情下跌。其中，国际金融市场的动荡对外向型上市公司和外贸行业上市公司的业绩影响最大，对其股价的冲击也最大。2008 年全球金融危机直接影响到全球实体经济，美国、欧洲和日本三大经济体经济进入衰退。中国经济 2008 年第 4 季度出现大幅度下滑，其中出口出现零增长，A 股市场也受到国际金融市场的影响。

应当说国际金融市场的动荡对我国的影响并不是单向的。2007 年 2 月 27 日，A 股指数出现有史以来最大的单日下跌，跌幅超过 8%。股指大跌次日波及全球各国（地区）股市，几乎无一幸免，美股大跌逾 400 点。在全球金融市场上，这都可以说是一次不小的股灾，称为"黑色星期二"。德国媒体以"中国打喷嚏，全世界感冒"来形容当今中国经济的影响力。随着中国资产证券化率的不断提高，中国股市对世界金融市场的影响将会越来越大。

三、国际金融市场动荡通过微观面直接影响我国证券市场

随着中国经济实力的不断壮大，国内企业的国际竞争能力也不断增强。一些大型企业最近几年通过跨国兼并参与国际竞争。国内主要上市公司通过购买境外企业的股份，以达到参股或控股的目的。另外一些大型上市公司通过购买境外企业债券进行组合投资套期保值。国际金融市场的动荡造成境外企业的股票和债券价格大幅度缩水，严重影响了上述公司的业绩。

2005 年股权分置改革后，包括中国石油在内的许多大型国有企业陆续在我国 A 股市场上市。该类公司目前在国际上具备较强的竞争力和资本扩张能力，它们在境外的投资直接受到国际市场的影响。2007 年年底到 2008 年年底，该类公司境外投资受国际金融市场的影响导致股价下跌已直接对 A 股产生巨大影响。这一新现象表明，国际金融市场动荡已经从原有的通过宏观层面的间接影响深入从微观层面直接影响我国 A 股市场。

随着改革开放，尤其是加入 WTO 以来，我国内地与香港在经济发展上关系日益密切，反映在证券市场就是 A 股和 H 股的关联性不断加强。从历史上看，A 股和 H 股的相关性系数为 0.6～0.7，但 2006 年以来，两者的相关性却不断地上升，一度超过了 0.9。考虑到香港作为一座国际化的金融中心以及与国际金融市场的紧密相连性，国际金融市场动荡会通过 H 股影响 A 股市场。随着证券市场的日益开放，A 股与 H 股的关联性还将进一步加强。

（1）股权分置改革的顺利完成将加速 A-H 股价值的接轨进程。一方面，股权分置改革有利于优化上市公司治理机制，降低风险溢价和资本成本，提升 H 股的估值水平；同时，股权分置改革后上市公司的并购、重组行为也将使其更具投资价值。另一方面，股权分置改革为 A 股带来的自然除权效应促使 A-H 股的价格逐渐接轨。

（2）随着 QFII 和合格境内机构投资者（QDII）规模的不断扩大，无论是 A 股对 H 股的溢价，

还是 H 股对 A 股的溢价，在套利机制的作用下都趋于消失，这使得两者股价逐步融合。

（3）国家有关部门既支持具备条件的国有大型企业通过规范改制实现境内外上市，又鼓励国有 H 股回归 A 股，这将使更多的大型上市公司同时出现在 A 股和 H 股市场。一般来说，由于此类上市公司的权重较大，也会促使 A 股走势与 H 股走势趋于相似，使两者关联性不断加强。

综上所述，在国际金融市场相互影响和日益动荡的今天，我国政府部门将吸取国际金融市场动荡的教训，采取降低证券市场风险、加强监管、提高上市公司的素质等积极措施，促使证券市场稳健发展。

思考与练习

1. 证券投资宏观经济分析的主要方法有哪些？
2. 只要是经济增长，就一定有利于证券市场吗？试就近五年我国GDP增长和上证指数变化情况加以说明。
3. 通货膨胀对证券市场的影响是很复杂的，请根据不同程度的通货膨胀加以具体分析。
4. 简述本币升值对一国证券市场的影响。
5. 说明利率变化对证券市场的影响。
6. 影响我国证券市场的政策主要有哪些？请阐述具体的作用机制。
7. 阐述股票市场供给与需求的决定因素。

行业分析 第十章

证券投资行业分析是介于宏观经济分析与公司分析之间的中观层次分析，是证券投资基本分析的重要环节。行业是指由提供相近或者替代的商品或服务，在相同或相关价值链上共同构成的，具有某种共同特性的企业的集合。因此，行业的主题是企业集合，核心是商品或劳务。不同行业之间经营状况的差别是明显的，其风险—收益特征也各不相同，因此，需要分析各行业所属的市场类型、竞争结构、所处的生命周期、在经济周期不同阶段的业绩表现以及企业在价值链和产业链所处的位置对证券价格的影响，以便证券投资者准确选择投资领域，进而选出最具有投资价值的上市公司。本章的主要内容包括：行业分析概述、行业投资分析、国内外行业分类标准、产业链和价值链。

第一节 行业分析概述

一、行业的含义

所谓行业，是指由从事国民经济中同性质的生产或其他经济社会活动的经营单位和个体等构成的组织结构体系，如林业、汽车业、银行业、房地产业等。从严格意义上讲，行业与产业有差别，主要是适用范围不同。产业作为经济学的专门术语，有更严格的使用条件。产业一般具有 3 个特点。

（1）规模性。即产业的企业数量、产品或服务的产出量达到一定的规模。

（2）职业化。即形成了专门从事这一产业活动的职业人员。

（3）社会功能性。即这一产业在社会经济活动中承担一定的角色，而且是不可缺少的。

行业虽然也拥有职业人员，也具有特定的社会功能，但一般没有规模上的约定。比如，国家机关和党政机关行业就不构成一个产业。证券分析师关注的往往都是具有相当规模的行业，特别是含有上市公司的行业，所以业内一直约定俗成地把行业分析与产业分析视为同义语。

二、行业分析的意义

行业分析的主要任务包括：解释行业本身所处的发展阶段及其在国民经济中的地位，分析影响行业发展的各种因素以及判断对行业影响的力度，预测并引导行业的未来发展趋势，判断行业投资价值，揭示行业投资风险，从而为政府部门、投资者及其他机构提供决策依据或投资依据。

行业经济是宏观经济的构成部分，宏观经济活动是行业经济活动的总和。行业经济活动是介于宏观经济活动和微观经济活动中的经济层面，是中观经济分析的主要对象之一。

宏观经济分析主要分析社会经济的总体状况，但没有对总体经济的各组成部分进行具体分析。宏观经济的发展水平和增长速度反映了各组成部分的平均水平和速度，但各个组成部分的发展却有很大的差别，并非都和总体水平相一致。实际上，总是有些行业的增长快于宏观经济的增长，而有些行业的增长慢于宏观经济的增长。

行业分析是对上市公司进行分析的前提，也是连接宏观经济分析和上市公司分析的桥梁，是基本分析的重要环节。公司的投资价值可能会由于所处行业不同而有明显差异。因此，行业是决定公司投资价值的重要因素之一。

第二节 行业投资分析

行业的市场结构、竞争结构、对经济周期的敏感性、所处生命周期以及经济周期的阶段等因素，将影响其盈利水平和经营的稳定状况。

一、行业的市场结构分析

市场结构就是市场竞争或垄断的程度。根据该行业中企业数量的多少、进入限制程度和产品差别，行业基本上可分为 4 种市场结构：完全竞争、垄断竞争、寡头垄断、完全垄断。

（一）完全竞争

完全竞争型市场是指竞争不受任何阻碍和干扰的市场结构。其特点如下。

（1）生产者众多，各种生产资料可以完全流动。

（2）产品不论是有形还是无形的，都是同质的、无差别的。

（3）没有一个企业能够影响产品的价格，企业永远是价格的接受者而不是价格的制定者。

（4）企业的盈利基本上由市场对产品的需求决定。

（5）生产者可自由进入或退出这个市场。

（6）市场信息对买卖双方都是畅通的，生产者和消费者对市场情况非常了解。

从上述特点可以看出，完全竞争是理论上的假设，该市场结构得以形成的根本因素在于企业产品的无差异，所有的企业都无法控制产品的市场价格。在现实经济中，完全竞争的市场类型是少见的，初级产品（如农产品）的市场类型较类似于完全竞争。

（二）垄断竞争

垄断竞争型市场是指既有垄断又有竞争的市场结构。在垄断竞争型市场上，每家企业都在市场上具有一定的垄断力，但它们之间又存在激烈的竞争。其特点如下。

（1）生产者众多，各种生产资料可以流动。

（2）生产的产品之间存在着差异。产品的差异性是指各种产品之间存在着实际或想象上的差异，这是垄断竞争与完全竞争的主要区别。

由于产品差异性的存在，生产者可以树立自己产品的信誉，从而对其产品的价格有一定的控制能力。可以看出，垄断竞争型市场中有大量企业，但没有一个企业能有效影响其他企业的行为。在国民经济各行业中，制成品（如纺织、服装等轻工业产品）的市场类型一般都属于垄断竞争。

（三）寡头垄断

寡头垄断型市场是指相对少量的生产者在某种产品的生产中占据很大的市场份额，从而控制了这个行业供给的市场结构。该市场结构得以形成的原因有：这类行业初始投入资本较大，阻止了大量中小企业的进入；这类产品只有在大规模生产时，才能获得好的效益，这就会在竞争中自然淘汰大量的中小企业。

在寡头垄断的市场上，由于这些少数生产者的产量非常大，因此他们对市场的价格和交易具有一定的垄断能力。同时，由于只有少量的生产者生产同一种产品，因而每个生产者的价格政策和经营方式及其变化都会对其他生产者产生重要影响。因此，在这个市场上，通常存在一个起领导作用的企业，其他企业跟随该企业定价与经营方式的变化而相应进行某些调整。资本密集型、技术密集型产品，如钢铁、汽车等重工业以及少数储量集中的矿产品如石油等的市场多属这种类型。因为生产这些产品必需的巨额投资、复杂的技术或产品储量的分布限制了新企业对这个市场的侵入。

（四）完全垄断

完全垄断型市场是指独家企业生产某种特质产品的情形，即整个行业的市场完全处于一家企业控制的市场结构。特质产品是指那些没有或缺少相近的替代品的产品。完全垄断型市场结构的特点如下。

（1）市场被独家企业控制，其他企业不可以或不可能进入该行业。

（2）产品没有或缺少相近的替代品。

（3）垄断者能够根据市场的供需情况制定理想的价格和产量，在高价少销和低价多销之间选择，以获取最大的利润。

（4）垄断者在制定产品的价格与生产数量方面的自由性是有限度的，要受到有关反垄断法和政府管制的约束。

在当前的现实生活中没有真正的完全垄断型市场，每个行业都或多或少地引进了竞争。公用事业（如发电厂、煤气公司、自来水公司和邮电通信等）和某些资本、技术高度密集型或稀有金属矿藏的开采等行业属于接近完全垄断的市场类型。

在分析行业的市场结构时，通常会用到行业集中度。行业集中度一般以某一行业排名前 4 位的企业的销售额占行业总销售额的比例来度量，数值越大，说明这一行业的集中度越高，市场越趋向于垄断；反之，集中度越低，市场越趋向于竞争。

二、行业的竞争结构分析

对行业竞争状况的分析一般采用哈佛大学教授迈科尔·波特的 5 种竞争力模型。波特认为，在任何行业中，无论是国内还是国外，无论是生产一种产品还是提供一种服务，竞争规律都源于 5 种竞争力量之中，即潜在进入者的威胁、购买方的议价能力、供应商的议价能力、替代产品的威胁和现有竞争者的威胁。这 5 种基本竞争力量的状况及综合强度决定了行业竞争的激烈程度，同时也决定了行业的最终获利能力。

（一）潜在进入者的威胁

当潜在进入者进入一个行业后，将改变此行业的竞争环境，行业内原有公司的市场占有率将因此有所变动。当某行业的利润率或发展前景优于其他行业时，必然会面临潜在进入者的威胁，而行业的进入壁垒在一定程度上阻止了新公司的进入。进入壁垒可视为潜在竞争者进入特定行业的门槛，形成进入壁垒的因素主要如下。

（1）规模效应。大规模经营的经济性表现为一定时期内产品的单位成本随总量的增加而降低。每一个行业都有其特定的规模经济要求。经济学家对 20 世纪 60 年代的一些美国行业进行调研后发现，如钢铁业、打字机、牙膏业等领域的"最小最佳规模"会随着技术、经济、市场等方面的变化而变化。另外，同一行业（产品）的"最小最佳规模"在国与国之间也是有差别的，但有一点是相同的，就是行业的"最小最佳规模"越大，该行业的进入壁垒越高。

（2）差别化效应。差别化效应意味着原有目标行业中的企业通过广告、产品质量、顾客服务等手段建立的商标及顾客信誉上的优势。差别化构成的行业壁垒，将迫使"入侵者"耗费大量资金以克服原有企业的信誉优势。产品差别化使婴儿食品、药品、化妆品等行业可能成为重要的壁垒行业。

（3）专有技术和资金投入规模。当产品的生产和经营涉及专有知识，则通过专利或保密方法也可构成行业壁垒。另外，有些产品属资金密集型，高额的资金投入对后来者也制造出较高的进入障碍。

（4）政府的政策和法律规定。政府可以通过政策或法律的形式限制甚至封锁对某行业的入侵，常见的方式包括发放许可证、实现差别税率等。

（5）销售渠道的控制。对于一种产品来说，批发或零售渠道越少，现有企业通过长久的关系、高质量的服务对它们的控制程度就越大，则新来者进入该行业就越困难。

（6）最佳原材料来源的控制。由对原材料来源的控制而形成的壁垒在信息业、采掘业等行业中最为典型。

（二）购买方的议价能力

如果购买方的议价能力很高，则公司在销售时处于不利地位，这将会影响公司的获利能力。在下述条件下，购买方具有较高的议价能力。

（1）相对于卖方的销售量而言，购买是大批量和集中进行的。

（2）购买方从行业中购买的产品占其成本或购买数额的相当部分。

（3）从行业中购买标准的或非差异化产品。

（4）购买方的转换成本低。

（5）购买方盈利低，因为低利润促使购买方极力压低购买成本。

（6）购买方采取后向整合的现实威胁，购买方可以"自己生产"这一筹码作为讲价手段。

（7）产品对购买方产品的质量及服务无重大影响。

（8）购买方掌握了充分的信息，如成本结构、价格行情、市场需求等。

（三）供应商的议价能力

供应商是向企业及其竞争对手供应它们为生产特定的产品和劳务所需各种资源的工商企业及个人。在下列情况下，供应商有较强的议价能力：①供应行业由几家大公司控制；②供应来源具有稀缺性；③供应商无须与替代产品竞争；④对供应商而言，所供应的行业无关紧要；⑤对于购买方来说，供应商的产品是很重要的市场投入要素；⑥供应商提供的产品是差异性产品；⑦购买方转换供应商的费用较高等。

如果供应商有较强的议价能力，供应商可能会通过提高供应价格、降低产品或服务质量、配额供给等手段使生产企业受到一定程度的威胁，公司在采购原材料时将处于劣势，很可能受制于供应商而无法有效降低原料成本，最终影响公司利润。

（四）替代产品的威胁

所谓替代产品，是指其用途与所分析的产品相似或相同的产品。从广义上看，一个行业的所有企业都与生产替代产品的行业竞争。对行业而言，替代产品的出现意味着来自相似行业的竞争力量，消费者在购买上有更大的选择空间，同时也代表着本行业产品消费量减少的可能。替代品的状态决定了行业中企业可谋取利润的上限，从而限制一个行业的潜在收益。

（五）现有竞争者的威胁

现有竞争者的威胁与下列因素有关：竞争者多寡、产品差异化、退出障碍高低等。竞争的方式包括价格竞争和差别竞争。价格竞争可以采取不同形式，如直接降价、放宽收款条件、放宽收款时间等。差别竞争同样可以有不同形式，如产品质量、地点选择、产品形象、产品设计、售后服务、销售渠道等。决定行业内竞争的因素包括以下 4 个方面。

（1）行业成长性的高低。在一个快速成长的行业中，现有企业只要通过拓展新的市场就可以获得高速发展，无须采用削价竞争的形式从其他企业手中争夺市场份额。在一个成熟的、市场容量相对固定的行业，现有企业要发展，只有通过掠取其他企业的市场份额才能实现。此时，大幅降价将生产成本高的对手挤出市场就成为竞争的主要手段。值得注意的是，随着社会资本流动性的加强和市场信息传播速度的加快，削价竞争时代在一个新兴市场上到来的日期在不断提前。

（2）竞争者生产能力的集中程度。如果某个行业产品的主要生产能力集中于一个或少数几个企业手中，这些企业就有能力为自己的产品定价，行业内的竞争性就会减弱。

（3）产品的差异性和顾客的转换成本。致力于形成产品差异是企业避免单纯价格竞争的重要手段，树立品牌形象是形成产品差异最有效的措施。化妆品生产行业与煤炭生产行业可以说是产品差异性的两个极端。对于电脑软件行业来说，目标顾客更换软件的高转换成本则是阻止价格竞争的有效手段，因为顾客花在学习和运用上的资源要比购买软件的成本高很多。

（4）固定成本相对于可变成本的比率。对于有些行业，比如航空运输业来说，增加单位运量的可变成本相对于固定成本很小，因而它们更倾向于通过降低单位售价的价格竞争，力求达到规模经济。

三、行业生命周期分析

一般而言，每个行业都要经历一个由成长到衰退的发展演变过程。这个过程便称为行业的生命周期。一般来说，行业的生命周期可分为幼稚期、成长期、成熟期和衰退期。

（一）幼稚期

在这一阶段，由于新行业刚刚诞生或初建不久，只有为数不多的投资公司投资于这个新兴的行业。另外，创业公司的研究和开发费用较高，而大众对其产品尚缺乏全面了解，致使产品市场需求狭小，销售收入较低，因此这些创业公司财务上可能不但没有盈利，反而出现较大亏损。同时，较高的产品成本和价格与较小的市场需求之间的矛盾使得创业公司面临很大的市场风险，而且还可能因财务困难而引发破产风险。因此，这类企业更适合投机者和创业投资者。

（二）成长期

行业的成长实际上就是行业的扩大再生产。各个行业成长的能力是有差异的，成长能力主要体现在生产能力和规模的扩张、区域的横向渗透能力以及自身组织结构的变革能力。

在成长期的初期，企业的生产技术逐渐成形，市场认可并接受了行业的产品，产品的销量迅速增长，市场逐步扩大，然而企业可能仍然处于亏损或者微利状态，需要外部资金注入以增加设备、人员，并着手下一代产品的开发。进入加速成长期后，企业的产品和劳务已为广大消费者接受，销售收入和利润开始加速增长，新的机会不断出现，但企业仍然需要大量资金来实现高速成长。在这一时期，拥有较强研究开发实力、市场营销能力、雄厚资本实力和畅通融资渠道的企业逐渐占领市场。

随着市场需求上升，新行业也随之繁荣起来。投资于新行业的厂商大量增加，产品也逐步从单一、低质、高价向多样、优质和低价方向发展，出现了生产厂商之间和产品之间相互竞争的局面。这种状况会持续数年或数十年。期间，市场竞争不断加剧、产品产量的不断增加、生产厂商数量也不断增加。进入成长期后期，生产厂商不仅依靠扩大产量和提高市场份额获得竞争优势，还需不断提高生产技术水平，降低成本，研制和开发新产品，从而战胜或紧跟竞争对手、维持企业的生存。

成长期企业的利润虽然增长很快，但面临的竞争风险也非常大，破产率与被兼并率相当高。由于市场竞争优胜劣汰规律的作用，市场上生产厂商的数量会在一个阶段后出现大幅度减少，之后开始逐渐稳定下来。由于市场需求趋向饱和，产品的销售增长率减慢，迅速赚取利润的机会减少，整个行业便开始进入成熟期。

（三）成熟期

行业的成熟期是一个相对较长的时期。各个行业成熟期的时间长短往往有所区别，一般而言，技术含量高的行业成熟期历时相对较短，而公用事业行业成熟期持续的时间较长。行业处于成熟期的特点主要如下。

（1）企业规模空前、地位显赫，产品普及程度高。

（2）行业生产能力接近饱和，市场需求也趋于饱和，买方市场出现。

（3）构成支柱行业地位，其生产要素份额、产值、利税份额在国民经济中占有一席之地。

但通常在短期内很难识别一个行业何时真正进入成熟期。

进入成熟期的行业市场已被少数资本雄厚、技术先进的大厂商控制，整个市场的生产布局和份额在相当长的时期内处于稳定状态。厂商之间的竞争手段逐渐从价格手段转向各种非价格手段，如提高质量、改善性能和加强售后服务等。行业的利润由于一定程度的垄断达到了较高的水平，而风险却因市场结构比较稳定、新企业难以进入而较低。

在行业成熟期，行业增长速度降到一个适度水平。在某些情况下，整个行业的增长可能会完全停止，其产出甚至下降。当然，由于技术创新、行业政策、经济全球化等各种原因，某些行业可能会在进入成熟期之后迎来新的增长。

（四）衰退期

行业衰退是行业经济新陈代谢的表现。行业衰退可以分为自然衰退和偶然衰退。自然衰退是一种自然状态下到来的衰退。偶然衰退是指在偶然的外部因素作用下，提前或者延后发生的衰退。行业衰退还可以分为绝对衰退和相对衰退。绝对衰退是指行业本身内在的衰退规律起作用而发生的规模萎缩、功能衰退、产品老化。相对衰退是指行业因结构性原因或者无形原因引起行业地位和功能发生衰减的状况，而并不一定是行业实体发生了绝对的萎缩。

衰退期出现在较长的稳定期之后。由于大量替代品的出现，原行业产品的市场需求开始逐渐减少，产品的销售量也开始下降，某些厂商开始向其他更有利可图的行业转移资金，因而原行业出现了厂商数目减少、利润水平停滞不前或不断下降的萧条景象。至此，整个行业便进入了衰退期。但在很多情况下，行业的衰退期往往比行业生命周期的其他三个阶段的总和还要长，大量的行业都是衰而不亡，甚至会与人类社会长期共存。例如，钢铁业、纺织业在衰退，但是人们却看不到它们的消亡，烟草业更是如此。

四、对经济周期的敏感性

在经济周期的不同阶段，不同行业间可能会表现出互不相同的业绩。例如，在经济从萧条走向复苏时，汽车、洗衣机等耐用型产品的制造行业就会比其他行业有更好的业绩。由于在萧条期这些物品的购买会不可避免地有所推迟，所以它们的销售额对经济有很大的依赖性。与之相反，烟草行业几乎不随经济周期的变化而变化，因为烟草消费绝大部分是由习惯决定的，即便是在经济困难时期，它也只会引起烟草消费的小部分调整。

可以从 3 个方面来衡量不同的行业对经济周期的敏感程度。

（一）销售额变动的敏感性

一般而言，对经济周期敏感程度较低的行业，其销售额通常在经济周期的不同阶段不会有太大的变化，而那些对经济周期十分敏感的行业，其销售额在经济周期的不同阶段将会发生极其明显的变化。如果以销售额的增长速度来衡量行业发展状况，那么根据经济周期与行业发展的相互关系，可以将行业分为增长型行业、周期型行业、防御型行业三种类型。

1. 增长型行业

增长型行业是指预期增长速度超过各行业平均增长速度的行业，增长型行业的发展变动状态与经济周期没有必然的联系。这些行业主要依靠技术的进步、新产品的推出及更优质的服务等途径来促使其呈现出增长态势，因此其收入增长速度不受经济周期的同步影响。在过去的几十年内，计算机、复印机等办公设备制造行业就表现出了这种态势。

2. 周期型行业

周期型行业是指随经济周期而变化的行业。消费品业、耐用品制造业及其他需求弹性较高的行业，就属于典型的周期型行业。这是因为，当经济上升（或衰退）时，对这些行业相关产品的购买会相应增加（或减少）。

3. 防御型行业

防御型行业是指在经济周期的各个阶段都很稳定的行业。这些行业的产品往往是生活必需品或是必要的公共服务，公众对它们的产品有相对稳定的需求，因而行业中有代表性的公司盈利水平相对也较稳定变动。食品业和公用事业就属于防御型行业。

（二）行业经营杠杆系数

行业经营杠杆反映了企业固定成本与可变成本之间的分配比例关系。如果企业中的可变成本相对较高，那么它对经济环境的敏感性就比较低。为此，构造**经营杠杆系数**（degree of operating leverage, DOL）度量利润对销售的敏感度。

经营杠杆系数是指在其他条件不变的情况下，由于产品固定成本的存在而导致息税前利润变动率大于销售量变动率的杠杆效应。经营杠杆系数用公式表示为：

$$DOL = \frac{息税前利润变化率}{销售量变化率} \qquad (10-1)$$

经营杠杆系数越高，表示企业息税前利润对销售量变化的敏感程度越高，经营风险也越大；经营杠杆系数越低，表示企业息税前利润受销售量变化的影响越小，经营风险也越小。经营杠杆系数还可以表示为：

$$DOL = 1 + \frac{固定成本}{利润} \qquad (10-2)$$

不难理解，在其他条件不变的情况下，当公司固定成本上升时，其经营杠杆系数也会上升。因此，如果某一行业的可变成本相对较高，那么它对经济环境变化的敏感性就比较低，因为当经济衰退时，该行业所属的企业会由于销售量的降低而削减产量，从而使企业成本大大降低。反之，如果行业的固定成本相对较高，那么它对经济环境变化的敏感性就比较高，因为当经济衰退时，尽管该行业所属企业也会由于销售量的降低而削减产量，但企业成本减少得相对有限，从而使得其利润水平大受影响。

（三）财务杠杆

所谓财务杠杆，是指企业负债占资产总额的比重，用以说明企业负债对利润的影响程度。因为不管销售收入多少，企业必须支付债务利息。因此，债务利息可以看作是能提高企业净利润敏感程度的固定成本。也就是说，某行业负债占资产总额的比重越大，该行业对经济周期变化的敏感程度也越高；反之，那些负债率低的行业对经济周期变化的敏感程度也相对较低。

以上分析表明，不同行业在经济周期不同阶段的业绩表现是不同的。有些行业的业绩几乎不随经济周期的变化而变化，有些行业的业绩则因经济周期具有较大的波动性。一般而言，投资者应选择增长型的行业。增长型行业的特点是增长速度快于整个国民经济的增长率，投资者可享受快速增长带来的较高投资回报，但投资风险较大。此外，投资者也不应排斥增长速度与国民经济同步的行业，这些行业一般发展比较稳定，投资回报虽不及增长型行业，但投资风险相应也小。虽然如此，投资者并不会总对经济周期低敏感型的行业情有独钟。处在敏感型行业中的公司具有高价值的股票，风险会更大，尽管当经济萧条时它们下降得很厉害，但在经济复苏时它们也增长得很快。

第三节 国内外主要行业分类标准

行业分类是指对构成国民经济的各类不同性质的生产经营活动，按一定的标准进行分解和组合，划分成不同层次的产业部门。行业分类是研究国民经济结构的前提，是进行国民经济统计分析的基础，证券业为反映证券市场的活动变化，也将上市公司划分为不同行业，分别计算其股价指数、成交额、平均市盈率等有关指标，供投资者参考。本节将从国内国外两个方面介绍行业划分标准。

一、国外主要行业分类标准

（一）MSCI 和标准普尔的全球行业分类标准

随着投资操作和资产管理的全球化，投资者需要快速方便地比较全球范围内行业和部门的表现，因此对**全球性行业分类标准**（global industry classification standard，GICS）的需求越来越迫切。1999年 8 月 2 日，MSCI 和标准普尔联合发布了新的全球行业分类标准 GICS，该标准由 10 个**经济部门**（economic sector）、23 个**行业组**（industry group）、59 个**行业**（industry）、122 个**子行业**（sub-industry）构成，共分为四个级别。对于每一个具体的公司，根据 GICS 和公司的主要商业活动，都可以把它归于一个确定的子行业，以及相应的经济部门、行业组和行业，在每一个级别上，一个公司只能属于一个类别。MSCI 和标准普尔提供根据 GICS 对全球超过 23 000 家公司（27 000 种证券）进行的行业分类结果。

制定 GICS 的目的是加强全球范围内投资研究和资产管理工作，是为了从行业的角度提供全球投资集合的精确、完全、长期的概念，是和全球范围内无数的资产所有者、资产组合经理、投资分析师进行讨论的结果。GICS 对公司进行行业分类的依据主要是销售收入，但利润和市场分析也是考虑的重要标准。作为总的原则，如果一个子行业的定义更近似地描述了能够产生公司的大部分收入的商业活动，这个公司就被归于这个子行业。如果一个公司从事实质上不同的两种或多种商业活动，就被归于提供了公司大部分收入和利润的子行业。如果一个公司显著地跨三个或更多行业多元化经营，没有一个行业提供大部分的收入和利润，它就被归为工业经济部门中的**工业综合子行业**（industrial conglomerates sub-Industry）或金融部门中的**多部门持股子行业**（multi-Sector holdings sub-Industry）。对于一个新上市的公司，它的分类主要是基于招股说明书中对公司活动的描述和上市前的情况。当一个公司发生重大重组活动，或发布新的财务报告时，它的行业分类就会被重新判定，但为了提供一个稳定的行业分类，将通过忽略公司不同行业活动中的暂时波动来尽量最小化其行业分类的变化。GICS 也根据经济发展等情况调整其分类体系，MSCI 和标准普尔每年进行一次磋商，对变化较大的行业进行分析和评价，决定是否需对 GICS 的结构进行相应调整。

GICS 的 10 个经济部门包括：能源、材料、工业、消费者非必需品、消费者常用品、健康护理、金融、信息技术、电讯服务、公用事业。23 个行业组包括：能源、材料、资本商品、商业服务、交通运输、汽车与零部件、耐用消费品与器件、旅店、餐馆与休闲、媒体、零售、食品与药物零售、食品、饮料与烟草、家居与个人用品、保健设备与服务、制药与生物科技、银行、综合性金融服务、保险、房地产、软件服务、技术设备、电信服务、公用事业。

（二）FTSE 的全球分类系统

金融时报指数是由金融时报和伦敦证交所联合成立的 FTSE 国际公司编制和维护的。FTSE 制定的行业分类标准称为**全球分类系统**（globe classification system），被广泛接受为一个全球性的行业标准。执行 FTSE 的 GCS 的机构有伦敦证交所、**香港恒生指数**（hang seng index）、**美国罗素指数**（Russell Index）等。

伦敦金融时报 FTSE 全球分类系统目前由 10 个**经济组**（economic group）、36 个**行业部门**（industry sector）和 100 个**行业子部门**（industry sub-sector）构成，共分为 3 个级别。每一家公司都被分配到与它的业务特征最接近的子部门，以及相应的部门和经济组。

FTSE 全球分类系统的主要目的是通过把公司分为业务相同的子行业，来为投资者提供服务。FTSE 对一个公司进行行业分类的基础信息是它的经过审计的会计报表和董事会报告。进行行业分类时，主要考虑公司各项业务的税前利润在总利润中所占的比例。公司被分配到其定义最吻合公司利润的来源或构成了利润的大部分的子部门。当一家公司有两个业务类别时，根据经过审计的财务报告和董事会报告中的**会计分割**（accounting segmentation），该公司被分配到提供最大部分利润的子部门。当一家公司从事三个或三个以上不同的业务类别，其中又没有一项业务的税前利润贡献达 50%，但各业务的贡献也均不小于 10%时，这样的公司被归入综合类。当一家公司的结构由于合并或分拆发生重大变化，其行业分类要根据公司正式发布的财务数据重新评定。但是，为保持分类系统的平稳性，全球分类委员会不理会被认为是各单项业务的短期波动，即一项业务的短期波动不影响公司的行业分类。全球分类系统的结构也随着科学技术、经济状况的发展而调整。行业部门的变动只在每年的 1 月进行，子部门的变动，包括名称和定义，可以在需要的任何时候进行。

FTSE 全球分类系统的 10 个经济组分别为能源、基础工业、信息技术业、一般工业、周期性消费品、非周期性消费品、周期性服务、非周期性服务、公用事业、金融业。

（三）联合国的国际标准产业分类

全部经济活动的**国际标准产业分类**（international standard industrial classification of all economic activities，ISIC）是由联合国制定和发布的，该标准的分类对象是全球经济活动，而不仅仅是行业分类，分类的依据是经济活动的性质，它包括经济系统所有分支的行业活动的分类。制定 ISIC 的目的是统计各国的全部经济活动，并使主要的统计量在全球范围内尽可能具有可比性，因此它必须适应具有不同经济结构、不同统计实践的各个国家的需要，便于经济系统不同、发展阶段不同的国家之间进行比较。ISIC 的最初版本于 1948 年推出。

目前联合国的国际标准产业分类（ISIC Rev.3.1）共分为 4 个级别，包括 17 个大类（tabulation categories）、62 个部门（division）、161 个组（groups）、298 个小组（classes）。其中大类的代码为一位数字，部门为两位，组为三位，小组为四位代码。ISIC 的 17 个大类分别为：农、牧林业，渔业，采矿、采石业，制造业，电、汽和水供应，建筑，批发与零售，旅馆与餐馆，运输、储存和通信，金融中介，房地产、租赁和商务活动，公共管理、国防和强制性社会防务，教育，卫生保健与社会事务，其他社区、社会与个人服务活动，私人家居非商业活动，境外组织与个人。

二、国内主要行业分类标准

（一）国家统计局国民经济行业分类标准

《国民经济行业分类与代码》（GB/T4754）国家标准于 1984 年首次发布，1994 年对其进行了第一次修订，1999 年进行第二次修订，并于 2002 年 5 月 10 日通过了国家质量监督检验检疫总局的批准，于 2002 年 10 月 1 日起正式实施，并将标准名称改为《国民经济行业分类》。该标准是国家统计局在参考联合国国际标准产业分类和世界其他国家的行业分类标准基础上，根据中国国情制定的，目的是对国民经济进行产业分类。该标准以新国民经济核算体系关于统计单位划分的原则作为行业划分的基本原则（国际通用的按照产品的统一性对产业进行分类），依据经济活动性质的同一性确定行业，而不再按其所属行政管理系统或其产品分类，并在分类中注意区分第一、第二、第三次产业。

新标准在制订过程中尽量与联合国国际标准产业分类 ISIC/Rev.3 靠近，以便于对比国际资料。我国新标准的分类体系和层次与之基本相同，新标准的每一个行业小类，全部与 ISIC/Rev.3 的最细一层分类建立了对应关系，通过软件可使我国的新标准直接转换到国际标准，实现了与国际标准的兼容，改变了我国统计资料与国际难以直接对比的状况。此外，为便于新标准的实施和推广，保证对经济活动的正确归类，国家统计局还在新行业分类标准的基础上，配套编制了《国民经济行业分类注释》，对每个行业小类的包括范围都作了详细说明。同时，国家统计局还计划对行业包括的范围进行动态管理，定期更新，以适应新兴行业归类的需要。

新标准共有行业门类 20 个，行业大类 95 个，行业中类 396 个，行业小类 913 个，基本上反映了我国目前的行业结构状况。20 个行业门类包括农、林、牧渔业，采矿业，制造业，电力、燃气及水的生产和供应业，建筑业，交通运输、仓储和邮政业，信息传输、计算机服务和软件业，批发和零售业，住宿和餐饮业，金融业，房地产业，租赁和商务服务业，科学研究、技术服务和地质勘查业，水利、环境和公共设施管理业，居民服务和其他服务业，教育，卫生、社会保障和社会福利业，文化、体育和娱乐业，公共管理与社会组织，国际组织。

（二）中国证监会《上市公司行业分类指引》

为了提高证券市场规范化水平，1999 年 4 月中国证监会在总结沪深两个交易所分类经验的基础上，以国家统计局制定的《国民经济行业分类与代码》（国家标准 GB/T4754—94）为主要依据，借鉴联合国国际标准产业分类（ISIC）、美国标准行业分类（SIC）及北美行业分类体系（NAICS）的有关内容，制定了《中国上市公司分类指引（试行）》，并根据试行的情况，于 2001 年 1 月结合国内、国际经济发展的新趋势，对其进行了修改和完善，制定了《中国上市公司行业分类指引》。

制定该指引的目的是对上市公司的行业进行科学、明确的界定，规范和提高上市公司信息披露质量，以使广大投资者及相关人员更好地了解上市公司的主营业务和经营方向。尽管证监会称其目的是投资性的行业分类，但由于其以国家统计局的《国民经济行业分类》为制定的主要基础，以国外主要管理性分类标准作为参考，所以事实上还是偏于对上市公司进行管理的方面。由于上市公司是经营性的法人实体，而统计局的行业分类体系中包括国家机关、政党机关和社会团体等非经营性行业，因此该指引对统计局的分类体系进行了必要的调整，删去了其中的非经营性行业，并根据近年来国际、国内经济发展的新特点，增设了"信息技术产业"和"传播与文化业"等行业。

该指引将上市公司的经济活动分为门类、大类两级，中类作为支持性分类参考。该指引仅采用了营业收入比重一个指标划分上市公司的行业。所采用财务数据为经会计师事务所审计的合并报表数据。

该指引规定，当上市公司的某类业务的营业收入比重大于或等于该公司营业收入的 50%时，该公司归属该类业务对应的行业；如果没有某类业务营业收入比重达到公司总营业收入的 50%，但有某类业务的营业收入比其他业务的营业收入高出 30%，则该公司也归属于该类业务相对应的行业；如果上述两种情况都不存在，则该公司归属综合类。

第四节 产业链与产业价值链

借助产业链和产业价值链的分析，可以帮助投资者拓展并加深在产业演变和发展中识别好的投资机会。这种分析思路和方法与原有的产业周期理论、产业竞争理论等不仅不冲突，而且可以起到很好的补充作用。此外，产业链和产业价值链的分析不仅有助于解决上市公司投资的选择问题，还可以适用于风险投资、私募股权投资的标的选择，对专业化的产业投资基金更是一种重要的分析方法。

一、产业链的概念

产业链是产业经济学中的一个概念，是各个产业部门之间基于一定的技术经济关联，并依据特定的逻辑关系和时空布局关系客观形成的链条式关联关系形态。产业链主要是基于各个地区客观存在的区域差异，着眼于发挥区域比较优势，借助区域市场协调地区间专业化分工和多维性需求的矛盾，以产业合作作为实现形式和内容的区域合作载体。

产业链中大量存在着上下游关系和相互价值的交换，上游环节向下游环节输送产品（或服务），下游环节向上游环节反馈信息。影响产业链的关键要素主要有产业空间、市场开放程度、社会分工协作、技术或服务标准、商业模式及商业价值分布等。

一个产业的发展空间在很大程度上决定了产业中企业的未来发展规模，通常在市场上看到的大市值企业一定都出自于拥有广阔空间的产业群。判断一家企业的未来发展时，必须有市值空间的概念。也就是说，一个企业股权的市价总值表示市场和价值空间的概念，不是任何企业都能做成大市值企业的。现在可以看到越来越多的基于整个产业的开放式平台型企业出现，这种开放意味着其可以不断兼容越来越多的业务，特别是在互联网技术被大量运用到微观企业之后。

产业链随着社会开放程度的提高和社会专业化分工的演变而变得越来越复杂，大量产业环节由于专业化、成本效益的要求而独立出来。这就导致了当今大量外包业务出现。从以前的软件外包业务到如今的大量代工企业的出现，都是这种发展趋势的具体表现。

而争夺产业主导地位的技术、标准及商业模式成为企业最主要的竞争手段。非核心业务的剥离或外包不仅无损于企业的竞争地位，反而强化了企业产业链关键环节的竞争优势，降低了企业的运营成本，提高了企业的资本回报率。随着全球化运营的趋势成为经济运营的主流，这种企业竞争优势成为越来越多成功企业的选择。微笑曲线两端的战略定位成就了类似苹果公司这类巨无霸企业的成功，其对整个产业链的影响力被无限放大。大量不存在资本纽带关系的企业都在为苹果公司创造价值，同时也带动了整个产业的迅猛发展。

在金融资本的投资链上，出现大量资本运作前移的现象，从风险投资到私募股权，大量并未进入财务盈利期的企业被资本推动而进入资本市场，投资人更关注的是这类企业蕴含的商业价值。无论是早期的互联网公司，还是现在大量基于信息技术创新运用的新创企业，随着市场的培育和资本的不断孵化，很多已经体现出其强大的商业价值，有些已经进入财务盈利期。这种投资前移的趋势也许正是基于产业链逻辑驱动的。

以苹果公司为例，从其公布的 156 家供应商来看，整个苹果公司的终端产品加工制造环节几乎都是由产业链中的代工商完成的。苹果公司本身则把控着苹果产品的设计、技术、功能的整合及品牌和渠道的建设。

用户的体验在于终端、操作系统及优质应用的结合，苹果应用商店 App Store 超过 60 万的优质应用程序是打通苹果产业链的关键，而这些应用程序的开发者可以通过苹果公司的分成实现其回报。

App Store 成为内容和应用的开放式集成平台,而其通过 iOS 这个封闭的操作系统和时尚终端产品给苹果公司的用户带来的优质体验,成为苹果公司独特的商业模式。这种模式是建立在有效整合了终端、操作系统、应用体验内容和客户服务的全产业链基础之上的。无论是终端产品的加工制造,还是内容、应用程序的开发,苹果公司充分利用了整个产业链中各种资源的效用,用非资本控制的产业化运作实现了对整个产业的领导,真正意义上演绎了控制微笑曲线两端的全新模式。

二、产业链分析

产业链分析主要内容包括以下 3 个方面。

(1)产业链的演变历史及演变趋势。从历史的角度审视产业链中公司的市场份额、产业拓展的空间、产业中主流盈利模式的改变、产业整合的方向(横向或纵向)、产业的竞争程度及产业中各环节的生存状态。

(2)产业链演变的核心驱动因素、技术、商业模式和产业竞争结构。确定主导产业演变的主要因素、产业竞争模式的稳定性、产业中是否出现新的领导者或寡头。

(3)产业细分化趋势不仅仅说明产业的竞争程度提升,也蕴含着对产业价值的重新分配。全产业链战略和细分产业战略因不同产业环境而各自拥有其不同的优势,产业中的追赶者通常都是在某细分产业战略成功后,不断拓展在产业中的地位而逐渐实现对其他产业端的整合优势的。

三、产业价值链的概念

产业价值链与产业链、价值链之间的关系在于利用价值链的分析方法来考察产业链。产业为满足用户需求而实现价值所形成的链条,也就是在产业链中、在企业竞争中进行的一系列活动仅从价值的角度来分析研究,称为产业价值链。它以产业链为基础,从整体角度分析产业链中各环节的价值创造活动及其影响价值创造的核心因素。

当价值链理论的分析对象由一个特定的企业转向整个产业时,就形成了产业价值链。价值链与产业价值链是从不同的角度说明价值创造的过程,前者侧重价值创造环节,后者涉及组织的职能及关系。产业价值链代表了产业层面上企业价值融合的更加庞大的价值系统,每个企业的价值链包含在更大的价值活动群中,实现整个产业链的价值创造和实现。产业链的价值活动囊括了产业链中企业所有的价值活动,但这些活动并不是简单的大杂烩,而是在产业链的价值组织形式下发现和创造价值。在产业价值链没有形成前,各企业的价值链是相互独立的,彼此间的价值联结是松散的。经过产业整合之后,企业被捆绑到一个产业价值链系统里,产业链应用企业间价值链的创新联结来创造出新的价值。

产业价值链的分布具有不平衡性和不稳定性。在整个产业中不同产业链端企业的生存状况有非常大的区别,像 iPhone、iPad 的利润在整个加工链上的分配是非常不平衡的,这就意味着在同一个产业中的不同环节的价值创造能力差异非常之大。这在相当程度上决定了产业链中企业的盈利能力,生存环境落差悬殊。当产业中的技术演变和商业模式发生突变后,价值链的重新分配是导致价值链具有不稳定性的主要原因。由于技术演变和商业模式的创新往往具有非连续性特征,当新的技术、新的商业模式出现并逐渐成为新的主流时,整个产业的资源会重新组合,新的价值分布就出现了。

一个现实的例子就是中国大量的产业处于全球产业链的低端，这是一个后发经济体必须面临的产业发展阶段。但低端产业同样有其在产业中不可或缺的地位，无论是日本还是中国台湾地区，都是从低端产业加工发展起来的。劳动力优势使得低利润率的经营模式得以延续和发展，从低端切入逐渐向产业的中高端渗透是后发经济体的必然选择，而驱使企业不断发展的基本动力往往就是价值链的分配问题。

苹果公司可能是另一个比较极端的例子。我们看到产品设计、品牌、渠道运作与加工制造端的分离越来越成为一种重要的产业竞争选择模式，同样资本密集型和劳动力密集型产业环节的分离是这种选择的另一种表现。大量专业化、规模化、流程化的环节纷纷通过外包而相对独立出去，其驱动的本质在于价值链的优化分配。外包制造方可以通过规模化、经验曲线的优化而提高生产效率并获取价值，通过把那些相对附加值较低的产业环节外包可能提升原有核心产业环节的优势并提升资本收益率，进而可以提升整个产业的优化进程。所以，某种程度上产业链演变模式本质就是由技术演变、商业模式的创新以及产业价值链的重新组合分配驱动的。

那么，从投资的角度我们必须研究在整个产业链中，哪些环节控制整个产业的核心价值创造，以及这种价值创造的未来演绎路径。当我们看到苹果公司在智能手机时代，突破了诺基亚公司的商业帝国；当数字影像技术取而代之化学成像技术而导致柯达陨落的案例不断出现后，我们看到整个产业链和价值链的重构引发的投资机会是如此的变化莫测。其新进入者不再是按照原有的产业演进逻辑进行改良，而是对整个产业进行了重新整合。同样的情况在电子商务领域也不断重现，这对于投资分析的旧有理论和方法提出了新的挑战。

四、产业价值链分析的核心问题

产业价值链分析主要内容包括以下 4 个方面。

（1）产业价值链在整个产业中的分布及演变。产业发展过程中价值在不同产业端的分布是经常发生变化的，把握这种变化趋势是分析的关键。

（2）产业价值创造的关键路径。推动产业价值创造的路径不仅可以通过技术变革，也可以通过改变供应链、创新商业模式或盈利模式实现。不同产业的价值创造路径可能不同，而关键路径的建设者或领导者往往获得超额的价值补偿。

（3）获取产业价值最大化的典型模式。无论是苹果公司的应用商店、B2C，还是 B2B，都是在各自不同领域出现的带有典型意义的成功模式。这种典型模式不仅成为产业价值的主要攫取者，也深刻地影响着整个产业中的其他参与者的生存状态，还将影响产业未来变革的关键方向。

（4）细分产业的价值。从全球的角度看，既有像苹果公司、Google 公司这样的领袖型企业，也同样存在像印度的软件外包，韩国及中国台湾的半导体、液晶面板、芯片产业集聚的优势产业群。做好细分产业同样可以在产业中占据一个重要且不可或缺的地位，同样可以分享产业发展带来的价值。

思考与练习

1. 行业分析包括哪些内容？进行行业分析的目的是什么？
2. 影响行业发展的因素有哪些？

3. 根据行业生命周期理论，按照上证所行业划分方式，你认为哪些行业最具增长潜力？为什么？

4. 市场化垄断和政策性垄断行业有什么差别？

5. 什么是增长型行业、周期型行业、防御型行业？试举例加以说明。

6. 如果你是一个偏好风险的投资者，并且有一大批闲置资金，有以下几大行业可供你选择，请问你将选择哪个行业呢？

（1）以基因工程为技术基础的行业。

（2）食品业和公用事业。

（3）钢铁业和纺织业。

如果你是一个风险厌恶者，又将如何选择呢？

7. 试分析影响产业潜在利润的5种竞争作用力是如何影响中药行业和化学药行业的。

8. 试分析目前我国汽车行业在未来产业发展中得到的价值。

9. 分别指出下列产业中哪一个对经济周期更敏感并指明原因：娱乐业与制药业、航空业与食品制造业。

10. 依托技术创新驱动发展的行业具有什么特点？电子信息行业的演变发展和一般传统行业的发展有何不同？

11. 以中国证监会《上市公司行业分类指引》分类结构与代码为基础，在上海证券交易所和深圳证券交易所各选10只股票进行分类。对于这种行业分类法，其划分原则是什么？

第十一章 公司分析

证券投资基本分析除了分析宏观经济以判断投资环境、分析行业经济以确定投资领域外，还要具体分析上市公司的情况，以期从规模大小、经营好坏、盈利多寡等方面选择最合适的投资对象。公司分析旨在确认该公司在本行业中的相对地位、股利以及盈利前景，以便给出公司股票的合理定价，进而比较市场价格与合理定价的差异并进行投资决策。本章基本内容包括公司基本素质分析和公司财务分析。公司基本素质分析是投资者了解公司的第一步，主要从公司的业务、战略定位、竞争优势等方面入手，评价公司的综合素质；公司财务分析则从公司资产负债表、利润表、现金流量表等财务报表入手，深入分析其中最常用的财务指标，借以衡量公司目前的财务状况，并预测公司未来的发展前景。

第一节 公司基本素质分析

公司基本素质分析是一个定性分析过程。重点对公司潜在盈利能力做出定性分析，目的是明确公司最重要的利润点和最主要的业务风险。基本素质分析包括分析公司业务以了解公司的价值创造过程，在此基础上分析公司采用何种战略以获得竞争优势，公司竞争优势的主要来源是核心竞争力，只有具备核心竞争力的公司才能够持续获利。这种定性分析是定量分析的基础。对一家公司的分析只有明确其获取利润的产出在哪里，才能得出此获利过程是否能够持续的结论。

一、公司基本情况分析

公司从事生产经营活动，创造价值。公司的业务是最主要的价值创造活动，分析一个公司首先应从它的业务分析入手。价值链分析认为每个活动都有可能相对于最终产品产生增值行为，从而增强企业的竞争地位，通过价值链分析将不同的业务活动组合形成业务流程，创造出比单一业务活动更多的价值，以便实现企业的战略目标。

（一）公司业务分析

全面分析一个公司的业务，需要调查研究该公司生产经营等诸多方面的因素，这样才能准确评价公司的业务状况。

1. 公司业务分析要点

（1）产品及市场。分析公司的业务首先应该从公司出售的产品或提供的服务开始，投资者需要分析公司每种产品系列的销售数量和金额及其各自在细分市场中的地位、每种产品的利润率、公司是否会推出新产品及新产品的市场潜力等内容。对产品及市场的分析通常采用波士顿矩阵（BCG matrix）。

波士顿矩阵认为一般决定产品结构的基本因素有两个：即市场引力与企业实力。市场引力包括企业销售量增长率、目标市场容量、竞争对手强弱及利润高低等。其中最主要的反映市场引力的综合指标——销售增长率，是决定企业产品结构是否合理的外在因素。企业实力包括市场占有率、技术、设备、资金利用能力等，其中市场占有率是决定企业产品结构的内在要素，它直接显示出企业竞争实力。销售增长率与市场占有率既相互影响，又互为条件：市场引力大，市场占有率高，可以显示产品发展的良好前景，企业也具备相应的适应能力，实力较强；如果仅有市场引力大，而没有相应的高市场占有率，则说明企业尚无足够实力，则该种产品也无法顺利发展。相反，企业实力强，而市场引力小的产品也预示该产品的市场前景不佳。通过以上两个因素相互作用，会出现4种不同性质的产品类型，形成不同的产品发展前景，如图11-1所示。

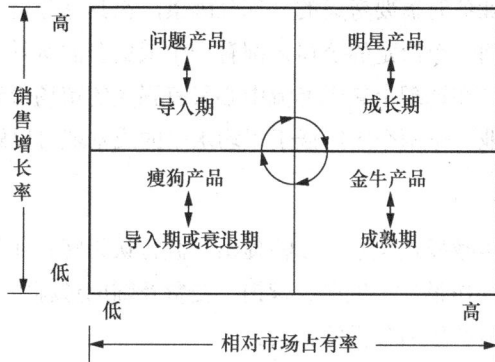

图11-1　波士顿矩阵

右上角为明星产品，该产品在一个拥有继续增长潜力的市场中占有较大的市场份额，可以推断，随着市场的不断增大，明星产品成本会随之下降。因此，在市场增长而能继续保持较高市场份额的情况下，明星产品的现金流量和盈利能力都将不断改善。

左上角为问题产品，它是市场占有率小，但市场增长率高的产品，如果能扩大市场占有率，则这类产品是有潜力的。然而由于某种原因，其市场占有率并没有随着市场的增长而扩大。问题产品之所以在市场上表现不佳，可能是公司推销不利，也可能是竞争激烈。问题产品有些可以上升为明星产品，有些则可能停产淘汰，因此应对这类产品进行仔细分析。

右下角为金牛产品，顾名思义，这类产品是摇钱树。由于它们处于一个低增长率的市场中（一般处于其寿命周期中的市场成熟阶段），因此增长潜力甚微，但它们占有较大的市场份额，因此单位成本低，利润率高。这种金牛产品是产生现金的丰富来源，公司靠它提供的现金来开发其他产品。

左下角为瘦狗产品，这类产品没有什么增长潜力，产品在市场中占有的份额也较小。它们虽然也可能产生一些现金流和利润，但是提高利润的可能性很小。因此对这类产品增加市场营销投资必须谨慎，事实上这种投资基本上是没有保障的。

（2）生产。对生产的分析要能够解释其制造成本的主要决定因素及生产过程的瓶颈所在。例如，天然气是甲醛生产商的主要原材料，甲醛生产过程的一个瓶颈在于管道输送能力和裂化器容量大小。考察制造过程，能够发现一个公司是否能完成其业务计划的生产。

（3）分销。某些行业强调分销功能，按传统的理论，当一个公司的销售量能达到一定水平时，就应该控制自己的分销网络。专业分销公司和完整网络供应商的出现改变了这一定理。因此投资者应该评价公司分销选择的优缺点。

（4）管理。公司的经营业绩与公司管理层的管理水平密切关系。一些优秀企业家扶大厦之将倾，使濒临破产的企业起死回生，创造出一个个经济奇迹，而一些错误的决策会导致企业经营失败乃至破产。因此，投资者迫切需要逐个了解管理层，需要知道这些经理怎样提炼信息，怎样预测竞争对手的反应，以及他们怎样完成做出的决定。虽然评价一名职业经理人员的水平是一种主观感觉（因为大多数行业的经营环境极为复杂），但经验丰富的投资分析人员的确能够分辨出经理人员的好坏。

（5）研究与开发。公司的发展依赖于稳定的产品延伸及创新，一些新产品可以由收购获得，但大部分的创新要靠内部研究与开发实现，所以研究与开发对一个公司的可持续发展具有重大影响。在研究与开发上的投入视情况而定，例如高科技公司就比非高科技公司要投入更多的精力。

2. 公司业务分析的特殊性

前述内容只是评价公司业务时需要考虑的一部分因素，在具体分析一个公司时，可能还要考察更多的其他因素。但是对任何一个给定的公司，都有一个或更多因素具有特别重要性，即使这一因素在行业内并不普遍。例如，在地理上属于客流中心又有强大的市场份额对于航空公司是一项巨大的资产。又如造纸和纸浆行业，一两个工厂低于平均水平的成本就可以解释利润水平的显著差异。

（二）价值链分析

价值链的概念由哈佛大学教授迈克尔·波特提出，波特认为将企业作为一个整体来看无法认识竞争优势，因此，他将企业视作设计、生产、营销、交货及辅助过程中进行的许多相互分离的活动的集合，在此基础上引入价值链作为分析的工具。

将企业创造价值的过程分解为一系列互不相同又互相关联的价值增值活动，这些活动构成了企业的价值链。波特把企业的活动分为两类：一类是基本活动，主要涉及如何将输入有效地转化为输出，这部分活动直接与顾客发生各种各样的联系；另一类是辅助活动，主要体现为一种内部活动，如图 11-2 所示。

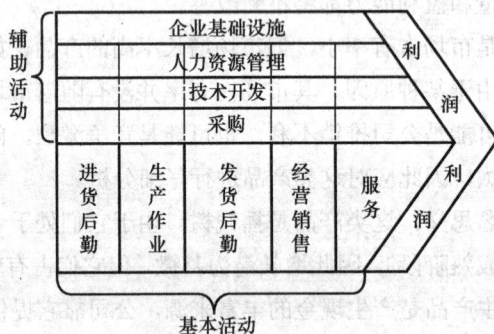

图 11-2 基本价值链

企业的基本活动有 5 种类型，每一种类型又可依据产品特点和企业战略划分为若干显著不同的活动。

（1）内部后勤。与接收、储存和分配相关联的各种活动，如原材料搬运、仓储、库存控制、车辆调度和向供应商退货等。

（2）生产作业。将投入转化为各种产品的各种活动，如机械加工、包装、组装、设备维护、检测和各种设施管理。

（3）外部后勤。与集中、存储和将产品发送给买方有关的各类活动，如产品库存管理、送货车辆调度、订单处理和生产进度安排。

（4）市场销售。帮助买方购买产品和引导他们进行与销售有关的各类活动，如广告、促销、销售队伍、报价、渠道选择、渠道关系和定价。

（5）服务。与提供服务有关以增加或保持产品价值有关的各种活动，如安装、维修、培训、零部件供应和产品调整。

企业的各种辅助活动也可以被分为 4 种基本类型，与基本活动一样，每一种类型的辅助活动都可以根据产业的具体情况划分为若干显著不同的价值活动。例如，在技术开发过程中，可能包括零部件设计、特征设计、现场测试、工艺过程和技术选择。同样，采购也可以分成各种活动，如审核新的供应商、外购投入不同组合的原料和不断监督供应商的业绩等。

利用价值链可以分析企业进行的一系列生产经营活动及其如何相互作用，寻找企业在价值链上某个特定价值环节上的竞争优势，并长期保持这种特定的竞争优势。研究企业价值链的关键是找出哪一项活动是最重要的环节，对于批发商和零售商而言，进货和发货的后勤管理最为重要。对于一个致力于向企业贷款的银行而言，市场和销售对竞争优势起到了至关重要的作用；对于一个制药企业而言，研发则可能成为竞争优势的来源。当然，在任何企业中，所有类型的基本活动都在一定程度上存在并对竞争优势产生影响。

波特认为，企业的这些价值创造活动中的每一种都对企业的相对成本地位、独特性、响应速度等外部表现有所贡献。企业通过构建比其竞争厂商更低的成本或更具高质量的具有战略重要性的活动而取得竞争优势。竞争厂商价值链之间的差异是竞争优势的一个关键来源。在一个产业中，企业的价值链可能因其产品种类不同、用户地理位置以及销售渠道的不同而有所变化。

一个企业的价值链蕴藏于范围更广泛的一连串经营活动中，波特把它称为价值系统。供应厂商制造出原材料、零配件、元器件并投入企业的价值链，形成外购投入的价值链（称上游价值链）。供应厂商不仅提供产品，而且还能以多种其他方式来影响企业效益。企业生产的产品在到达用户手中之前要通过销售渠道，形成销售渠道的价值链（称渠道价值链）。

二、公司战略定位分析

了解一个公司的业务及主要价值创造活动后，下一步就是定位公司的战略。一家公司的战略定位既可以是防御型的，也可以是进攻型的。**防御型竞争战略**（defensive competitive strategy）旨在使公司有能力提供最好的解决办法来减轻来自同业竞争压力造成的影响。例如，投资固定资产和技术创新可以降低生产成本，或者通过增加广告支出来树立良好的品牌形象。**进攻型战略**（offensive competitive strategy）是指公司试图利用其强大的优势去改变自己在该行业的竞争力，从而提升公司在行业内的相对地位。例如，微软公司在个人计算机软件业的统治地位就是由于它比其竞争对手抢先一步，并在早期与 PC 市场的霸主 IBM 结成同盟，从而占领了大部分 PC 市场的操作系统软件领域。

作为投资者，需要充分理解这两种竞争战略，确定拟投资公司采用哪种战略，相对其所处的行业来说是否合理，进而评估公司实施该种战略获得成功的可能性。

各个公司在实行竞争战略时采用的具体方法往往不同。著名的竞争战略专家迈克尔·波特从最广泛的意义上，归纳出 3 种基本竞争战略：成本领先战略、差异化战略、目标集聚战略。这 3 种战略指明了公司在行业环境的制约下，如何长期发展建立进退有据地位，从而在产业中胜过竞争对手。

（一）成本领先战略

追求这种战略的公司就是希望成为低成本的生产者，然后成为该行业的低成本领者。不同行业具有的成本优势各不相同，这种优势可能包括规模经济、专利技术或获得原材料的优先权。为了通过总成本领先战略来获益，公司必须把价格控制在行业平均水平附近，这就意味着公司必须在技术等方面领先于其他公司。如果价格降低太多，公司因成本优势而获得的高于其他公司的收益率也会下降。在 20 世纪 90 年代初，沃尔玛被认为是这种战略的发起者。该公司通过批量购买商品和低成本运作降低了成本，边际利润率和资本收益率比许多竞争对手高。

该战略的主要风险是给公司带来保持这一地位的沉重负担，该类战略意味着要为设备现代化再投资，坚决放弃陈旧资产，避免产品系列的扩展以及对技术上的进步保持敏感。关于总成本领先战略带来风险的一个经典例子是 20 世纪 20 年代的福特汽车公司。福特公司曾经通过限制车型及种类、积极试行后向整合、采用高度自动化的设备、减少改型以促进学习积累，以及通过学习积累严格推行低成本化措施等，取得过所向无敌的成本领先地位。然而，当许多收入升高、已购置了一辆车的买主考虑再购买第二辆时，市场开始偏爱有风格的、改型的、舒适的及封闭型汽车而不是敞篷车。客户愿意为得到这些性能出价。通用汽车公司对开发一套完整的车型进行资本投资早已有准备，而福特公司为把被淘汰车型的生产成本降至最低所付出的巨额投资现在却变成了顽固障碍，这使得福特公司的战略调整面临极大的代价。

（二）差异化战略

这种战略是将公司提供的产品标新立异，形成一些在全产业范围中具有独特性的东西，这点对于如今追求个性化的消费者来说非常重要。实现差异化战略的方法有许多方式，设计或品牌形象、技术特点、客户服务、经销网络，等等。将差异化战略贯彻得最为彻底的就是苹果公司，苹果公司依靠自己强大的技术团队以及研发能力，以创新为第一驱动力，自 2006 年开始推出 iPhone 系列产品，打破了传统手机市场固有格局，迅速占据领先地位，创造了"一直被模仿，从未被超越"的神话，除了在产品上的差异化，苹果在营销和服务上同样推行差异化战略。例如，从产品设计环节到生产环节，直到官方正式发布前的最后一分钟，苹果力求不泄露任何产品细节，它不同于其他任何产品的营销手段，它像一场魔术一样使它的产品充满神秘感，令人期待。在服务上，苹果公司不仅仅是为顾客提供产品那么简单，在消费者购买产品以后，就同时享受到了个人的在线专属服务 iTunes 为顾客提供的服务。iTunes 不仅是网上音乐、影视、游戏、应用软件商店，更是一款功能强大的管理软件，这一关键附加特性增加了消费者价值。

差异化战略通过客户对品牌的忠诚以及由此产生对价格敏感性的下降，可以为公司建立起对付 5 种竞争作用力的防御地位，使公司避开竞争。但建立差异的活动总是成本昂贵的，因此采取这种战略将意味着以成本地位为代价。只有采取该战略获得的价格溢价大于为追求独一无二所支付的额外成本时，公司才可以获得额外的收益。所以面对这种这类公司，投资者必须仔细分析这些差异化因素是否真的是独特的，是否具有可持续性，其成本收益的分析结果如何。差异化战略同样包含着一系列风险，如实行差异化造成与其他竞争对手成本差距过大，以至于差异化不再能笼络住客户，市场需要的差异化程度下降，模仿使已建立的差别缩小，等等。

（三）目标集聚战略

目标集聚战略又称集中化战略，该战略是主攻某个特定的顾客群、某产品系列的一个细分区段或某个地区市场。目标集聚战略同样可以有许多具体的形式，但其整体是围绕着很好地为某一特定目标服务这一中心建立的，所制定的每一项职能性方针都要考虑这一目标。这种战略可以使公司在相对狭窄的市场目标中获得一种或两种优势地位。投资者在评价这类战略时，关键是要考虑目标市场的购买力是否可以满足公司生存和发展的需要，以及公司是否有能力有效地坚守该市场。目标集聚战略包含的风险有：大范围提供服务的竞争对手与目标集聚公司间的成本差距变大，使得针对一个狭窄目标市场的产品丧失成本优势；战略目标市场与整体市场之间对所期待的产品的差距缩小；竞争对手在战略目标市场中又找到细分市场，因而使目标集聚公司显得不够集聚。

目标集聚战略在联合利华上得到了充分体现。一是企业集中化，1999 年，把 14 个独立的合资企业合并为 4 个由联合利华控股的公司，使经营成本下降了 20%，外籍管理人员减少了 3/4。二是产品集中化，果断退出非主营业务，专攻家庭及个人护理用品、食品及饮料和冰淇淋三大优势系列，取得了重大成功。三是品牌集中化，虽然拥有 2 000 多个品牌，但在中国推广不到 20 个，都是一线品牌。四是厂址集中化，2004 年 5 至 8 月，通过调整、合并，减少了 3 个生产地址，节约了 30%的运行费用。五是营销集中化，2010 年联合利华将食品零售营销网络转包给尼尔森营销咨询公司，实现营销环节集中化，把自己不擅长的零售营销转包出去，从而专心制定战略计划、管理主要客户及分销商，有利于迅速提高市场占有率和知名度，实现在华投资的战略目标。同时，向第三方转包零售营销网络也是目标集聚战略的又一重大创新。

3 种基本战略之间的区别如图 11-3 所示：各战略在架构上的差异远甚于上面列举的，成功地实施它们需要不同的资源和技能。表 11-1 为波特指出的不同战略所需的相关技巧、资源及公司组织的要求。投资者在评价时，只有充分考虑公司具体情况，才能对相关战略的前景及风险做出准确的判断。

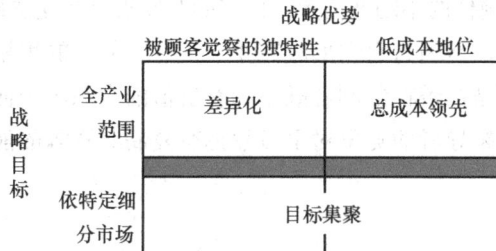

图 11-3　3 种基本战略

表 11-1	不同战略所需的相关技巧、资源及公司组织的要求	
基本战略	通常需要的基本技能和资源	基本组织要素
总成本领先战略	持续的资本投资和良好的融资能力 工艺加工技能 对工人严格监督 所设计产品易于制造 低成本的分销系统	结构分明的组织和责任 以满足严格的定量目标为基础的激励 严格的成本控制 经常详细的控制报告
差异化战略	强大的生产营销能力 产品加工能力 对创造性的鉴别能力 很强的基础研究能力 在质量或技术上领先的能力 在产业中有悠久的传统或具有从其他业务中得到的独特技能组合 得到销售渠道的高度合作	在研究与开发、产品开发和市场营销部门之间密切合作 重视主观评价和激励，而不是定量目标 轻松愉快的气氛，以吸引高技能工人、科学家和创造性人才
目标集聚战略	针对具体战略目标，由上述各项组合构成	针对具体战略目标，由上述各项组合构成

证券投资学

三、公司竞争优势分析

企业选择了正确的战略定位并不意味着自动获得了竞争优势。为了形成竞争优势，企业还必须具有实施和保持既定竞争战略的资源和核心竞争力。作为证券分析人员，必须评价一个企业是否具有保持竞争优势的资源和核心竞争力。

（一）公司的资源

企业的有形资产、无形资产和组织资本构成了企业的资源。有形资产是企业资产负债表上体现的唯一资源，它包括房地产、生产设施、原材料等；无形资产包括企业的声望、品牌、文化、技术知识、专利和商标，以及日积月累的知识和经验，组织资本是资产、人员与组织投入产出过程的复杂结合。

企业的所有资源并非都具有战略价值，只有那些能让企业比竞争对手更好地为顾客创造价值的资源才是有价值的资源。判断企业资源的价值可以从稀缺性、持久性和不可替代性等几个方面判断。

1. 稀缺性

资源的稀缺性是指资源处于短缺供应状态。资源的稀缺性是创造价值的中心点，因为它限制了竞争。如果在行业中容易得到这类资源，那么它们将成为参与竞争的先决条件，而不会成为竞争优势的来源。稀缺性源于物质唯一性、路径依赖性、因果模糊性和经济制约。物质唯一性是指竞争对手无法得到同样的资源，如绝佳的不动产位置、矿产的开发权以及受法律保护的专利等；路径依赖性是指资源之所以独一无二，是因为它们形成需要一个漫长复杂的积累过程，竞争者无法立即购买到这些资源；因果模糊性是指潜在复制者既不知有价值的资源源于何处，也不知如何进行复制的方法；经济制约是指市场领导者的竞争对手虽然拥有复制其资源的能力，但由于市场空间有限只好作罢。

2. 持久性

所谓资源的持久性是指它们能在较长时期内维持其价值不变。企业的盈利能力不仅取决于建立的竞争优势的大小，而且取决于其维持竞争的长度，而这一时间长度既与资源的持久性有关，又与竞争对手模仿企业竞争战略的能力有关。影响资源持久性的是资源的流动性，流动性可以反映资源在不同公司之间转移的难易程度。企业的有形资源最易模仿，因为竞争对手可以在市场上通过交易获得，无形资源则难以模仿。

3. 不可替代性

可替代性是指一种独特的资源能否被另一种资源胜出。例如，决定公司提供的产品或服务的资源可否被其他资源替代。除非公司拥有不可替代的资源，企业由此具有的竞争优势才不会由于竞争对手的模仿、复制和寻找其他替代因素而消失。

（二）核心竞争力分析

核心竞争力是一种能为企业进入各类市场提供潜在机会，能借助最终产品为顾客所认定，而且不易为竞争者模仿的能力。

核心竞争力是企业在特定的经营环境中的竞争能力和竞争优势等方面的知识及技能、技术体系、管理体系、价值观念与行为规范的有机组合，是识别和提供竞争优势的知识体系。体现在企业员工身上的知识和技能是最常提到的核心竞争力要素，它包含了企业特有的知识与技能状况。技术体系

186

是指经过多年的积累与选择，经过整理建立起来的技术知识系统。管理体系是指使用知识和创造知识的控制系统，如监督与激励、责任与权利、分权与集权等。价值观念与行为规范是融合于前三种要素之中的，是企业文化的一种表现形式。一个企业能否正确评价并培育自己的核心竞争力，是能否及时识别创新机会并提高创新成功概率的关键。

从战略上理解，一种能力是一套经营方法，每家公司都拥有一种将价值传递给顾客的经营方法。作为一个竞争实体存在的任何企业，都有其独具的优势。核心竞争力没有有无之分，只有开发利用高低之分。只是有些优势没有形成现实的竞争力，仅仅是核心竞争力的雏形，是处于低级阶段的核心竞争力。只有核心竞争力被企业管理者认识并加以培养，才能发挥其作为核心竞争力的作用；否则，它只能是一种潜在的核心竞争力。

核心竞争力具有以下特性。

（1）有价值。企业的核心竞争力有助于企业为顾客创造价值，它能为顾客带来相对长期的关键性利益，能够使企业在创造价值和降低成本方面比竞争对手更优秀，能为企业创造超过一般同行企业的超值利润。

（2）异质性。企业的核心竞争力是企业在长期的生产经营活动过程中积累而成的，不仅与企业独特的技能与诀窍等技术特性高度相关，还深深地印上了企业组织管理、市场营销以及企业文化等诸多方面的特殊烙印。企业的核心竞争力既有技术特性，又有组织特性，很难被竞争对手完全了解并轻易复制，更无法进行市场交易。企业核心竞争力的异质性，决定企业的效率差异与收益差别。

（3）扩展性。核心竞争力可使企业拥有进入各种市场的潜力。企业一旦建立了自己的核心竞争力，即可将其核心竞争力组合到不同的相关创新中，构建新的创造与发展的基础，并不断推出创新成果。核心竞争力是发展新业务的引擎，它决定企业如何实行多样化经营，是差别化竞争优势的源泉。例如，卡西欧公司在显示技术方面的核心竞争力可使其参与计算机、微型电视、监视仪等方面的经营。

第二节　公司财务分析

公司的经营状况是决定其股价长期、重要的因素。而公司的经营状况是通过财务报表反映出来的，因此，分析财务报表，并理解相关的参考指标，显得尤为重要。财务报表主要包括资产负债表、利润表和现金流量表，本节主要介绍这几张报表的主要内容及与证券投资相关的一些财务指标和财务方法。

一、资产负债表分析

（一）资产负债表

资产负债表是公司在某一特定时点的财务状况，它列出了公司在那一时点的资产和负债。资产与负债的差额是公司净值，也被称为所有者权益。表11-2是青岛啤酒2014年年底的资产负债表。

资产负债表的第一部分列示了公司的资产，首先是流动资产，包括现金、应收账款与存货等其他项目。接下来是长期或固定资产，有形固定资产包括建筑物、设备等。青岛啤酒还拥有许多无形资产，如品牌和专业技术，但会计人员通常不会把这些项目包括在资产负债表中，因为它们实在难以估值。但是，当一家公司溢价收购另一家公司时，收购价格超过被收购公司账面价值的部分叫作"商誉"，在资产负债表作为无形固定资产列示。流动资产与固定资产之和是总资产，列示在资产负债表中资产部分的最后一行。

负债和所有者权益（又称为股东权益）的安排也一样，首先是短期或流动负债，如应付账款、应计税费及一年内到期的负债。接下来是长期债务和一年后到期的其他负债。资产总额与负债总额之间的差额是所有者权益，即为公司净值或账面价值。所有者权益分为股票面值（股本）、资本公积和留存收益，尽管这种分类并不重要。简言之，股本加上资本公积代表向公众出售股票募集的资金，留存收益代表将收益再投资于公司带来的权益的累积。因此，即使公司没有发行新的权益，账面价值每年仍会随再投资的增加而增加。

表 12-2　　　　　　　　　青岛啤酒资产负债表

2014 年 12 月 31 日　　　　　　　　　　　　单位：万元

货币资金	638 865	短期借款	43 295
应收款项	50 226	应付款项	775 664
预付款项	19 167	预收账款	78 792
存货	248 683	应交税费	24 920
其他流动资产	78 263	一年内到期的非流动负债	156
流动资产合计	1 035 204	流动负债合计	922 827
可供出售金融资产	31	长期借款	278
长期股权投资	153 626	专项应付款	32 484
投资性房地产	1 096	长期递延收益	151 112
固定资产	911 878	长期应付职工薪酬	49 115
在建工程	105 192	递延所得税负债	15 847
固定资产清理	1 797	非流动负债合计	248 836
无形资产	278 058	负债合计	1 171 663
商誉	130 710	实收资本（或股本）	135 098
长期待摊费用	3 257	资本公积	407 940
递延所得税资产	71 879	其他综合收益	1 004
其他非流动资产	7 663	盈余公积	121 634
非流动资产合计	1 665 187	一般风险准备	6 698
		未分配利润	866 382
		归属于母公司股东权益合计	1 538 756
		少数股东权益	-10 028
		所有者权益（或股东权益）合计	1 528 728
资产总计	2 700 391	负债和所有者权益（或股东权益）总计	2 700 391

注：下画线标注的数字为合并计算所得。

（二）比率分析

比率分析（ratio analysis）是分析资产负债表常用的方法之一。所谓比率分析，就是以同一时期财务报表上若干重要项目的相关数据相互比较，求出比率，用以分析和评价公司的经营活动以及公司目前的历史和财务状况的一种方法。这些比率常常能对公司的风险水平以及为股东创作利润的能力等方面提供独特视角。

1. 总资产周转率与其他资产利用率

计算利用效率、周转率和次级资产相关的比率对于理解公司销售收入与资产的比率通常很有帮助。销售收入与总资产的比率通常称为**总资产周转率**（total asset turnover，ATO），它表示公司使用资产的效率，代表每一元资产每年可以产生多少销售收入。但在很多情况下，考虑固定资产周转率比总资产周转率更为有用：

$$固定资产周转率=销售收入/固定资产 \qquad (11-1)$$

这一比率表示每一元的固定资产可以带来多少销售收入。

【例11-1】G公司为美国一家公司，下面以G公司为例说明如何利用公司财务报表来计算这一比率以及其他比率。表11-3是G公司2011—2014年的利润表和资产负债表。

表11-3为该公司2011—2014年的利润表及开始与结束的资产负债表。

表 11-3 G 公司 2011—2014 年财务报表 （单位：万元）

利润表	2011	2012	2013	2014
主营业务收入（万元）		10 000	12 000	14 400
主营业务成本（万元）		5 500	6 600	7 920
折旧（万元）		1 500	1 800	2 160
销售与管理费用（万元）		1 500	1 800	2 160
营业利润（万元）		3 000	3 600	4 320
利息费用（万元）		1 050	1 909.5	3 439.1
利润总额（万元）		1 950	1 690.5	880.9
所得税（40%税率）（万元）		780	676.2	354.2
净利润（万元）		1 170	1 014.3	528.5
资产负债表（年末）				
现金与可供出售的金融资产（万元）	5 000	6 000	7 200	8 640
应收账款（万元）	2 500	3 000	3 600	4 320
存货（万元）	7 500	9 000	10 800	12 960
固定资产净值（万元）	15 000	18 000	21 600	25 920
资产总计（万元）	30 000	36 000	43 200	51 840
应付账款（万元）	3 000	3 600	4 320	5 184
短期债务（万元）	4 500	8 730	14 195.7	21 443.2
长期债务（2017 年到期）（万元）	7 500	7 500	7 500	7 500
负债总计（万元）	15 000	19 830	26 015.7	34 127.2
股东权益（发行在外 100 万）（万元）	15 000	16 170	17 184.3	17 712.8
其他资料				
年底每股普通股市价（元）		9.36	6.1	2.1

2014年G公司的总资产周转率是0.303，低于行业平均水平0.4。接下来，通过计算固定资产、存货和应收账款的资产利用率以便了解G公司出现这种情况的原因。

2014年G公司的销售收入是1.44亿元，它仅有的固定资产是厂房和设备，年初为2.16亿元，年末为2.592亿元，那么2014年的平均固定资产为（2.16+2.592）÷2=2.376亿元。因此G公司2014年的固定资产周转率等于1.44÷2.376=0.606。换句话说，在2010年每元的固定资产带来了0.606元的销售收入。

类似地，2012年与2013年的固定资产周转率以及2014年的行业平均值如下。

2012 年	2013 年	2014 年	2014 年行业平均值
0.606	0.606	0.606	0.700

从中可以看出，G 公司的固定资产周转率一直是不变的，且低于行业平均水平。

注意，当一个财务比率既包含利润表中的项目（涵盖某一期间），又包含资产负债表中的项目时（反映某一时点的数值），那么资产负债表中的项目应取期初和期末的平均值。因此，计算固定资产周转率时，使用销售收入（来自利润表）除以平均固定资产（来自资产负债表）。另一广泛使用的周转率指标是**存货周转率**（inventory turnover ratio），它是营业成本与平均存货的比率（用营业成本而非营业收入作为分子，目的是保持与存货的一致性，都是用成本来衡量）。该比率测度了存货的周转速度。

2012 年，G 公司的营业成本是 4 000 万元，平均存货是（7 500+9 000）÷2=8 250 万元，其存货周转率为 4 000÷8 250=0.485。2013 年和 2014 年，存货周转率没有发生变化，均低于行业平均值 0.5。换句话说，G 公司单位销售成本比其竞争者要承担更高的存货水平。营运资本投资越高，反而导致单位销售成本或利润承担更高的资产水平，而且使总资产收益率低于竞争对手。

衡量效率的另一种方法是测度管理应收账款的效率，通常用应收账款周转天数来表示，它是把平均应收账款表示成日销售收入的某一倍数，计算公式为平均应收账款/销售收入×365，可以理解为应收账款相当于多少天的销售额，也可以把它理解成销售日期与收到付款日期之间的平均间隔，因此也被称为**应收账款周转天数**（average collection period）。G 公司 2014 年的应收账款周转天数为 100.4 天。

$$\frac{(3\,600万元 + 4\,320万元) \div 2}{1.44亿元} \times 365 = 100.4天$$

而行业平均只有 60 天，这意味着 G 公司平均单位销售收入造成的应收账款高于其竞争对手。

总之，这些比率说明 G 公司相对于行业而言有较差的总资产周转率，部分是由于低于行业平均的固定资产周转率、存货周转率以及高于行业平均的应收账款周转天数引起的。这暗示 G 公司存在过剩的生产能力，且对存货和应收账款的管理能力较差。

2. 流动性与偿债能力比率

流动性和利息覆盖倍数在评估公司证券风险方面起着重要作用，主要用来评估公司的财务能力。流动性比率包括流动比率、速动比率和利息覆盖倍数等。

（1）**流动比率**（current ratio）=流动资产/流动负债。这一比率用来衡量公司通过变现流动资产（即把流动资产转换为现金）来偿还流动负债的能力，它反映了公司在短期内避免破产的能力。例如，2012 年 G 公司的流动比率是（60+30+90）÷（36+87.3）=1.46，其值在其他年份为：

2012 年	2013 年	2014 年	2014 年行业平均值
1.46	1.17	0.97	2.0

这代表了一种随时间变化的不利趋向以及相对于行业所处的可怜地位。

（2）**速动比率**（quick ratio）：（现金+有价证券+应收账款）/流动负债。这一比率也叫作**酸性试验比率**（acid test ratio），其分母与流动比率的分母相同，但分子只包括现金、现金等价物和应收账款。对于那些不能迅速把存货变现的公司而言，速动比率比流动比率能更好地反映公司的流动性。G 公司的速动比率与其流动比率具有相同的趋势：

2012 年	2013 年	2014 年	2014 年行业平均值
0.73	0.58	0.49	1.0

（3）**利息覆盖倍数**（interest coverage ratio）或者称为**利息保障倍数**（times interest earned），其定义如下。

$$利息保障倍数 = \frac{EBIT}{利息费用} \tag{11-2}$$

高利息保障倍数说明公司破产的可能性很小，因为年收益远高于年利息支付。它被贷款者和借款者广泛用于判断公司的举债能力，是公司债评级的主要决定因素。G 公司的利息保障倍数如下表所示。

2012 年	2013 年	2014 年	2014 年行业平均值
2.86	1.89	1.26	1.0

（4）**现金比率**（cash ratio），与现金和有价证券相比，公司应收账款的流动性相对较差，因此，除速动比率外，分析师还会计算公司的现金比率，定义如下。

$$现金比率 = \frac{现金 + 有价证券}{流动负债} \tag{11-3}$$

G 公司的现金比率如下表所示。

2012 年	2013 年	2014 年	2014 年行业平均值
0.487	0.389	0.324	0.7

G 公司的流动性比率连续三年大幅下降，到 2014 年为止显著低于行业平均值。流动比率和利息覆盖倍数（这段时间利息保障倍数也在下降）的共同下降说明公司的信用等级在下滑，毫无疑问，G 公司在 2014 年具有较高的信用风险。

二、利润表分析

（一）利润表

利润表（income statement）是对公司在一段时期内（如一年）的盈利能力的总结。它显示了在运营期间公司获得的收入，以及与此同时产生的费用。收入减去费用所得的差额就是公司的净利润或利润。表 11-4 为青岛啤酒 2015 年的利润表。不同于资产负债表只反映公司在某一特定时点上的财务状况，利润表反映了公司在两个不同时点上资产负债表之间的盈亏变化情况。换句话说，利润表反映的经营成果是企业一定会计期间的收入与费用相配比而形成的净收益，表明公司运用所拥有的资产进行获利的能力。可见，利润表对投资者分析上市公司的实力和前景具有重要的意义。

利润表主要反映以下 4 个方面内容。

（1）构成主营业务利润的各项要素。主营业务利润等于主营业务收入减去为取得主营业务收入而发生的相关费用（包括相关的流转税）以后的差额。

（2）构成营业利润的各项要素。营业利润等于主营业务利润加上其他业务，再减去营业费用、管理费用、财务费用以后的差额。

（3）构成利润总额（或亏损总额）的各项要素。利润总额（或亏损总额）等于营业利润加减投资收益、补贴收入以及营业外收支以后的净额。

（4）构成净利润（或净亏损）的各项要素。净利润（或净亏损）等于利润总额（或亏损总额减去本期计入损益的所得税以后的差额。

利润分配表是反映公司一定期间对实现的净利润的分配或亏损弥补的财务报表，是利润表的附表。

表11-4 青岛啤酒利润表（2014年12月31日）

营业总收入（万元）	2 904 932	营业利润（万元）	228 425
营业收入（万元）	2 904 932	营业外收入（万元）	46 942
营业总成本（万元）	2 678 903	营业外支出（万元）	7 067
营业成本（万元）	1 789 929	非流动资产处置损失（万元）	6 293
营业税金及附加（万元）	218 262	利润总额（万元）	268 300
销售费用（万元）	568 298	所得税费用（万元）	66 347
管理费用（万元）	136 230	净利润（万元）	201 953
财务费用（万元）	-33 465	归属于母公司所有者的净利润（万元）	199 010
资产减值损失（万元）	-351	少数股东损益（万元）	2 943
投资收益（万元）	2 396	基本每股收益（元）	1.47
对联营企业和合营企业的投资收益（万元）	2 384	稀释每股收益（元）	1.47

（二）净资产收益率分析

利润表信息主要反映公司的盈利能力，而度量盈利能力主要是看收益。为了公司间便于比较衡量，总利润被表示为单位投资创作的利润。所以**净资产收益率**（return on equity，ROE）被定义为净利润与所有者权益的比率，用来衡量权益资本的盈利能力。

1. 杜邦五项分解

为了理解对公司净资产收益率的影响因素，尤其是它的趋势和相对于竞争对手的表现，股票分析师通常会把净资产收益率"分解"成一系列的比率。每一个组成比率都有其自身含义，这一过程可以帮助分析师把注意力集中于影响业绩的相互独立的因素上来。这种对ROE的分解通常称为**杜邦体系**（duPont system）。

对ROE进行分解的一种有效方法如下。

$$ROE = \frac{净收益}{税前收益} \times \frac{税前收益}{EBIT} \times \frac{EBIT}{销售收入} \times \frac{销售收入}{资产} \times \frac{资产}{股权} \quad (11\text{-}4)$$

因子1×因子2×因子3×因子4×因子5

下面举例说明净资产收益率的各个杜邦分解比率。

【例11-2】这里的A、B公司为美国公司，企业所得税税率是40%。假设A公司是一家全股权融资公司，总资产为10 000万元，其所得税税率为40%。

表11-5为在经济周期的三个不同阶段期间，A公司销售收入、息税前利润（EBIT）和净利润。此外，还包括两个最常使用的衡量赢利能力的指标，即**总资产收益率**（return on assets，ROA；等于 *EBIT*/资产总额）和净资产收益率（ROE）。

表11-5 在经济周期的不同时期A公司的盈利能力

状态	销售收入	EBIT	ROA	净利润	ROE
	/万元	/万元	（每年%）	/万元	（每年%）
坏年景	8 000	500	5	300	3
正常年景	10 000	1 000	10	600	6
好年景	12 000	1 500	15	900	9

B是另一家与A相似的公司，但是10 000万元的资产中有4 000万元是债务融资，利率为8%，因此每年的利息费用为320万元，也就是B公司存在财务杠杆（见表11-6）。

表11-6　　　　　　　　　　　　　　B公司在经济周期中的盈利能力

状态	销售收入	EBIT	ROA	净利润	ROE
	/万元	/万元	（每年%）	/万元	（每年%）
坏年景	8 000	500	5	108	1.8
正常年景	10 000	1 000	10	408	6.8
好年景	12 000	1 500	15	708	11.8

注：① B公司的税后利润等于0.6×（EBIT-320万元）。
　　② ROE=净利润/权益总额，B公司的权益只有6 000万元。

根据式（11-4），对不同状况下A、B公司的净资产收益率进行分解。表11-7为在三种不同的经济状况下，A、B这两家公司的所有这些比率的情况。

表11-7　　　　　　　　　　　　　A公司与B公司的比率分解分析

状态		净资产收益率 ROE	（1）净利润/税前利润	（2）税前利润/EBIT	（3）EBIT/销售收入（ROS）	（4）销售收入/资产（ATO）	（5）资产/股权	复合杠杆因子（2）×（5）
坏年景	A	0.030	0.6	1.000	0.062 5	0.800	1.000	1.000
坏年景	B	0.018	0.6	0.360	0.062 5	0.800	1.667	0.600
正常年景	A	0.060	0.6	1.000	0.100 0	1.000	1.000	1.000
正常年景	B	0.068	0.6	0.680	0.100 0	1.000	1.667	1.134
好年景	A	0.090	0.6	1.000	0.125	1.200	1.000	1.000
好年景	B	0.118	0.6	0.787	0.125	1.200	1.667	1.311

因子3通常被称为公司的**毛利率**（profit margin）或**销售收益率**（return on sales，ROS），表示每一元销售收入可获得的经营利润。在正常年份利率是10%；在坏年份是6.25%；在好年份是12.5%。

因子4是**总资产周转率**（total asset turnover，ATO）。在正常年份里，两家公司的总资产周转率均为1.0，这意味着1元资产每年可产生1元销售收入。在坏年份，该比率为0.8，在好年份，该比率为1.2。

类似地，因子1是税后净利润与税前利润的比率，通常称为税收负担比率，两家公司的值相同。税收负担比率既反映了政府的税收状况，也反映了公司为尽量减少税收负担而实行的政策。在本例中，它不随经济周期改变，一直为0.6。

因子1、因子3和因子4不受公司资本结构的影响，而因子2和因子5受影响。因子2是税前利润与 EBIT 的比率。当公司不用向债权人支付利息时，税前利润会达到最大。事实上，这个比率可用另一种方式表示：

$$\frac{税前利润}{EBIT} = \frac{EBIT-利息支出}{EBIT}$$

因子2通常被称为利息负担比率。A公司没有财务杠杆，因此该比率达到了最大值1。财务杠杆的水平越高，利息负担比率便越低。A公司的该比率不随经济周期变化，一直为常数1.0，说明完全不存在利息支付。然而对于B公司而言，利息费用是固定的，而息税前利润却在变化，因此利息负担比率在坏年份里为0.36，在好年份里为0.787。

因子 5 是资产与权益的比率，用来度量公司的财务杠杆水平，被称为**杠杆比率**（leverage ratio），等于 1 加上债务权益比率。在表 11-7 中，A 公司的杠杆比率是 1，而 B 公司是 1.667。

为了测度杠杆在整个框架中的影响，分析师必须计算利息负担比率与杠杆比率的乘积（即因子 2 和因子 5，列示在表 11-7 的第六列中），被称为复合杠杆因子，对 A 公司而言，该值在三种情境下一直为常数 1.0。但对 B 公司，在正常年份和好年份里，复合杠杆因数大于 1，分别为 1.134 和 1.311，说明财务杠杆对 ROE 具有正的促进作用；在坏年份里，该值小于 1，说明 ROA 小于利率时，ROE 随债务的增加而下降。

根据式（11-4），这些关系可归纳如下。

$$ROE=税收负担比率×利息负担比率×利润率×总资产周转率×杠杆比率$$

因为

$$ROA=销售利润率×总资产周转率^① \qquad (11\text{-}5)$$

且

$$复合杠杆因子=利息负担比率×杠杆比率$$

因此，净资产收益率可以分解如下。

$$ROE=税收负担比率×ROA×复合杠杆因子$$

式（11-5）说明总资产收益率是利润率和总资产周转率的产物，其中一个比率较高通常伴随着另一比率较低。因此，只有评估同一行业内的公司时，单独比较这些比率才有意义，跨行业比较可能会产生误导。

【例11-3】利润率与资产周转率

假设有两家公司具有相同的总资产收益率，均为每年10%，一家是超市连锁店，另一家是电气设备公司。

如表11-8所示，超市连锁店的利润率较低，为2%，但它通过每年使资产周转5次获得了10%的总资产收益率。另一方面，资本密集型电气设备公司的总资产周转率较低，仅为每年0.5次，但它拥有20%的利润率，同样也实现了10%的总资产收益率。这里需要强调的是较低的利润率或资产周转率并不意味着公司很糟糕，每一比率都应按照不同的行业标准来理解。

表 11-8 　　　　　　　　　　　不同行业利润率与总资产周转率的差别

行业	利润率	×	周转率	=	ROA
超市连锁店	2%		5.0		10%
电气公司	20%		0.5		10%

即使处于同一行业，当公司追求不同的市场战略时，它们的利润率和市场周转率有时也会显著不同。例如在零售行业，Neiman Marcus[②]追求高利润率、低周转率的政策，而沃尔玛公司追求低利润率、高周转率的政策。

2. 杜邦三项分解

上面提到的杜邦五项分解是国外公司在分析净资产收益率时常用的一种分解方法。由于国内外会计准则有所差异，编制财务报表时的计算口径也有所不同，国内公司通常习惯于净资产收益率的

---

① $ROA=\dfrac{EBIT}{总资产}=\dfrac{EBIT}{销售收入}×\dfrac{销售收入}{总资产}=销售利润率×总资产周转率$

② 中文称尼曼百货，是美国以经营奢侈品为主的连锁高端百货商店，是当今世界最高档、最独特的时尚商品零售商，已有 100 多年的发展历史。公司总部在美国德克萨斯州达拉斯，能进入该百货的品牌都是各个行业中最顶级的。

另一种分解方式，即杜邦三项分解。

企业净资产收益率的高低受两个因素制约：一是由经营总资产产生的利润；二是总资产相对于所有者权益的比例。净资产收益率的计算公式为：

$$净资产收益率 = \frac{净利润}{所有者权益} \times 100\% = \frac{净利润}{总资产} \times \frac{总资产}{所有者权益} \times 100\%$$

式中，"总资产 / 所有者权益"为杠杆比率。

这是两个非常重要的财务比率。进一步细分，$\frac{净利润}{总资产}$ 也由两部分组成，其计算公式如下。

$$\frac{净利润}{总资产} = \frac{净利润}{销售额} \times \frac{销售额}{总资产} \times 100\%$$

式中，"净利润 / 销售额"为**销售利润率**（sales margins），"销售额 / 总资产"**总资产周转率**（ATO）。通过细分，净资产收益率可以表示为三个比率的乘积，其计算公式如下。

$$净资产收益率 = 销售利润率 \times 总资产周转率 \times 杠杆比率 \qquad (11-6)$$

由此可以看出，企业获利能力有三个发动机，销售利润率取决于公司的经营管理，总资产周转率取决于投资管理，财务杠杆取决于融资政策。因此，分析这三个比率可以了解企业管理人员在何种程度上贯彻了公司的各项战略。

综上所述，杜邦五项分解和杜邦三项都可以用来分析净资产收益率，不同的是，由于我国现行的会计政策中没有"息税前利润"这一定义，因此国内通常用杜邦三项分解来分析净资产收益率。

【例11-4】杜邦三项分解

根据表11-2和表11-4青岛啤酒公司2014年财务报表中的相关数据，可通过杜邦分解来了解青岛啤酒的净资产收益率是由哪些因素推动的。

通过杜邦分解表达式以及相关数据，计算杜邦分解各项。

总资产周转率	1.07
销售净利率	6.08%
杠杆比率	1.77
净利润/总资产	7.43%
ROE	12.93%

具体的杜邦分解计算过程如图11-4所示。

通过杜邦分解可以看出，青岛啤酒ROE的主要驱动因素为销售净利率和财务杠杆。由于青岛啤酒总资产周转率接近1，所以其净资产收益率几乎等于销售净利率和财务杠杆的乘积。

3. 历史净资产收益率与未来净资产收益率

净资产收益率是影响公司收益增长率的两个主要因素之一。有时假设未来净资产收益率与过去值相等是有其合理性的，但是过去很高的净资产收益率并不一定意味着未来的净资产收益率也会很高。另一方面，净资产收益率下降表明公司新投资的净资产收益率低于以往投资的净资产收益率。对证券分析师来说至关重要的一点是不要把历史价值作为对未来价值的预测。近期数据或许提供了与未来业绩相关的信息，但分析师应一直关注未来。对未来股息和收益的预测决定了公司股票的内在价值。

4. 财务杠杆与净资产收益率

当解释公司净资产收益率的过去表现或预测其未来值时，公司债务和权益的组合以及债务的利息率是必须考量的因素。仍以表 11-5 和表 11-6 中的 A、B 公司为例，表 11-9 列出了 A 与 B 的不同。

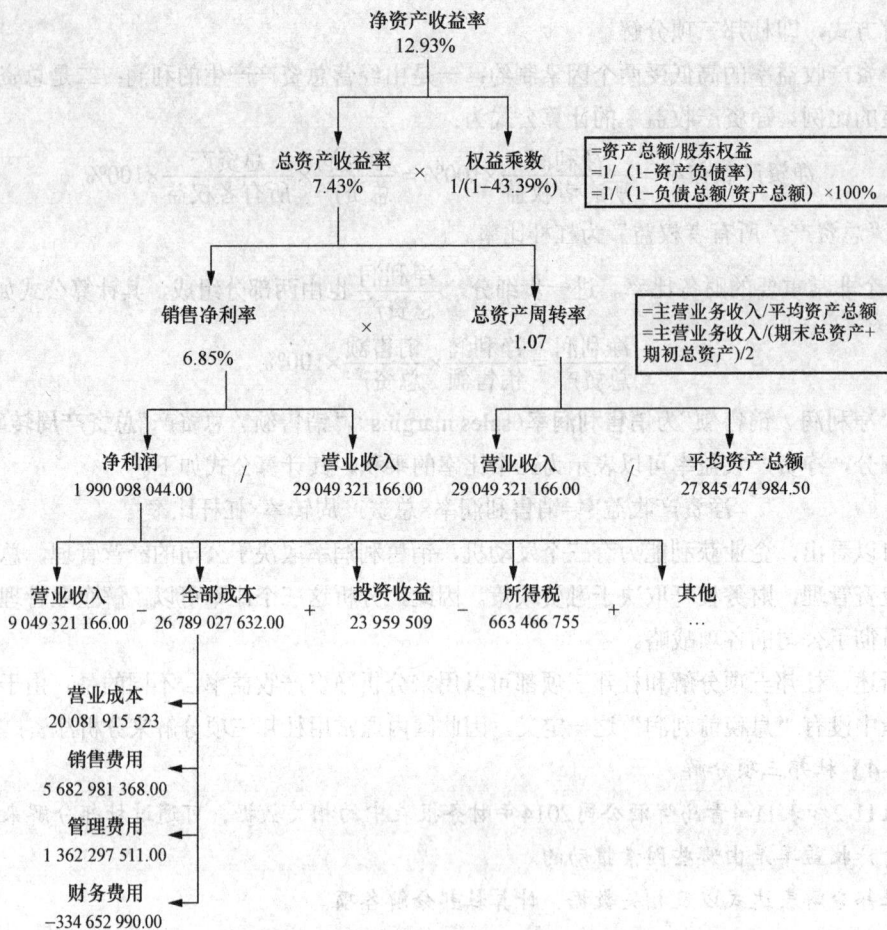

图 11-4　青岛啤酒 ROE 的三项分解

表 11-9　　　　　　　　　　　　财务杠杆率对净资产收益率的影响

状态	EBIT	A 公司		B 公司	
		净利润	ROE	净利润	ROE
	/万元	/万元	（每年%）	/万元	（每年%）
坏年景	500	300	3	108	1.8
正常年景	1 000	600	6	408	6.8
好年景	1 500	900	9	708	11.8

注：① B 公司的税后利润等于 0.6×（EBIT-320 万元）。

　　② ROE=净利润/权益总额，B 公司的权益只有 6 000 万元。

从表 11-9 中可以看出，在三种不同的情境中，两家公司的销售收入、EBIT 和 ROA 都是相同的，也就是说两家公司的经营风险相同。但它们的财务风险不同。尽管两家公司在三种不同情形中的 ROA 均相同，但是 B 公司的 ROE 在正常年份和好年份高于 A，而在坏年份却低于 A。因此，ROE、ROA 和杠杆之间的关系可以总结为下式。

$$\text{ROE} = (1-\text{税率})\left[\text{ROA}+(\text{ROA}-\text{税率})\frac{\text{债务}}{\text{股权}}\right] \qquad (11\text{-}7)$$

这种关系包含以下含义：若公司没有债务或公司的 ROA 等于债务的利率，那么其 ROE 将等于（1-税率）×*ROA*。若 ROE 超过了利率，则 ROE 超过（1-税率）×ROA 的程度将高于较高的负债权益比率。

这一结果是讲得通的：若 ROA 超过借款利率，那么公司赚到的收益将超过支付给债权人的利息，剩余的收益归公司所有者或者股东所有。另一方面，若 ROA 低于借款利率，那么 ROE 将会下降，下降程度取决于债务权益比率。

【例11-5】杠杆和ROE

本例以表12-9中的数据来说明如何应用式（11-7）。在正常年份，A公司的ROE是6%，ROA是10%，是ROA的0.6倍（即1-税率）。B公司的借款利率为8%，债务权益比率为2/3，ROE为6.8%，利用式（11-7）计算得：

$$ROE = 0.6 \times \left[10\% + (10\% - 8\%) \times \frac{2}{3}\right] = 6.8\%$$

重点是只有当公司 ROA 超过债务利率时，增加债务才会对公司 ROE 有正的贡献。注意，财务杠杆也会增加权益所有者收益的风险。从表 11-9 可以看出，在坏年份里，B 公司的 ROE 低于 A 公司。相反，在好年份里，B 公司的表现优于 A 公司，因为 ROA 超过 ROE 为股东带来了额外的资金。债务使 B 公司的 ROE 比 A 公司的 ROE 对经济周期更敏感。尽管两家公司的经营风险相同（三种情境下它们的 EBIT 完全相同），但是 B 公司的股东比 A 公司的股本承受更大的财务风险，因为 B 公司的所有经营风险要由更少的权益投资者来承担。尽管与 A 公司相比，财务杠杆增加了对 B 公司 ROE 的预期，但这并不意味着 B 的股价将会更高。财务杠杆确实可以提高预期 ROE，但它也增加了公司权益的风险，高折现率抵消了对收益的高预期。

三、现金流量表分析

（一）现金流量表

现金流量表（statement of cash flows）详细描述了由公司的经营、投资与财务活动产生的现金流。现金流量表主要分为经营活动、投资活动和筹资活动产生的现金流量 3 个部分。表 11-10 为青岛啤酒 2014 年的现金流量表。资产负债表和利润表都是以权责发生制为基础来编制的，即使没有发生现金交易，收入和费用也在其发生当时就得到确认。而现金流量表以收付实现制为基础来编制，也就是说，现金流量表只承认产生了现金变化的交易。例如，公司销售了一批产品，60 天后付款。利润表在销售发生时就将其确认为收入，资产负债表也立即增加一笔应收账款，而现金流量表只有当货款收到时才确认这一交易。现金流量表与利润表之间的另一个重要差别是关于折旧的处理。现金流量表在设备购置的现金支出发生时就确认为现金流出，而利润表是将这一巨大支出平分在一个很长的时间段上，以便真实地反映公司的盈利能力。因为一次性巨大支出会扭曲公司在支出时段的盈利水平。

由于现金流量表的关键数据都来源于资产负债表和利润表，反映的是公司在会计期内因现金及现金等价物的流出入而引起的资产、负债和权益变化的动态过程。因此，从某种程度上说，现金流量表还发挥着连接资产负债表和利润表所代表的存量和流量的桥梁作用，既为投资者预测公司未来的现金流量提供了数据基础，也使得财务报表体系在信息披露方面更为完善。

表 11-10　　　　　　　　　　青岛啤酒现金流量表　　　　（2014 年 12 月 31 日）（单位：万元）

项目	金额	项目	金额
销售商品、提供劳务收到的现金	3 145 997	支付其他与筹资活动有关的现金	29 180
收到的税费返还	2 181	筹资活动现金流出小计	279 014
收到的其他与经营活动有关的现金	134 584	筹资活动产生的现金流量净额	-245 480
经营活动现金流入小计	3 282 761	汇率变动对现金及现金等价物的影响	-485
购买商品、接受劳务支付的现金	1 747 250	现金及现金等价物净增加额	-212 851
支付给职工以及为职工支付的现金	381 509	加：期初现金及现金等价物余额	739 490
支付的各项税费	545 335	期末现金及现金等价物余额	526 639
支付的其他与经营活动有关的现金	439 603	净利润	201 953
经营活动现金流出小计	3 113 698	资产减值准备	-351
经营活动产生的现金流量净额	169 063	固定资产折旧、油气资产折耗、生产性物资折旧	73 077
取得投资收益收到的现金	1 529	无形资产摊销	19 158
处置固定资产、无形资产和其他长期资产收回的现金净额	600	长期待摊费用摊销	1 077
收到的其他与投资活动有关的现金	102 646	处置固定资产、无形资产和其他长期资产的损失	5 972
投资活动现金流入小计	104 775	财务费用	-36 452
购建固定资产、无形资产和其他长期资产所支付的现金	194 887	投资损失	-2 396
投资所支付的现金	24 647	递延所得税资产减少	-1 862
取得子公司及其他营业单位支付的现金净额	17 527	递延所得税负债增加	-1 954
支付的其他与投资活动有关的现金	3 665	存货的减少	7 204
投资活动现金流出小计	240 726	经营性应收项目的减少	-28 615
投资活动产生的现金流量净额	-135 951	经营性应付项目的增加	-67 747
取得借款收到的现金	33 534	经营活动产生现金流量净额	169 063
筹资活动现金流入小计	33 534	现金的期末余额	526 639
偿还债务支付的现金	181 282	现金的期初余额	739 490
分配股利、利润或偿付利息所支付的现金	68 552	现金及现金等价物的净增加额	-212 851
其中：子公司支付给少数股东的股利	5 757		

（二）现金流量表的分析要点

1. 经营性现金流量为负数

经营活动产生的现金流量是公司生存和发展的基础，如果此项结果为负值，说明公司从销售商品和劳务中取得的现金收入不能满足维持当期运营资本正常运行的支付。导致出现这种结果的原因有以下两种。

（1）公司正在快速成长。处于高速成长期的公司，其销售收入每年都保持着很高的增长率。经理人员预见到了市场需求的巨大潜力，就会扩大存货、公告费用和人员工资上的支出，以期在下一个年度带来更大的现金流量。其直接结果就是当期销售产生的现金流入小于当期在营运资金上的支出，出现负的经营性现金流量。经营性现金流量赤字必须由投资活动或筹资活动产生的正现金流量来弥补。而处于快速成长期企业的投资活动一般也为负值，其现金流量缺口必须依靠债券性或股权性的融资来补偿。通过分析上市公司的年报，可以发现许多成长股的经营性现金流量为负值，它们急切地希望通过高价配股筹资。

（2）经营业务亏损或营运资本管理不力。因外购商品或劳务形成的成本高于公司产品和劳务的售价而形成负的现金流量就比较严重。激烈的行业内部竞争压低销售价格，高成本的企业就会面临这种困境。因销售不力而导致的产品积压同样会导致当期现金流量不足，必须通过加强管理营运资金予以解决。

负的经营性现金流量应值得分析人员注意，尤其是对处于成熟期的公司或公用事业的上市公司而言，它可能意味着公司现行的经营战略存在巨大问题。

2. 经营活动产生的现金流量与净收益之间的巨大差额

这种情况一般是由于应收账款剧增或投资收益及营业外收入变化造成的。

（1）应收账款剧增。净收益的计算采用权责发生制。销售行为发生后，不管有没有收到现金，都会在账面上表现为销售收入，如果产品的销售价高于成本，将直接增加净收益。现金流量则是销售收入中减去应收账款的部分，是公司当期收到的现金，是一种"在手之鸟"，应收账款则有坏账的可能。对于一次性销售收入巨大的企业，比如房地产开发商，应收账款的变化会引起公司业绩的大幅波动。

（2）投资收益及营业外收入的变化。投资收益及营业外收入的增加直接作用于营业利润，进而增加净利润。而对经营活动产生的现金流量没有影响。出售被投资单位股权、处理固定资产以及资产评估增值等都可能导致当期净收益增加，但这种增加与公司的经营活动无关，是非持续性的一次性交易，不能改变公司经营业绩的长期发展趋势，在公司价值评估和业绩预测中，必须剔除这种因素的影响。另外，公司所受税收待遇的变化也会显著影响经营活动产生的现金流量与净收益之间的比例关系。尤其对新上市公司的税收减免，会在减免期提高公司的净收益能力，在分析公司的长期获利能力时，也要注意此因素的影响。

3. 经营活动的现金流量小于利息支付额

利息支出是负债经营企业的一项硬性的短期现金支出，偿付利息所支付的现金被列入筹资活动的现金流出项目。一般来说，公司的利息支付应该由经营活动产生的现金流量偿还。经营活动的现金流量是否大于当期的利息支付是公司债权人判断公司偿债能力的一个重要标准，也是证券分析人员判断公司经营稳健性的一项主要指标。对于一家财务杠杆率较高的公司而言，经营活动的现金流量不足以满足利息支付的需要，将有可能导致财务危机，直接损害股权持有人的利益。

4. 投资活动的现金流量的流向是否与企业战略一致

投资活动的现金流量来源于企业收回投资、处置股东资产以及取得的债息和股息收入，现金流量的流向就是上述科目的支出。投资活动产生的现金流量与经营活动的现金流量对公司生存发展的作用是不同的，后者主要反映当期经营活动的成果，前者则对后期经营活动的现金流量有巨大的影响。当期经营活动的现金流量是前期或前几期的结果，投资活动的现金流量的流向是对企业发展战略的贯彻。例如，公司决定了以电脑生产行业为主业的战略，投资现金流量就应表现为用以建立、收购或兼并生产电脑的生产性和科技性企业的现金支出，而对其他与主业发展关系不大的企业，公司应收回投资和处理固定资产，表现为投资活动的现金流入。如果投资活动的现金流量表现得非常分散，说明公司的投资方向不明，有可能是管理层正在试图通过投资多元化来降低收益的波动性。多元化一般带来公司成长率的下降，在预测公司未来的业绩时要考虑这个因素。

5. 投资活动的资金来源是依赖于内源融资还是外源融资

投资活动是公司成长性的保证，如果经营活动产生的现金流量为正值，说明公司经营活动产生的现金流量除了能支持营运资本的运作外，还有余力支持投资活动。如果投资活动所需资金可以完全由经营性现金流量支持，说明公司的发展依赖于内源性融资；反之，如果需要通过借债或配股筹资来支持投资活动，说明公司比较依赖于外源融资。一般来说，依赖内源融资的企业，财务状况较为稳健，对债权人和股东的要求较少，投资于这种企业增值快。依赖于外源融资会加速企业资产规模膨胀的速度，但是，这种增长是依赖于债务融资，会加大企业财务危机的可能性；如果依赖于配股融资，则会降低净资产收益率，这两种情况对于公司现有的股东都是不利的。

6. 公司是否有自由现金流，如何分配自由现金流

公司经营活动和投资活动产生的现金流量净值扣除当期还本付息的数额后，所剩余的可以用作支付红利的现金流量称作自由现金流量。自由现金流量可用于支付红利、偿还借款或回购股票。如果公司用来支付红利的数额大于当期的自由现金流量，说明公司用外部现金流量来支付红利，这种红利政策是不稳定的。

筹资活动现金流量的主要来源是股票筹资、短期负债和长期负债。筹资活动是反映企业从何种渠道获取外部资金。不同形式的筹资活动对企业经营风险和收益的影响是有差别的，这一点要联系当期企业的财务杠杆率和企业所处行业来分析。一般，股票筹资对公司的经营压力较小，短期负债过大将会限制企业经营的灵活性。但是，如果企业的财务杠杆率较低，同时企业所属行业的获利能力又比较稳定，比如供电供水、公路收费等公用事业类公司，增加短期负债和长期负债在企业财务结构中的比重，会提高公司的净资产收益率。财务分析是对公司分析的细化，证券分析师要透过财务数据对目标公司内部进行剖析，从财务数据的角度加深对目标公司的了解。

四、盈余管理

企业**盈余管理**（earnings management）是指企业管理层利用会计法规、会计准则的漏洞以及会计原则，特别是计量原则的可选择性，有目的地选择会计程序和方法，对会计信息进行加工，以达到其目的的会计行为。一旦超过会计准则及制度的规定范围，则称之为利润操纵。

（一）盈余管理的动因

1. 高层管理人员奖金等收入最大化

根据委托代理理论，委托人—股东与代理人—企业管理当局两者的目标不一致。往往通过签订管理合约使两者的目标趋同。企业收益成为衡量企业总价值变动的最适当的指标。信息不对称和监督成本的存在决定了企业管理当局有能力和条件进行盈余管理。

2. 上市公司首发股票及上市后配股

《公司法》规定，股份有限公司申请发行新股和股票上市必须具备一定条件，如"公司必须在最近三年内连续盈利""公司预期利润率可达同期银行存款利率"等。2001 年证监会规定了新的配股条件：要求上市公司最近三个会计年度加权平均净资产收益率平均不低于 6%。另外，由于 ST 制度的存在，实际亏损的上市公司为逃避陷入困境，也会进行盈余管理，调节利润，使亏损变为微利。

3. 债务合同中的保护性条款的履行

以会计数据定义的保护性条款，是指流动负债率、利息保障倍数、营运资本、固定资产、现金流动等方面的限制。为避免违约，贷款被收回，管理当局会进行盈余管理。即使暂时没有债务合同，但出于将来为扩大生产能比较顺利地筹集到资金的目的考虑，仍有可能采取有利于增加收益的会计政策。

4. 高层管理人员的更迭

高层管理人员即将退休时，为载誉而归往往采用收益最大化的会计政策；同时，在其有升迁的可能性时，将采取使自己任期内收益逐年增加的盈余管理行为。企业发生经营困难，甚至面临破产时，会采取尽量提高利润，美化财务状况的盈余管理行为，以避免被解雇或被免职的命运。新上任的高层管理人员，为增加企业未来预期的盈利能力，提高自己的经营业绩，往往会注销一笔"不良资产"。

（二）盈余管理的手段

1. 会计政策选择和会计估计的应用

对于同一经济事项，会计政策一般提供几种方法供会计人员选择，会计估计则更需要企业会计人员运用职业判断。由于会计应计制的差别导致会计准则和会计制度具有一定的灵活性，在同一交易或事项的会计处理上可能提供多种会计处理方法。

（1）利用资产减值准备。新会计准则扩大了资产减值范围，除了应收账款、存货、短期投资、长期投资、委托贷款、固定资产、在建工程和无形资产外，增加了投资性房地产、消耗性生物资产、建造合同形成的资产、金融资产及为探明石油天然气矿区权益等资产。新准则中明确规定，存货、建造合同形成的资产、消耗性生物资产及金融资产减值准备在影响资产减值因素消失后转回，计入当期损益。其他资产已提减值损失，一经确认不得转回，只允许在资产处置时再进行会计处理。这为公司盈余管理提供了可能。

（2）利用固定资产折旧政策影响会计利润。对于企业来讲，由于固定资产金额相对较大，新准则规定，企业应当至少每年年终对固定资产的使用寿命、折旧方法和预计净残值进行复核，并可以根据实际情况调整。因此，管理人员可以根据自己的职业判断对固定资产折旧方法、使用寿命、净残值等进行判断和选择，这些判断和选择都直接影响到企业当期以及未来一定期间的利润，为公司盈余管理提供了可能。

（3）利用会计期间、时间跨度来调节利润。许多公司不按会计制度、会计准则的规定来处理会计账务，而是利用时间差，提前确认会计收入、推迟结转成本，或者提前确认成本费用、推迟确认会计收入，他们利用这样的方式调节利润。

2. 利用关联交易操纵会计收益

利用关联方交易来操纵盈余是比较隐蔽并且常用的一种方式，已成为上市公司乐此不疲的游戏。其主要方式如下。

（1）委托或者合作投资。如果上市公司面临投资项目周期长、风险大等因素，则可将某一部分现金转移到母公司，以母公司的名义进行投资，将投资风险全部转嫁到母公司头上，而将投资收益的回报确定为上市公司当年的利润。当上市公司发现净资产收益率难以达到配股的要求，便倒推计算利润缺口，然后与母公司签订联合投资合同，投资回报按测算的缺口利润确定，由母公司让出一块利润。

（2）关联购销。关联交易包括：虚构业务量、低价购进原材料和高价销售产品等方式。不少上市公司与母公司存在产、供、销及其他服务方面千丝万缕的联系，上市公司从母公司或者关联公司以低于市场价的价格购买原材料或者半成品，进行一定程度的加工和包装后，以高于市场价的价格卖给母公司或者关联公司，以实现对会计收益的控制。即使在市场不景气的情况下，母公司也会购买大量上市公司产品。

（3）资产租赁。许多上市公司的经营性资产甚至经营场所往往是采用租赁的方式从母公司租赁来的，这就为上市公司与母公司之间的交易埋下了伏笔。上市公司与母公司可以在租赁数量、租赁方式和租赁价格等方面进行调整。有时，上市公司还将从母公司租来的资产同时租赁给母公司的其他子公司，以分别转移母公司与子公司之间的利润。

（4）承包经营或者托管经营。在我国目前的法律法规中，对承包经营或者托管经营的规定和操作规范基本是一片空白，于是就给托管（承包）经营的操作者留下了大量的操作空间，上市公司完全可以利用由承包经营或者托管经营带来的利润进行操纵。上市公司在经营管理不善和经济效益不佳的情况下，经常将不良资产承包（托管）给关联方，由关联方来承担亏损，上市公司可同时获得固定承包收益。同时，母公司将稳定的高获利能力的资产以低收益的形式委托给上市公司进行经营管理，并在委托协议中将较多的比较高的利润留在上市公司，直接增加上市公司利润，进行利润操作。

（5）资产转让置换。资产转让置换是企业为优化资产结构、完成产业调整、实现战略转移等目的而实施的资产转让或股权转等行为，上市公司经常利用资产置换的手法来操纵利润，主要表现在两个方面。第一，上市公司在效益不佳时，经常向母公司或者母公司控制的子公司购买经营性资产来获得经营利润。上市公司将购买母公司的优质资产的款项挂在往来账上，不计提利息或资金占用费。这样上市公司一方面获得了优质资产的经营收益，另一方面却没有付出任何代价。还有就是母公司将优质资产低价卖给上市公司，或与上市公司的不良资产（特别是长期投资的购买和置换方面）进行不等价交换。实际上把负担都转移到母公司去了。第二，上市公司在会计收益亏损或者处于微利的情况下，将上市公司的不良资产和等额的债务转移给母公司或者母公司控制的子公司，这样上市公司既剥离了债务，又剥离了不良资产。上市公司一方面可以达到降低财务费用的目的，另一方面又可以避免不良资产经营产出的亏损或损失，从而提高上市公司的收益。

3. 利用地方政府的支持来操纵会计收益

利用地方政府的支持来操纵会计利润主要表现为地方政府以财政手段支持、扶持地方企业。在当前的资本市场环境下，"壳资源"依然稀缺，上市公司成为了一种稀缺资源，是当地的一种融资平台。当上市公司无法配股或者面临中止上市的状况时，他们会伸出"看得见的手"来对上市公司给予行政支持。政府优惠恩赐的突然降临，上市公司当然就可以对会计收益进行操纵了。地方政府一般采用如下方法：直接为上市公司提供财政补贴；给予上市公司退税或者减免税，以达到降低税负的目的；地方政府利用商业银行对上市公司的利息进行减免等手段改善会计盈余。

4. 利用债务重组

债务重组是指在债务人发生财务困难的前提下，债权人按照其与债务人达成的协议或法院的裁定做出让步的事项。新准则着重体现于公允价值的使用和确认债务重组利得并计入当期损益，上市公司可以利用不等价交换，与其非上市的母公司之间进行利润转移。

5. 利用研发支出资本化

新准则将研究开发项目分为研究阶段和开发阶段，企业应当根据研究和开发的实际情况加以判断。企业内部研究开发项目研究阶段的支出，应当于发生时计入当期损益；开发阶段的支出，符合条件的，应确认为无形资产。但对于开发项目是否具备使用或出售的可行性、是否具备完成并使用或出售的意图、是否有足够的支持完成该项目、其后续支出能否可靠计量等都需要会计人员的职业判断，也为公司盈余管理提供了可能。

新企业会计准则规定，符合资本化条件的资产包括固定资产和需要相当长时间的购建或者生产活动才能达到可使用或可销售状态的存货、投资性房地产等。相比旧准则，扩大了可资本化的资产范围，可资本化的借款范围也由专门借款扩大到了专门借款和一般借款。公司会在借款费用资本化和费用化之间挪移，调节当期损益从而进行盈余管理。

【例11-6】安然公司盈余管理案例

总部设在得克萨斯州休斯敦的美国第七大公司安然（Enron）公司曾被《财富》杂志评为美国最有创新精神的公司，该公司2001年的股价最高达每股90美元左右，市值约700亿美元。但在2001年下半年，安然披露，它将招致至少10亿美元的损失并且将重新报告它在1997—2000年以及2001年前两个季度的财务状况，以此改正以前报告中的错误，这些错误将安然的总体收入扩大了5.91亿美元。这次重新报告的影响十分骇人，它使得安然股票价格下跌了91%。不久以后，蒂纳基（Dynegy）公司对安然的收购以失败告终。安然债券落入垃圾债券的地位而其股票价格也猛降至每股26美分。2001年12月2日，安然公司被迫根据美国破产法第十一章的规定，向纽约破产法院申请破产保护，以资产总额498亿美元创下了美国历史上最大宗的公司破产案纪录。

2002年4月8日，Milberg Weiss在休斯顿地方法院对安然公司提出了合并集团诉讼。为了其客户的利益，Milberg Weiss正试图为安然于1998年10月19日到2001年11月27日间公开募集的股份和债券的购买者寻求救济。合并诉讼的原告以违反联邦证券法为由起诉了安然公司的某些管理人员和董事、公司的会计师、律师事务所以及银行，原告诉称，这些被告卷入了大量的内部交易并在关于安然公司的财务状况方面出具虚假的有误导性的报告。这些虚假的报告导致安然公司的股票以90.50美元的高价在证券市场卖出，被告们卖出了超过2 000万股安然股票，共计约11.9亿美元。

安然公司的破产欺诈事件被揭露以后，在美国朝野引起极大的震动。这一案件涉及一大批政府要员和国会议员，还将使教师、消防员和部分政府雇员的退休基金损失10亿美元以上，而且涉嫌勾结安达信会计师行（美国五大会计师行之一，有8.4万员工，分布在84个国家和地区）造假账，是一件官商勾结、欺诈民众的大案，在美国和世界许多国家产生十分恶劣的影响。

综合已披露的资料，安然公司主要的盈余管理手段如下。

（1）利用"特别目的实体"高估利润、低估负债。

安然公司不恰当地利用"**特别目的实体**"（special purpose entities，SPE）符合特定条件可以不纳入合并报表的会计惯例，将本应纳入合并报表的三个"特别目的实体"（英文简称分别为JEDI、Chewco和LJMl）排除在合并报表编制范围之外，导致1997—2000年期间高估了4.99亿美元的利润。低估了数亿美元的负债。此外，以不符合"重要性"原则为由，未采纳安达信的审计调整建议，导致1997—2000年期间高估净利润0.92亿美元。各年度的具体情况如表11-11所示。

表11-11 安然公司各年度利润以及负债表 （单位：亿美元）

项目名称	1997年	1998年	1999年	2000年	合计
净利润					
调整前净利润	1.05	7.03	8.93	9.79	26.8
减：重新合并 SPE 抵消的利润	0.45	1.07	2.48	0.99	4.99
审计调整调减的利润	0.51	0.06	0.02	0.33	0.92
调整后的净利润	0.09	5.9	6.43	8.47	20.89
调整后净利润占调整前的比例（%）	8.60	83.90	72	86.50	77.90
债务总额					
调整前的债务总额	62.54	73.57	81.52	100.23	—
加：重新合并 SPE 增加的债务	7.11	5.61	5.61	6.28	—
调整后的债务总额	69.65	79.18	79.18	88.37	—
调整后债务总额占调整前的比例（%）	111.30	132.10	132.10	108.40	—

安然公司的上述重大会计问题缘于一个近乎荒唐的会计惯例。按照美国当时的会计惯例，如果非关联方（可以是公司或个人）在一个"特别目的实体"权益性资本的投资中超过3%，即使该"特别目的实体"的风险主要由上市公司承担，上市公司也可不将该"特别目的实体"纳入合并报表的编制范围。安然公司正是利用这个只注重法律形式，不顾经济实质的会计惯例的漏洞，设立数以千计的"特别目的实体"，以此作为隐瞒负债，掩盖损失的工具。

（2）通过空挂应收票据，高估资产和股东权益。

安然公司于2000年设立了四家分别冠名为Raptor I、Raptor II、Raptor III和Raptor IV的"特别目的实体"（以下简称V类公司），为安然公司投资的市场风险进行套期保值。为了解决V类公司的资本金问题，安然公司于2000年第一季度向V类公司发行了价值为1.72亿美元的普通股。在没有收到V类公司支付认股款的情况下，安然公司仍将其记录为实收股本的增加，并相应增加了应收票据，由此虚增了资产和股东权益1.72亿美元。按照公认会计准则，这笔交易应视为股东欠款，作为股东权益的减项。此外，2001年第一季度，安然公司与V类公司签订了若干份远期合同，根据这些合同的要求，安然公司在未来应向V类公司发行8.28亿美元的普通股，以此交换V类公司出具的应付票据。安然公司按上述方式将这些远期合同记录为实收股本和应收票据的增加，又虚增资产和股东权益8.28亿美元。上述两项合计，安然公司共虚增了10亿美元的资产和股东权益。2001年第三季度，安然公司不得不作为重大会计差错，同时调减了12亿美元的资产和股东权益，其中的2亿美元系安然公司应履行远期合同的公允价值超过所记录应收票据的差额。

（3）通过有限合伙企业，操纵利润。

安然公司通过一系列的金融创新，包括设立由其控制的有限合伙企业进行筹资或避险。最出名的一个是设立于1999年的LJM开曼公司（简称LJM1）和LJM2共同投资公司（简称LJM2，LJM1和LJM2统称为LJM）在法律上注册为私人投资有限合伙企业。LJM的合伙人分为一般合伙人和有限责任合伙人。安然公司在东窗事发前，以LJM的多名有限责任合伙人为与安然公司没有关联关系的金融机构和其他投资者为由，未将LJM纳入合并报表编制范围。但从经济实质看，LIM的经营控制权完全掌握在安然公司手中，安然公司现已承认LJM属于安然公司的子公司。LJM从1999年设立起，至2001年7月止，其一般合伙人推选的管理合伙人为当时担任安然公司执行副总裁兼首席财务官的安德鲁·S. 法斯焘。LJM设立之初，有关人员曾明确向安然公司的董事会说明设立LJM的目的，就是要使LJM成为向安然公司购买资产的资金来源、向安然公司投资的权益合伙人，以及降低安然公司投资风险的合作伙伴。

1999年6月至2001年9月，安然公司与UM公司发生了24笔交易，这些交易的价格大都严重偏离公允价值。安然公司现已披露的资料表明，这24笔交易使安然公司税前利润增加了5.78亿美元，其中1999年和2000年度增加的税前利润为7.43亿美元，2001年1～6月减少的税前利润为1.65亿美元。在这24笔交易中，安然公司通过将资产卖给LJM2确认了8 730万美元的税前利润；LJM购买安然公司发起设立的SPE的股权和债券，使安然公司确认了240万美元的税前利润；LJM受让安然公司联属企业的股权，使安然公司获利1 690万美元；安然公司与LJM共同设立5个SPE，并通过受让LJM2在这5个SPE（其中4个为前述的V类公司）的股权等方式，确认了与风险管理活动有关的税前利润4.712亿美元。

安然公司通过上述交易确认的5.78亿美元税前利润中，1.03亿美元已通过重新合并LJM1的报表予以抵消，其余4.75亿美元能否确认，尚不得而知。但安然公司在2001年第三季度注销对V类公司的投资就确认了10亿美元亏损的事实（gretchen morgenson, 2002），这不能不让人怀疑安然公司在1999

年和2000年确认上述交易利润的恰当性。

（4）利用合伙企业网络组织，自我交易，涉嫌隐瞒巨额损失。

安然公司拥有错综复杂的庞大合伙企业网络组织，为特别目的（主要是为了向安然公司购买资产或替其融资）设立了约3 000家合伙企业和子公司，其中约900家设在海外的避税天堂。根据《纽约时报》2002年1月17日的报道以及1月16日该报全文刊载的安然公司发展部副总经理雪伦•沃特金斯女士在首席执行官杰弗利•K. 斯基林突然辞职后致函董事会主席肯尼思•莱的信函，安然公司很有可能必须在已调减了前5年5.86亿美元税后利润的基础上，再调减13亿美元的利润。这13亿美元的损失，主要是安然公司尚未确认的与合伙企业复杂的融资安排等衍生金融工具有关的损失，其中5亿美元与安然公司已对外披露的V类公司有关，其余8亿美元则与安然公司至今尚未披露的Condor公司有关。至于众多以安然股票为轴心的创新金融工具及其他复杂的债务安排所涉及的损失和表外债务，很可能是个难以估量的"财务黑洞"。

（5）利用能源贸易合同。

安然公司在2001年9月末，发表了一份总结当年前三个季度的财务报告，根据这份报告，安然无可争议地成为自己行业内的领头羊。事实上，安然在2001年前9个月的营业额达到了惊人的1 390亿美元，而通用电气2001年全年的收入不过是1 250亿美元。然而，安然巨大的营业额里很大的一部分是由于能源贸易合同引起的。

能源贸易合同主要是一些有关天然气、石油和电力方面的贸易合同。签约双方的目的是通过未来市场价格变化而从中牟取利润。能源贸易合同的买卖者并不一定是能源公司，实际上许多华尔街上鼎鼎大名的投资银行，如瑞银华宝、所罗门美邦、JP摩根大通和摩根斯坦利等都是这些合同的签约方。为了更好地理解能源贸易合同对企业利润的影响，在这里假设一份价值100万美元、在6个月后生效的天然气合同。如果一家华尔街的公司把这份合同出售，那么对账面上的"营业收入"是不会有任何影响的，但实际上，华尔街的公司会定期把这份合同与市场现值做出比较，看看究竟赚到或者亏损了多少钱，这在公司的利润表上就会反映为"贸易盈余/亏损"。在会计实践中，这样的做法称为报告"净值"。

但是从20世纪90年代开始，许多能源贸易公司都开始采用一些激进的会计手法（安然是始作俑者），它们开始报告合同的"毛值"，这意味着将上面所说的100万美元合约面值直接记为营业收入。这些公司会把价值大约相同的天然气记作"费用"以抵消营业收入，这样能源贸易公司最后得到的利润额就跟华尔街的公司计算出来的差不多，唯一的差别就是：华尔街的公司没有将合同的100万美元面值记作营业收入，但是能源贸易公司的账上却实实在在地多出了这样一笔营业额。

（6）与其他利益相关者合作，操纵利润。

《华尔街日报》报道，JP摩根早已得悉安然的财务出现问题，急需新的资金，可能不能偿还其贷款。因此，JP摩根与安然串谋以一买一卖的交易方式，协助安然粉饰账目，掩饰财务危机。即JP摩根从安然买入天然气后，随即以较高价回售给安然，以当中的差价作为贷款的利息。为此，花旗集团旗下旅行者产险等11家保险商入禀法院，对此提出了指控。

思考与练习

1. 选取你熟悉的一家上市公司，对该公司在行业中的竞争战略、竞争地位进行简要分析。

2. 上市公司有战略价值的资源有哪些特点?

3. 公司财务分析包括哪些内容? 如何通过公司财务分析发现有投资价值的公司?

4. 某公司的销售利润率低于行业平均水平,但是其资产收益率高于平均水平,这反映了公司资产周转率的什么信息?

5. 现金流量表分析的要点有哪些?

6. 什么是盈余管理? 简述盈余管理的动因和手段。

7. 根据下列A公司的现金流量数据计算该公司的:

(1)投资活动提供或使用的净现金

(2)融资活动提供或使用的净现金

(3)年度现金的增加或减少

现金股利	80 000
购买汽车	33 000
支付债务利息	25 000
销售旧设备	72 000
回购股票	55 000
支付供应商的现金	95 000
向客户收取的现金	300 000

8. 下表是某水泥公司的资产负债表和利润表的一些信息,根据相关数据,计算这家公司的净资产收益率和财务杠杆,并对净资产收益率进行杜邦三项分解。

水泥公司 2014 年部分资产负债表和利润表数据

(2014-12-31)

利润表项目	金额(万元)
一、营业收入	4 576 620
减：营业成本	3 875 722
营业税费、营业税金及附加	24 051
销售费用	227 997
管理费用	217 305
财务费用	100 206
利润表项目	金额(万元)
资产减值损失	-8
投资收益	682
二、营业利润	701 580
加：营业外收入	109 574
减：营业外支出	2 373
其中：非流动资产处置净损失	561
三、利润总额	808 782
减：所得税	162 559
四、净利润	646 223
归属于母公司所有者的净利润	630 759
所有者权益	5 117 609
总资产	8 752 352

股票价值评估 | 第十二章

证券投资的一项重要工作就是评估股票内在价值，寻找被错误定价的股票，以获得合适的投资机会。股票价值评估就是运用适当的估值方法，根据公司当前和未来的盈利能力信息来评估公司真正的市场价值。对于上市公司的估值方法，通常包括两类：绝对估值法和相对估值法。绝对估值法就是运用一些反映公司经营的数据通过折现模型的方式计算公司的理论价值，包括股利折现模型（DDM）、自由现金流折现模型（DCF）等方法。相对估值法是运用一些指标，如市盈率、市净率、市现率等，在行业内对比来判断公司自身在行业中的地位。此外，本章还探讨了成长股的估值。

第一节 股利折现模型

一、内在价格与市场价格

在持续经营假设前提下，最常用的估值模型来源于对一个事实的观察：股票投资者期望获得包括现金股利、资本利得或损失在内的收益。假定股票持有期为 1 年，A 股票预期每股的股利 $E(D_1)$ 为 4 元，现价 P_0 为 48 元，年底的预期价格 $E(P_1)$ 为 52 元。这里并不考虑下一年的价格是如何得出的，只考虑在已知下一年的价格时，当前的股票价格是否具有吸引力。持有期的期望收益率等于 $E(D_1)$ 加上预期价格增长 $E(P_1)-P_0$，再除以现价 P_0，即：

$$期望收益率 = E(r) = \frac{\{E(D_1)+[E(P_1)-P_0]\}}{P_0} = \frac{4+(52-48)}{48} = 0.167 = 16.7\%$$

因此，持有期的股票期望收益率等于预期股利收益率 $E(D_1)/P_0$ 与价格增长率，即资本利得收益率 $[E(P_1)-P_0]/P_0$ 之和。

但是，A 股票的折现率是多少呢？由资本资产定价模型可知，当股票市场处于均衡水平时，投资者能够期望股票获得的收益率为 $r_f + \beta[E(R_M)-r_f]$。因此，用 β 来测定的风险，资本资产定价模型可以用来估计投资者的期望收益率，该收益率是投资者对所有具有相同风险的投资所要求的最低收益率，被称为必要收益率，通常用 k 表示。如果股票定价是正确的，其预期收益率将等于必要收益率 k。当然，证券投资者的目标是发现低估值股票。例如，定价被低估的股票的预期收益将高于必要收益率。

假定 r_f=6%，$E(R_M)-r_f$=5%，股票 A 的 β 值等于 1.2，则 k 值为：

$$k=6\%+1.2\times5\%=12\%$$

投资者的预期收益率超过了 A 股票必要收益率达 4.7%。自然地，投资者希望在其资产组合中增加更多的 A 股票。

判断股票价值是否被低估的另一种思路是比较股票内在价值与市场价格。股票的每股**内在价值**（intrinsic value）用 V_0 表示，是指投资者从股票上能得到的全部现金回报的现值，是把股利和最终出售股票的所得，用正确反映风险调整的利率 k 进行折现得到的。若股票的内在价值或者说投资者对股票实际价值的估计超过市场价格，这支股票就被认为是低估了，因而值得投资。在 A 股票的例子中，根据一年的投资期和一年后 $P_1=5.2$ 的价格预测，内在价值为：

$$V_0 = \frac{E(D_1) + E(P_1)}{1+k} = \frac{4+52}{1.12} = 50元$$

这意味着，当 A 的股价等于每股 50 元时，投资者的收益率为 12%，恰好等于必要收益率。但是，当前的股价为每股 48 元，相对于内在价值该股票的价值被低估了，在这种价格水平下，股票 A 提供的收益率相对于其风险而言偏高。换句话说，根据资本资产定价模型，这是一只正 α 的股票。投资者会希望在其投资组合中持有较多的 A 股票。

如果 A 股票的内在价值低于其当前的市场价格，投资者会购买比在消极策略下购买数量更少的股票，甚至也许会卖空 A 股票。

在市场均衡中，市场现价将反映所有市场参与者对内在价值的估计。这意味着 V_0 对的估计与现价 P_0 不同的投资者，实际上必定在 $E(D_1)$、$E(P_1)$ 或 k 的估计上与市场共识存在差异。市场对必要收益率 k 的共识，通常称为**市场资本化率**（market capitalization rate）。

二、股利折现模型

假设投资人买入一股 S 公司的股票，计划持有一年。该股票的内在价值等于年末公司派发的股利 D_1 加上预期售价 P_1 的现值。简单起见，后续部分用符号 P_1 代表 $E(P_1)$。但是，预期售价和股利是未知的，因此，能够计算出的是股票期望的内在价值，而非确定的内在价值。已知：

$$V_0 = \frac{D_1 + P_1}{1+k} \tag{12-1}$$

尽管根据公司的历史情况可以预测年末派发的股利。但是应如何估计年末的估计 P_1 呢？根据式（12-1），V_1（第一年末的内在价值）将等于：

$$V_1 = \frac{D_2 + P_2}{1+k}$$

如果假设股票下一年将会以内在价值出售，则 $V_1=P_1$。将这个值代入式（12-1），可得：

$$V_0 = \frac{D_1}{1+k} + \frac{D_2 + P_2}{(1+k)^2}$$

该式可以解释为持有期为两年的股利现值与售价现值之和。当然，现在需要给出 P_2 的预测值。根据上述内容类推，用$(D_3+P_3)/(1+k)$代替 P_2，从而将 P_0 与持有期为三年的股利现值与售价现值之和联系起来了。

更为一般情况是，当持有期为 H 年时，可以将股票价值表示为持有期为 H 年时的股利现值与最终售价 P_H 的现值之和。即：

$$V_0 = \frac{D_1}{1+k} + \frac{D_2}{(1+k)^2} + \cdots + \frac{D_H + P_H}{(1+k)^H} \tag{12-2}$$

由于股票的股利不确定，也没用固定的到期日，且最终售价也不确定。因而，可以把式（12-2）继续代换下去，得：

$$V_0 = \frac{D_1}{1+k} + \frac{D_2}{(1+k)^2} + \frac{D_3}{(1+k)^3} + \cdots \tag{12-3}$$

式（12-3）说明股票价格等于无限期内所有预期股利的现值之和。该式被称为股利折现模型（dividend discount model，DDM）。

式（12-3）很容易让人认为股利折现模型只重视股利，而忽视了资本利得也是投资股票的一个动机，这种观点并不正确。事实上，式（12-1）已经说明了资本利得（反映在预期售价中）是股票价值的一部分。股利折现模型说明股票未来的售价取决于投资者对股利的预期。

式（12-3）仅出现股利并不说明投资者忽视了资本利得，而是因为资本利得是由股票售出时投资者对未来股利的预期决定的。这就是为什么式（12-2）中的股票价格可以写成股利现值与任何时间出售的股票售价的现值之和。P_H是在时间点H上对所有H时期后预期股利的折现值之和。然后将这个值折现到现在，即时间0。股利折现模型说明了股票价格最终取决于股票持有者不断取得的现金流收入，即股利。如果投资者从未预期可以获得股息收入，那么该模型将意味着股票没有任何价值。但实际中不发放股息的股票仍有市场价值，为使股息折现模型与这一现实相一致，就必须假设投资者在未来某天会获得一些现金支付，即使仅是清算的股息。

三、固定增长的股利折现模型

式（12-3）对股票进行估价时的作用并不大，因为它要求预测未来无限期内的股利。为使股利折现模型更具实用性，引进一些简化的假设是很有必要的。在这个问题上，一个很常见的假设是股利增长率g是固定的。假设$g=0.05$，最近支付的股利是$D_0=3.81$，那么预期未来的股利为：

$$D_1=D_0(1+g)=3.81\times1.05=4.00$$
$$D_2=D_0(1+g)^2=3.81\times1.05^2=4.20$$
$$D_3=D_0(1+g)^3=3.81\times1.05^3=4.41$$

把这些股利的预测值代入式（12-3），可得出内在价值为：

$$V_0=\frac{D_0(1+g)}{1+k}+\frac{D_0(1+g)^2}{(1+k)^2}+\frac{D_0(1+g)^3}{(1+k)^3}+\cdots$$

该式可化简为：

$$V_0=\frac{D_0(1+g)}{k-g}=\frac{D_1}{k-g} \qquad (12\text{-}4)$$

注意，式（12-4）中是用D_1而非D_0除以$k-g$来计算内在价值的。如果S公司的市场资本化率为12%，现在，利用式（12-4）可以计算出S公司股票的每股内在价值为：

$$\frac{3.81\times(1+0.05)}{0.12-0.05}=\frac{4.00}{0.12-0.05}=57.14 \text{（元）}$$

式（12-4）称为**固定增长的股利折现模型**（constant-growth DDM），也称为戈登模型，因为是迈伦·戈登（Myron J. Gordon）普及了该模型。该模型与永续年金的计算公式很接近，如果预期股利不会增长，股利流就是简单的永续年金，此时，估值公式变为$V_0=D_1/k$。例如，1元永久年金每年的现值是$1/k$，如果k为10%，永久年金的值就为1元/0.10=10元。式（12-4）是永久年金计算公式的一般形式，它包含了年金增长的情况，随着g的增长（D_1确定），股价也在增长。

【例12-1】优先股和股利折现模型

优先股支付固定的股利，可使用股东增长的股利折现模型对优先股进行估值，只是股利的固定增长率为0。例如，假设某种优先股的固定股利为每股2元，折现率为8%，则该优先股的价值为：

$$V_0 = \frac{2}{0.08-0} = 25 \text{（元）}$$

【例12-2】固定增长的股利折现模型

某上市公司刚刚派发了每股3元的年度股利，预期股利将以8%的固定增长率增长，该公司股票的β值应为1.25，那么该股票的内在价值是多少？

因为刚刚派发了每股3元的股利且股利增长率为8%，所以可以预测年末将派发的股利为3×1.08=3.24元。市场资本化率为6%+1.0×8%=14%，因此，该股票的内在价值为：

$$V_0 = \frac{D_1}{k-g} = \frac{3.24}{0.14-0.08} = 54 \text{（元）}$$

若该股票被认为风险应该更高，则其价值应该更低。当β值为1.25时，市场资本化率为6%×1.25×8%=16%，那么股票的内在价值仅为：

$$\frac{3.24}{0.16-0.08} = 40.5 \text{（元）}$$

只有当g小于k时，固定增长的股利折现模型才能使用。如果预期股利增长率超过k，股票的价值将为无穷大。如果股票分析师经分析认为g大于k，从长远角度来看，这个增长率g是不能长期保持的。在这种情况下，适用于这种情况的估值模型是多阶段股利折现模型。

固定增长的股利折现模型被股票分析师广泛应用，因此有必要探讨其含义和本身存在的局限性。在下列情况下，固定增长的股利折现模型意味着股票的价值将增大。

（1）预期的每股股利越高。

（2）市场资本化率k越低。

（3）预期股利增长率越高。

固定增长的股利折现模型的另一含义是预期股价与股利将按同样的增长率增长。例如，假设S公司股票按内在价值57.14元出售，即$V_0=P_0$，那么，则有

$$P_0 = \frac{D_1}{k-g}$$

从上式可以看出股价与股利是成比例的。因此，当预期第二年的股利将增长g=5%时，股价也会增长5%。因为：

$$D_2 = 4 \times 1.05 = 4.20 \text{（元）}$$

$$P_1 = \frac{D_2}{k-g} = \frac{4.20}{0.12-0.05} = 60.00 \text{（元）}$$

该股价比当前股价57.14元高5%。以此类推，得出：

$$P_1 = \frac{D_2}{k-g} = \frac{D_1}{k-g}(1+g) = P_0(1+g)$$

因此，固定增长的股利折现模型说明每年的股价增长都等于股利的固定增长率g。注意：若股票的市场价格等于其内在价值（$V_0=P_0$），则持有期的收益率等于：

$$E(r) = \text{股息收益率} + \text{资本利得收益率}$$

$$\frac{D_1}{P_0} = \frac{(P_1-P_0)}{P_0} = \frac{D_1}{P_0} + g \tag{12-5}$$

式（12-5）提供了一种根据必要收益率推断市场资本化率的方法，因为，如果股票以内在价值出售，则有E(r)=k，即$k=D_1/P_0+g$。通过计算股利收益率D_1/P_0和估计股利增长率g，可以计算出k，也就大概知道了市场资本化率。该式也称作现金流折现公式。

这种方法通常用于管制公共事业的定价问题中。负责审批公共设施定价的监管机构被授权允许公共事业公司在成本基础上加上一些"合理的"利润来确定价格，也就是，允许公司在生产能力投资上获得竞争性收益。反过来，这个收益率是投资者投资该公司股票的必要收益率。公式 D_1/P_0+g 提供了一种推断必要收益率的方法。

【例12-3】固定增长模型

假设S公司为其计算机芯片赢得了一份主要合同，该合同非常有利可图，可在不降低当前每股4元股利的前提下，使股利增长率由5%上升到6%。该公司的股价将如何变化？

作为对赢得合同这一利好消息的反映，股价应该会上涨。事实上股价确实上涨了，从最初每股57.14元涨到了：

$$\frac{D_1}{k-g}=\frac{4.00}{0.12-0.06}=66.67（元）$$

宣布利好消息时，持有该股票的投资者将会获得实质性的暴利。

另一方面，宣布利好消息后，股票的期望收益率仍为12%，与宣告利好消息一样。

$$E(r)=\frac{D_1}{P_0}+g=\frac{4.00}{66.67}+0.06=0.12 或 12\%$$

这一结果是说得通的。赢得合作这一利好消息将反映在股价中，股票的期望收益率与股票的风险水平一致，股票的风险水平并没有改变，因此期望收益率也不会改变。

四、价格收敛于内在价值

假设 A 股票的每股现值仅有 48 元，也就是说，股票每股被低估了 2 元。在这种情况下，预期价格增长率依赖于另一个假定：内在价值与市场价格之间的差异是否会消除及何时会消除。最普遍的假设是这个差异永远不会消除，市值会继续以速度 g 增长。这意味着内在价值与市场价格之间的差异也会以相同的速度增长。在本例中：

现在	下一年
$V_0=50$ 元	$V_1=50$ 元×1.04=52 元
$\dfrac{P_0=48元}{V_0-P_0=2元}$	$\dfrac{P_1=48\times1.04=49.92元}{V_1-P_1=2元\times1.04=2.08元}$

在这一假设条件下，持有期收益率将超过必要收益率，因为若 $P_0=V_0$，股利收益率会更高。在本例中，股利收益率是8.33%而不是8%，因此预期持有期收益率为12.33%，而非12%，即：

$$E(r)=\frac{D_1}{P_0}+g=\frac{4}{48}+0.04=0.0833+0.04=12.33\%$$

如果投资者识别出该股票的价值被低估，那么他可以获得的持有期收益率将超过必要收益率33个基点。这种超额回报股票的市场价格将不可能等于其内在价值。

另一种假设是市场价格与内在价值之间的差异将在年末消失。在本例中将有 $V_1=P_1=52$ 元，且：

$$E(r)=\frac{D_1}{P_0}+\frac{P_1-P_0}{P_0}=4\div48+(52-48)\div48=0.083\,3+0.083\,3=16.66\%$$

在内在价值与市场价格趋于一致的假设下，一年期的持有期收益率更高，但在未来的年份中，股票投资者将仅能获得合理的收益率。

　　许多股票分析师都假设随着时间的推移，如经过 5 年，股票价格将趋于内在价值。在这种假设下，一年持有期的收益率为 12.33%～16.66%。

第二节 | 自由现金流折现模型

　　另一种可以代替股息折现模型的估值方法是自由现金流折现模型。这种方法特别适合于那些无须支付股息的公司，因为在这种情况下，股息折现模型无法应用，但是自由现金流模型适合任何公司并且能够提供股息折现模型无法得到的有用信息。

一、自由现金流

　　自由现金流是指扣除资本性支出后，公司所有能由公司或股东完全支配的现金。自由现金流折现模型主要有两种方法：一种方法是用加权平均资本成本对公司**自由现金流**（free cash flow for the firm，FCFF）进行折现来估计公司价值，然后扣除已有的债务价值来得到权益价值。另一种方法是直接用权益资本成本对**股东自由现金流**（free cash flow to the equity holders，FCFE）折现来估计权益的市场价值。

　　公司的自由现金流的计算公式如下。

$$FCFF=EBIT(1-t_c)+折旧-资本支出-营运资金净额的增加额 \qquad (12\text{-}6)$$

　　其中，EBIT 为息税前利润，t_c 为公司税率，**资本支出**（capital expenditures），**营运资金净额**（net working capital，NWC），**营运资金净额的增加额**（increase in NWC）。

　　这些现金流是公司经营产生的，既包括支付给股东的现金流，也包括支付给债权人的现金流。

　　另一种方法是使用股东自由现金流来估算公司价值。股东自由现金流与公司自由现金流的不同之处在于，前者是公司股东及债权人可供分配的最大自由现金额，后者只是公司股东可分配的最大自由现金额。因此，股东自由现金流的计算涉及税后利息费用以及新发行或重购债务的现金流（即偿还本金的现金流出减去发行新债获得的现金流入）。

$$FCFE=FCFF-利息费用×(1-t_c)+净负债的增加 \qquad (12\text{-}7)$$

　　其中，**利息费用**（interest expense），**净负债的增加**（increases in net debt）。

　　虽然 FCFF 和 FCFE 是基于不同利益视角的自由现金流核算方法，但在自由现金流折现模型框架中，这两种现金流的使用方法是相同的，只不过使用 FCFF 计算出来的价值对应企业价值，而使用 FCFE 计算出来的价值对应股东价值。

二、自由现金流折现模型的内容

（一）加权平均资本成本

　　加权资本成本（weight average cost of capital，WACC）是指以各种资本来源的比例为权重的加权成本，即：

$$WACC=w_e×k_E+w_d×I \qquad (12\text{-}8)$$

其中，$w_e = \dfrac{权益资本}{权益资本+债务资本}$ 为权益资本权重；$w_d = \dfrac{债务资本}{权益资本+债务资本}$ 为债务资本权重；

k_E 为权益资本的必要收益率；I 为债务资本的税后成本。

加权平均资本成本是公司财务中的核心概念之一。这里需要特别指出的是，在给定债务成本和权益成本的情况下，决定 WACC 的关键因素就是两者各自对应的权重。权益资本和债务资本的比例也称资本结构。对于同一家企业，存在现有资本结构和目标资本结构两种度量方法。在能够获得企业目标资本结构的情况下，优先使用目标资本结构作为 WACC 的权重。因为目标资本结构反映了未来企业资本结构发展的趋势，能够更贴切地描述企业资本成本的变化方向。

（二）自由现金流折现模型

上一节中股利折现模型提到过，股利折现模型是基于股票价格等于无限期内所有预期股利的现值之和这一原理得出的。式（12-3）中已经定义了各期的股利 D_t，但是实际上 D_t 在未来各期的值是比较复杂的。如果把 D_t 定义为"自由现金流"，那么股利折现模型就变成了自由现金流折现模型（discount cash flow，DCF）：

$$V = \sum_{t=1}^{T} \frac{FCF_t}{(1+r)^t} + \frac{V_T}{(1+r)^T}，\text{ 其中 } V_T = \frac{FCF_{T+1}}{r-g} \qquad (12\text{-}9)$$

其中，FCF 既可以是 FCFF，也可以是 FCFE，但需要注意的是 FCFF 对应的折现率为加权平均资本成本，FCFE 对应的折现率为权益资本成本。

【例12-4】股权价值和公司价值

表12-1为D公司未来6年内的自由现金流和增长率。

表 12-1　　　　　　　　　　　　　D 公司未来 6 年内的自由现金流及增长率

年份	2015	2016	2017	2018	2019	2020
FCFF	100.00	115	128.80	140.82	148.82	158.28
增长率（%）	15	12	9	6	3	3
FCFE	80	91.2	101.23	109.33	114.80	118.24
增长率（%）	14	11	8	5	3	3

D公司从2019年开始进入稳定增长期，增长率为3%

D公司的资本结构及资本构成为：

目标债务资本/权益资本50%

权益资本成本15%

税后债务资本成本9%

（1）计算2019年的股权价值和企业价值。

股权价值为：

$$V_{E2019} = \frac{FCFE_{2020}}{k_E - g} = \frac{118.24}{15\% - 3\%} = 985.33$$

公司价值为：

$$WACC = w_e \times k_E + w_d \times I = \frac{2}{3} \times 15\% + \frac{1}{3} \times 6\% = 12\%$$

$$V_{F2019} = \frac{FCFF_{2020}}{WACC - g} = \frac{158.28}{12\% - 3\%} = 1\,758.67$$

（2）计算2014年的价值。

股权价值为：

$$\sum_{i=1}^{+\infty}\frac{FCFE_t}{(1+k_E)^t}=\frac{80}{1+15\%}+\frac{91.2}{(1+15\%)^2}+\frac{101.33}{(1+15\%)^3}+\frac{109.33}{(1+15\%)^4}$$
$$+\frac{114.8}{(1+15\%)^5}+\frac{985.33}{(1+15\%)^5}=814.55$$

企业价值为：

$$\sum_{i=1}^{+\infty}\frac{FCFF_t}{(1+WACC)^t}=\frac{100}{1+12\%}+\frac{115}{(1+12\%)^2}+\frac{128.8}{(1+12\%)^3}+\frac{140.39}{(1+12\%)^4}$$
$$+\frac{148.82}{(1+12\%)^5}+\frac{1758.67}{(1+12\%)^5}=1444.22$$

三、自由现金流模型的应用

按照前面分析的折现模型，在实际应用中，需要明确的就是：公司预期未来的自由现金流、适当的折现率、折现的方法。

由此可以看出，这个模型的难点在于：

（1）预测未来各期的 FCF 难度较大。

（2）适当的折现率 WACC 对于模型最终结果影响很大，但是该折现率的算法没有统一标准。

（3）采用何种方式进行折现、如何定义该企业在行业中的地位，以及预测企业发展周期的时间。

第三节 相对估值法

现金流折现技术试图在预期的现金流和折现率基础上推导出一支股票的具体价值，而相对估值技术认为，通过将一个经济实体（如一个市场、一种行业或者一家公司）与类似的其他经济体比较，也可以估计出该经济体的价值，在这里，比较的基础是那些影响股票价值的变量与股票价格组成的相对比率，这些变量包括利润、现金流、账面价值和销售额。接下来讨论关于这些的相对估值比率：市盈率、市净率、市现率、市销率和创造力比率。

一、市盈率

（一）什么是市盈率

现实中对股市估值的讨论大多集中在公司的**价格—盈利乘数**（price-earnings multiple）上，该值等于每股价格与每股收益之比，通常称为**市盈率（P/E）比率**（price-earnings ratio）。当每股收益为过去一年的盈利时，称为**静态市盈率**（trailing P/E）；当每股收益为未来一年的盈利时，称为**动态市盈率**（leading P/E）。市盈率作为一种相对估值比率，这种比率以一种基本指标（如收益）为基础来比较公司之间的价值。例如，分析师可以比较同一行业中两家公司的市盈率来测试市场是否认为其中一家公司比另一家公司更具有"进取精神"。

市盈率可以用下面的式子表示。

$$\frac{P}{E_i} = \frac{P_t}{E_{t+1}}$$ (12-10)

式中，P/E_i 表示公司 i 的市盈率，P_t 表示第 t 期的股票价格，E_{t+1} 表示公司 i 在年底的每股账面价值的估计值。

（二）市盈率与股票风险的关系

所有股票估值模型中都包含一个重要的含义：（在其他条件不变时）股票的风险越高，市盈率（P/E）就越低。从固定增长模型可以清楚地看到这一点。

$$\frac{P}{E} = \frac{1-b}{k-g}$$ (12-11)

公司的风险越高，必要收益率也越高，即 k 值越大。因此市盈率（P/E）就越小。在不考虑固定增长的股利折现模型的情况下这也是对的，对于任何预期收益和股利流，当人们认为风险较大时，其现金流的现值就小，所以股价和市盈率也越低。

有许多刚刚起步的小型、高风险的公司，它们的市盈率（P/E）很高。但这与市盈率（P/E）随风险下降的说法并不矛盾；相反地，它正说明市场预期这些公司会有高增长率。这就解释了为什么在其他条件相同时，高风险公司的市盈率（P/E）低。如果对增长率的预期保持不变，对风险的预期越高时，市盈率（P/E）就越低。

（三）市盈率分析中的陷阱

对市盈率的分析中不得不提的就是市盈率分析过程中存在的陷阱。

（1）市盈率的分母是**会计利润**（accounting earnings），它在某种程度上会受一些与资产有关的会计准则的影响，如存货计价时是使用先进先出法、后进先出法，还是受某些支付确认方式的影响，如怎样把资本性投资逐期确认为折旧费用。另外，在高通货膨胀时期，用历史成本计算的折旧和存货估值会低估真实的经济价值，因为货物和设备的重置成本一般都将随物价水平上升。如图 12-1 所示，市盈率在 20 世纪 70 年代高通货膨胀时显著下降，这是因为市场对真实盈利的反映存在较大误差，这些时期的盈利均被通货膨胀歪曲，因此市盈率较低。

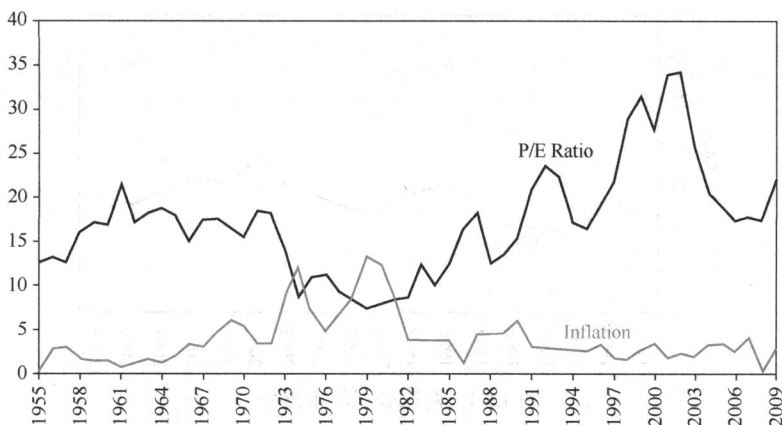

图 12-1　标准普尔 500 指数的市盈率与通货膨胀率

（2）现代企业为了改善公司表面的财务状况，经常会进行盈余管理。盈余管理是为达到企业特定的目的服务，而在会计方法的选择上具有针对性和灵活性，这就造成了报表信息具有一定的"欺骗性"。当有太多余地选择什么费用被排除在外时，对投资者和分析师而言，要解释这些数字或在公司之间做出比较变得非常困难。由于缺少标准，公司在盈余管理方面有相当大的回旋余地。甚至公认会计准则也在管理盈余方面给了公司相当大的自由裁量权。考虑到盈余管理有一定的回旋余地，准确估计市盈率因此变得非常困难。

（3）使用市盈率时另一个易混淆的点与商业周期有关。在不同的经济周期，公司的利润会沿趋势线上下波动。例如，图 12-2 描绘了自 1992 年来麦当劳和联合爱迪生公司的每股收益。从图中可以看到，麦当劳的每股收益变化非常大。因为市场会对公司未来的股利流进行估价，当盈利暂时减少时，市盈率会变高。也就是说，市盈率的分母比分子对商业周期更敏感。这在图中得到了证实。

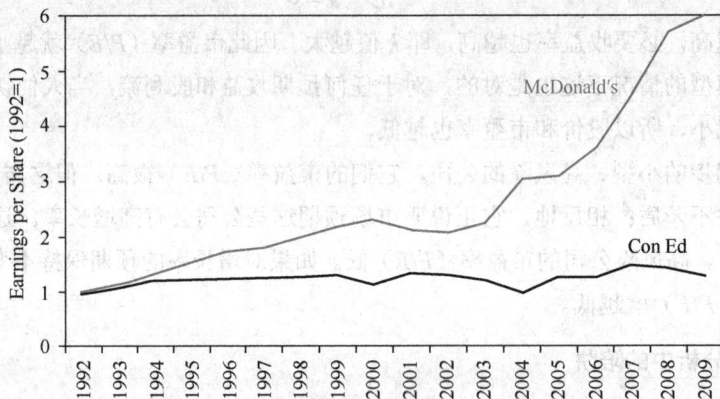

图 12-2　两家公司的每股收益增长情况

图 12-2 描绘了两家公司的市盈率。麦当劳的每股收益和市盈率的波动都较大，它的高增长率清楚地体现在高市盈率中。2003—2005 年联合爱迪生的市盈率超过了麦当劳，在这一时期，联合爱迪生的盈利暂时下降到了趋势线之下，而麦当劳的盈利超过了趋势线。市场似乎意识到这只是暂时的情况，股价并没有因为盈利的这种变化明显波动，因此麦当劳的市盈率上升了，而爱迪生的市盈率下降了。

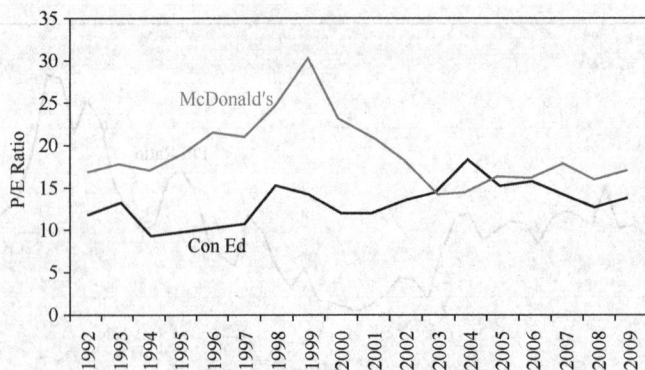

图 12-3　两家公司的市盈率

这个例子说明了为什么分析师在使用市盈率时必须加倍小心。若不考虑公司的长期增长前景和当前每股收益与长期趋势线的相对情况，便无法评价市盈率是高了还是低了。

但是，图 12-3 和图 12-4 还是说明了市盈率与增长率之间的明确关系。尽管短期波动很大，但麦当劳的每股收益在整个时期的趋势仍然是明显上升，而联合爱迪生的每股收益变化相当平缓。麦当劳的增长前景从其一贯较高的市盈率中可以反映出来。

（4）不同行业的市盈率相差很大。图 12-4 是 2010 年年初部分行业的市盈率情况。从图 12-4 中可以看出，高市盈率的行业，如商业软件行业和污染控制行业，都有吸引人的投资机会和相对较高的增长率；而低市盈率的行业，如烟草行业和计算机制造业，都是一些发展前景有限的成熟行业。通过说明市盈率分析中的陷阱可以发现，市盈率与增长率之间的关系并不完美，这并不奇怪，但作为一条基本规律，市盈率确实是随增长机会的变化而变化的。

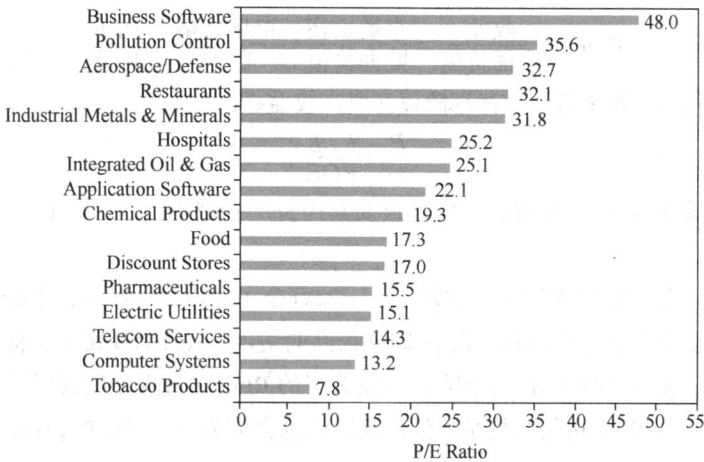

图 12-4　不同行业的市盈率

（四）综合市盈率分析与股利折现模型

利用市盈率（P/E）和盈利预测可以估计股票某一日的股价。对本田公司的分析表明，本田 2013 年的预期市盈率为 15，每股收益为 3.35 元，这暗示了 2013 年的股价将为 15×3.35=50.25 元。若已知 2013 年的估计售价为 50.25 元，便可以计算 2009 年股票的内在价值。

$$V_{2009} = \frac{0.50}{1.111} + \frac{0.66}{(1.111)^2} + \frac{0.83}{(1.111)^3} + \frac{(1.00+50.25)}{(1.111)^4} = 35.23 \text{（元）}$$

二、市净率

（一）什么是市净率

市场价值与账面价值比率也称**市净率**（Price-to-Book Ratio，P/B），它等于公司普通股的每股市价除以其账面价值，即每股股东权益。这一比率作为相对价值的度量被银行业的分析师广泛使用。银行的账面价值被认为是衡量其内在价值的良好指标，因为对于银行的大部分资产而言，它们的真实价值与账面价值等同，比如债券和商业贷款。市净率可以用下面的式子表示。

$$\frac{P}{BV_i} = \frac{P_t}{BV_{t+1}} \tag{12-12}$$

式中，P/BV_i 表示公司 i 的市净率，P_t 表示第 t 期的股票价格，BV_{t+1} 表示公司 i 在年底的每股账面价值的估计值。

一些分析师认为公司股票的市净率越低，投资风险越小，他们把账面价值看作支撑市场价格的"底线"。这些分析师假定市场价格不可能降至账面价值以下，因为公司总是可以选择按账面价值来变现或出售其资产。然而，这种观点是有问题的。事实上，一些公司的股票确实是在账面价值以下进行交易的。但是，一些分析师把较低的市净率看作一种"安全边际"，而且部分分析师在挑选股票的过程中会剔除或拒绝高市净率的股票。

（二）市盈率与市净率的关系

市盈率与市净率都是相对估值技术指标，二者存在如下关系。

$$ROE = \frac{收益}{账面价值} = \frac{市场价格}{账面价值} \div \frac{市场价格}{收益} = \frac{P/B}{P/E}$$

通过变形可以得到市盈率等于市净率除以净资产收益率。

$$\frac{P}{E} = \frac{P/B}{ROE}$$

因此，即使一家的 P/B 比率较高，但是只要其净资产收益率足够高，它的市盈率也可以相对较低。

华尔街会经常区分"好公司"和"好投资"。一家好公司的盈利性或许会很好，净资产收益率通常也很高，但若其股价水平与其 ROE 相适应同样很高的话，那么其 P/B 比率也将很高进而市盈率也会很高，从而降低了该股票的吸引力。因此，一家公司的 ROE 很高并不能说明其股票是一项很好的投资。相反，只要低 ROE 公司的股价足够低，其股票也会成为一项很好的公司。

（三）市净率与账面价值的局限性

市净率受公司账面价值的影响，但账面价值仅反映在财务报表中，有时候并非代表公司的实际价值，具有一定的局限性。公司股东有时被称为"剩余索取者"，这意味着股东的利益是公司资产扣除负债后的价值，股东权益即为公司净值。然而，财务报表中的资产和负债是基于历史价值而非当前价值来确认的。例如，资产的账面价值等于最初取得的成本减去一些折旧调整，即使该资产的市场价格已经发生变化，而且折旧是用来对资产的最初取得成本进行摊销的，它并不能反映资产的实际价值损失。

账面价值衡量的是资产和负债的历史成本，而市场价值衡量的是资产和负债的当前价值。股东权益的市场价值等于所有资产和负债的市场价值之差（股价等于股东权益的市场价值除以发行在外的股份数量）。之前已经强调过，当前价值不等于历史价值。更重要的是，许多资产（如知名品牌的价值和特定专业知识的价值）根本不包括在资产负债表。市场价值是基于持续经营假设来衡量公司价值的，一般情况下，股票的市场价值不可能等于其账面价值。

账面价值是否代表了股票价格的"底线"，市场价值是否永远不可能低于账面价值？尽管微软的每股账面价值低于其市场价格，但是其他证据还是证明了上述观点（账面价值代表股票价格的"底线"）是错的。尽管这种情况不是很常见，但总有一些公司股价低于其账面价值。

每股**清算价值**更好地衡量了股票的价格底线。清算价值是指公司破产后，变卖资产、偿还债务以后余下的可向股东分配的价值。这样定义的理由是若一家公司的市场价值低于其清算价值，公司将成为被并购的目标。因为并购者发现买入足够多的股票获得公司控制权是有利可图的，因为清算价值将超过其购买股票所花费的成本。

评估公司价值的另一个方法是评价公司资产扣除负债后的**重置成本**。一些分析师相信公司的市场价值不会长期高于其重置成本，因为如果市场价值高于重置成本，竞争者会试图复制这家公司，随着越来越多的相似企业进入这个行业，竞争的压力将迫使所有公司的市值下跌，直至与重置成本相等。

这个观点在经济学家中非常流行。市值与重置成本之间的比值称为**托宾 q 值**，因诺贝尔经济学奖获得者詹姆斯·托宾而得名。据上述观点，从长期来看，市值与重置成本的比值将趋向于 1，但证据表明该比值可在长期内显著不等于 1。

尽管只关注资产负债表可以得到清算价值或重置成本等有用信息，但为了更好地估计公司价值，分析师通常会把重点转向预期未来现金流（在持续经营的假设前提下）。

三、市现率

这种相对估值方法越来越受欢迎，因为有些公司人为操纵每股利润，而现金流来说一般不容易作假。此外，现金流价值对于公司基本面分析十分重要，在信奉"现金流至上"的信用分析中也很关键，计算方法如下。

$$\frac{P}{CF_i} = \frac{P_t}{CF_{t+1}}$$ （12-13）

其中，P/CF_i 表示公司的**市现率**（price-to-cash-flow ratio），P_t 表示第 t 期的股票价格，CF_{t+1} 表示公司 i 的每股预期现金流。

影响该比率的变量与影响市盈率的类似，具体而言，主要的影响变量包括：（1）现金流的预期增长率；（2）股票的风险，后者由一段时间内现金流的不确定性或波动性来表示。具体使用哪种现金流指标取决于公司和行业的特点，以及何种现金流能够最好地衡量该行业的绩效。一个合适的比率也可能会受到公司资本结构的影响。

四、市销率

价格—销售额比率（price-to-sales ratio）也称为**市销率**。它曾是 20 世纪 50 年代末著名的资金管理人菲利普·费雪以及他儿子和一些资金管理人的最爱。这些管理者之所以认为该比率意义重大是基于以下两个重要原因。

（1）他们认为强劲稳定的增长是作为成长型公司的必要条件。尽管他们也承认高于平均水平的利润率的重要性，但他们深信，增长过程必须以销售额上升为起点。

（2）在资产负债表和损益表的大量数据中，销售的数据相比其他数据而言是较少作假的。具体的价格—销售额比率为：

$$\frac{P}{S_i} = \frac{P_t}{S_{t+1}}$$ （12-14）

其中，P/S_i 表示公司的价格—销售额比率，P_t 表示第 t 期的股票价格，S_{t+1} 表示公司 i 的每股预期销售额。

将股票价格与公司每股销售额相匹配是十分重要的，但这对于较大的截面数据而言比较困难。关于价格—销售额比率有两点说明。

（1）该价格估值比率在不同行业间的差别很大。比如，像沃尔玛这样的零售企业，其每股销售额一般要远远高于生产电脑和微型芯片的公司。

（2）这里需要说明的是销售的利润率。零售食品商店拥有很高的每股销售额，这会导致偏低的价格—销售额比率，这是积极的信号，因为这些企业利润率本来就较低。所以，在使用价格—销售额比率分析相对估值时，要在相同或者类似的行业中进行。

五、创造力比率

有时标准的估值比率无法获得时，必须依靠现实情况来设计估值比率。20 世纪 90 年代，一些分析师根据网站点击次数对网络零售公司进行估值，最后，他们开始使用"股价点击比率"（price-to-hitsratio）来对这些公司估值。在新的投资环境中，分析师总会使用可获得的信息来设计最好的估值工具。

六、使用相对估值技术

前面提到，相对估值技术利用若干估值比率（如市盈率和市净率）来确定一只股票的价值。比较不同对象的比率十分重要，不过投资者应该意识到，仅仅做到这一点是不够的，除此之外还需要理解影响这些估值比率的因素并找出导致它们出现差别的原因。首先，将所研究公司的估值比率（如市盈率）同市场、行业和行业中的其他股票进行对比，以判断它与这几个比较对象对应比率的关系，类似还是持续的偏高或偏低？了解公司股票与市场、行业和其他竞争者的关系后，应该对这种关系的合理性进行分析，为什么会呈现此种关系？当前的情况应不应该发生？如果答案是否定的，那么是什么造成了这种错位？为完成上述分析，就需要理解是什么因素决定了各种估值比率的高低，然后将所研究对象的这些因素与市场、行业和其他股票对应因素进行比较。

下面举一个例子来说明上述过程。

假设分析师试图为一家制药公司的股票估值，并决定选取市盈率作为估值过程中使用的相对估值比率。分析师将一段时期内（如 15 年），该公司的市盈率与标准普尔行业指数、制药行业及竞争公司的相关比率作对比。假设比较的结果表明这家公司的市盈率一直高于其他参照对象。一个很明显的问题就是，哪些因素影响力公司的市盈率（如公司的增长率和必要收益率），它们是否能解释较高的市盈率？这个问题就引出了分析的第二步。如果该公司在过去和将来都拥有显著高于平均水平的增长率，并且由于系统性风险比较小而具备较低的必要收益率，那么较高的市盈率在一定程度上就是合理的；此时唯一需要考虑的问题是：该公司的市盈率应该比其他参照对象高出多少？换种情况，如果这家拥有高市盈率的公司预期增长率与行业和竞争者水平持平甚至较低，同时必要收益率又相对较高，那么意味着公司股票的市盈率应该低于平均水平，换句话说，低于决定股票市盈率的基本因素，这家公司被过高估值了。

第四节 | 成长股估值

上节讨论了市盈率作为相对估值比率的一些应用，对成长股的估值同样也离不开市盈率。成长股是指这样一些公司的股票，它们的销售额和利润额持续增长，而且其速度快于整个国家和本行业的增长。简单来说，成长股最大的特点是"增长机会"。

一、再投资与公司成长

公司成长的直接原因是将盈利进行再投资。下面举例说明。

假设有现金牛公司 A 与明星公司 B 两家公司未来一年的每股盈利都是 5 元。两家公司在原则上都可以将所有收益以股利的形式分派给股东，以维持持续的每股 5 元的股利流。如果市场资本率 k=12.5%，则对两家公司股票的估值均为 D_1/k=5 元/0.125=40 元/股。没有一家公司会增值，因为在所有盈利都被作为股利分派的情况下，没有其他的盈利可以用来进行再投资，两家公司的资本存量与赢利能力也均不会发生变化，盈利和股利也不会增加。

现假设其中的一家公司，B 公司投资了一个项目，其投资收益率为 15%，高于必要收益率 k=12.5%。对于这样的公司而言，把所有的盈利以股利的形式发放出去是不明智的。若 B 公司保留部分盈利再投资到该有利可图的项目中，可为股东赚取 15%的收益率。但若其不考虑该项目，把所有的盈利以股利的形式发放出去，股东把获得的股利再投资于其他投资机会，只能获得 12.5%的公平市场利率。因此，若 B 公司选择较低的**股利支付率**（dividend payout ratio，指公司派发的股利占公司盈利的百分比），将股利支付率从 100%降低到 40%，此时便可将**盈余再投资率**（plowback ratio，指将公司盈利用于再投资的比例维持在 60%。盈余再投资率也称为**收益留存率**（earnings retention ratio）。

因此，公司派发的股利是每股 2 元（每股收益 5 元的 40%）而非每股 5 元。股价会下跌吗？不，股价会上涨。尽管公司的盈余留存政策使股利减少了，但由于再投资产生的利润将使公司资产增加，进而使未来的股利增加，这些都将反映在当前的股价中。

图 12-5 说明了在两种股利政策下，B 公司派发的股利流情况。较低的再投资率政策可以使公司派发较高的初始股利，但股利增长率低。最终，较高的再投资率政策将提供更高的股利。若在高再投资率政策下，股利增长得足够快，股票的价值会高于低再投资率政策的股票价值。

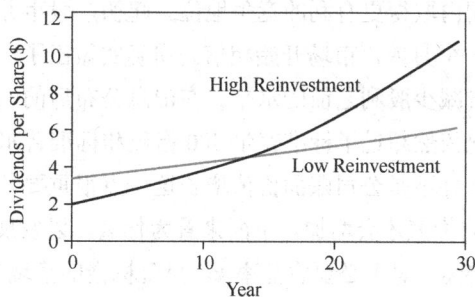

图 12-5　两种盈利再投资情况下的股利增长情况

股利将会增长多少？假设 B 公司初创时厂房和设备投资共 1 亿元，全部为股权融资。该公司的投资收益率或者净资产收益率（ROE）为 15%，总收益等于净资产收益率×1 亿元=0.15×1 亿元=1 500 万元。发行在外的股票数量为 300 万股，因此每股收益为 5 元。若当年 1 500 万元的总收益中有 60%用来再投资，那么公司资产的价值将增加 0.6×1 500=900 万元，或者说增加 9%。资产增加的百分比等于净资产收益率乘以盈余在投资率，通常用 c 来表示盈余再投资率。

假定公司的 ROE 不变，则收益的增长率等于公司账面价值（BV）的增长率，进一步分解便可得到 $g=ROE \times b$，推导过程如下。

$$g = \frac{(BV + E \cdot b) \cdot ROE}{BV \cdot ROE} - 1 = \frac{E \cdot b}{BV} = \frac{E \cdot b}{E} \times \frac{E}{BV} = b \times ROE$$

由于资产增加 9%，公司的收益将增加 9%，发放的股利也会随之增加 9%，因此，股利的增长率等于：

$$g = ROE \times b = 0.15 \times 0.60 = 0.09$$

如果股价等于它的内在价值，则股价等于：

$$P_0 = \frac{D_1}{k - g} = \frac{2}{0.125 - 0.09} = 57.14 \text{（元）}$$

当 B 公司采用零增长政策，将所有收益都当作股利分派，股价仅有 40 元。因此，公司每股现有资产的价值可以当成 40 元。

当 B 公司减少当前的股利，并把它用于再投资时，其股价也会上涨。股价的上涨反映了再投资的期望收益率高于必要收益率这一事实。换句话说，该投资机会的净现值为正值。公司价值的增加等于投资机会的净现值，该净现值也称为**增长机会价值**（present value of growth opportunities，PVGO）。

因此，公司价值可以当成公司现有资产的价值之和，或者是零增长公司的价值，加上公司所有未来投资的净现值（即增长机会价值）。对于 B 公司而言，增长机会价值等于每股 17.14 元。

$$\text{股价零增长} = \text{公司的股价} + \text{增长机会价值} \tag{12-15}$$

$$P_0 = \frac{E_1}{k} + PVGO$$

$$57.1 = 40 + 17.14$$

众所周知，现实中股利减少总是伴随着股价下跌，这是否与上面的分析相违背？其实并不违背：股利减少通常被看作是关于公司前景的坏消息，但股利收益率的降低并不是引起股价下跌的原因，关于公司的新信息才是引起股价下跌的真正原因。微软的股价史证明了当投资者相信企业的资金可以用来更好地进行新投资时，他们并不要求股票有太多的股息。

例如，佛罗里达电力照明公司曾宣布减少股利发放，采取这种举措并不是迫于财务压力，而是其希望在放松管制的一段时间内取得更有利的竞争地位。起初，股市并不认同这种解释，消息宣告当日股价下跌了 14%。但在一个月内，市场开始相信公司确实做出了一项有利于其发展前景的战略性决策，于是股价超过了宣告减少股利之前的水平。在消息公布后的一年里，即使包括最初的股价下跌，该公司股票的市场表现依然超过了标准普尔 500 指数和标准普尔公共事业指数的市场表现。

认识到投资者真正想要的并不是公司账面价值增长这一点很重要。只有当公司有高利润的投资项目（即 ROE>k）时，公司的价值才会增加。下面来看为什么，以发展前景略差的 A 公司为例，A 公司的净资产收益率仅为 12.5%，等于必要收益率 k，投资机会的净现值为 0。在 $b=0$、$g=0$ 的零增长策略下，A 股票的价值为 $E_1/k = 5$ 元/0.125 = 40 元/股，现假设 A 公司的盈余再投资率 b 与 B 公司相同，均为 0.60，那么 g 将增加到：

$$g = ROE \times b = 0.125 \times 0.60 = 0.075$$

而股价仍然等于

$$P_0 = \frac{D_1}{k - g} = \frac{2}{0.125 - 0.075} = 40 \text{（元）}$$

和零增长策略下的股价相同。

在现金牛 A 公司的例子中，为公司再投资而采取的股利减少策略只能使股价维持在当前水平，现实情况中也应该是这样：若公司的项目收益率仅与投资者自己可以赚到的相等，即使在能获得高回报的再投资政策下，股东能得到的好处也有限。这说明"增长"与增长机会不同。只有项目的期望收益率比股东所能发现的更高时，公司再投资才是合理的。注意 A 公司的增长机会价值也为 0，即 PVGO=P_0-E_1/k=40-40=0。当 ROE=k 时，将资金再投入公司并不能带来什么好处，情况也是一样的，推导如下。

$$V_0 = \frac{E_1(1-b)}{k-g} = \frac{E_1(1-b)}{k-ROE \times b} = \frac{E_1(1-b)}{k(1-b)} = \frac{E_1}{k}$$

因此，一些拥有大量现金流但投资前景有限的公司产生的现金最好被取出。

【例12-5】尽管公司的市场资本化率k=15%，T公司的管理层坚持把盈利的60%再投资于净资产收益率仅为10%的投资项目。该公司年末派发的股利为每股2元，公司的每股盈利为5元，股票的价格应为多少？增长机会价值又为多少？为什么这样的公司会成为其他公司收购的目标？

按照公司当前管理者的投资策略，股利增长率为：

$$g=ROE \times b=10\% \times 0.60=6\%$$

股价为：

$$P_c = \frac{2}{0.15-0.06} = 22.22（元）$$

增长机会价值为：

PVGO=股价-零增长时的每股价值

$$=22.22 - \frac{E_1}{k} = 22.22 - \frac{5}{0.15} = -11.11（元）$$

增长机会价值为负数，这是因为该公司投资项目的净现值为负，其资产的收益率小于资本的机会成本。

这种公司往往成为收购的目标，因为其他公司能以 22.22 元的价格购买该公司的股票，进而收购该公司，然后通过改变其投资策略来提高公司价值。比如，如果新管理层所有盈利都以股利的形式发放给股东，公司价值便能增加到零增长策略时的水平，$\frac{E_k}{k} = \frac{5}{0.15} = 33.33$（元）。

二、成长股的市净率

对市净率更好的解释是它是一种测度公司增长机会的工具。公司价值的两个组成部分是现有资产和增长机会。正如下面的例子所说，公司的增长机会越好，市净率会越高。

假设有两家公司，其股票的账面价值均为每股 10 元，市场资本化率均为 15%，且盈余再投资率均为 0.60。

其中，A 公司的净资产收益率为 20%，远远高于其市场资本化率，高净资产收益率说明公司拥有大量增长机会。在 ROE=0.20 的情况下，A 公司今年的每股收益将等于 2 元，且再投资率等于 0.60 时，其派发的股息为 D_1=(1-06)×2=0.80（元/股），增长率为 $g=b \times ROE=0.60 \times 0.20=0.12$，股价为

$\frac{D_1}{k-g} = \frac{0.80}{0.15-0.12} = 26.67$(元/股)，市净率等于 26.67÷10=2.667。

但是，B 公司的净资产收益率仅为 15%，恰好等于市场资本化率，因此，其今年的每股收益将为 1.5

元，股息 $D_1=0.4\times1.50=0.60$（元/股），增长率为 $g=b\times\text{ROE}=0.60\times0.15=0.09$，股价 $\dfrac{D_1}{k-g}=\dfrac{0.60}{0.15-0.09}=10$（元/股），市净率等于 $10/10=1.0$。毫无疑问，出售投资收益率恰好等于其必要收益率的公司，只能获得账面价值，不可能比账面价值更高。

综上所述，市净率很大程度上由增长前景决定。

三、成长股的市盈率

A 和 B 两家公司的每股收益均为 5 元，但 B 公司的再投资率为 60%，预期的 ROE 为 15%，而 A 公司的再投资率为 0，所有盈利都将以股利的形式发放给股东。A 的股价为每股 40 元，市盈率为 40/5=8，B 的股价为每股 57.14 元，市盈率为 57.14/5=11.4。这个例子说明市盈率是预测成长股的一个有用指标。

将式（12-15）变形，可以看到增长机会是如何反映在市盈率中的：

$$\frac{P_0}{E_1}=\frac{1}{k}\left(1+\frac{\text{PVGO}}{E/k}\right) \tag{12-16}$$

当 $PVGO=0$ 时，由式（12-16）可得 $P_0=E_1/k$，即用 E_1 的零增长年金来对股票进行估值，市盈率恰好等于 $1/k$。但是，当 PVGO 成为决定价格的主导因素时，市盈率会迅速升高。

与 E/k 的比率有一个简单的解释，即公司价值中增长机会贡献的部分与现有资产贡献的部分（即零增长模型中公司的价值 E/k）之比。当未来增长机会主导总估值时，对公司的估值将相对于当前收益较高。这样，高市盈率看上去表示公司拥有大量增长机会。

前面的例子就可以说明市盈率是否随着增长前景的变化而变化。例如，1992—2009 年，麦当劳的市盈率平均约为 19.0，而联合爱迪生公司（一家电力设施公司）的市盈率只有它的 2/3。这些数字并不能说明麦当劳相对于联合爱迪生公司而言被高估了。若投资者相信麦当劳的增长速度将高于联合爱迪生公司，那么有较高的市盈率是合理的。也就是说，如果投资者期望收益将快速增长，那么他们愿意为现在每一元的收益支付更高的价格。事实上，麦当劳的增长速度与它的市盈率是一致的。在这一时期，麦当劳的每股收益每年约以 11.0% 的速度增长，而联合爱迪生公司的增长速度仅为 1.2%。图 12-3 就说明了两家公司在这段时期的每股收益。

很明显，是增长机会的差别使两家公司的市盈率大不相同。市盈率实际上是市场对公司成长前景乐观态度的反映。分析师在使用市盈率时，必须清楚自己是比市场更乐观还是更悲观，若更乐观，他们会建议买入股票。

有一种方法会使这些观点更明确。在固定增长的股利折现模型公式中，$P_0=D_1/(k-g)$，股利等于公司未用于再投资的盈利，即 $D_1=E_1(1-b)$，又有 $g=\text{ROE}\times b$。因此代换 D_1 和 g 可得：

$$P_0=\frac{E_1(1-b)}{k-\text{ROE}\times b}$$

这说明市盈率等于：

$$\frac{P_0}{E_1}=\frac{1-b}{k-\text{ROE}\times b} \tag{12-17}$$

通过式（12-17）容易证明市盈率随 ROE 的增加而增加，这是说得通的，因为 ROE 高的项目会为公司带来增长机会，而且容易证明，只要 ROE 超过 k，市盈率随再投资率 b 的增加而增加。这也是说得通的，当公司有好的投资机会时，若公司可以更大胆地利用这些机会将更多的盈利用于再投资，市场将回报给它更高的市盈率。

但是切记，增长本身并不是人们所望的好事。表12-2是不同的ROE与b组合计算出的增长率和市盈率。虽然增长率随再投资的增加而增加（见表12-2），但市盈率却不是这样。在表12-2的b.市盈率项下第一行，市盈率随再投资的增加而降低；在中间一行中，市盈率不受再投资率的影响；在第三行，市盈率随之而增加。

对这种变动有一个简单的解释。当预期ROE小于必要收益率k时，投资者更希望公司把盈利以股利的形式发放下来，而不是再投资于低收益率的项目。也就是说由于ROE小于k，公司价值随再投资率的增加而降低。相反，当ROE大于k时，公司提供了有吸引力的投资机会，因此公司价值会随再投资率的提高而增加。

最后，当ROE恰好等于k时，公司提供了拥有公平收益率的"盈亏平衡"的投资机会。在这种情况下，对投资者而言，将公司盈利进行再投资还是投资于其他具有相同市场资本化率的项目并无差别，因为在两种情况下，收益率均为12%。因此，股价不受再投资率影响。

综上所述，再投资率越高，增长率越高；但再投资率越高并不意味着市盈率越高。只有当公司提供的期望收益率大于市场资本化率时，高再投资率才会增加市盈率，否则，高再投资率只会损害投资者的利益，因为高再投资率意味着更多的钱将被投入低收益率项目中。

表12-2　　　　　　净资产收益率与再投资率对增长率和市盈率（P/E）的影响

净资产收益率（ROE）	再投资比率（b）（%）			
	0	0.25	0.5	0.75
	a. 增长率（g）（%）			
10	0	2.5	5	7.5
12	0	3.0	6.0	9.0
14	0	3.5	7.0	10.5
	b. 市盈率（P/E）			
10	8.33	7.89	7.14	5.56
12	8.33	8.33	8.33	8.33
14	8.33	8.82	10.00	16.67

注：假定必要收益率k=12%。

【例12-6】市盈率与增长率

假设：r_f=8%

$r_M - r_f$=8%（大约是平均市场风险溢价的历史数据）

b=0.4（正常再投资率）

因此，$r_M = r_f$+市场风险溢价=8%+8%=16%，且一般公司（β=1）的k=16%。姑且认为ROE=16%（与股票的期望收益率相等）是合理的，那么：

$$g = ROE \times b = 16\% \times 0.4 = 6.4\%$$

且

$$P/E = (1-0.4) \div (0.16-0.064) = 6.26$$

因此，在这些假设条件下，市盈率与g大致相等。

但是注意，这只是一般情况，与所有其他方法一样，这种经验法则并不适用于所有情形。例如，当前的r_f值大约是3.5%，因此对当前r_M的估计值应为：

$$r_f+市场风险溢价=3.5\%+8\%=11.5\%$$

若继续考虑$\beta=1$的公司，而且ROE仍约等于k，那么有

$$g=11.5\%×0.4=4.6\%$$

而

$$P/E=(1-0.4)÷(0.115-0.046)=8.70$$

此时P/E比率与g显著不同。且PEG比率仍为1.9，但是，低于平均水平的PEG比率仍被普遍认为是价格低估的信号。

增长机会的重要性在成长型公司的估值中最为明显。例如，在20世纪90年代末网络公司发展时期，尽管许多公司仍未盈利，但市场却认为其市值高达数10亿美元。例如，1998年网络拍卖公司 eBay 的盈利为240万美元，远远低于传统拍卖公司 Sotheby 高达4 500万美元的盈利，但 eBay 的市值却高出 Sotheby 十倍之多，分别为220亿美元和1亿美元。（事实证明，市场对 eBay 的估值高出 Sotheby 如此之多是完全正确的。到2006年，eBay 的净利润超过10亿美元，超过 Sotheby 十倍，尽管此后 eBay 的利润有所下降，但2009年仍为 Sotheby 的数倍。）

当然，若对公司的估值主要取决于其增长机会，对公司前景的重新估计就会对估值产生影响。20世纪90年代末，当市场对大多数网络零售公司的商业前景产生怀疑时，也就是说市场对其增长机会的预期下降时，这些公司的股价急剧下降。

随着对公司发展前景预期的改变，股价也会巨幅波动。增长前景难以控制，但从本质上说，正是这些增长前景使经济中富有活力的公司的价值不断上升。

思考与练习

1. 某公司是特定商品的制造商，分析人员对公司收益和股利增长持有不同的看法，甲投资员预测股利按5%的比例无限增长，而乙投资员预测在今后的三年内股利增长率为20%，而在此之后，增长率降至4%，并永远保持下去。该公司目前支付的股利为每股3元，市场上同等风险水平的股票的预期必要收益率为14%。问：

（1）按照甲的预测，公司股票的内在价值是多少？

（2）按照乙的预测，公司股票的内在价值是多少？

2. 决定市盈率的两个重要因素是什么？它们之间的关系是什么？

3. 试讨论：两种估值方法（现金流折现和相对估值比率）是相互竞争还是相互补充。

4. A公司的优先股面值为1 000元，股息为9元。某个投资者对这支股票要求的必要收益率为11%。该投资者愿意为这支股票付出的最高价格是多少？他会在市场价格为96元时买下这只股票吗？

5. 甲在分析某上市公司的估值时，对该公司的自由现金流做出了预测，见下表。

某公司自由现金流预测表

单位：元

年份	2015	2016	2017	2018	2019	2020
FCFF	100.00	110.00	119.9	129.49	138.56	146.87
FCFE	60.00	67.20	74.59	82.05	87.79	93.06

甲还认为，从2020年开始，该公司的自由现金流将开始稳定增长，增长率为5%。通过进一步研究，他又获得以下数据。

（1）该公司的目标资产负债率为33.33%。

（2）该公司的税后债务成本为6%。

（3）该公司的β系数为1.3。

（4）市场预期收益率为10%。

（5）无风险收益率为4%。

试计算该公司2014年的公司价值和股权价值是多少？

6. 什么是动态市盈率？我国高科技板块动态市盈率普遍偏高，你如何理解这一现象？

7. 某公司刚支付的股利为1.6元/股，下一年股利不变，再下一年的股利为2元/股，接着连续三年不变，从第五年开始，股利以每年4%的速度增长，且直到永远，公司的期望收益率为12%，问该公司股票的内在价值是多少？

8. 在进行投资决策的过程中，如果一项资产的内在价值低于其市场价格，你不应该买进这项资产，如果你持有它的话，应该将其出售，试讨论这项投资决策的合理性。

9. 市场认为A公司的ROE=9%，β值为1.25，公司计划在无限期内保持2/3的再投资率，今年的每股收益为3元，刚刚派发了年度股利。预期未来一年的市场收益率是14%，无风险收益率6%。

（1）计算A公司的股价。

（2）计算市盈率。

（3）计算增长机会价值。

（4）假设根据你的调研，你相信A公司随时有可能把再投资率降低至1/3，计算股价的内在价值。假设市场仍未意识到这一决策，分析为什么V_0与P_0不再相等？是V_0大还是P_0大？

第四篇

债券分析篇

对于债券投资者来说，债券价值与风险有着非常重要的意义。从理论上来说，任何金融资产的内在价值都是其所带来的未来收入的折现值。因此，现金流量与折现率是进行债券价值评估的重要因素。债券本身具有明确的现金流量，通常是不变的，容易获得。债券的应得收益率作为折现率，由实际利率、期望通货膨胀率及债券的风险溢价决定。反之，如果知道债券的价值或价格，就可以利用债券价值评估的逆过程分析债券收益率。尽管债券通常会对投资者承诺一定的收益，但这并不表示债券没有风险。通过债券评级可以评估债券的违约风险。本章主要内容包括债券价值评估、债券收益率和违约风险与债券评级。

第一节 债券价值评估

一、债券价值评估基本公式

由于债券的付息与本金偿还都发生在未来若干个月或若干年之后，因此，投资者对该未来收益权愿意支付的价格，取决于将来所获得的货币价值与现在所持有现金价值的比较。正如普通股票的评估，债券的合理价格是其未来利息与本金的现值。以公式表示其价格为：

$$P_0 = \sum_{t=1}^{n} \frac{c_t}{(1+r)^t} + \frac{P_n}{(1+r)^n} \tag{13-1}$$

c_t：债券年利息（是债券利率乘以债券面额或本金）。

P_n：债券到期时的面额。

r：债券的年折现率，或称**每年应得收益率**（the annual required yield）。

不少债券以每半年（6个月）支付利息一次。此种债券的价格决定与公式（13-1）相似。所不同之处是，所有利息及折现率以半年为计算基础。以半年为支付利息的债券价格决定如下。

$$P_0 = \sum_{t=1}^{2n} \frac{c_t/2}{(1+r/2)^t} + \frac{P_{2n}}{(1+r/2)^{2n}} \tag{13-2}$$

$c_t/2$：半年利息金额。

$r/2$：半年折现率。

$2n$：以半年为计的利息支付期数。

P_{2n}：债券到期时的面额。

观察公式（13-1）或公式（13-2）得知，评估债券价格的4项重要因素如下。

（1）债券年利息（c_t）或半年利息（$c_t/2$）。

（2）债券面额（P_n 或 P_{2n}）。

（3）债券的折现率（r）。

（4）债券的到期日（n）。

就任一债券而言，上面四项因素必须首先估计，然后才能利用公式（13-1）或公式（13-2）评估债券的合理价值。这四项因素中需要进一步说明的是折现率，它又称为债券的**应得收益率**（the required yield）。应得收益率（或名义收益率）包括实际利率（r^*）及期望通货膨胀率（π）。在名义收益率内的期望通胀率称为通货膨胀报酬或**贴水**（inflation premium）；因它是补偿贷款者及债券投资者承负通货膨胀的报酬，以维持购买力的不变。除了实质利率与通货膨胀报酬外，债券的应得收益率也包含一项很重要的报酬，称为**风险溢价**（risk premium）。它是补偿投资者投资于债券所承担的各种不同风险。因不同债券具有不同的风险，债券应有的风险溢价也不同。所以，决定不同债券应得收益率差异（或大小）的因素是风险溢价。风险贴补溢价越高的债券，其应得收益率也越高。因此，债券应得收益率可由公式（13-3）表示。

$$r=r^*+\pi+\rho \tag{13-3}$$

此处：ρ 代表某债券的风险溢价。

后面会进一步讨论决定债券应得收益率的三个主要成分（即 r^*、π 及 ρ）。下面举例说明如何利用公式（13-1）或公式（13-2）评估债券价值。

【例13-1】 甲公司发行的债券只剩10年到期。该债券面额为1 000元，债券利率为10%。该债券的折现率（或应得收益率）为8%。试问该债券的合理价格为何值？（该债券每半年付息一次）

答：

$$c_t/2=100\div2=50，2n=2\times10=20$$
$$P_{2n}=1\,000，r/2=8\%\div2=4\%$$

故该债券的合理价格应为：

$$
\begin{aligned}
P_0 &= \sum_{t=1}^{20}\frac{50}{(1.04)^t}+\frac{1\,000}{(1.04)^{20}}\\
&= 50\sum_{t=1}^{20}\frac{1}{(1.04)^t}+1\,000\times\left[\frac{1}{(1.04)^{20}}\right]\\
&= 50\times13.5903+1\,000\times0.4564\\
&= 1135.92
\end{aligned}
$$

此处：

$$\sum_{t=1}^{n}\frac{1}{(1+r)^t}=\left[1-\frac{1}{(1+r)^n}\right]\div r$$

$$\sum_{t=1}^{20}\left[1-\frac{1}{(1.04)^{20}}\right]\div0.04=13.590\,3$$

$$\frac{1}{(1.04)^{20}}=0.456\,4$$

也就是说，以1 135.92的价格购进该债券才能获得8%的应得收益率。

公式（13-1）可修改成为**评估零息债券**（zero-coupon bond）的合理价值。零息债券不支付利息（$c_t=0$），故其价值应为：

$$P_0=\frac{P_n}{(1+r)^n} \tag{13-4}$$

【例13-2】 某零息债券于10年到期支付1 000元。该债券的应得收益率为6%。其合理价格应为：

$$P_0 = \frac{1\,000}{(1.06)^{10}} = 1\,000 \times 0.558\,4 = 558.4$$

也就是说，若投资者以558.4元购入该零息债券，于10年债券到期，投资于该零息债券的应得收益率就是6%。

利用公式（13-1）或公式（13-2）评估债券价格时，应注意公式本身的假设条件如下。

（1）债券利息在规定的付息日准时支付。

（2）投资者持有债券直到债券到期日。

即使投资者不能持有债券至到期日，公式（13-1）或公式（13-2）仍然适用于估计债券的合理价格。例如，若投资者决定于三年后出售债券，则债券的合理价格应为：

$$P_0 = \sum_{t=1}^{3} \frac{c_t}{(1+r)^t} + \frac{P_3}{(1+r)^3} \tag{13-5}$$

P_3 为债券在第三年年底的价格。

但债券在第三年年底的价格是未来第四年起债券利息与到期日面额的现值。即

$$P_3 = \sum_{t=4}^{n} \frac{c_t}{(1+r)^{t-3}} + \frac{P_n}{(1+r)^{n-3}} \tag{13-6}$$

将公式（13-6）的 P_3 代入公式（13-5），即得

$$\begin{aligned}
P_0 &= \sum_{t=1}^{3} \frac{c_t}{(1+r)^t} + \frac{1}{(1+r)^3}\left[\sum_{t=4}^{n} \frac{c_t}{(1+r)^{t-3}} + \frac{P_n}{(1+n)^{n-3}}\right] \\
&= \sum_{t=1}^{3} \frac{c_t}{(1+r)^t} + \sum_{t=4}^{n} \frac{c_t}{(1+r)^t} + \frac{P_n}{(1+r)^n} \\
&= \sum_{t=1}^{n} \frac{c_t}{(1+r)^t} + \frac{P_n}{(1+r)^n}
\end{aligned}$$

也就是公式（13-1）。

故公式（13-1）与公式（13-5）相同。所以，可以公式（13-1）来决定债券价格，即使投资者于到期日前出售债券。此外，公式（13-6）提供估计债券在未到期日前的价格。债券在 k 期（年）的价格应为：

$$P_k = \sum_{t=1}^{n-k} \frac{c_t}{(1+r)^t} + \frac{P_n}{(1+r)^{n-k}} \tag{13-7}$$

此处：$k<n$。

若债券每6个月付息一次。则其在 h 期（每半年）的价格应为：

$$P_h = \sum_{t=1}^{2n-h} \frac{c_t/2}{(1+r/2)^t} + \frac{P_{2n}}{(1+r/2)^{2n-h}} \tag{13-8}$$

【例13-3】某公司债券到期日为10年，债券利率为8%，每半年支付利息一次，面额为1000元。该债券的应得收益率（或折现率）为12%。试估计该债券在第五支付利息期（两年半）的合理价格。

答：

$$c_t/2 = 80 \div 2 = 40，\quad r/2 = 0.06，\quad h = 5$$

$$2n = 2 \times 10 = 20，\quad P_{2n} = 1\,000$$

在第五支付利息期（$h=5$）债券的价格应为：

$$P_5 = \sum_{t=1}^{20-5} \frac{40}{(1.06)^t} + \frac{1\,000}{(1.06)^{20-5}}$$
$$= 40 \times 9.7122 + 1\,000 \times 0.4173$$
$$= 805.79$$

二、债券价格与债券利率、收益率及到期日的关系

（一）债券价格与债券应得收益率的关系

观察公式（13-1）或公式（13-2）可知，债券价格与其应得收益率成相反关系。债券应得收益率越高，债券价格越低。这是因为较高的应得收益率必须由较低的价格获得**报偿**（reward）。这个关系可由【例13-4】得知。

【例13-4】某公司债券的面额为1 000元，债券利率为10%，10年到期。该债券每6个月付息一次。

（1）若该债券的应得收益率为4%(=r)，则其价格为

$$P_0 = \sum_{t=1}^{20-5} \frac{50}{(1.02)^t} + \frac{1\,000}{(1.02)^{20}}$$
$$= 50 \times 16.3514 + 1\,000 \times 0.6730$$
$$= 1\,490.57$$

（2）若该债券的应得收益率为6%，则其价格为

$$P_0 = \sum_{t=1}^{20} \frac{50}{(1.03)^t} + \frac{1\,000}{(1.03)^{20}}$$
$$= 50 \times 14.8775 + 1\,000 \times 0.5537$$
$$= 1\,297.58$$

（3）若r=8%，则债券价格为

$$P_0 = \sum_{t=1}^{20} \frac{50}{(1.04)^t} + \frac{1\,000}{(1.04)^{20}}$$
$$= 50 \times 13.5903 + 1\,000 \times 0.4564$$
$$= 1\,135.92$$

观察上面的价格变动可知，债券的应得收益率越高，债券价格越低。这种反比关系（negative relation）可由图13-1表示。

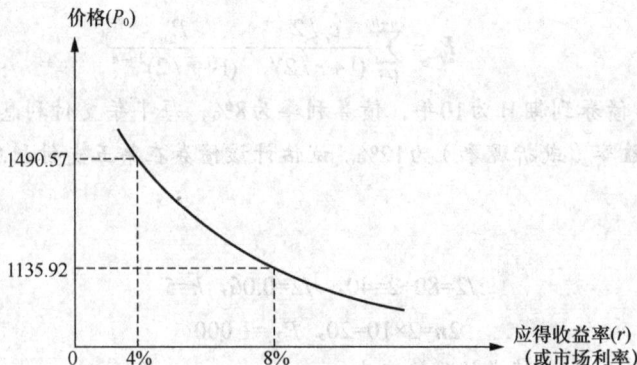

图 13-1　债券价格与应得收益率的关系

上面债券价格与应得收益率（或市场利率）成反比关系只适用于不能赎回的债券（即发行者不可于到期日前赎回已发行的债券）。对于可赎回债券而言，当市场利率降低时，其被赎回的可能性增大（赎回后可以更低的利率发行债券）。故当市场利率（或应得收益率）降低时，赎回债券价格上升的上限是其赎回价格，而不可能高于赎回价格。但当市场利率（或应得收益率）上升时，其价格下降与一般不能赎回债券价格的下跌相似。可将赎回债券价格与市场利率的关系同时标示于图13-1形成图13-2。这更可清楚地了解赎回债券与一般债券价格对市场利率（或到期收益率）变动的关系。

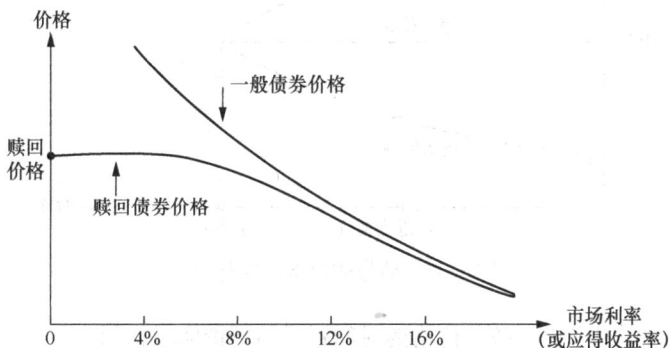

图 13-2　赎回债券及一般债券价格与市场利率的关系

（二）债券价格与应得收益率及债券利率的关系

债券应得收益率（r）与债券利率（i）之间的大小对债券价格的影响可分述如下。

（1）若债券利率小于债券应得收益率，则债券价格应低于债券面额。这可由例 13-3 得知，当 i=8%、小于 r=12% 时，债券价格为 805.79。这个（合理）价格低于面额 1 000。这是因为债券利率低于应得收益率必须由债券折价来弥补，以达到应得收益率。此种债券称为**折价债券**（discount bonds）。

（2）若债券利率大于债券应得收益率，则债券价格应高于债券面额（即溢价）。这个关系可由例 13-4 得知。这是因为债券利率已高于债券收益率，很吸引投资者购买该债券（即对该债券的需求增加），以致价格上升，且高于债券面额。故当 $i>r$ 时，债券以溢价出售。此种债券称为**溢价债券**（premium bonds）。

（3）若债券利率等于债券应得收益率，债券价格等于其面额。既然 $i=r$，债券的价值就是其面额。我们称此种债券为**平价债券**（par bonds）。

（三）债券价格与到期日的关系

为分析此关系，假设在到期日前债券的应得收益率不变。表 13-1 说明时间渐近到期日对债券价格的影响。

表 13-1　　　　　　　　　　　　债券价格的时间过程（time path）

所剩到期年数	折价债券价格 （r=12%，i=10%）	溢价债券价格 （r=12%，i=14%）	平价债券价格 （r=12%$=i$）
20	850.64	1 149.42	1 000
15	863.79	1 136.23	1 000
10	887.02	1 113.03	1 000
5	927.88	1 067.07	1 000
1	982.14	1 017.91	1 000
0（到期日）	1 000.00	1 000.00	1 000

注：表中的债券面额为 1 000 元，每年付息一次。此外，假设市场利率稳定不变。

折价债券（*i*<*r*）的价格随到期日的接近而增加，但溢价债券（*i*>*r*）的价格则随到期日的接近而降低。两者在到期日时的价格都是等于面额。平价债券（*r*=*i*）的价格则不因到期日的接近而有所变动。图 13-3 可以更清楚地表达这三种债券的价格时间行为。

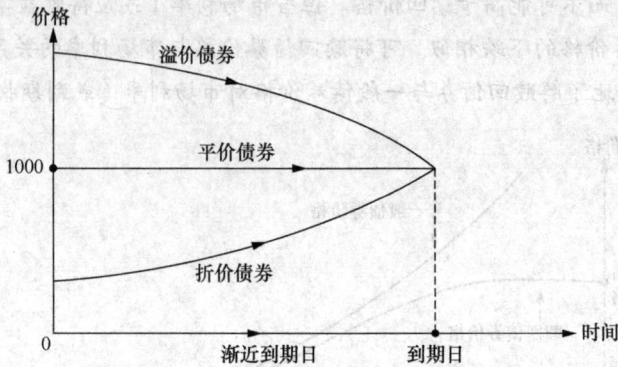

图 13-3　债券的价格时间行为

无息债券是以折价方式出售，故其价格的时间行为与折价债券相同。

（四）债券应得收益率的影响因素

由上面的分析可知，债券的应得收益率可说是决定债券价格最重要的因素。由公式（13-3）可知，债券的应得收益率由实际利率、通货膨胀报酬及风险溢价构成。能够解释不同债券应得收益率（或风险溢价）差异（或大小）的重要因素如下。

1. 债券违约风险

发行公司违约的可能性越高，其债券的风险溢价也越大。因此，其应得收益率高于信誉良好公司债券的应得收益率。也就是说，低级债券（违约风险高的债券）的风险溢价高于（同等到期日）高级债券（违约风险很低的债券）的风险溢价。因此，低级债券的应得收益率高于高级债券的应得收益率，此外，公司债券的应得收益率高于相同到期日政府债券的应得收益率（因公司有违约的可能，但政府则无）。图 13-4 清楚标示上述论点的实际情况。

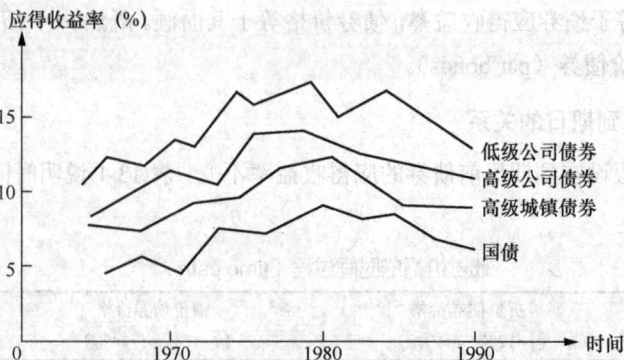

图 13-4　不同等级债券的应得收益率

注：图中的债券为到期日相同的债券（如 20 年到期的债券）。

此外，各种债券风险溢价的大小随经济情况的变动而异。在良好的经济情况下，各债券之间风险溢价的差异较小（也就是应得收益率差异较小）。这是因为在经济情况良好时，债券发行者（公司、城市等）违约或倒闭的可能性较低，故投资者对承负违约风险的报酬要求较低。但在经济情况不良时，尤其是萎缩时，债券发行者发生违约或倒闭的可能性增加。财务情况不良的公司，必须支付投资者更高的风险溢价，以吸引投资者购买。所以，在经济情况不良时期，不同品质债券间的风险溢价差异较大，也就是应得收益率差异较大。

2. 到期日的长短

一般来说，长期债券的应得收益率比短期债券的应得收益率高（对债券的其他特征相同而言，诸如相同债券利率、相同品质等）。长短期债券间应得收益率的差异称为到期贴水（term premium）。观察过去债券应得收益率与到期日的历史，长期债券的应得收益率大致高于短期债券的应得收益率。有时两者的应得收益率大约相等；也有时短期债券的应得收益率高于长期债券的应得收益率，但这种现象并不常见。图 13-5 表示 1 年到期、5 年到期及 30 年到期债券应得收益率变动的大致情况。

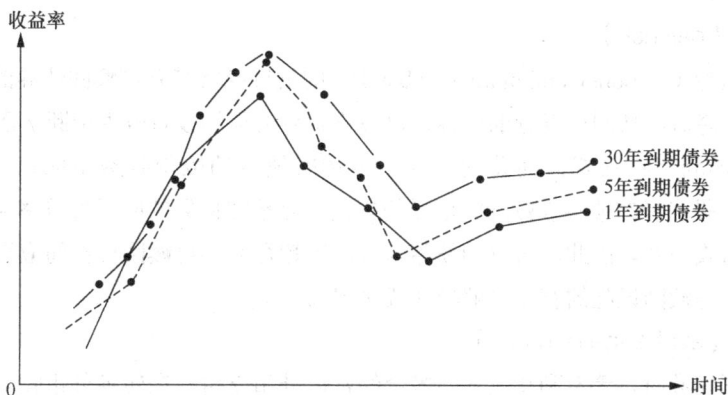

图 13-5　三种不同到期日债券（每年）应得收益率的变动

图 13-5 表示在大部分的时期内，长期债券应得收益率高于短期债券的应得收益率。但短期债券应得收益率高于长期债券收益率的现象很少见。5 年到期债券应得收益率低于 1 年到期债券应得报酬的次数（或时期）比长期债券应得收益率低于 1 年到期债券应得收益率的次数较多，但大致都会高于一年到期债券应得收益率。

3. 流动性风险（liquidity risk）

流动性越高的债券，越能够在短期内出售，而得到合理的出售价值。一般来说，长期债券的流动性低于短期债券，故长期债券的**流动性报酬**（liquidity premium）应大于短期债券的流动性报酬。其实不然，债券流动性风险的高低须视投资者的类别而定。对于银行而言，短期债券的投资风险比长期债券的投资风险低；但就人寿保险公司及**退休基金公司**（pension funds）而言，短期债券的投资风险高于长期债券的投资风险。这是因为人寿保险公司及退休基金公司的负债责任是属于长期性的，因此短期债券投资产生再投资风险；但长期债券则无再投资风险。所以，长期债券的流动性报酬不一定高于短期债券的流动性报酬，而且流动性报酬不一定存在。

4. 债券税负（tax liability）

一般，投资者由公司债券所得的利息收入与价格溢价都必须付税。税负当然降低投资的（税后）收益率。所以，具有税负债券的税前（应得）收益率，经税率调整后的税后收益率应相等于特征相同的免税债券收益率。以公式表示如下。

$$(1-\tau)R=R^0 \tag{13-9}$$

或者，$R = \dfrac{R^0}{1-\tau}$

R 代表具有税负债券的年应得收益率。

R^0 代表免税债券的年应得收益率。

τ 代表投资者的**边际税率**（marginal tax rate）。

$(1-\tau)R$ 代表投资者的税后债券收益率。

例如，若免税债券的应得收益率为 6%，而某投资者的边际税率为 25%，则与免税债券特征相等的税负债券应得收益率只有为 8%[=6%/(1-0.25)]，才能吸引该投资者购买税负债券。也就是说，税负债券必须支付税负报酬（tax premium），以使其税后收益率等于免税债券的收益率。所以，税负报酬的大小可解释免税与税负债券应得收益率的差距，即税负债券的应得收益率高于特征相同免税债券的应得收益率。

5. **赎回风险**（call risk）

公司及城镇债券（corporate and municipal bonds）的发行经常带有可赎回债券的条款。发行者经常会在市场利率下降时，赎回已发行的债券，以致投资者的债券投资收入中断，而且再投资赎回金只能以较低的市场利率再投资，而蒙受损失。可赎回债券的应得收益率应包含**赎回报酬**（call premium），以补偿投资者在债券被赎回时遭受的损失。可赎回债券的应得收益率高于同等特征、不可赎回债券的应得收益率。因此，可赎回债券与（同等特征）不可赎回债券间应得收益率的差异可由违约风险的大小与赎回风险的有无来解释（或决定）。

6. **汇率风险**（exchange rate risk）

投资购买外国债券时，债券利息收入与本金经常以外币支付。在转换外币收入为本国货币时，因外币币值的变动可能产生兑换损失。这种风险称为汇率风险。外国债券的应得收益率应包括**汇率风险报酬**（exchange risk premium），以补偿对国外投资所承负的汇率风险。因此，外国债券的应得收益率应高于特征相同的本国债券的应得收益率。

以上 6 种风险因素不但决定债券应得收益率的大小，也能解释为何不同债券的应得收益率会有差异。公式（13-3）表明，任何一种债券都具有两项共同的因素：实际利率和期望通货膨胀率。第三因素即风险溢价才是决定债券应得收益率大小的唯一因素，而决定风险溢价大小的就是上述 6 种重要的风险因素。只有清楚了解此 6 种风险因素，才能解释为何不同债券会有不同的应得收益率，以及如何正确估计债券的应得收益率。

第二节 债券收益率

出于不同的用途，债券收益率计算方式种类繁多，以下主要介绍债券的当期收益率、到期收益率、持有期收益率、赎回收益率的计算。

一、当期收益率

在投资学中，**当期收益率**（current yield）被定义为债券的年利息收入与买入债券的实际价格的比率。其计算公式为：

$$y = \frac{c}{p} \times 100\%$$ （13-10）

y：当期收益率；

c：每年利息收益；

p：债券价格。

【例13-5】假定某投资者以940元的价格购买了面额为1 000元、利率为10%、剩余期限为6年的债券，那么该投资者的当期收益率（Y）为：

$$Y = 1\ 000 \times 10\% \div 940 \times 100\% = 11\%$$

当期收益率仅度量债券提供的现金收入，反映每单位投资能够获得的债券年利息收益，但不反映每单位投资的资本损益。

二、到期收益率

债券的到期收益率（yield to maturity，YTM）是使债券未来现金流现值等于当前价格所用的相同的折现率，这一利率通常被看作是债券自购买日保持至到期日为止所获得的平均收益率的测度，也就是金融学中所谓的内部收益率（internal return rate，IRR）。

$$P = \sum_{t=1}^{n} \frac{c_t}{(1+y)^t} + \frac{F}{(1+y)^n}$$ （13-11）

P：债券价格。

F：债券到期时的面额。

c_t：债券每期利息金额。

y：到期收益率。

n：债券期限（期数）。

【例13-6】假定某一利率为8%，每年付息一次，面值为100元，剩余期限为5年的债券当前市场价格为102元，则其到期收益率满足：

$$102 = \frac{8}{1+y} + \frac{8}{(1+y)^2} + \frac{8}{(1+y)^3} + \frac{8}{(1+y)^4} + \frac{8}{(1+y)^5} + \frac{100}{(1+y)^5}$$

这是一个关于到期收益率y的一元五次方程，插值法计算得到：$y = 7.505\ 6\%$。

三、持有期收益率

持有期收益率（holding period return，HPR）是指买入债券到卖出债券期间所获得的年平均收益，它与到期收益率的区别仅仅在于末笔现金流是卖出价格而非债券到期偿还金额。计算公式为：

$$P = \sum_{t=1}^{n} \frac{c_t}{(1+y_h)^t} + \frac{P_n}{(1+y_h)^n}$$ （13-12）

P：债券买入价格。

P_n：债券卖出价格。

c_t：债券每期利息金额。

y_h：持有期收益率。

n：债券期限（期数）。

【例13-7】某投资者按100元平价购买了年息为8%、每年付息1次的债券，持有2年后按106元价格卖出，该投资者持有期收益率计算为：

$$100 = \frac{8}{1+y_h} + \frac{8+106}{(1+y_h)^2} \Leftrightarrow y_h = 10.85\%$$

四、赎回收益率

通常在预期市场利率下降时，发行人会发行可赎回债券，以便未来用低利率成本发行的债券替代成本较高的已发债券。可赎回债券的约定赎回价格可以是发行价格、债券面值，也可以是某一指定价格或是与不同赎回时间对应的一组赎回价格。对于可赎回债券，相对于到期收益率而言，债券市场分析家们可能对赎回收益率更感兴趣。

赎回收益率的计算与到期收益率的计算基本相同，只是以赎回日代替到期日，以赎回价格代替面值。这种计算有时被称为"首次赎回收益率"，因为它假设赎回发生在债券首次可赎回的时间。计算公式为：

$$P = \sum_{t=1}^{n} \frac{c_t}{(1+y)^t} + \frac{M}{(1+y)^n} \tag{13-13}$$

P：债券价格。

M：赎回价格。

c_t：债券每期利息金额。

y：赎回收益率。

n：直到第一个赎回日的期数。

【例13-8】某债券的面值为1 000元，年息为5%，期限为4年，现以950元的发行价向全社会公开发行，2年后债券发行人以1 050元的价格赎回，第一赎回日为付息日后的第一个交易日，则赎回收益率计算如下。

$$950 = \sum_{t=1}^{2} \frac{50}{(1+y)^t} + \frac{1\,050}{(1+y)^2}$$

计算得到：$y=10.25\%$。

第三节 违约风险与债券定价

尽管债券通常会对投资者承诺固定的收入流，但该收入流并非没有风险，除非投资者可确认发行者不会违约。虽然可将政府债券视为无违约风险债券，但对于公司债券来说却不尽如此。由于支付一定程度上取决于公司的最终财务状况，因此，此类债券的实际支付存在不确定性。

一、债券信用评级

债券违约风险的测定由信用评级机构负责，美国主要的信用评级机构有穆迪投资服务公司、标准普尔公司、菲奇投资者服务公司。这些机构提供商业公司的财务信息，并对大型企业和市政债券按质进行信用评级。国际上主权国家的债券也存在违约风险，特别是在新兴国家尤为突出，所以也会对这些债券的违约风险进行评级。评级机构使用字母来标示公司和市政债券的等级，以反映对发行债券安全性的评价。

信用等级为 BBB 或更高的债券（标准普尔公司、菲奇公司），或者等级为 Baa 以及更高的债券（穆迪公司）都被认为是投资级债券。反之，信用等级较低的则被认为是投机级债券或垃圾债券。表 13-2 是各类债券信用等级的划分。

表 13-2　　　　　　　　　　　　　　　　债券信用等级划分

	投资级债券						投机级债券			
	极高信用			高信用			低信用		极低信用	
标准普尔	AAA	AA	A	BBB	BB	B	CCC	CC	C	D
穆迪	Aaa	Aa	A	Baa	Ba	B	Caa	Ca	C	D

穆迪和标准普尔公司不时对这些信用等级加以调整。标准普尔使用加减符号：A+和 A-分别是 A 级信用中的最高级和最低级；穆迪使用 1、2、3 作为标记：1 代表某信用等级中的最高级。

二、债券安全性的决定因素

债券评级机构主要根据发行公司的一些财务比率水平和趋势分析，对其所发行的债券信用状况进行评级。评价安全性时所用的 5 个重要参数如下。

（1）偿债能力比率：公司收入与固定成本之间的比率。低水平或下降的偿债能力比率意味着可能会有现金流困难。

（2）杠杆比率：债务与资本总额的比率。过高的杠杆比率表明负债过多，标志着公司将无力获取足够的收益以保证债券的安全性。

（3）流动性比率：最常见的两种流动性比率是流动比率（流动资产与流动负债的比值），以及速动比率（剔出存货后的流动资产与流动负债的比值）。这些比率反映了公司偿还新近筹集资金的能力。

（4）获利能力比率：有关资产或权益回报率的度量指标。获利能力比率是一个公司整体财务状况的指示器。资本收益率（息税前收入与总资产的比值）是最常见的比率。具有较高资产回报率的公司，能对它们的投资提供更高的期望收益，因此在资本市场上能更好地提升其价值。

（5）现金流负债比率：现金总流量与债务的比值。

三、债券契约

债券以契约形式发行，契约是债券发行者与持有者间的协议。契约的部分内容是为保护持有人的权利而对发行公司设置的一系列限制，包括与担保、偿债基金、股息政策和后续借贷有关的条款。发行公司为了将债券售给关心其安全的投资者，必须对这些保护性契约条款加以认可。

（一）偿债基金

债券到期时需按面值偿付，而该偿付将造成发行者庞大的现金支付。为了确保这份承付款项不会带来流动现金流危机，公司须设立偿债基金（sinking fund）将债务负担分散至若干年内。偿债基金可以按以下两种方式运作。

（1）公司可每年在公开市场上回购部分未偿付的债券。

（2）公司可以根据偿债基金的相关条款，以特定赎回价格购买部分未偿付的债券。无论哪种价格更低，公司都有权选择以市场价或是偿债基金价来购买债券。为了在债券持有者之间公平地分摊偿债基金赎回负担，采用随机产生序列号的方法来选择被赎回债券。

偿债基金赎回与常规债券的赎回在两个重要方面存在差别。首先，公司仅能以偿债基金赎回价格回购有限的债券。在最好的情况下，某些契约允许公司使用双倍期权，即公司可以用偿债基金赎回价格回购规定债券数量的两倍。其次，偿债基金赎回价格一般设定为债券面值，而可赎回债券的赎回价格通常高于面值。

从表面上看来，偿债基金更有可能偿付本金，从而保护债券持有者的利益，但实际上，它也有可能损害投资者的利益。如果利率下降而债券价格上涨，公司就可以按偿债基金的规定以低于市场价格的价格回购债券，从中受益。在这种情况下，公司的利得就是持有人的损失。

不要求有偿债基金条款而发行的债券称为序列债券。在序列债券发行中，出售的债券具有交错的到期日。由于债券依次到期，公司本金偿付负担就类似于偿债基金在时间上被分散了。与偿债基金相比较，序列债券的优势在于没有偿债基金赎回特定债券时产生的不确定性；而序列债券的劣势是具有不同到期日的债券不能互换，降低了债券的流动性。

（二）次级额外债务

决定债券安全性的因素之一是发行公司全部的未偿还债券的数额。如果今天你购买了一张债券，到了明天，你可能会因该公司未偿还的债务已扩大了 3 倍而忧虑。这也意味着投资者持有的债券较刚购买时，信用质量降低了。为了防止公司以这种方式损害债券持有人的利益，**次级条款**（subordination clauses）的规定限制了发行者额外借款的数额。额外债务在优先权上要低于原始债务。也就是说，如遇公司破产，只有在高优先权的债务偿清后，次级债务的债权人才可能被偿付。正因如此，次级原则有时也称作"先我原则"，即原始（较早期的）债券持有者在公司破产时先行偿付。

（三）股利限制

契约条款也限制了公司的股利支付。这些限制迫使公司留存资产而不是将其都付给股东，故能对债券持有人起到保护作用。一个典型的限制内容是，如果公司有史以来的股利支付超过了累积净收益与股票销售收入之和，就不得继续向股东支付股利。

（四）抵押品

某些债券的发行以特定物品抵押为基础。**抵押品**（collateral）可以有多种形式，但其意义都在于如果公司违约，债券持有者可得到公司的某一特定资产。如果抵押品是公司财产，该债券称为**抵押债券**（mortgage bond）；如果抵押品以公司其他有价证券的形式出现，则该债券称为**抵押信托债券**（collateral trust bond）；如果是设备，则称为**设备契约债券**（equipment obligation bond），这种形式的抵押品最常见于设备高标准化的公司，如铁路公司等，如果公司违约，债券持有者追讨抵押品时，很容易将这些设备出售给其他公司。

由于有特定抵押品的支持，抵押债券通常被认为是最安全的公司债券。与之相反，通常的信用**债券**（debenture bonds）无须提供特定的抵押品，属于无担保债券。债券持有人仅以公司通常的获利能力判断债券的安全性。如果公司违约，信用债券持有者成为公司的普通债权人。由于抵押债券具备更高的安全性，因此抵押债券提供的收益较一般的信用债券要低一些。

四、到期收益率与违约风险

由于公司债券存在违约风险，所以必须分清债券承诺的到期收益率和期望收益率。承诺的或规定的收益率，只有在公司履行债券发行责任时，才可能兑现。因此，规定的收益率是债券的最大可能到期收益率。而期望到期收益率必须考虑违约的可能性。

【例13-9】期望到期收益率与承诺到期收益率

假设某公司20年前发行了利率为9%，面值为1 000元的债券，还有10年到期，公司正面临财务困境，但投资者相信公司有能力偿还未付利息。然而，到期日时公司被迫破产，债券持有人只能收回面值的70%，债券以750元的价格出售。具体到期权益率如表13-3所示。

	期望到期收益率	承诺到期收益率
利息支付	45元	45元
半年期次数	20次	20次
最终偿付	700元	1 000元
价格	750元	750元

基于承诺支付的到期收益率为13.7%，然而，基于到期日700元的期望支付所计算的到期收益率仅为11.6%。承诺的到期收益率高于投资者的实际期望所得。

【例13-9】表明，当债券存在更大的违约风险时，其价格将降低，其承诺的到期收益率将上升。类似地，违约溢价，即规定的到期收益率与可比的国库券收益率之差将上升。下面继续【例13-9】的讨论。

【例13-10】违约风险和违约溢价

假设【例13-9】的公司情况继续恶化，投资者现在认为在债券到期时，仅可获得其面值55%的偿付。现在投资者要求有12%的期望到期收益率（即每半年6%），相比例13-9高0.4%。但债券价格从750元跌至688元（半年期次数20次，利息支付45元，最终偿付550元）。在该价格下，基于承诺现金流的规定到期收益率为15.2%。当期望到期收益率增加0.4%时，债券价格下跌导致的承诺到期收益率（违约溢价）上升1.5%。

为了补偿违约发生的可能性，公司债券必须提供**违约溢价**（default premium）。违约溢价是公司债券的承诺收益率与类似的无违约风险政府债券收益率之差。如果公司仍然具有偿付能力并且实际兑现了承诺现金流，投资者将获得比政府债券更高的到期收益率。如果公司破产，公司债券的收益率就有可能比政府债券更低。公司债券与无违约风险的长期国债相比，可能有更高或更低的收益率。换言之，公司债券更具有风险性。

风险债券的违约溢价模式有时被称为利率的风险结构。违约风险越大，违约溢价越高。

一种特殊方式是，收益率差随时间的变化似乎与经济周期有关。经济衰退时，收益率差趋大。显然，当经济不稳定时，即便所持债券风险级别不变，投资者仍感觉公司有更高的破产可能性，他们要求有相应更高的违约溢价作为补偿。这种情况有时被称为**安全性转移**（flight to quality），这意味着投资者除非在低级别债券上能获得更高的溢价，否则将会把他们的资金转移到更安全的债券上。

思考与练习

1. 评估债券价格的重要因素有哪些？
2. 债券收益率指标有哪些？各有什么区别？
3. 债券契约主要有哪些形式？各有什么特点？
4. 为何高级公司债券的应得收益率高于相同到期日的国库券？
5. 三种不同债券的特征如下。

债券	利率	应得收益率	到期日
甲	12%	10.5%	20 年
乙	8%	9%	10 年
丙	10%	10%	15 年

判断上面三种债券的价格应为溢价或折价，并解释理由。

6. 假定有一债券，利率为10%，到期收益率为8%，如果债券的到期收益率不变，一年后债券的价格将升高、降低还是不变？为什么？

7. 某国库债券的到期日期为20年，其面额为100 000元。目前市价为4 215元。该债券不支付任何利息。试问该国库券的到期收益率应为何值？

8. 王先生正考虑下列三种新债券。有关三种债券的特征如下。

债券	等级	年利率	到期日	赎回期	赎回金额	市面价格
甲	BBB	8%	15 年	5 年底	1 080	980
乙	BBB	8.5%	15 年	4 年底	1 085	1 005
丙	BBB	9%	15 年	6 年底	1 090	1 020

（1）计算此三种债券的到期收益率。若以到期收益率为选择标准，王先生应选择哪一种债券？
（2）计算此三种债券的赎回收益率。若以赎回收益率为选择标准，王先生应选择哪一种债券？

9. 一个有严重财务危机的企业发行的10年期债券，利率为14%，售价为900元，该企业正与债权人协商，债权人有望同意企业的利息支付减至原合同金额的一半。这样企业可以降低利息支付。问此债券规定的和预期的到期收益率各是多少？此债券每年付息一次。

10. 两种不同债券的特征如下。

特征	甲	乙
利率	8%	9%
抵押	第一抵押债券	无抵押
到期日期	10 年	15 年
赎回日期	6 年后	4 年后
赎回金额（或价格）	1 080	1 090
面额	1 000	1 000
偿债基金	无	每年 300 万元
发行总额	6 000 万元	4 500 万元

甲乙两债券的品质相同。说明为何甲债券的利率低于乙债券的利率。

利率期限结构 | 第十四章

债券的到期收益率与到期期限之间的关系称为收益率曲线（yield curve），又称为利率期限结构，旨在解释为什么期限不同的债券提供的收益率会有差异。利率期限结构的建立与预测对债券投资组合的管理及规避利率风险是相当重要的。为简易说明如何建立债券利率期限结构，本章以零息债券（zero-coupon bonds）作为基础。利率期限结构主要有三大重要理论，分别是市场预期理论、流动性偏好理论以及市场分割理论。本章将从收益率曲线、利率期限结构的重要性、建立以及理论展开讨论。

第一节 | 利率期限结构的建立

一、收益率曲线

品质相同的债券，其利率由于距离到期日的时间长短不同而不同。债券的利率（到期收益率）与到期期限之间关系的图形描述就是收益率曲线，又称为**利率期限结构**（term structure of interest rates）。收益率曲线形状大致可分为上升式、下降式、驼背式与水平式，如图 14-1 所示。

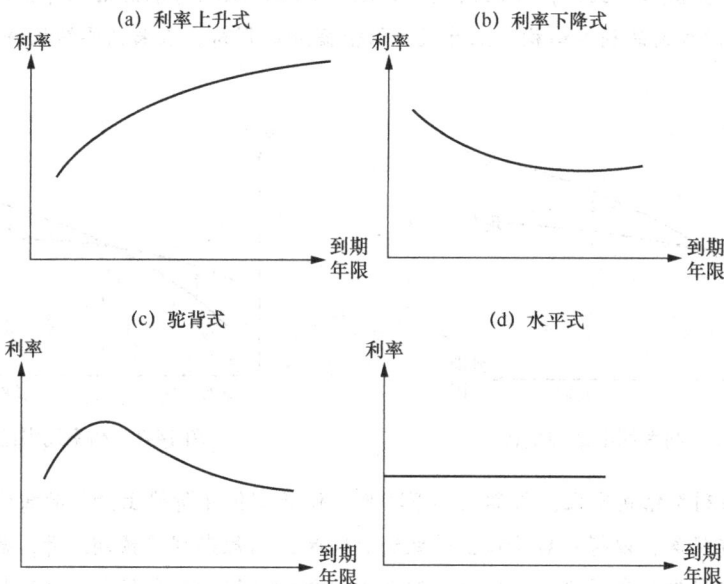

图 14-1 收益率曲线

就利率的历史变动而言，利率呈现上升的形式居多，见图 14-1（a）。这大致代表将来利率的走向是上升的。但利率上升的形式也代表长期债券比短期债券的风险高，故长期债券的**期望收益率**（expected yields or returns）应包含**风险溢价**（risk premium）。这种债券风险溢价称为**流动性报酬**

（liquidity premium）。

利率结构的形式并非固定不变。它会因**宏观经济因素**（macroeconomic variables）及经济活动的变化而产生变动。它可能由上升的形式在几个月后变成水平式（即长短利率大体相同）。而后，再经几个月转成驼背式，或许再呈现上升形式。但利率结构呈现上升形式的次数比其他结构形式多，且其出现的时期也较长。

因债券具有不同的品质，以**违约风险**（default risk）大小而定，及不同的税负，故利率结构的建立，都以品质均等及税负相同的同类债券为主。例如，政府债券的利率结构是以政府债券为主，而求出的政府债券到期收益率与其到期日的关系。政府债券不具违约风险，购买拥有政府债券的税负大致相同，而高品质公司债券利率结构的建立，是以高品质公司债券为主的。

二、建立利率期限结构的重要性

利率期限结构的建立与预测对**债券投资组合**（bond portfolio）的管理及规避利率风险是相当重要的。举三例子说明如何运用利率结构的变动，采取适当的债券投资策略以获利。

【例14-1】假设目前（或现在）的利率结构呈稍微上升式。但根据分析判断，未来利率结构更呈上升式，如图14-2所示。

在这种利率期限结构的变动下，长期利率将上升，这会促使长期债券价格下降，故投资者或债券组合经理应采取卖空长期债券策略，以现价出售所借得的长期债券。等到利率上升后，长期债券价格下降，再以低于原价的价格购回，以归还所借的债券，如此赚取差价之利。同时，因短期利率预期下降，短期债券价格将上升，故应预先购买短期债券，以收将来价格上升溢价之利。

【例14-2】假设目前的利率结构为上升式，但根据分析判断，未来利率结构将呈现接近水平式，如图14-3所示。

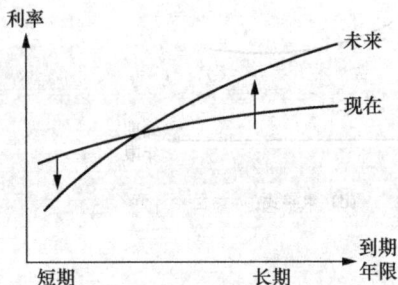

图 14-2　利率期限结构变化

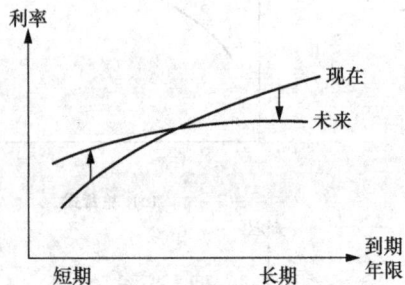

图 14-3　利率期限结构变化

根据图14-3的利率结构变化，长期利率下降将促使长期债券价格上升，故投资者或债券组合经理应预先购买长期债券，以得日后价格上升之利。同时，因短期利率预期上升，短期债券价格将下降。故应采取卖空短期债券策略，以现价（较高）出售所借得的短期债券。等到短期利率上升，短期债券价格下降，再以低于原价购回，以归还所借的债券，如此赚取差价之利。

【例14-3】一般银行因其负债（储蓄存款）均属短期性，故对所吸收存款的大部分进行短期性的债券投资（即投资于短期债券）。但当市场利率预期全面性下降（包括长短期利率下降）时，投资于短期债券获得的**溢价幅度**（capital gains）将低于投资于长期债券的溢价。因此，银行若能预测利率全面性下降，应预先投资部分存款资金于长期债券，以获得长期债券的优厚溢价，弥补短期利息收入的减少。如图14-4所示。

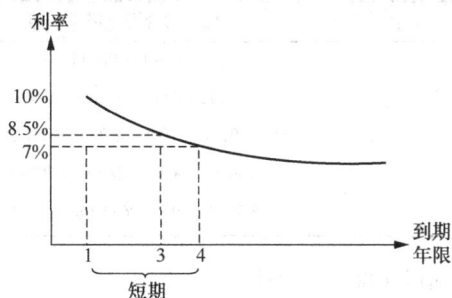

图 14-4　预期利率下垂

按照图14-4中的预期利率下降，银行应投资于短期债券（最长为4年），以收获较高的利率，而且投资于到期日愈短的债券，所得的利率也愈高。比如可投资于三年到期的短期债券，以得约8.5%的利率。但图14-4所示的预期利率下降，意味投资于长期债券所得的溢价将高于短期债券的溢价，致使投资于长期债券的总收益率很可能高于投资于短期债券的总收益率；因长期债券的溢价幅度可能足以弥补其低利率。例如，投资于三年到期债券的利率为8.5%，但投资于长期债券只能约得6.7%（见图14-4）。若因利率下降，长期债券将溢价9%，但三年到期债券只溢价3%，则投资于长期债券的总收益率为15.7%（=6.7%+9%），而投资于三年到期债券的总收益率只有11.5%（=8.5%+3%）。由这个例子可知，在管理债券投资组合时，利率结构的建立与预测是相当重要的。

三、零息债券利率结构的建立

为简易说明如何建立利率结构，以**零息债券**（zero-coupon bonds）作为基础。零息债券是指债券本身于到期日前不发放任何利息。故其发行价格均以折价发行为主。例如，面值 1 000 元的零息债券以 950 元的价格出售。面值与售价的差额 50 元为投资者投资于零息债券的报酬利润。对于零息债券利率结构的建立，分述如下。

（1）假设债券市场投资者相信未来 5 年的年利率（the 1-year rates on bonds of different maturities）如表 14-1 所示。

表 14-1　　　　　　　　　　　　　　　　年利率

债券到期日	年利率（1-year rate）
一年	6%
二年	8%
三年	9%
四年	9.5%
五年	9.5%

当然就现在而言，未来的年利率是不能确知的。但可根据债券市场的实际债券价格及其**内部收益率**（internal return rate）求得。在此，为说明方便，先假设未来的年利率是确定的。

（2）根据表 14-1 的未来年利率，可求出零息债券的现在合理价格，如表 14-2 所示，它是其面值的现值。

表 14-2　　　　　　　　　　　　零息债券的合理价格

到期日	现在的合理价格（t=0）
1 年到期	943.40=1 000÷1.06
2 年到期	873.52=1 000÷(1.06×1.08)
3 年到期	801.39=1 000÷(1.06×1.08×1.09)
4 年到期	731.86=1 000÷(1.06×1.08×1.09×1.095)
5 年到期	668.37=1 000÷(1.06×1.08×1.09×1.095²)

零息债券的到期面额一般均以 1 000 元为计。

（3）根据表 14-2 中的合理价格及零息债券面额（1 000），可求出不同到期日零息债券的内部收益率。零息债券的内部收益率其实就是未来年利率的几何平均收益率。这可由下列计算得知。

① 一年到期零息债券的内部收益率（y_1）为：
$$1\,000=943.40\times(1+y_1)$$
$$y_1=\frac{1\,000}{943.40}-1=6\%$$

② 二年到期零息债券的内部收益率（y_2）为：
$$1\,000=873.52\times(1+y_2)^2$$
$$y_2=\sqrt{\frac{1\,000}{873.52}}-1=6.70\%$$

或者，
$$y_2=\sqrt{\frac{1\,000}{1\,000\div(1.06\times1.08)}}-1$$
$$=\sqrt{1.06\times1.08}-1=6.70\%$$

所以，内部收益率 y_2 是年利率 6%及 8%的几何平均值。

③ 三年到期零息债券的内部收益率（y_3）为：
$$1\,000=801.39\times(1+y_3)^3$$
$$y_3=\sqrt[3]{\frac{1\,000}{801.39}}-1=7.66\%$$

或者，$y_3=\sqrt[3]{1.06\times1.08\times1.09}-1=7.66\%$

故内部收益率率 y_3 是年利率 6%、8%及 9%的几何平均值。

④ 四年到期零息债券的内涵收益率（y_4）为：
$$1\,000=731.86\times(1+y_4)^4$$
$$y_4=\sqrt[4]{\frac{1\,000}{731.86}}-1=8.12\%$$

或者，$y_4=\sqrt[4]{1.06\times1.08\times1.09\times1.095}-1=8.12\%$

故内部收益率 y_4 是年利率 6%、8%、9%及 9.5%的几何平均值。

⑤ 五年到期零息债券的内涵收益率（y_5）为：
$$y_5=\sqrt[5]{\frac{1\,000}{668.37}}-1=[1.06\times1.08\times1.09\times(1.095)^2]^{1/5}-1=8.39\%$$

一旦不同到期日零息债券的内部收益率求得后，就可建立零息债券的利率结构，即零息债券（内部）收益率与其到期年限的关系，如图 14-5 所示。

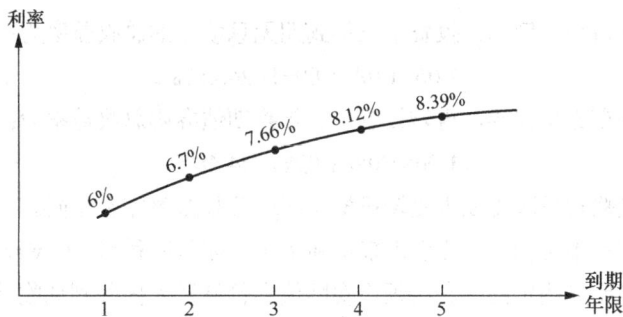

图 14-5　零息债券的利率结构

由上述计算零息债券的内部收益率可知，由下列公式求出 n 年到期零息债券的内部收益率。它是 n 个未来年利率的几何平均值。其计算公式如下：

$$y_n = \sqrt[n]{(1+r_1)(1+r_2)\cdots\cdots(1+r_n)} - 1 \qquad (14\text{-}1)$$

此处：y_n 是 n 年到期零息债券的内部收益率；r_1，r_2，$\cdots\cdots$，r_n 是年利率；r_t 是第 t 年的年利率，$t=1$，2，$\cdots\cdots$，n。

或者，

$$y_n = \sqrt[n]{\frac{1\,000}{P_{0n}}} - 1 \qquad (14\text{-}2)$$

P_{0n} 是 n 年到期零息债券的现值。

在无不确定因素（即无风险）下，未来利率可于今日确定，见表 14-1。在这种无风险环境下，不同到期日的债券在任何一年的年收益率都会相等。这可用表 14-2 中的不同债券说明如下。

（1）一年到期债券在第一年的年利率应为 6%(1 000÷943.40-1)。

（2）二年到期债券在第一年的年利率计算如下。

该债券现在的价格为 873.52，但一年后的价格为 925.93=1 000÷1.08。故该债券第一年的收益率为：

$$\frac{925.93}{873.52} - 1 = 6\%$$

（3）三年到期债券在第一年的年利率计算如下。

该债券现在的价格为 801.39，但一年后的价格为 849.47=1 000÷(1.08×1.09)。故该债券第一年的收益率应为：

$$\frac{849.47}{801.39} - 1 = 6\%$$

（4）四年到期债券在第一年的年利率计算如下。

该债券现在的价格为 731.86，但一年后价格为 775.77=1 000÷(1.08×1.09×1.095)。故该债券第一年的收益率应为：

$$\frac{775.77}{731.86} - 1 = 6\%$$

所以，这 4 种不同到期日债券的第一年收益率均为 6%。同样，也可求出二年、三年及四年到期债券的第二年收益率均为 8%。第三年及第四年到期债券的第三年利率均为 9%。所以，在无不确定因素环境下，不同到期日债券在任一年的年收益率均相等。在这种情况下，到期日较长债券的**收益率**（Yield）会高于到期日较短债券的收益率，是因为未来利率较高所致。此外，投资者可持有到期日较短的债券，直到到期，再转投资于另一短期债券。如此重复转投资（roll-over）仍可获得与到期日较长债券相同的总收益率。例如，投资于三年到期无息债券的总收益率为：

$$1.06\times1.08\times1.09-1=24.48\%$$

若先投资于一年到期无息债券，再转投资于二年到期债券则总收益率为：

$$1.06\times1.08\times1.09-1=24.48\%$$

故采取长期投资策略与采取短期重复转投资策略的总收益率完全相同。

在建立零息债券的利率结构时，假设未来年利率（或称远期利率，forward rates）是确定的。但实际上，远期利率不是明显确定的。它必须由实际债券价格及其内部到期收益率求得。也就是说，当你打开华尔街日报（The wall Street Journal）或其他有关财务金融报纸时，你所得的资料只有债券每日的买卖价格（bid and ask prices）及其内部收益率，而无远期年利率的资料。但远期年利率可根据报章上的内部收益率求得。例如，报章上的报导资料如下。

t	到期日	内部收益率（%）
0	1994 年 6 月	6.5
1	1995 年 6 月	6.55
2	1996 年 6 月	7.10
3	1997 年 6 月	7.15
4	1998 年 6 月	7.20

假设现在是 1994 年 6 月，投资于两年到期（1996 年 6 月）的债券总报酬应等于首先投资于一年到期（1995 年 6 月）的债券，而后再度投资于下一年到期（1996 年 6 月）债券的总报酬。以公式表示如下。

$$1\,000(1+y_2)^2=1\,000\times(1+y_1)\times(1+f_2) \tag{14-3}$$

y_1 是一年到期债券的内部收益率(=6.55%)。

y_2 是两年到期债券的内部收益率(=7.10%)。

f_2 是第二年的年利率，或称远期年利率。

一年后再度投资于下一年到期债券的总资金[$1\,000\times(1+y_1)$]，在第二年应得的（远期）年利率（f_2）是未知的。但可由公式（14-3）求得，即：

$$f_2=\frac{(1+y_2)^2}{(1+y_1)}-1=\frac{(1+0.071)^2}{(1+0.0655)}-1=7.65\% \tag{14-4}$$

所以，由一年及两年到期债券的内部收益率（y_1 及 y_2），可由公式（14-4）求得第二年的年利率（f_2），也就是远期年利率。以此类推，也可以两年及三年到期债券的内部收益率（y_2 及 y_3）求出第三年的远期年利率（f_3）。详细来说，投资于三年到期（1997 年 6 月）债券的总报酬应等于首先投资于两年到期（1996 年 6 月）的债券，而后再度投资于下一年到期（1997 年 6 月）债券的总收益[公式（14-5）的右方]。以公式表示如下。

$$1\,000\times(1+y_3)^3=1\,000\times(1+y_2)^2\times(1+f_3) \tag{14-5}$$

由公式（14-5），可求出第三年的（远期）年利率（f_3）如下。

$$f_3=\frac{(1+y_3)^3}{(1+y_2)^2}-1=\frac{(1+0.0715)^3}{(1+0.071)^2}-1=7.25\% \tag{14-6}$$

此处，y_3 是三年到期债券的内部收益率。

所以，由公式（14-4）及公式（14-6），可类推第 n 年的远期年利率（f_n）可由 n 年及（$n-1$）年到期债券的内部收益率（y_n 及 y_{n-1}）求出，如下。

$$f_n = \frac{(1+y_n)^n}{(1+y_{n-1})^{n-1}} - 1 \qquad (14\text{-}7)$$

因未来不确定因素很多，未来利率很难确知。故由公式（14-7）求出的未来利率（f_n），并不意味它会等于将来的真正利率。最多只能希望由公式（14-7）求得的未来利率是将来利率的期望值。因此，可称由公式（14-7）求得的未来利率为**远期年利率**（forward interest rates），意味它不一定等于未来的真正利率，而是未来利率的估计值；因它只是根据今天有关利率的资料求得的。当然，如果不确定因素不存在，则远期利率等于未来利率。

第二节 | 利率期限结构理论

在任一时点上，都有以下三种因素影响利率期限结构的形状：对未来利率变动方向的预期、债券预期收益中可能存在的流动性溢价、市场效率低下或者资金从长期（或短期）市场向短期（或长期）市场流动可能存在的障碍。利率期限结构理论就是基于这三种因素分别建立起来的。

一、市场预期理论

市场预期理论（the market expectations theory）认为决定利率期限结构的重要因素主要来自市场对未来短期利率的预期。此处未来短期利率是指一年到期债券的未来**期望到期收益率**（the expected yields to maturity）（短期利率的计算也可以 6 个月、3 个月、1 个月，或其他期限作为基础）。在这个理论下，远期利率就是市场期望的未来短期利率：$f_2=E(r_2)$，$f_3=E(r_3)$，等等。投资于两年到期债券的总收益率等于首先投资于一年到期债券一年，而后再转投资于另一年到期债券的总收益率。以公式表示如下。

$$(1+y_2)^2=(1+r_1)(1+f_2)$$
$$=(1+r_1)[1+E(r_2)] \qquad (14\text{-}8)$$

因此，第二年的远期利率（f_2）等于未来第二年的期望短期利率[$E(r_2)$]，即 $f_2=E(r_2)$。

同样地，投资于三年到期债券的总收益率也会等于首先投资于两年到期债券两年，而后再转投资于一年到期债券的总收益率。以公式表示如下。

$$(1+y_3)^3=(1+y_2)^2(1+f_3)=(1+y_2)^2[(1+E(r_3)]$$
$$=(1+r_1)(1+f_2)(1+f_3) \qquad (14\text{-}9)$$

所以，第三年的远期利率（f_3）等于第三年的期望短期利率[$E(r_3)$]，即 $f_3=E(r_3)$。

由上面的论述可知，在市场预期利率结构理论下，投资于长期债券的总收益率等于投资于短期债券，而后再转化重复投资于他种短期债券所得的总收益率。所以，任一 n 年到期债券的**到期收益率 y_n**（the yield to maturity）一定等于重复转投资于一年到期债券收益率（或短期利率）的几何平均值。以公式表示如下。

$$y_n = \sqrt[n]{(1+r_1)(1+f_2)\cdots\cdots(1+f_n)} - 1 \qquad (14\text{-}10)$$

此处，$f_t=E(r_t)$，$t=2$，3，……，n

同时，由公式（14-8）～公式（14-10）可知，不同到期日债券的一年到期收益率（或短期利率）均相等。也就是说，以第一年而论，所有不同到期日债券的短期利率都是 r_1（如 $r_1=6\%$）。以第二年而论，所有不同到期日债券的短期利率（或远期利率）都是 f_2（如都是 $f_2=8\%$）。以第三年而论，所有不同到期日债券的一年收益率（或远期利率）都是 f_3（如都是 $f_3=9\%$）。这个结果正如第一节所述的情况相同（因为 $f_t=E(r_t)$）。

此外，由公式（14-10）得知，若未来短期利率（f_2，f_3……）将会上升，则长期债券的到期收益率（y_n）或内部收益率也会因之而上升。反之，若未来短期利率将会下降，则长期债券的内部收益率将因之下降。故上升式的利率结构代表未来短期利率将会上升，而下垂式的利率结构代表未来短期利率将会下降。

由市场预期利率结构理论可知，长期及短期债券是可完全相互替代的。这是因为投资于长期债券的收益率也可由重复转投资于短期债券获得。或者，投资于短期债券的收益率也可由投资于长期债券，而后在短期内将之出售而获得。但长期及短期债券可以完全相互替代，只有在下列任意情况下才能成立。

（1）未来债券的收益率（或利率）是确定的，无不确定因素。

（2）未来利率不确定因素或利率风险可分散消除。

（3）投资者对利率风险采取中立的态度，也就是说，不憎恶利率风险。

在上述条件下，远期利率才能等于未来的期望短期利率：$f_t=E(r_t)$，$t=2$，3，4……。故投资者对长期债券及短期债券一视同仁，而无偏好。但若任一条件不成立，则投资者将认为长期债券不同于短期债券。长期及短期债券的报酬将有所不同。两者收益率之差额代表**风险报酬**（或贴水）（risk premium），或称**流动性报酬**（liquidity premium）。由于流动性报酬的存在，使得长期利率不等于未来期望短期利率。这就是下一利率期限结构理论的主要论点。

二、流动性偏好理论

在**流动性偏好理论**（the liquidity preference theory）下，短期投资者认为长期债券比短期债券的风险大，故不愿投资于长期债券。除非远期利率（f_t）高于未来期望短期利率 $E(r_t)$，也就是 $f_t>E(r_t)$，才能促使短期投资者投资于长期债券。但长期投资者认为短期债券比长期债券的风险高，而不愿投资于短期债券。只有当**重复转投资**（roll-over investments）于短期债券获得的期望收益率高于远期利率，即 $f_t<E(r_t)$ 时，长期投资者才愿意投资于短期债券。流动性偏好利率结构理论认为短期投资者多于长期投资者，故远期利率应大于期望短期利率。两者之差额为流动性报酬，它代表对承受长期及短期债券间风险差额之报酬。一般认为，债券的期限越长，流动性报酬越大，体现了期限长的债券拥有较高的价格风险。在流动性偏好利率结构理论中，远期利率不再只是对未来即期利率的无偏估计，还包含了流动性报酬。因此，收益率曲线的形状是由对未来利率的预期和延长偿还期所必需的流动性报酬共同决定的。

图 14-6（a）表示不变的流动性溢价，在不变的期望短期利率下，结果是一条上升的收益率曲线；图 14-6（b）表示上升的流动性溢价，下降的期望短期利率下，结果仍是一条上升的收益率曲线；图 14-6（c）表示不变的流动性溢价，在下降的期望短期利率下，结果是一条驼峰型的收益率曲线；图 14-6（d）表示上升的流动性溢价，在上升的期望短期利率下，结果是一条急剧增长的收益率曲线。

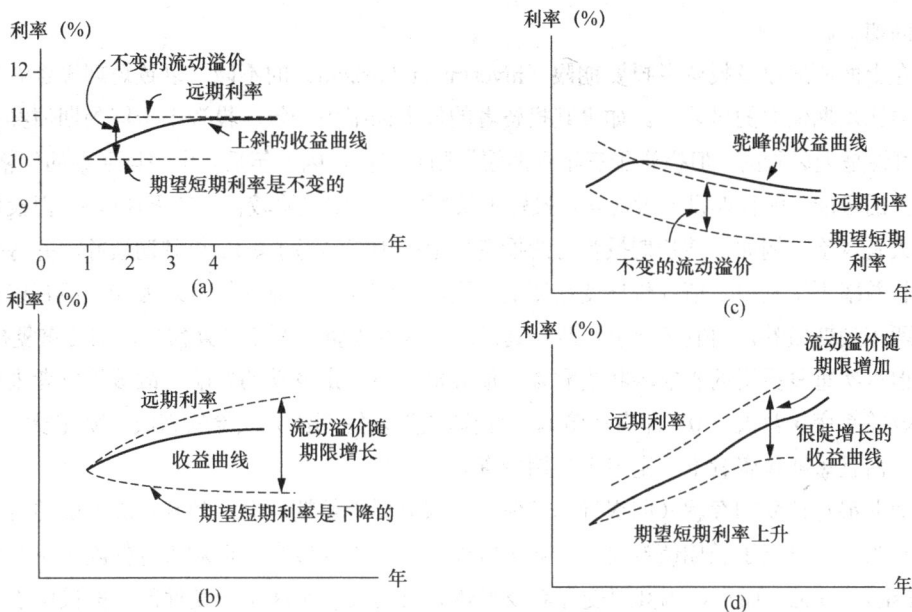

图 14-6　流动性偏好理论下的收益曲线

由公式（14-10）得知，$f_t > E(r_t)$ 将使在市场期望论下的上升利率结构呈现更上升，或下垂式的利率结构呈现较不下垂。这里以一个简例说明。

【例14-4】假设 $r_1 = 8\%$，$E(r_2) = 9\%$，$E(r_3) = 10\%$。此外，假设第二年及第三年的流动性报酬（liquidity premium）均为 1%，则 $f_2 = E(r_2) + 1\% = 10\%$，$f_3 = 11\%$。

（a）在市场预期论下，两年到期债券的到期收益率或内部收益率 y_2 为：

$$y_2 = \sqrt{1.08 \times 1.09} - 1 = 8.50\%$$

但在流动性偏好论下，

$$y_2^* = \sqrt{1.08 \times 1.10} - 1 = 8.90\% > 8.50\% = y_2$$

（b）在市场预期论下，三年到期债券的到期收益率 y_3 为：

$$y_3 = \sqrt[3]{1.08 \times 1.09 \times 1.10} - 1 = 8.90\%$$

但在流动性偏好论下，

$$y_3^* = \sqrt[3]{1.08 \times 1.10 \times 1.11} - 1$$
$$= 9.66\% > 8.90\% = y_3$$

由上面的计算可知，在流动性偏好论下，债券的到期收益率高于在市场预期论下的债券到期收益率。故流动性偏好论将使在市场预期论下，上升式的利率结构呈现更上升。此外，它会使在市场预期论下，下垂式的利率结构呈现较不下垂。其实，这结果可由以下公式表示。

因 $f_2 > E(r_t)$，$t = 2$，3，$\cdots\cdots$，n

故

$$y_2^* = \sqrt[n]{(1+r_1)(1+f_2)\cdots\cdots(1+f_n)} - 1$$
$$> \sqrt[n]{(1+r_1)[1+E(r_2)]\cdots\cdots[1+E(r_n)]} - 1 = y_n$$

由上面的讨论可知，在流动性偏好论下，利率结构不但反映市场对未来利率的期望，也反映长期及短期债券间的流动性报酬。

流动性偏好理论认为流动性报酬应包含于债券的收益率内。但流动性报酬是否真正存在尚难论断。其原因如下。

（1）在上面所述以及投资者**投资期限**（investment horizon）的不同，以致短期投资者认为投资于长期债券比短期债券的风险高。如果某投资者的投资期限为一年，投资于一年到期债券对该投资者而言，可说是无风险的。但投资于三年到期债券则有风险，因一年后，出售该债券的价格不确定，有发生损失的可能。就长期投资者而言，投资于长期债券，则风险较低（或无风险）。但投资于短期债券，则大有风险。例如，某长期投资者的投资期限为 10 年，购买 10 年到期债券，并持有至到期日，则其收益率不受利率及债券价格变动影响。因此，该债券收益率的方差为 0。但若该长期投资者投资于两年到期债券，则他必须于每两年到期时，再度投资于两年到期债券，如此重复投资至 10 年为止。但每次重复投资的收益率将受利率及债券价格不确定变动的影响，故该投资者采用重复短期投资的收益率变异数大于 0（即有风险）。故论断长期及短期债券风险的高低，须视投资者的投资期限而定，而且短期投资者不一定多于长期投资者。

（2）商业银行接受的存款（即银行的负债）大部分属于短期性质，故其贷放投资的对象大部分以短期债券为主。投资于长期债券对于商业银行而言，风险性较高。但对人寿保险公司及**养老基金公司**（pension funds）而言，因其对受保者及退休人员的负债是属于长期性的，故投资于长期债券比短期债券的风险低。所以，论断投资于长期及短期债券风险的高低，须视**金融机构**（financial institutions）的营业特性而定。

（3）按照流动性偏好理论，投资者大部分具有短期投资期限，故长期债券被认为风险较高（即其收益率方差较大）。收益率方差较大并不代表一定是坏事。在经济活力走向低迷时，利率将会下降，这促使长期债券价格上升的幅度高于短期债券（因其收益率变异数较大）。这使长期债券投资者获利甚大。在这种情况下，长期债券的较大收益率变异数其实是一个很理想的性质。

因此，根据上述三个论点，长期债券是否比短期债券风险大，须视情形而定。流动性报酬（或风险报酬）是否真正存在是可置疑的。实证研究结果，未能提供一个定论。Fama（1984 年）的实证研究结果显示，长期债券（以美国政府公债为主）的期望收益率高于一个月到期债券的期望收益率。这个结论与流动性偏好理论相吻合。但债券的期望收益率并不因到期日的增长而逐渐增加（monotonically increasing with maturity）。其实，债券期望收益率于到期日增长至 8 月、9 月时，达到其顶点，而后至 12 月均无逐渐增加的证据。到期日一年以上的债券很少显现流动性报酬的存在。故 Fama 的实证研究结果并不支持流动性偏好论所言的流动性报酬存在的论据。

三、市场分割理论

在市场预期论下，长短期债券是可以完全相互替代的。投资于长期债券的期望收益率与采用重复投资于短期债券策略（roll-over investments）的期望收益率完全相同。但流动性偏好论认为长期与短期债券并不是完全可相互替代，只在一定程度上是可相互替代的。短期投资者若能得到适当的风险报酬（或流动性报酬），会愿意投资于长期债券。同样地，在适当的风险报酬诱因下，长期投资者也会愿意投资于短期债券。所以，长短期债券的收益率是相互牵连的，而且为市场均衡机能决定。远期利率与未来期望利率的差额应代表适当的流动性报酬$[=f_t\text{-}E(r_t)]$。若两者的差额不等于合理的流动性报酬，投资者就会修改他们的债券投资组合，以便获取额外的利润。

在**市场分割论**（market segmentation theory）下，长期及短期债券分别交易于不同的分割市场

（segmented markets）。其原因基于投资者对利率风险的极度憎恶，而且公司、银行、退休基金、保险公司及其他金融机构认为应投资于适合他们营业特性的适当到期日债券，以免除利率风险，否则可能危及他们的生存。也就是说，投资者、公司及金融机构等认为消除利率风险是他们生存的首要策略。因此，他们只选择他们自认为适当到期日的债券，而不投资于其他到期日债券。即使其他到期日债券的收益率较高，也不愿投资于它。故短期投资者及银行只投资于短期债券市场，而长期投资者、退休基金及人寿保险公司只投资于长期债券。不同分割的债券市场因此而形成。在分割债券市场之下，短期利率由短期债券市场内的供需因素决定，而长期利率由长期债券市场内的供需因素决定。

市场分割论对利率结构的决定与实际情况不相吻合。投资者、银行、退休基金、人寿保险公司及一般公司都厌恶利率风险，欲极力避免利率风险，故采取规避或**消除利率风险**策略（interest rate immunization）。除了采取消除利率风险外，他们也要尽量增大投资债券的总收益率。例如，如果未来利率预期会下降，则长期债券的溢价幅度很可能会倍增大于短期债券的溢价。所有投资者（包括短期投资者）将会将资金投放购买长期债券，以获高利。在这种情况下，短期资金就会流入长期债券市场内，以图赚取长期债券溢价之优利。故市场分割论与事实不合，而难以成立。市场分割论成立，只有在债券市场**无效率**（inefficiency）下，短期或长期投资者不知道另一方市场信息，以致未能抓住他方市场丰利的机会。或者，只有在资金的流动受到阻碍（impediments to the flow of funds）下，市场分割论才能成立。长短期投资者都会比较投资于长期及短期债券的总收益率。如果某到期日债券（长期、中期或短期）总收益率高得足以吸引他们，则他们会将资金投资于该到期日债券，以获取丰利。所以，不同到期日的债券是相互竞争的，以争取投资者注意。这类的论点称为**偏好栖息理论**（preferred habitat theory）。也就是说，虽然投资者有其偏好的某类到期日债券，但若他类到期日债券提供了足以吸引他们的高利，则他们会将资金投放于具有高利的他类到期日债券。因此，债券市场并不如市场分割论所言的完全分割。

由上面的分析可小结如下：利率结构大部分是由市场对未来利率走势的预期决定的。流动性报酬也许对利率结构有所影响，但其影响并不甚明显。市场的无效率及对资金流动的阻碍将会使债券价格不能反映其真实价值，而产生短暂高估或低估。在这种情况下，投资者应及时利用这短暂的价格失衡，以获取非常利润（abnormal returns）。

思考与练习

1. 简述利率期限结构的三大理论。
2. 为何在无利率不确定因素环境下，不同到期日零息债券的年利率均相同？
3. 对零息债券而言，几何平均到期收益率也就是内部收益率，其原因何在？
4. 远期利率与未来期望短期利率的关系是什么？
5. 判断下列句子是否正确，并说明理由。
（1）若预期未来短期利率将下降，在市场预期理论下，利率结构呈现下垂式。
（2）下垂式的利率结构代表未来短期利率的下降。
（3）在市场分割理论下，长短期利率是由其所属的市场供需因素决定的。因利率仍由供需因素决定，故债券市场是有效的。

6. 利率结构的变动对退休基金的管理有何影响？一般债券投资组合管理对利率结构变动有何应付或管理策略？

7. 假设债券市场投资者认为未来四年市场年利率如下。

年限	年利率（%）
1	7
2	8
3	9
4	9

根据上述利率资料，解答下列问题。

（1）计算一年至四年到期零息债券的合理价格。

（2）计算不同到期日零息债券的内部收益率。

（3）建立以零息债券为基础的利率结构。

（4）计算远期利率。是否与未来市场利率相同？

8. 假设未来的期望利率均相同：r_1=E(r_2)=E(r_3)=E(r_4)=10%，且流动性报酬由第二年起，每年各增加1%。请计算到期收益率。在市场预期理论下，利率结构应呈现何式？在流动性偏好理论下，又呈何式？由你的答案是否可下结论：上升式的利率结构代表未来利率将会上升？

9. 假设零息债券的到期收益率如下。

到期年限	到期收益率（%）
1	8.0
2	8.5
3	9.0
4	9.5

解答下列问题。

（1）计算远期利率。

（2）若市场预期理论是正确的，远期年利率等于未来期望年利率。试建立在市场预期理论下的利率结构。

（3）若流动性报酬由第二年起，每年各增加1%。试建立在流动性偏好理论下的利率结构。

（4）若你现在购买三年到期的零息债券，计算该债券的总期望收益率，假设到期日面额为1 000元。

10. 未来三年的短期利率及远期利率如下。

年度	短期利率（%）	远期利率（%）
0	5	
1	6	6
2	6.5	7.2
3	6.8	7.2

若市场预期理论是正确的话，上述利率的情况造成何种套利机会？应如何利用它以获非正常利润？

要建立良好的债券投资管理，必须了解债券投资组合对利率变动敏感性的度量。市场利率的变动对债券价格的影响幅度，因债券到期年限、债券利率及到期收益率的不同而有很大的差异。故衡量债券价格对利率变动的敏感性应包括这三者对债券价格的综合影响。为此，麦考利提出了债券久期。在考察期限度量的广泛应用后，将考虑改进利率敏感性的度量方式，其重点是债券凸性的概念。债券组合管理策略大体上可以分成两类：消极的债券管理策略与积极的债券管理策略。采用哪种策略主要取决于投资者对债券市场有效性的判断。如果投资者认为市场是有效的，就会实施消极的债券管理策略；反之，如果投资者认为市场是无效的，就会实施积极的债券管理策略。本章的主要内容包括：债券利率风险的度量、消极的债券管理和积极的债券管理。

第一节　债券利率风险的度量

一、利率敏感性

在市场利率中，债券价格的敏感性变化对投资者而言显然十分重要。四种债券价格相对于到期收益变化的百分比变化如图 15-1 所示。马尔凯描述了前五个一般特征，有时被称为马尔凯债券-定价关系，第六个特征是霍默和利伯维茨论证的。

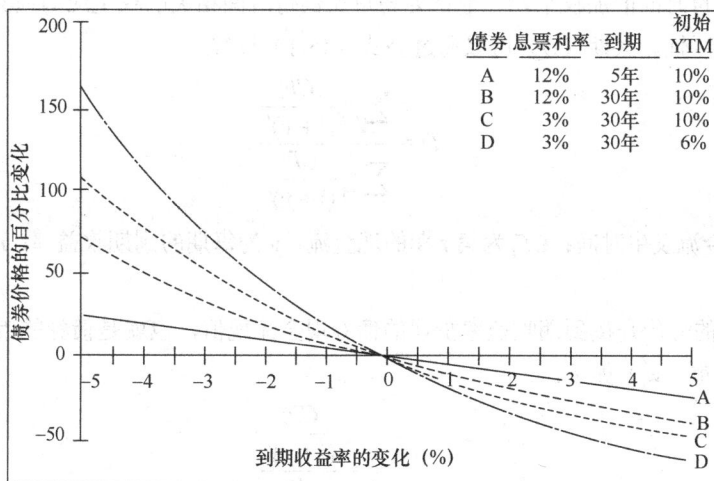

图 15-1　债券价格变化是到期收益率变化的函数

所有 4 种债券表明，当到期收益率增加时，债券价格下降；价格曲线是凸的，这意味着收益率下降对价格的影响远远大于等规模收益率的增加，即特征（1）和（2）。

（1）债券价格与收益率呈反向关系：当收益率上升时，债券价格下降；当收益率下降时，债券价格上升。

（2）债券到期收益率的升高导致其价格下降的幅度小于等规模收益降低带来的价格上升的幅度。

（3）长期债券价格对利率变化的敏感性比短期债券更高。图 15-1 表明债券 B 除到期时间比债券 A 更长外，其他情况均基本相同，比较之下，债券 B 对利率更敏感。

（4）当到期收益率增长时，债券价格对收益变化的敏感性增加，但是增加得越来越慢，即利率风险与债券到期时间不对称。例如，债券 B 的期限是债券 A 期限的 6 倍时，它的利率敏感性低于 6 倍。

（5）利率风险与债券息票率呈反向关系。低息票债券的价格比高息票债券的价格对利率变化更敏感。债券 B 和债券 C 就说明了这一点。

（6）债券价格对其利率变化的敏感性与初始到期收益率水平呈反向关系。债券 C 和债券 D 就是很好的例子。

这 6 个特征确定了到期时间是利率风险的决定因素，但是，它们也表明到期时间不足以测定利率的敏感性。例如，图 15-1 中的债券 B 和债券 C 的到期时间相同，但是息票率高的债券对利率变化有着较低的价格敏感性。显然，这里不能仅靠债券到期时间来量化其利率风险。

二、久期

为明确多次偿付债券的"到期时间"概念，需要用债券承兑现金流的平均到期时间的测量方法来统计债券的有效到期时间。同时，也可以测度债券对利率变化的敏感性，因为价格敏感性会随着到期时间的增加而上升。

弗雷德里克·麦考利把有效到期时间的概念定义为债券**久期**（duration），并将久期计算为每次息票利息或本金偿付时间的加权平均。他认为与每次偿付时间相关的权重应与债券价值偿付的"重要性"有明显的关联性。久期（D）可以通过公式（15-1）计算。

$$D = \frac{\sum_{t=1}^{n} \frac{tCF_t}{(1+y)^t}}{\sum_{t=1}^{n} \frac{CF_t}{(1+y)^t}} \tag{15-1}$$

式中，t 为现金流发生时间；CF_t 为第 t 期的现金流；y 为每期的到期收益率；n 为距离到期日的期数。

式（15-1）中的分母是按到期收益率折现的债券现金流现值，也就是债券的市场价格。第 t 期发生的现金流的权重（w_t）如下。

$$w_t = \frac{\frac{CF_t}{(1+y)^t}}{P} \tag{15-2}$$

由债券价格的决定公式得知：

$$P = \sum_{t=1}^{n} \frac{CF_t}{(1+y)^t} \tag{15-3}$$

将上式两端除以 P 即得：

$$1 = \sum_{t=1}^{n} \frac{CF_t / (1+y)^t}{P} = \sum_{t=1}^{n} w_t \tag{15-4}$$

公式右边的第 t 项正是第 t 期现金流的现值占债券价格的比重，其值小于 1。权重之和等于 1，因为按照到期收益率折现的现金流之和就等于债券的价格。应当注意，上式（15-4）中求出的久期是以期数为单位的，还要把它除以每年付息的次数，转化为以年为单位的久期。

用这些值来计算收到的每次债券偿付额的时间加权平均，可以得到麦考利的久期公式，表示为：

$$D = \sum_{t=1}^{n} t \times w_t \tag{15-5}$$

【例15-1】假设有息票率为8%的债券A和零息债券B，面值均为1 000元，两种都是2年期，半年付息一次，如果到期收益率均为10%，或半年5%，计算它们的久期。

	期数	到支付时的期限（年）	现金流（元）	现金流的现值（折现率=5%）	权重	时间×权重
债券 A：息票率为 8%	1	0.5	40	38.095	0.039 5	0.019 7
	2	1.0	40	36.281	0.037 6	0.037 6
	3	1.5	40	34.554	0.035 8	0.053 7
	4	2.0	1 040	855.611	0.887 1	1.774 1
总额				964.540	1.000 0	1.885 2

	期数	到支付时的期限（年）	现金流（元）	现金流的现值（折现率=5%）	权重	时间×权重
债券 B：零息债券	1	0.5	0	0.000	0.000 0	0.000 0
	2	1.0	0	0.000	0.000 0	0.000 0
	3	1.5	0	0.000	0.000 0	0.000 0
	4	2.0	1 000	822.702	1.000 0	2.000 0
总额				822.702	1.000 0	2.000 0

到期时间、息票率和到期收益率是影响债券价格利率敏感性的 3 个重要因素，它们与久期之间的关系也表现出一些规律，如图 15-2 所示。

（1）零息债券的久期等于其到期时间。

（2）保持其他因素不变，息票率越高，久期越短。这是因为，息票率较高时，早期现金流的现值越大，占债券价格的权重越高，使时间的加权平均值越低，即久期越短。所以，零息债券的久期比其他条件相同的息票债券要长。息票率越高，债券价格的利率敏感性越弱，而久期是对利率敏感性的度量，这与息票率越高，久期越短是一致的。在图 15-2 中，息票率为 15% 的债券久期轨迹位于息票率为 30% 的债券相应的久期轨迹之下。

（3）保持其他因素不变，债券的到期时间越长，久期也越长。债券的到期时间越长，价格的利率敏感性越强，这与债券的到期时间越长久期越长是一致的。久期并不一定总是随着到期时间的增长而增长。对于收益率很高的债券，久期可能会随着到期时间的增长而缩短。另外，随着期限的增长，同一幅度的期限上升能引起的久期增加递减，即期限对久期的边际作用递减。在图 15-2 中，零息债券的到期时间和久期是相等的，到期时间增长一年，久期也增长一年。但是，息票债券的到期时间增长一年时，它的久期增长却小于一年。

（4）保持其他因素不变，到期收益率越低，息票债券的久期越长，但其边际作用效果也递减。

从图 15-2 中还可以看到，息票率为 15% 的两种债券在以不同的到期收益率出售时会有不同的久期，较低收益率的债券有更长的久期。这是因为，收益较低时，后期的现金流现值越大，在债券总值中占的比重也越高，时间的加权平均值越高，久期越长。

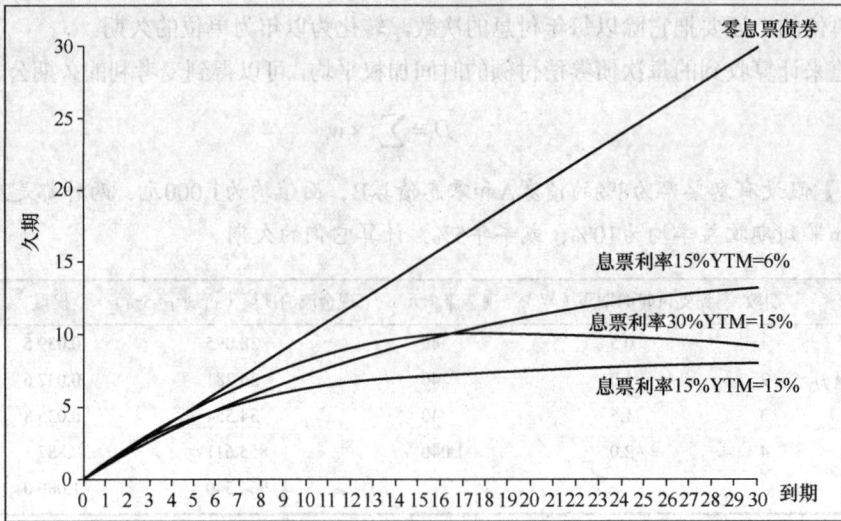

图 15-2　债券久期与债券到期

（5）多只债券的组合久期等于各只债券久期的加权平均，其权数等于每只债券在组合中所占的比重。

久期之所以是固定收入资产组合管理中的重要内容的原因为：首先，它是资产组合有效平均到期时间的简单归纳统计；其次，它已被证明是资产组合规避利率风险的一种基本工具；再次，久期是资产组合的利率敏感性的测度。

收益率的变化会导致债券价格的变化，可以利用久期来衡量债券价格的收益率敏感性。这是因为，久期实际上是价格的利率弹性。由债券的价格和收益率的关系（15-3）可知：

$$P = \sum_{t=1}^{n} \frac{CF_t}{(1+y)^t}$$

求价格 P 对收益率 y 的导数，经过整理可得：

$$\frac{dP}{dy} = -\frac{1}{1+y} \sum_{t=1}^{n} \frac{t \times CF_t}{(1+y)^t} \tag{15-6}$$

将式（15-6）两边同时除以 P，可以得到：

$$\frac{dP}{dy} \times \frac{1}{P} = -\frac{1}{1+y} \left[\sum_{t=1}^{n} \frac{t \times CF_t}{(1+y)^t} (1/P) \right] \tag{15-7}$$

与式（15-1）对比可以发现，式（15-7）右边中括号内的项就是久期，衡量了债券价格对收益率的敏感性。

所以，久期就是价格变化的百分比除以收益率变化的百分比。

$$D = -\frac{\Delta P / P}{\Delta y / (1+y)} \tag{15-8}$$

式中，P 为债券的初始价格，ΔP 为债券价格的变化值，y 为初始收益率，Δy 为收益率的变化值。之所以加负号，是因为债券价格与收益率变化的方向相反。

将公式（15-8）重新整理，可以得到如下关系式。

$$\frac{\Delta P}{P} = -D \times \frac{\Delta y}{1+y} \tag{15-9}$$

因此，如果知道某个债券的久期，就可以根据公式（15-9）计算一定的收益率变化百分比导致的价格变化的百分比。定义 $D/(1+y)$ 为修正久期，记为 D^*，那么公式（15-9）可以写成：

$$\frac{\Delta P}{P} = -D^* \times \Delta y \tag{15-10}$$

债券价格变化的百分比恰好等于修正久期与债券到期收益率变动值的乘积。修正的久期越大，利率变动时价格的波动越大。

【例15-2】2年期、息票率为8%且半年期支付的债券A，其出售价格为964.540元，到期收益率为10%，久期是1.885 2年。另有面值为1 000元，到期和久期都为1.885 2的零息债券B。比较两者价格的利率敏感性。

因为债券息票半年偿付一次，最好把半年定为一个周期。于是，每一债券的久期是1.8852×2=3.7704周期，且每一周期的利率是5%，所以每一债券的修正久期是3.7704/1.05=3.591。假定半年利率从5%涨至5.01%，根据式（15-10），债券价格应下降：

$$\frac{\Delta P}{P} = -D^* \times \Delta y = -3.591 \times 0.01\% = -0.03591\%$$

现在直接计算每一债券的价格变化，初始半年利率为5%的息票债券售价为964.540元，如果债券的半年收益率上升一个基点至5.01%，那么它的价格将会跌至964.194 2元，下降了0.035 9%。零息债券的初始售价为 $1 000/1.05^{3.770\,4} = 831.970\,4$ 元，在收益率为5.01%时，它的售价为 $1 000/1.0501^{3.770\,4} = 831.671\,7$ 元，这一价格下降了0.035 9%。由此可以得出结论，同等久期的债券实际上有着相同的利率敏感性。

三、凸性

用久期方法对债券价格利率风险的敏感性进行测量实际上是考虑了价格与收益率之间的线性关系，而市场的实际情况表明，这种关系经常是非线性的。

图 15-3 表明了这一点。曲线是 30 年期限、8%息票率、最初以 8%的到期收益率出售的债券价格变化的百分比。因为债券初始收益修正久期是 11.26 年，所以直线是等式 $-D^* \times \Delta y = -11.26 \times \Delta y$ 的图形。注意两条线在初始收益时是相切的。因此，对于债券到期收益率较小的变化，久期法则是相当准确的。但是，对于到期收益率较大的变化，久期法则变得不准确，两者的误差等于曲线和直线之间的垂直距离。收益率变化越大，误差就越大。

从图 15-3 中还可以看到，久期近似值（直线）总是低于债券的价值。当收益率下降时，它低估了债券价格的增长程度；当收益率上升时，它高估了债券价格的下跌程度。这是由实际价格—收益关系的曲率决定的。价格—收益曲线的曲率称作债券的凸性。

凸性描述了价格和利率的二阶导数关系，与久期一起可以更加准确地把握利率变动对债券价格的影响，其定义如下。

$$C = \frac{1}{P} \times \frac{d^2 P}{dy^2} = \frac{1}{P \times (1+y)^2} \sum_{t=1}^{n} \left[\frac{CF_t}{(1+y)^t} \times (t^2 + t) \right] \tag{15-11}$$

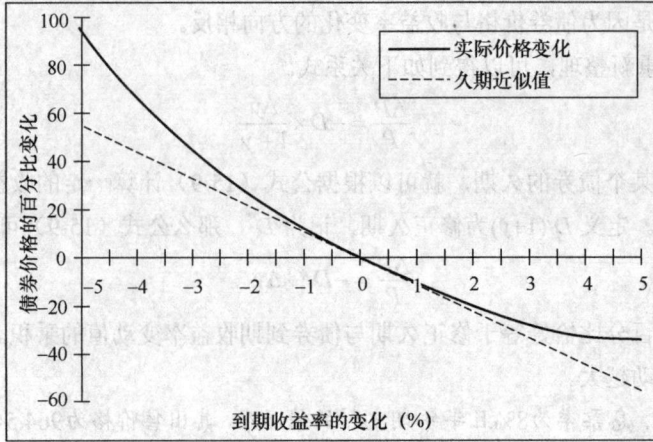

图 15-3   到期收益率的变化

式中，C 为凸性，t 为现金流发生的时间，CF_t 为第 t 期的现金流，y 为每期的到期收益率，n 为距到期日的期数，P 为债券的价格。

对于债券价格的变化，公式（15-10）可以修正为：

$$\frac{\Delta P}{P} = -D^* \times \Delta y + \frac{1}{2} \times C \times (\Delta y)^2 \qquad (15\text{-}12)$$

公式（15-12）右边第一项是基于修正久期对债券价格波动的近似估计，第二项是引入凸性后对久期估计的价格波动做出的修正。当收益率变化很小时，右边第二项修正值也很小，凸性可以忽略不计，用久期估计出的价格波动也较为准确。但是，当收益率波动较大时，如果不考虑基于凸性计算的修正项，仅仅根据久期估计的价格波动就会产生较大的误差。从式（15-11）中可以看出，凸性不可能为负值。在收益率降低时，根据久期法则的价格波动会低估价格上升的幅度；收益率较高时则会高估价格下降的幅度。凸性的修正会在一定程度上消除这种高估或低估。收益率上升时，正的修正项会使估计的价格下降幅度变小；收益率下降时，正的修正项会使估计的价格上升幅度变大。因此，考虑凸性后估计的价格波动与实际情形更为贴切。

正因为凸性是正的，所以债券的凸性越大，对投资者越有利。如果其他条件都一样，凸性越大的债券，在收益率降低时，债券价格上涨的幅度就越大，在收益率上升时，债券价格下跌的幅度就越小。在图 15-4 中，债券 A 比债券 B 更凸一些，当利率变化较大时，它的价格上涨幅度较大，而价格下降的幅度较小。

【例15-3】在图15-3中，债券是30年期，息票率为8%，出售时的初始到期收益率为8%。由于息票率等于到期收益率，债券以面值1 000元出售。在初始收益率时，债券的修正久期为11.26年，它的凸性为212.4。如果债券收益率从8%涨至10%，债券价格将降至811.46元，下降18.85%。根据久期法则，公式（15-10）可以预测价格下降。

$$\frac{\Delta P}{P} = -D^* \times \Delta y = -11.26 \times 0.02 = -22.52\%$$

这比债券价格的实际下降幅度大很多。而用公式（15-12）带凸性的久期法则，得出的结果会更精确。

$$\frac{\Delta P}{P} = -D^* \times \Delta y + \frac{1}{2} \times C \times (\Delta y)^2 = -11.26 \times 0.02 + 1/2 \times 212.4 \times (0.02)^2 = -18.27\%$$

这更接近于债券价格的实际变化。

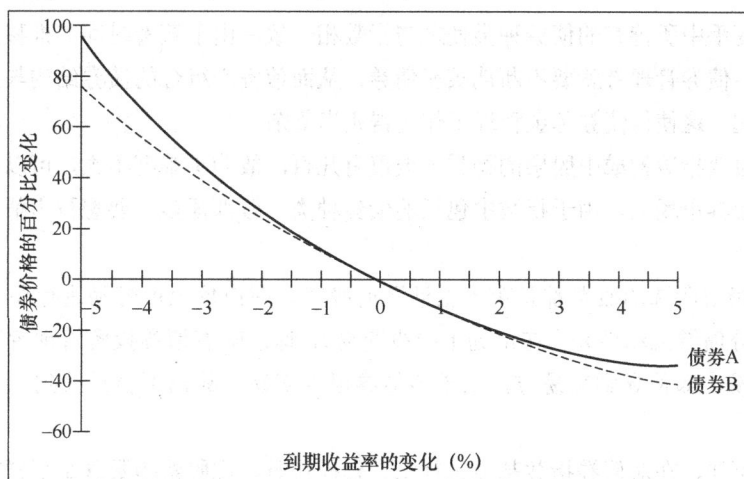

图 15-4　两种债券的凸性

第二节　消极的债券管理

奉行消极的债券管理策略的投资者认为市场是有效的，个人无法战胜市场，获得超过市场平均回报率的超额回报率。因此，奉行消极策略的投资者的目的不是战胜市场，而是控制风险或者获得与承担的风险相适应的回报率。一般而言，消极的管理策略追求的目标主要有三类：一是为将来发生的债务提供足额资金；二是获得市场平均回报率；三是在既定的流动性和风险约束条件下，追求最高的预期收益率。在债券组合管理的实践中产生了 3 种主要的消极债券管理策略：免疫策略、现金流匹配策略和指数化策略。

一、指数化策略

指数化策略是指债券管理者构造一个债券资产组合模仿市场上存在的某种债券指数的业绩，由此使该债券资产组合的风险回报与相联系的债券市场指数的风险回报状况相当。在美国债券市场上，指数化策略依据的债券市场指数主要有所罗门美邦大市投资分级指数、雷曼兄弟总指数、美林国内标准指数。这三种指数包括的债券都超过 5 000 种，尤其是所罗门美邦大市投资分级指数更是超过 6 000 种。这三种指数均包括政府债券、公司债券、抵押支持债券和扬基债券，其中每种债券的期限都大于 1 年。

从理论上说，由于债券市场指数构成与股票市场指数构成极为相似，指数化策略在两个市场的操作几乎相同。在股票市场，投资者事先选定一种指数，再以此指数的成分股名单来选择购买股票，而且每种股票的购买数量与这些公司的当前市值在指数中的比重成比例。债券市场的操作大体如此，但由于债券市场上指数自身的特点又使其与股票市场有一定的区别。

首先，在股票指数构成中的股票种类一般而言不会发生变化，投资管理者手中的股票也就不会发生变化。但由于债券市场上的指数构成中所选债券期限必须大于 1 年，故随着时间的推移，有些选入的债券到期期限会小于 1 年，它就会被从指数中剔除，同时会有新的债券补充进来，债券管理者就会相应地改变手中所持有的债券种类使之与指数相一致。由于随着时间的推移，不断有债券进进出出指数范围，债券管理者就要不断地买卖债券，从而使资产组合的债券结构与指数中包括的债券结构尽可能匹配。这使得债券基金管理工作变得相当复杂。

其次，由于股票指数构成中股票的种类一般仅有几百，故购买难度不大，可以按照股票指数完全复制。但是在债券市场上，由于指数中包括的债券种类一般都很多，要想按市值比重购买完所有的债券难度太大。

再者，股票指数所选的股票都是市场上活跃的股票，在市场上很容易进行买卖。而债券指数构成中有一大部分债券流动性差（在市场上很少交易），这意味着债券投资管理者很难在市场上找到持有人进行交易。即使寻到交易方，由于该债券很少交易，故也不容易找到一个合理的价格进行交易。

由以上描述可知，在对债券指数基金进行指数化操作时，像股票指数基金那样完全复制股票指数是不切实际的。经常采取的是分层抽样法或单元方式。表 15-1 表明了单元方法的思想。首先，将债券市场的债券按不同的标准分类，表 15-1 是按到期时间（5 个阶段）和发行主体（4 类）进行分类的。但实际上，也可用债券息票率或发行者的信用等级等其他标准分类。落在同一单元内的债券被认为是同质的。其次，在市场上选择一种指数，在该指数包括的债券范围内计算每一单元格中债券市值占全部债券市值的比重（表示成百分比的形式并填入相应的单元格中，假设其各种比例如表 15-1 所示）。最后，资产组合的管理者将建立一个债券资产组合，该组合中每一单元债券所占的比重与该单元在各单元的全部债券中所占的比重相匹配即可。通过这种方法，这个资产组合按照到期年限、息票率、信用风险、行业代表性等方面的特征与指数的相应特征相匹配。类似地，资产组合的业绩也同样会与有关指数的业绩相匹配。

表 15-1 债券单元划分及占比

到期时间	政府债券（%）	金融债券（%）	公司债券（%）	国际债券（%）
1～5 年	7	3	0	0
5～10 年	0	10	0	10
10～15 年	13	2	15	10
15～20 年	0	10	10	0
20 年以上	5	0	0	5

二、免疫

与指数策略不同，许多机构试图将它们持有的资产组合免于受到整个利率风险的影响。一般而言，对这种风险有两种看法，取决于特定投资者的情况。像银行这些机构，致力于保护现有资本净值或公司净市值免受利率波动的风险。其他投资者，如养老基金，可能面临在若干年后要支付的义务，这些投资者更关注保护其资产组合的未来价值。

银行与养老基金面临的共同问题是利率风险。公司的资产净值和未来偿付能力都会随着利率的变化而变化。可将这些投资者用来保护他们全部金融资产免受利率波动影响的策略称为免疫。

许多银行和储蓄机构在资产和负债到期结构上存在不匹配的情况。银行负债主要是客户存款，大部分期限都很短，即久期很短。相反，银行资产大多是商业贷款、消费贷款和抵押贷款，这些资产的久期长于存款，它们的价值对利率的波动更敏感。当利率突然上升，银行的资产净值会减少，因为它们的资产要比它们的负债减少得更多。

养老基金与银行不同，它们考虑更多的是未来的支付义务，而不是资产的当前净值。养老基金有责任向退休人员提供一个收入流，它们必须保证拥有充足的资金来实现这项义务。当利率波动时，基金持有资产的价值及基于利率的收益率都会波动。因此，养老基金的管理者可能要进行保护或"免疫"，以使基金未来积累的价值在目标日期内不受利率变动的影响。

在这方面，养老基金不是唯一的。任何有未来固定负债的机构都有必要考虑免疫问题，即合理的利率风险管理政策。例如，保险公司也会使用免疫策略。免疫是由人寿保险公司保险统计员F.M.Redington 提出的。免疫背后的思想是久期匹配的资产和负债使资产组合不受利率变动的影响。

例如，保险公司推出的担保投资合同，或担保投资证书（即 GIC）为 10 000 元（基本上，GIC 是保险公司向客户发行的零息债券，是专为个人退休储蓄账户设计的）。如果 GIC 的期限为 5 年，担保利率为 8%，保险公司到期必须支付的金额为 $10\ 000 \times (1.08)^5 = 14\ 693.28$ 元。

假定保险公司将 10 000 元投资于以面值出售、期限为 5 年、年息为 8%的息票债券。只要市场利率维持在 8%，公司将全部筹集债务，因为债务的现值恰好等于债券的价值。

表 15-2 　　　　　　　　　　5 年后债券资产组合的最终价值（所有收入再投资）

支付次数	剩余年数	投资支付的累积价值
a. 利率维持在 8%		
1	4	$800 \times (1.08)^4 = 1\ 088.39$
2	3	$800 \times (1.08)^3 = 1\ 007.77$
3	2	$800 \times (1.08)^2 = 933.12$
4	1	$800 \times (1.08)^1 = 864.00$
5	0	$800 \times (1.08)^0 = 800.00$
债券销售价格	0	$10\ 800/1.08 = 10\ 000.00$
		14 693.28
b. 利率降至 7%		
1	4	$800 \times (1.07)^4 = 1\ 048.64$
2	3	$800 \times (1.07)^3 = 980.03$
3	2	$800 \times (1.07)^2 = 915.92$
4	1	$800 \times (1.07)^1 = 856.00$
5	0	$800 \times (1.07)^0 = 800.00$
债券销售价格	0	$10\ 800/1.07 = 10\ 093.46$
		14 694.05
c. 利率涨至 9%		
1	4	$800 \times (1.09)^4 = 1\ 129.27$
2	3	$800 \times (1.09)^3 = 1\ 036.02$
3	2	$800 \times (1.09)^2 = 950.48$
4	1	$800 \times (1.09)^1 = 872.00$
5	0	$800 \times (1.09)^0 = 800.00$
债券销售价格	0	$10\ 800/1.09 = 9\ 908.26$
		14 696.02

    表 15-2 表明，如果利率维持在 8%，债券的累积资金将恰好增至用以还债的 14 693.28 元。在这 5 年间，每年 800 元的年终息票利息收入将以 8% 的市场利率再投资。到期时，债券将以 10 000 元出售。债券之所以可以按照面值出售，是因为这时息票率仍然等于市场利率。5 年后再投资的息票和债券出售的价格加在一起恰好是 14 693.28 元。

    但是，如果利率发生变化，两种抵消势力将会影响基金升至目标值 14 693.28 元的能力。如果利率上升，基金面临资本损失，影响其到期偿债的能力，债券到期的价值将比利率保持 8% 时的价值要低些。但是，在利率较高时，再投资的利息收入会以更快的速度增长，抵消资本的损失。也就是说，固定收入投资者面临着两种有相互抵消作用的利率风险：价格风险和再投资利率风险。利率上升会引起资本损失，但同时，再投资收入会增加。如果资产组合的久期选择合适，这两种影响正好抵消。当这一资产组合的久期恰好与投资者的持有期相等时，到期时投资基金的累计价值将不受利率波动的影响，即持有期与资产组合久期相等时，价格风险与再投资风险将完全抵消。

    在讨论的例子中，用于筹集 GIC 的 6 年期债券的久期是 5 年。由于全部筹集计划的资产与负债的久期相等，保险公司将免受利率波动的影响。为了证明这种情况，现在研究在不考虑利率变动的情况下，债券能否产生足够的收入以满足 5 年后债务支付的需求。

    表 15-2 的 B 与 C 考虑了两种可能的利率情况：利率降至 7% 或利率涨至 9%。在这两种情况下，均假设在首次支付息票前利率发生了变化，所有息票以新的利率再投资，且债券在 5 年后售出，帮助偿还 GIC 的债务。

    表 15-2 的 B 表明，如果利率降至 7%，投资的累计总收入为 14 694.05 元，有 0.77 元的小额盈余；表 15-2 的 C 中，利率升至 9%，投资的累计总收入为 14 696.02 元，有 2.74 元的盈余。

    这里强调几点。首先，久期匹配使得息票支付的累计值（再投资风险）与债券销售价值（价格风险）得以平衡。也就是说，当利率下降时，息票利息的再投资收益低于利率不变时的情况，但是，出售债券的收益增加抵消了损失。当利率上升时，出售债券的收入减少，但息票利息的增加弥补了损失，因为它们以更高的利率再投资。

    图 15-5 描述了这种情况。图中的实线代表利率维持在 8% 时债券的累计价值，虚线表明利率上升时的情况，最初的影响是资本损失，但是这种损失最终被以较快速度增长的再投资收益抵消。在 5 年到期时，这两种影响正好相互抵消，公司从债券中得到的累计收入能够满足支付债务的需要。

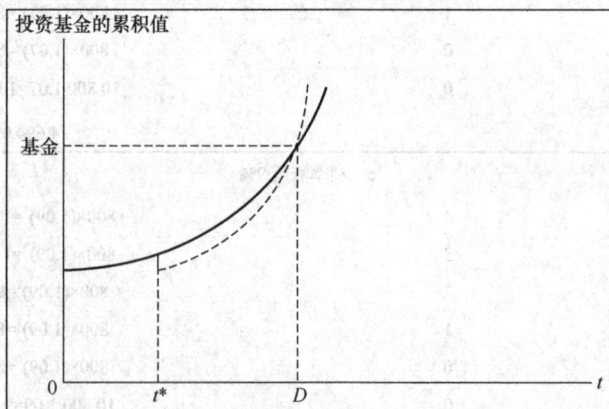

图 15-5　投资基金增长

图 15-6 反映了债券现值和一次性支付债务与利率的函数关系。在现行利率为 8%时，债券现值与一次性支付债务是相等的，债务全部由债券来偿还，而且两条曲线在 *y*=8%处相切。当利率变动时，资产与债务两者的价值变化相等，所以债务仍可由债券来偿还。但是，利率变动越大，两条现值曲线越偏离。这反映了这样一个事实：在市场利率不是 8%时，偿债资金会有少量的盈余。

如果债务有了免疫，为什么还会有资金余额呢？答案是凸性。图 15-6 表明息票的凸性大于所筹集的债务。另外一种看法是，尽管债券的久期在到期收益率为 8%时确实是 5 年，但是，在到期收益率降为 7%时，久期延长为 5.02 年，而当到期收益率为 9%时，久期则缩短为 4.97 年。也就是说，债券与债务在利率变动时久期并不匹配。

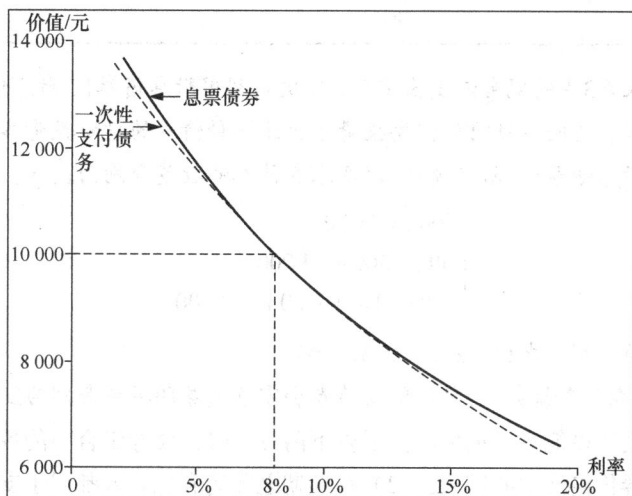

图 15-6　免疫

这个例子强调了免疫资产组合再平衡的重要性。当利率与资产久期变化时，管理者必须不断调整固定收入资产的资产组合，以实现其久期与债务久期的再平衡。此外，即便利率没有变动，仅仅因为时间的消逝，资产久期也会发生变化。一般而言，债券久期的减少速度慢于期限的减少速度。因此，即便在开始时债务是免疫的，随着时间推移，资产与负债的久期会以不同的比率减少。如果不对资产组合进行再平衡，久期就不会再匹配，而免疫的目标也难以实现。

当然，资产组合的再平衡会带来买卖资产的交易费用，所以，不可能不断地进行资产组合的再平衡。实际上，资产组合的管理者要在完美的免疫（即需要不断再平衡以获得很好的免疫功能）和控制交易费用的需要（即规定频率较低的再平衡）之间寻求适当的折中方案。

三、现金流匹配

所谓现金流匹配，是指通过构造债券组合，使债券组合产生的现金流与负债的现金流在时间上和金额上正好相等，这样就可以完全满足未来负债产生的现金流支出需要，完全规避利率风险。最简单的方法就是购买零息债券来为预期的现金支出提供恰好的资金。例如，债券管理者需要在 3 年后偿还 10 000 元的债务，他现在购买一个面值为 10 000 元的 3 年期零息债券，就可以完全锁定利率风险。因为不管将来 3 年利率如何变动，债券管理者都能保证到期的现金支付。如果管理者面临的负债是多期的，在这种情况下，管理者可以同时选择零息债券和附息债券，以使每期的现金流出相匹配。

【例15-4】假设你是某保险公司的资金管理部负责人，你预计该保险公司在未来3年内现金流支出情况以及三种债券的现金流模式如下表所示（不用考虑单位）。

	第 1 年年底	第 2 年年底	第 3 年年底
现金流支出	1 000	1 000	1 000
3 年期附息债券 1	50	50	500
2 年期附息债券 2	100	300	
零息债券	200		

为了满足该公司未来3年的现金流支出需要，你决定利用附息债券1、附息债券2以及零息债券实施多期现金流匹配策略。请问：目前你需要投资于上述三种债券的投资数量各是多少？

解：假设投资于附息债券1、附息债券2以及零息债券的数量分别为x、y、z。那么：

$$\begin{cases} 500x = 1\,000 \\ 50x + 300y = 1\,000 \\ 500x + 100y + 200z = 1\,000 \end{cases}$$

求上述方程组的解，可以求出：x=2，y=3，z=3。

你应该投资于3年期附息债券、2年期附息债券和零息债券的数量分别为2、3和3。

现金流匹配策略之所以能实现免疫，基于以下两点。（1）债券组合中的各债券都是持有到期才出售，所以不存在债券价格波动的风险。（2）在到期之前的利息收入都用于支付当期的现金流出而不用于再投资，这样就消除了再投资的利率风险。所以，现金流匹配策略彻底规避了利率风险，达到资产免疫的目的。

从上面的现金流匹配策略的操作可以看到，其最大优点在于一劳永逸地消除了利率风险。一旦开始时实现了现金流的匹配，则在以后的时期内就不需要再改变手中持有的债券组合。不过，在现实世界中，现金流匹配的方法并没有得到广泛的应用，其原因有两点。首先，现金流匹配的方法有时并不容易实现。因为约定的现金流出可能是一系列金额不等的现金支付，而且有的金融机构未来负债期限相当长，不容易构造与负债现金流完全匹配的债券组合。例如，养老金是对未来退休人员进行现金支付，若要实现完全的现金流匹配，就可能需要购买期限超过百年的债券，这样的债券在现实世界是不存在的。其次，现金流匹配策略的可调整空间很小，一旦确定了现金流匹配的债券组合，债券组合管理人就很难调整债券组合了。而在免疫策略中，债券组合管理人可以调整的余地很大，只要能满足免疫策略的前提，就有许多债券可供选择。债券组合管理人在不破坏免疫策略的前提下，可以选择那些预计价格上涨幅度最大的债券。

第三节 积极的债券管理

奉行积极的债券管理策略的投资者认为市场是无效的，投资者可以通过自身努力（搜集信息和分析信息），找出定价错误的债券；或者预测利率的变化，以把握市场实际（如估计市场利率上涨时，将长期债券换为短期债券），目的在于获得经过风险调整后的超额回报率。

一、债券掉换

大体而言，债券掉换策略是指将预期收益率更低的债券转换为预期收益率更高的债券。在很多情况下，债券组合管理者可以采用掉换策略。一种情况是预计利率将会发生变化，债券组合管理者可以掉换利率敏感性不同的债券，以获得更高的回报或减少损失。另一种情况是债券组合管理者认为债券间的利差不合理，预期不同债券的相对价格将会发生变化，用预期收益率低的债券掉换预期收益率高的债券，从而获得更高收益。还有一种情况是将收益率低的债券掉换为收益率高的债券。最后一种情况是债券组合管理者纯粹出于税收的考虑而掉换债券。

（一）替代掉换

债券掉换（substitution swap）是指将一种债券转换为市场上同质，但收益率更高的债券。这里的同质债券主要是指两种债券在票面利率、期限结构、风险等级、赎回特征等方面基本上是相同的。采用替代掉换策略的原因在于债券管理者认为市场对这两种债券的定价存在错误，或者两种债券的收益率差异不合理。设想有一个基金经理持有一种剩余期限为 3 年、面值为 1 000 元、息票率为 8% 的债券。由于债券的现行市场价格为 950 元，那么这种债券的到期收益率为 10%；与之相对应的是市场上存在另一种债券，它与基金经理手中的债券有相同的到期日、赎回条款、信用等级，但是这种债券具有 10.10% 的到期收益率。显然，基金经理应该把手中的债券卖出并购回市场中的这种债券，从而赚取 10 个基点的收益，这就是替代掉换策略。若是在有效市场上，两种同质债券应该具有相同的收益率，也就是说，后一种债券没有提供更高收益率的理由。既然如此，过高的收益率意味着市场无效，投资者可以抓住这个机会获得超额利润。

（二）市场内利差掉换

市场内利差掉换（inter-market spread swap）是指利用两类市场（如国债市场与公司债券市场）收益率差额的不合理，从一个收益率低的市场转移到收益率高的市场，以获得额外收益。这种策略是在对市场正常收益率差额预测与现行市场实际收益率差额比较的基础上进行的。

设想一个债券管理者手中持有一种公司债券，期限为 25 年，到期收益率为 8.3%。同一债券市场上，一种政府债券期限也为 25 年，到期收益率为 7.2%。目前两种债券收益率的实际差距为 1.1%。在债券投资者看来这种差距过小，他认为政府债券的收益率与持有的公司债券合理的收益率价差为 1.3%。这一般是以两者的利差历史平均值作为衡量的标准，即认为一般情况下，利差应该与历史平均值保持一致。假设债券管理者认为政府债券收益率是合理的，那么公司债券的收益率偏低。于是，债券投资管理者就可以出售手中的公司债券去购买相同金额的政府债券，这样会提高经风险调整后的收益。债券投资者也可以卖空公司债券，当将来公司债券收益率上升后，公司债券价格会下降，投资者可以按照更低的价格买回相同数量的公司债券偿还给债权人，结清自己在公司债券上的空头头寸，获得相应的卖空利润。

其实，市场内利差掉换策略的基本思想还是发掘错误定价的债券，与替代掉换策略关注同类债券比价（收益率关系）是否合理不同，这种策略关注的是不同类型债券的利差是否合理，卖出（卖空）收益率偏低的债券或买入收益率偏高的债券。但是，这里要注意对不同种类的债券利差的判断问题。由于不同种类债券的利差受多种因素的影响，所以一定要判断清楚两种债券的利差是不是由于市场环境的变化造成的，如经济周期处于繁荣阶段导致公司违约风险减少，违约风险报酬率就会下降。在这种情况下，公司债券与政府债券的利差就会比历史平均值小。也就是说，此时利差的变化只能看成是正确反映了风险变化的一个调整而已。在这种情况下，债券投资者采用市场内利差掉换策略就无法获得超额回报率。

（三）利率预期掉换

利率预期掉换（rate anticipation swap）策略是指债券管理者依据对市场利率变动的判断从而相应地调整手中持有债券的久期，以获得更高的收益或避免更大的损失。债券的价格与利率变化成反比，久期越长，债券价格的利率敏感性就越大。如果预期利率将会下跌，那么债券的价格将会上升，这个时候若把债券换成久期更长的债券，就会由于债券价格上涨更多而获得更多的收益。相反，如果预期利率将上升，债券的价格就会下跌，久期越长的债券价格下跌的幅度就越大。因此，预期利率上升时，债券管理者应该将久期长的债券转换为久期短的债券，这样才会减少利率上升导致债券价格下跌的损失。

（四）纯追求高收益率掉换

采用**纯追求高收益率掉换**（pure yield pickup swap）策略并不是由于发现了定价错误的债券，而仅是寻求收益率更高的债券，以获得更高的回报率。债券管理者根据收益率曲线的形状，调整持有的债券期限的长短，从而追求更高的回报率。若收益率曲线向上倾斜，投资者可以将短期债券转换为长期债券，因为长期债券的收益率更高。实质上，投资者采用纯追求高收益率掉换策略是通过承担更大的利率风险试图获得更高的报酬。只要在债券持有期内收益率曲线不发生向上位移，投资者持有债券就能获得更高的回报率。如果收益率曲线发生向上位移，投资者就会遭受更大的损失。

（五）税收掉换

税收掉换（tax swap）是指通过债券的掉换而获得纳税方面的好处。这实际上是一种利用税收优势的掉换操作。例如，西方国家规定对证券交易的收益要征收累进所得税。比如，当收益超过 20 万元时，征收 11%，20 万元以下只收 7%。当债券管理者当前收益达到 21 万元时，他要按照 11%纳税。投资者为了减少纳税额，可以采用税收互换的策略。投资者可以将手中持有的价格下跌的债券在市场上出售，从而减少其资本收益。这样他纳税的税率将降为 7%，从而提高了其净收益。

二、期限分析

期限分析（horizon analysis）是建立在对未来利率预测的基础上。使用这种方法的投资者首先选择债券投资期并预测投资期期末的收益率曲线。然后，投资者把利息收入和预期的债券资金收益加起来得到投资期内的总收益。下面将通过【例 15-5】详细描述债券在投资期内的总收益是如何计算的。

【例15-5】面值为 1 000 元的债券，期限为 20 年，息票率为 10%，按年支付利息，现在的到期收益率为 9%。投资者打算持有该债券 2 年，现在需要预测未来 2 年持有债券的总收益。2 年后，债券的剩余期限为18年。该投资者预期2年后该债券（2年期）的到期收益率为8%。在这2年的债券持有期内所得的利息可以再投资于短期债券，短期债券的预期收益率为7%。

为了计算债券的2年收益，分析家将做以下计算。

（1）现价：

$$现价 = \sum_{t=1}^{20} \frac{100}{(1.09)^t} + \frac{1\,000}{(1.09)^{20}} = 1\,091.29 （元）$$

（2）预测价格：

$$预测价格 = \sum_{t=1}^{18} \frac{100}{(1.08)^t} + \frac{1\,000}{(1.08)^{18}} = 1187.44 （元）$$

（3）再投资息票的将来价值：$(100 \times 1.07) + 100 = 207$（元）

（4）2年收益：$\dfrac{207 + (1\,187.44 - 1\,091.29)}{1\,091.29} = 0.278$ 或 27.8%

2年期债券按年计算的利率那时将是：$(1.278)^{1/2} - 1 = 0.13$或13%。

三、或有免疫

或有免疫（contingent immunization）介于消极策略和积极策略之间，可以说是消极管理和积极管理的混合体。或有免疫的基本思想是：债券组合的管理者可以实施积极的组合管理策略，直至市场表现不好、债券组合可接受的最低收益率的实现受到威胁时，债券组合的管理者才必须实施消极的管理策略。在这个时点上（通常称为触发点），债券组合的管理者对债券组合实施了免疫策略。在剩余的投资期限内，债券组合的收益率被锁定在既定的水平上。下面通过一个具体例子来说明或有免疫的基本思想。

为了说明，假定现行利率为10%，管理者的资产组合现价是1 000万元。管理者可以通过常规的利率免疫策略锁定现有利率，两年后资产组合的未来价值为1 210万元。现在，假定管理者愿意从事更积极的投资，但是只愿意承担有限的风险损失，即要保证资产组合的最终价值不能低于1 100万元。由于在现行利率下只要有909万元（1 100万元/(1.10)）就可以在两年后达到最小可接受的最终价值，而资产组合的现值为1 000万元，管理者在开始时可以承受一些风险损失，因此开始时可以采用积极的管理策略，而不用立即采取免疫策略。

如果T表示剩余的投资期限，r表示将来任何一个时点上的利率水平，那么，必须保证有能力达到最低可接受的最终价值是：$1\,100$万元$/(1+r)^T$，因为通过免疫策略，这一规模的资产组合会在到期日无风险地增至1 100万元。在任何时点上，1 100万元的现值就变成了触发点，一旦达到触发点，积极管理就会终止，债券管理者就会对债券组合实施免疫策略。

图15-7为或有免疫策略的两种可能结果。在图15-7（a）中，债券组合价值在t^*达到触发点。在t^*点，债券组合管理者放弃以前的积极管理策略，开始对债券组合实施免疫策略，从t^*到到期日，该债券组合由于实施了免疫策略而按照平滑曲线达到终值1 100万元。在图15-7（b）中，债券组合的价值始终高于触发点，债券组合管理者在整个投资期限内可以始终采取积极策略，债券组合的终值比1 100万元高得多。

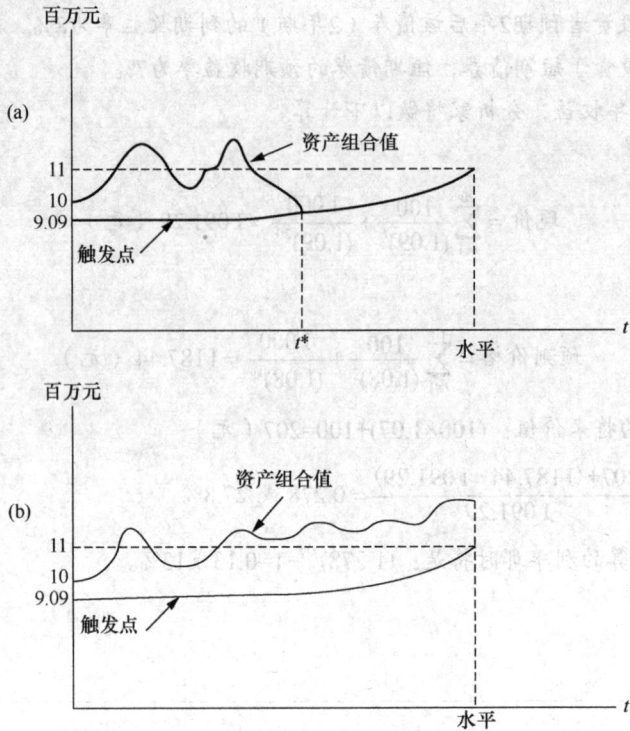

图 15-7 或有免疫

思考与练习

1. 解释债券敏感度的意义。它与到期年限有何不同？具有相同的到期年限的债券是否有相同的利率敏感度？

2. 消极债券管理的方式主要有哪些？各有什么特点？简述之。

3. 有一9年期债券，收益为10%，久期是7.194年。如果市场收益变化50个基点，该债券价格的百分比变化多少？

4. 计算息票率为8%的债券A和零息债券B的久期。两种都是2年期，假设到期收益率均为9%，或半年4.5%。

5. 5种不同债券的利率、到期年限及到期收益率如下。

债券	利率（%）	到期收益率（%）	到期年限
甲	0	8	15
乙	12	12	10
丙	12	8	15
丁	12	8	10
戊	9	8	15

根据上述资料，以久期的大小将上述5种债券排序（由小至大）。

6. 有一6%的息票债券，每半年支付利息，凸性120（年数），以80%的面值出售，且定价为到期收益8%。如果到期收益率涨至9.5%，由于凸性对价格百分比的预测的贡献是什么？

7. Sumitomo有限公司每年支付的债券有以下特征。

息票利率	到期收益率	到期年限	麦考利久期
8%	8%	15年	10年

（1）用以上信息计算修正久期。

（2）当计算债券对利率变化的敏感性时，解释为什么修正久期比到期的测度要好。

（3）识别修正久期中的变化方向，如果：

① 债券的息票利率是4%。

② 债券的到期年限是7年。

（4）定义凸性，且如果利率变化，解释修正久期和凸性如何用来估计债券的价格百分比变化。

8. 一种新发行的10年期债券，息票率为6%（息票支付每年一次），债券以面值1 000元出售。

（1）假定到期收益立刻从6%涨至7%（到期还是10年），求债券的实际价格。

（2）根据久期公式（15-5）预测，价格是多少？百分比误差是多少？

（3）根据有凸性的久期公式（15-7）预测，价格是多少？百分比误差是多少？

9. 在未来2年末你要支付10 000元的学费，且债券当前的收益为8%。

（1）你的债务的现值和久期是多少？

（2）什么样到期的零息债券可以使你的债务免疫？

（3）假定你购买价值和久期等于你的债务的零息债券。现在，假定利率立刻涨至9%，债券价值和你的学费债务之间的差异会有什么变化？如果利率降至7%，又如何变化？

10.（每年支付）息票率为10%的20年债券现在的售价是到期收益9%。有2年水平的资产组合管理者需要预测未来2年的债券总收益。2年后，债券将是18年到期。分析家预测从现在开始2年，18年期债券将以到期收益率10%出售。在未来2年，息票支付可以再投资到利率为8%的短期证券。那么未来2年债券的总收益是多少？

参考文献

[1] 曹凤岐，刘力，姚长辉. 证券投资学. 3 版. 北京：北京大学出版社，2013.

[2] 陈守东，赵振全，赵云立. 证券投资理论与分析. 吉林：吉林大学出版社，2001.

[3] 陈松男. 《投资学》. 上海：复旦大学出版社，2002.

[4] 李心丹. 行为金融学——理论及中国的证据. 上海：上海三联书店，2004.

[5] 饶育蕾、刘达锋. 行为金融学. 上海：上海财经大学出版社，2003.

[6] 史树中. 金融经济学十讲. 上海：上海人民出版社，2004.

[7] 吴晓求. 证券投资学，第四版. 北京：中国人民大学出版，2014.

[8] 中国证券业协会编. 证券基础知识. 中国金融出版社，2012.

[9] 中国证券业协会编. 证券交易. 中国金融出版社，2012.

[10] 安德瑞·史莱佛. 并非有效的市场——行为金融学导论. 赵英军译. 北京：中国人民大学出版社，2003.

[11] 汉姆·列维. 投资学，任淮秀等译. 北京：北京大学出版社，2000.

[12] 斯蒂芬 A.罗斯等. 公司理财，吴世农等译. 北京：机械工业出版社，2000.

[13] 滋维·博迪等. 投资学·9 版，陈收等译. 北京：机械工业出版社，2012.

[14] Zvi Bodie, Alex Kane, Alan J. Marcus. 投资学·5 版. 北京：机械工业出版社，2002.

[15] Fama, E. F., 1965, Random walks in stock market prices, Financial Analysts Journal, September/October.

[16] Fama, E. F., 1970, Efficient Capital Markets: A review of theory and empirical work, Journal of Finance, 25: 383-417.

[17] Lintner, J., 1965, The valuation of risk assets and the selection of risky investments in stock portfolios and capital budgets, Review of Economics and Statistics, 47:13-37.

[18] Markowitz, H., 1952, Portfolio selection, Journal of Finance, 77-91.

[19] Markowitz, H., 1959, 1991 Second ed., Portfolio Selection: Efficient Diversification of Investment, Basil Blackwell, Cambridge.

[20] Mossin, J., 1966, Equilibrium in a capital asset market, Econometrica, 34: 768-783.

[21] Ross, S. A., 1976, The arbitrage theory of capital asset pricing, Journal of Economic Theory, 13: 341-360.

[22] Ross, S. A., 1978, A simple approach to the valuation of risky streams, Journal of Business, 51: 453-475.

[23] Sharpe, W., 1964, Capital asset prices: a theory of market equilibrium under conditions of risk, Journal of Finance, 19:425-442.